林 巨征

皇伝相性占術

相性を知り、
相性を改善する秘法

太玄社

目次

2部 運命の人と出会いたい方への秘法 ‥‥141

3部 生日干支で占うあなたの運勢

はじめに

わたくし林巨征は、金函玉鏡方位術や応用気学などの術を駆使して、旅行など移動による開運や問題解決を図る「方位の専門家」として、日々数多くの相談事を受けております。その中には方位術本来の用法とは異なった相談ごとも多く、満足な回答を差し上げられずに残念に思うこともあります。どれも皆、開運を願う真摯なお話ばかりなのですが、特に目立つのは、男女関係のお話です。

「些細なことが原因で彼との仲がピンチ。自分としては以前のようにうまくやっていきたいので、なんとかならないか」

「つきあい始めて4年になるが、最近どうもしっくりいかない。結婚するのかそれとも離れるのか、どうしてよいかわからない。ともかく現状を打破したい」

「2年間、割と順風満帆なおつきあいを続けてきた。これからも良好な関係を維持していきたい」

「お見合いをして、すばらしい相手と巡り会った。是非結婚式の日取りの選定をお願いしたい」

「お見合いを何度も繰り返しているが、失敗続きだ。次に予定されている見合いは、写真ではすばらしい相手なので、是非うまくいくようにしたい。どうしたらよいか」
など……。

一般に著者が専門とする金函玉鏡などの方位術は兵術であり、戦いを有利に展開するための術で、現代社会においては男女問題の解決よりも、商談や受験など、確実に相手がいて、かつ戦いが絡むものに能力を発揮します。

男女関係の好転向上は方位ではなく、別の相性占術を行わなくてはなりません。二人の相性を十分に吟味した上で、問題点を洗い出し、対策を考えるのです。本書では、そのような目的のために、とっておきの術として皇伝相性占術を公開いたします。

まず自分と相手の生年月日より、二人の関係の強弱を割り出します。そこで出た結果に対し、欠点を補強するアクションをとっていただきます。その結果、二人の相性は補強されていくという積極的な改善の術なのです。

また、結婚願望は非常に強いにもかかわらず相手がなかなか見つからないがどうすればよいのか、という相談も数多く受けます。そのような方々を対象とした、相手を見つけやすくする術、いうならば恋愛力を養成する術も公開します。

ついにすばらしい相手と巡り会いました。結婚式も良い日取りを選びたいです。
良い日取りの選び方があります！
P.90 参照

2年間、順風満帆なおつきあいを続けてきました。これからも良い関係を続けたい！
たとえば….
2人で旅行を！
P.99 参照

つきあって4年。最近しっくりいかないの。結婚するか、離れるか、現状を打破したい！
たとえば….
引越しで気分を変える
P.103 参照

たとえば....
引越しで
運気を逆転！
P.158
参照
お見合いが失敗続きです。次の方は気に入っているので、なんとか成功させたい！

こんな あなたに おすすめします！

たとえば....
1人旅行で
運を上げる
P.175
参照
ちょっとしたことで彼との仲がピンチ。以前のようにうまくやっていくにはどうしたら？

皇伝相性占術

中国古代の春秋戦国時代、かの国では皇帝のお后選びが国家の一大事でした。当時は、国家の成立が皇帝一人への権力の集中によってまかなわれ、いかに運勢の強い者が皇帝として統治するかによって、国家の存立基盤が確定していました。もちろん、皇帝の地位についたとしても、それを追い落とそうとするライバルは、皇帝の周りにいくらでもいましたし、あるいは北方や西方の異民族も中国の皇帝の座をねらって盛んに活躍していました。

皇帝そのものの運の善し悪しは宿命的なものでしたが、人為的に運勢を強化する試みとして、さまざまの方法が試されました。

たとえば、地の気を活用することによって皇帝の居住地、皇宮の位置を定め、あるいは理にかなった造作を行うことによって居住者である皇帝の運気を高め、ひいては強固な首都を構築する風水術をはじめ、皇帝一族の安泰および子孫繁栄のために皇帝の長寿や回春を目的としたさまざまな東洋医学的技法など、数多くの術が開発され試されたのです。

その中でも、相性の良い后を娶ることによって皇帝本人の運気の強化を図ることは、極めて重要な要素の一つでした。皇帝と后との相性の善し悪しが国家の安寧に大きく左右するとされたのです。后選びとしての相性占術は、風水や東洋医学と同様に極めて重要な術であったと言えます。もちろん、このような技法が敵方の国家に渡ることは一大事ですから、極秘に伝承されたことは言うまでもありません。

このように、今回公開する皇伝相性占術は、正統な風水術や漢方と並ぶような、非常に高貴な術の一つであったといっても過言ではありません。のちの中国の貴族社会でも、配偶者を選択する時に盛んに使用された術の一つとされています。

- ●風水術　皇帝の居住地の調整による国家の安泰
- ●漢方　皇帝の肉体の調整による健康増進、回春
- ●相性　后との結婚による運気の改善

以前より我が国では、「西に黄色の花を置けば金運が向上する」などという、風水の名を騙る「まがい物」が猛威をふるっていました。本書の手に取られた読者の皆様は、このようなまがい物によって開運を図るのではなく、本書で公開した正統な相性占術で的確な配偶者の選択を行い、あるいはすでに相手のある方にとっては、本書で述べる相性改善法を実践することに

より、一層の開運を図っていただきたいと思います。

本書では、最初に二人の相性を十分に吟味した上で、問題点を洗い出し、対策を考えるという方式を採ります。まず自分と相手の生年月日から二人の関係の強弱を割り出します。そして、そこで出た結果に対し、欠点を補強するアクションによって二人の相性は補強されていくという積極的な改善術です。

また、結婚願望は非常に強いにもかかわらず相手がなかなか見つからないがどうすればよいのか、という相談も数多く受けます。そのような方を対象とした、相手を見つけやすくする術、いうならば恋愛力を養成する術も公開いたします。

今までの相性占い

巷間《こうかん》で広がっている相性占いは多くは、男女の生まれた年の九星の相生相剋をみて判断するものでした。たとえば「１９８９年生まれの男性は二黒土星であり、相手の女性は１９９３年生まれの七赤金星であって、それぞれ土星と金星で相生の関係になり、非常に相性が良好である」という判断です。これは毎年売り出される運勢暦によく掲載されていて、非常に単純明快なものですが、危険もいっぱいです。

１９８９年生まれの男性は、おしなべて１９９３年生まれの女性と相性が良いなどと画一的に決めつけることができるのでしょうか。簡略化は結構ですが、あまりにも粗雑すぎますね。もし仮に九星を相性判定に使用するなら、生まれた年だけでなく、生まれた月、生まれた日の九星も考慮に入れるべきではないでしょうか。

またこの方法だと、相性の善し悪しの結果が出るだけで、改善策はありません。つまり「あなたは彼と相性が良いですね、悪いですね」で終わりなのです。これはまともな占術の姿ではありません。

筆者はこの世界（占術界）に入って30年以上になりますが、結果だけを示して、それに対する解決策を提示しない占術を断固排除いたします。幸福とは、僥倖《ぎょうこう》はあるにせよ基本的には自分で勝ち取っていくものです。

筆者は実占で九星気学も用いますが、このような理由により、相性判断には一切用いません。どうか賢明な読者も、運勢暦の内容をそのまま信じてしまい「あの人とは合わない」などと思わないようにしてください。

本書で紹介する占法

皇帝が后を選択する場合は、相性を判断する前に、生年月日時によって宿命運を判断しました。このために四柱推命《しちゅうすいめい》や紫微斗数《しびとすう》などの技法が伝えられています。これはこれで非常に精緻な東洋占術の一つですが、解説は他著に譲りましょう。

本書では、まず個人の捉え方が根本的に異なります。まず個人を類型化するのに、生まれた「年」だけでなく、年と同等に「月」「日」も考慮します。生まれた年月日を十二支に変換し、男女のそれをもとに相性を判断していきます。さらに生まれた日については、その人の性格と一層深い相性判断を診るために、十干も判断材料の一つに入れます。

そして、本術の最も大きな特徴ですが、相性を診断した後、それを改善するための方策が得られるということです。別の言い方をすれば、本書で説く相性は宿命的に決まってしまうのではなく、自分の努力でいくらでも改善できるものです。

●生年月日の十二支

十二支は、毎日、毎月、毎年、順次巡って時間の流れをあらわし、特定の日をあらわすことができます。これについては、木星が12年で太陽の回りを一周することから、天球上における木星の位置に由来すると表現する術士もいます。

月や日にも十二支が割り当てられていることは、初めて聞く読者もいらっしゃるでしょう。月が2月から始まるのは、東洋系の占術では一年のはじめは毎年立春（2月4日頃）からとするからです。2月寅月から新しい年が始まると思ってください。

また、月の変わり目にも注意する必要があります。東洋系の占術では、月は1日から始まるのではなく6日前後からになります。

●生日の十干

より深い判断を行うために、生まれた日については十干を調べます。

十干とは十二支に組み合わせて、毎年、毎月、毎日巡るもので、甲、乙、丙、丁、戊、己、庚、辛、壬、癸の10種類が存在します。

古代中国の思想では、この世の中はすべて木、火、土、金、水の5要素で構成されているとされており、この5要素それぞれに陰と陽があり、あわせて10種類の組み合わせができます。これが十干です。

万年暦を使った干支調べ

皇伝相性占術は、恋人同士の相性について、生年月日の十二支と生まれた日の十干を使用して行います。

【例】

Aさん　1982年7月22日生まれ

①1982年の十二支は戌、7月の十二支は未、22日の干支は丙午となります。
②この人は戌、未、丙午の組み合わせとなります。

Bさん　1993年3月3日生まれ

①1993年の十二支は酉、3月の十二支は卯となっていますが、月の変わり目は3月5日ですので、3月3日はまだ2月です。したがって月の十二支は寅です。3日の干支は癸未となります。

②この人は　酉、寅、癸未の組み合わせとなります。

Cさん　1997年1月3日生まれ

①1997年の十二支は丑ですが、年の変わり目は2月4日からですので年の十二支は子です。1月の十二支は丑となっていますが、月の変わり目は1月5日ですので1月3日の月の十二支は子です。3日の干支は乙巳となります。

②この人は　子、子、乙巳の組み合わせとなります。

巻末資料「干支万年暦」で生まれた日を見つけ、年や月の変わり目に気をつけながら生年月日の干支を19ページのシートに記入しましょう

あなたとパートナーの干支を調べましょう

1部1章「十干十二支によるパートナーとの相性占術」では、十二支相互の関係によるあなたとパートナーの相性、結びつきの深さを8個の要素をもとに判断していきましょう。

あなた………生年支、生月支、生日干、生日支
パートナー…生年支、生月支、生日干、生日支

1部2章「関係を良くする十二支相性法」では、この要素と八方位の方位盤を活用して相性を改善していく方法を紹介します。「この十二支があれば、さらに相性が強化される！」という判断結果が出れば、相性の強化に非常に有効な力を発揮します。

2部「運命の人と出会いたい方への秘法」では、まだ運命の人に出会っていない方のために、恋愛力アップの秘法を伝授します。

3部「生日干支で占うあなたの運勢」では、生まれた日の干支で判断できる、その人の大まかな性格や運勢を掲載しますので、参考にしていただければと思います。

シート1

生年月日と干支

巻末資料「干支万年暦」を参照して記入しましょう

生年月日	年	月	日
干支			

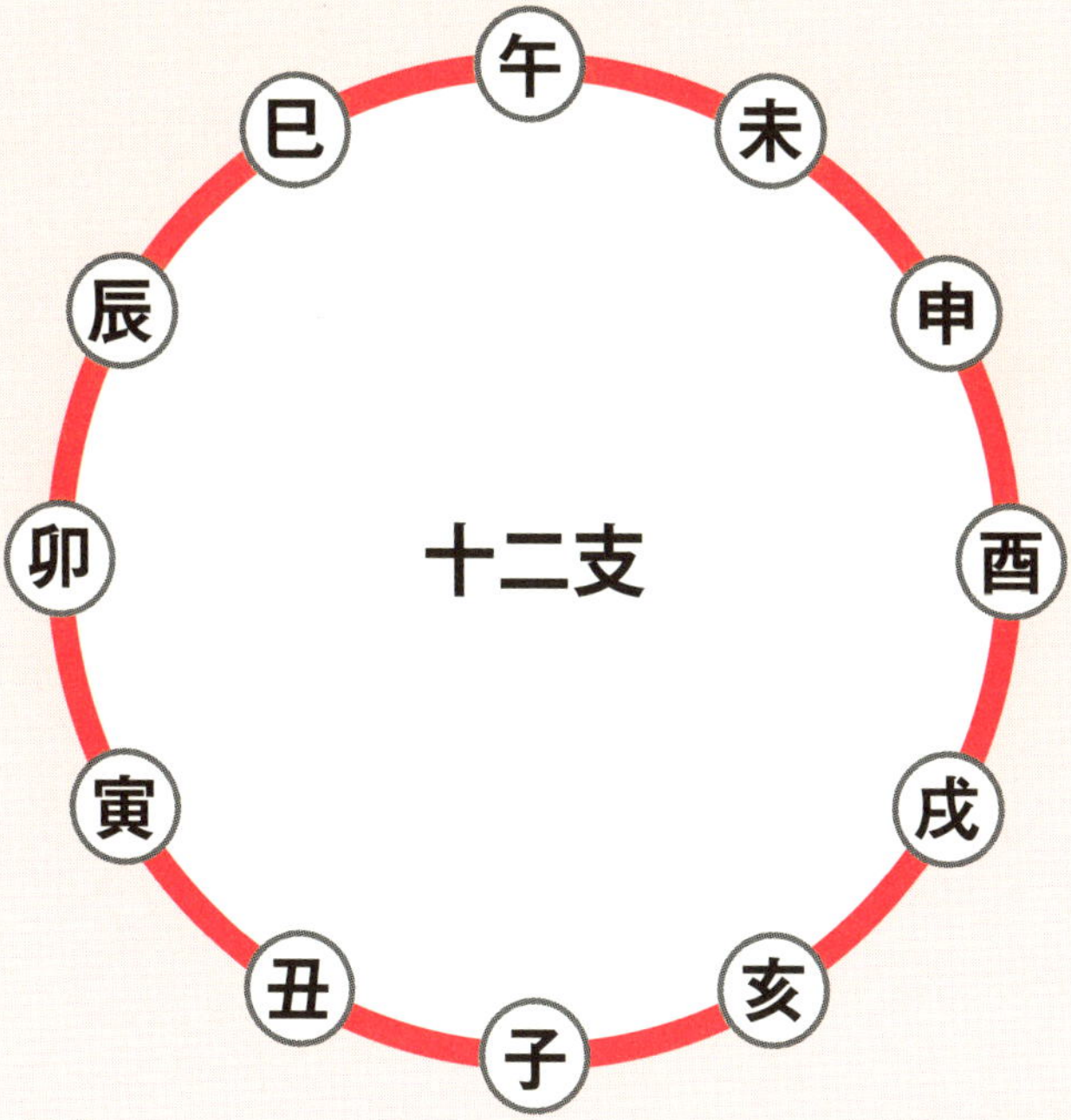

皇伝占術カンタン用語解説

干支とは

干支は、十干と十二支の組み合わせで、年月日時をあらわします。

【略表記】

生まれた生年月日の
　十二支十干…生年月日干支
生まれた年の十二支…生年支
生まれた月の十二支…生月支
生まれた日の十二支…生日支
生まれた年の十干…生年干
生まれた月の十干…生月干
生まれた日の十干…生日干

【十干】

甲 きのえ　乙 きのと
丙 ひのえ　丁 ひのと
戊 つちのえ　己 つちのと
庚 かのえ　辛 かのと
壬 みずのえ　癸 みずのと

【十二支】

子 ね　丑 うし
寅 とら　卯 う
辰 たつ　巳 み
午 うま　未 ひつじ
申 さる　酉 とり
戌 いぬ　亥 ゐ

金函玉鏡とは

その日の干支を使って八方位に八門、九星、十二神を配置して、大吉運を招く方位を割り出す方位術。象意により方位の吉凶を判断する東洋の上流階級で伝わる秘儀です。

陰遁と陽遁とは

昼間の時間がだんだん少なくなって、夜の時間がだんだん増えている時期、夏至から冬至の日の間を陰遁期間、昼間の時間がしだいに増えていく時期、冬至の日から夏至の日までの間を陽遁期間と呼びます。

象意とは

もともとは易学の言葉で方位などにまつわる現象やその性質や意味のこと。どの方位へ行動したら願いがかなうかを示す手引きとなります。

1部
恋人との関係を改善したい方への秘法

1 十干十二支によるパートナーとの相性占術

その1　十二支相性占術

かつて中国では、后を選ぶ段階で、候補者の生年月日をもとに十分に吟味がされました。先天的に運の弱い人物を排除するといった意味もありますが、皇帝との相性の善し悪しが最も重視されました。本人の宿命運だけでなく、皇帝との相性運が厳しくチェックされたのです。皇帝にとって相性のよい后を娶ることによって、皇帝一族と国家の安泰を図ったと思われます。

あなたとパートナーの良縁を考える場合も、一番最初にすべきことは、パートナーとの相性をチェックして、二人の関係を知ることです。

まず、お互いの生年月日を十二支に変換して判断します。もちろん人の生年月日を変えるこ

その１　十二支相性占術

とは不可能ですので、いうならば宿命的な相性判断といえます。したがって、お二人の縁の深浅がはっきり出てしまいますが、それによって、縁を深める努力の対象も探り出せるのです。

まず最初に自分とパートナーのえとを調べます。えとというのは、たとえば２０１５年はひつじ年ですね。２０１５年に生まれた人は、ひつじ年の生まれとなり、これがその人のえととなるのです。それぞれ毎年12種類の動物が割り当てられており、十二支とも呼びます。

えとを漢字で書くと干支になり、これは十干と十二支の組み合わせになります。十干を「幹」とし、十二支を「枝」とします、この枝と幹を組み合わせて年月日時をあらわす表現にしたのです。したがって、厳密に言えばえとが指す意味は十二支だけでなく、十干の部分も含まれます。たとえば２０１６年のえとといえばさる年だけでは不十分で、ひのえさる年となるわけです。

なお、十二支をそれぞれ鼠、牛、虎、兎、龍、蛇、馬、羊、猿、鳥、犬、猪というように動物に当てはめているのは、旧き時代の便法であって、実際の動物とは関係ありません。「さる年生まれだから猿のように小賢しい」などという判断はしないでください。

どなたも生まれ年のえとはご存じでしょうが、これだけでは相性判断は不十分です。ここでは一歩進めて、生年だけでなく、生月、生日のえとも判断の要素にしていきましょう。

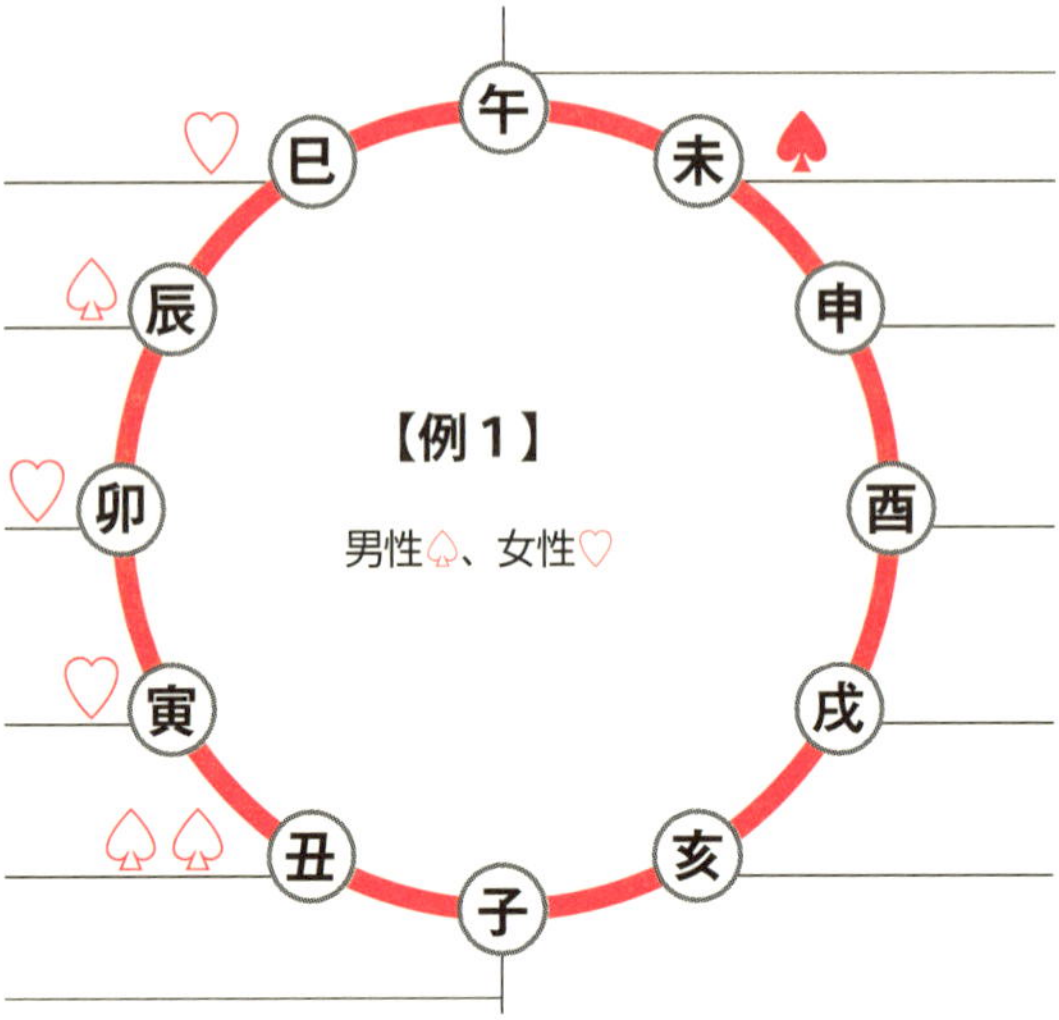

チャートに印をつける

まず、**巻末の「干支万年暦」**を使って二人の十二支を調べます。

続けて、調べた二人の十二支をチャートに印を書き込みます。

本書では、男性を♤、女性を♡で印をつけ、運勢を鑑定します。

【例1】

♤男性　丑年　辰月　丁丑日生まれ

♡女性　卯年　寅月　癸巳日生まれ

同じ十二支を2つ保持している場合……なお**【例1】**は、男性は丑を2つ保持しています。

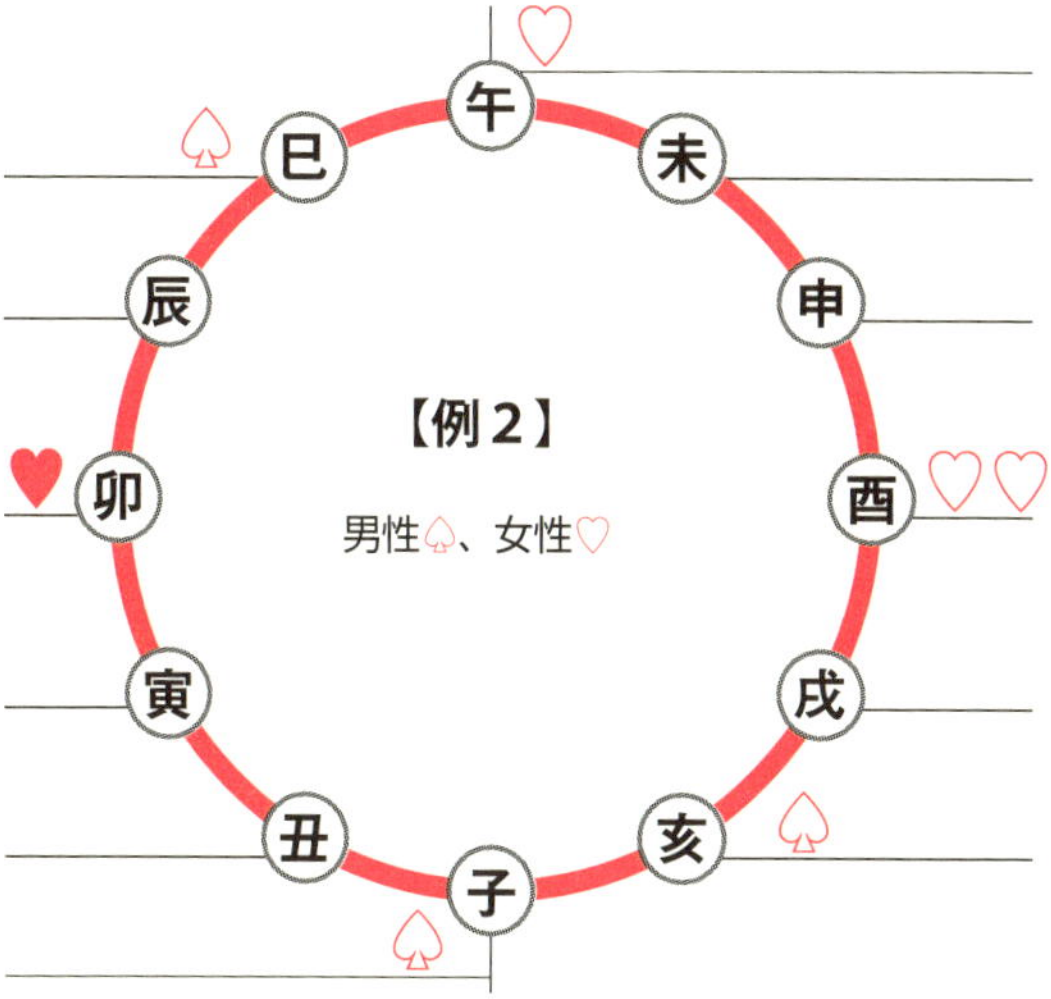

この場合は、反対側の未も判断の対象にしますので、♠で印をしてください。

【例2】

♤男性　巳年　亥月　戊子日生まれ

♡女性　午年　酉月　癸酉日生まれ

同じ十二支を2つ保持している場合……女性が酉を2つ保持しているので、この場合も反対側の卯も判断の対象にします。女性の場合は♥で書き込みます。

あなたとパートナーの生年月日を
78～79ページのシートに書き込みましょう

十二支の相互関係

十二支には、それぞれ決まった関係があります。この関係とは、結びつく関係、反発し合う関係に分かれます。この関係をここでは十二支の相互関係と呼ぶことにします。

十二支の相互関係は以下の種類があります。

十二支相互関係

❶並び	十二支が複数個、順番に並ぶ関係です。最大6支並びまであります	
❷同一支	男女の十二支が同じになる場合です	
❸三会	十二支が3つ集まって形成される関係です	
	①亥卯未	②寅午戌
	③巳酉丑	④申子辰

その1　十二支相性占術

❹合	十二支が2つ集まって形成される関係です	
	①子－丑	②亥－寅
	③戌－卯	④酉－辰
	⑤申－巳	⑥未－午
❺対冲	合と同様、十二支が2つ集まって形成される関係です	
	①子－午	②丑－未
	③寅－申	④卯－酉
	⑤辰－戌	⑥巳－亥

次ページからあなたとパートナーとの十二支の相互関係を解説します

十二支相互関係❶

並び

相性の決め手となる

並びは、2個以上の十二支が隣り合うことを指します。

ここで十二支の順番をおさらいしてみましょう。子から始まって丑、寅、卯、辰、巳、午、未、申、酉、戌、亥とめぐり、さらに子に戻って、また丑、寅、卯……と続きます。

並びとは十二支の関係がこの順に並ぶことをいいます。

たとえば辰に着眼すると、

辰、巳と並べば、2支並び

辰、巳、午と並べば、3支並び

と呼びます。

カップルの生年月日の十二支は合計6個ですので、最大6支並びまで存在することになります。並びの数が多いほど発展するカップルです。

並びの例

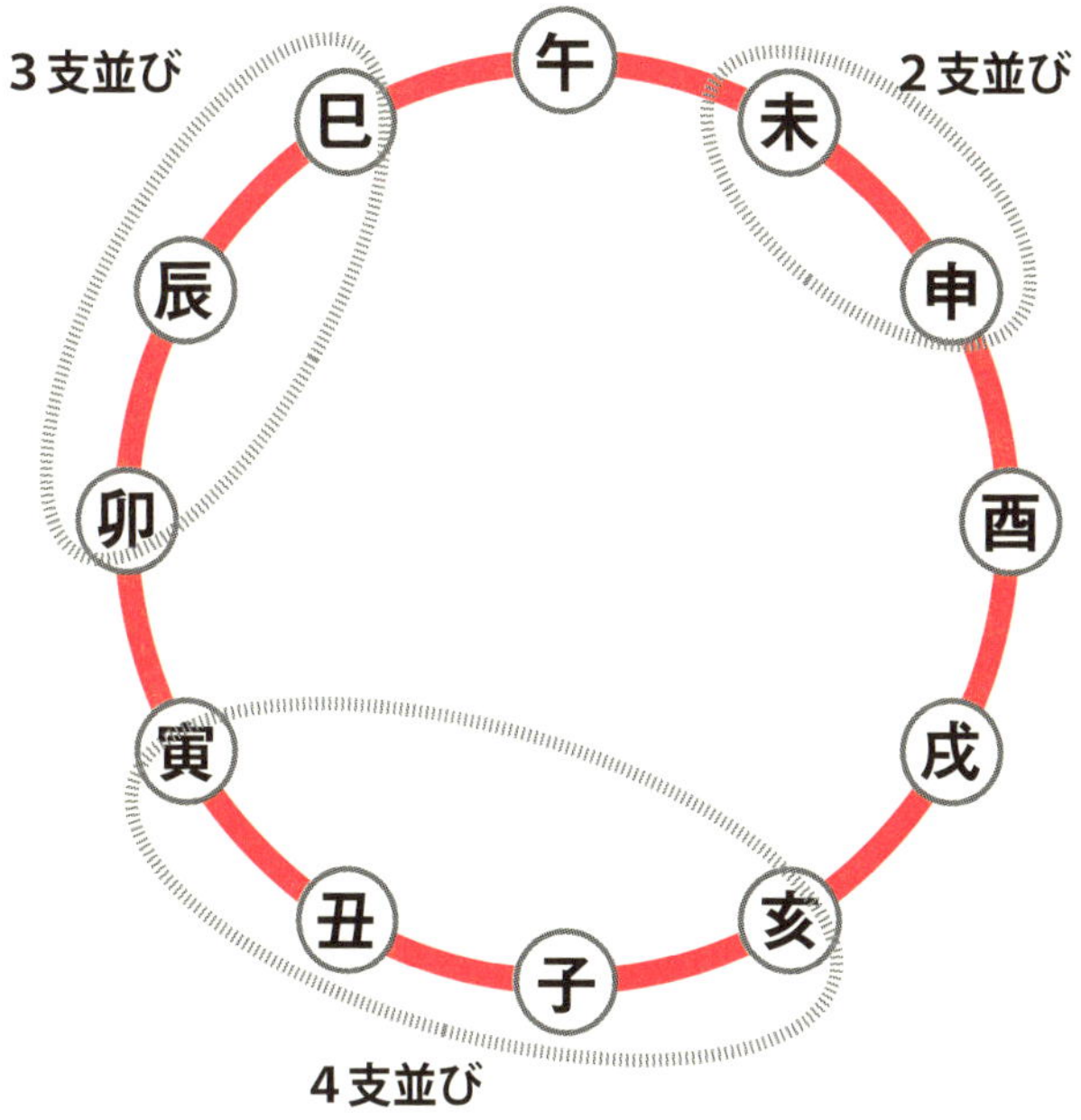

並びがあれば 80ページに記入しましょう

特に強く結びつく十二支の並び……方合

並びの中で、子、卯、午、酉を中心とした3支並びを方合と呼び、特に強い結びつきを発揮します。

❶ 亥子丑
❷ 寅卯辰
❸ 巳午未
❹ 申酉戌

この方合をもつカップルは、単純に同じベクトルを向いていて、お互いに非常にわかりやすい行動様式の相性になります。

たとえば、男性が地位よりも財産を求めるようなタイプの場合、パートナーも同じ考えになり、二人で財産を求めるべく努力邁進します。

強い並び〈方合〉

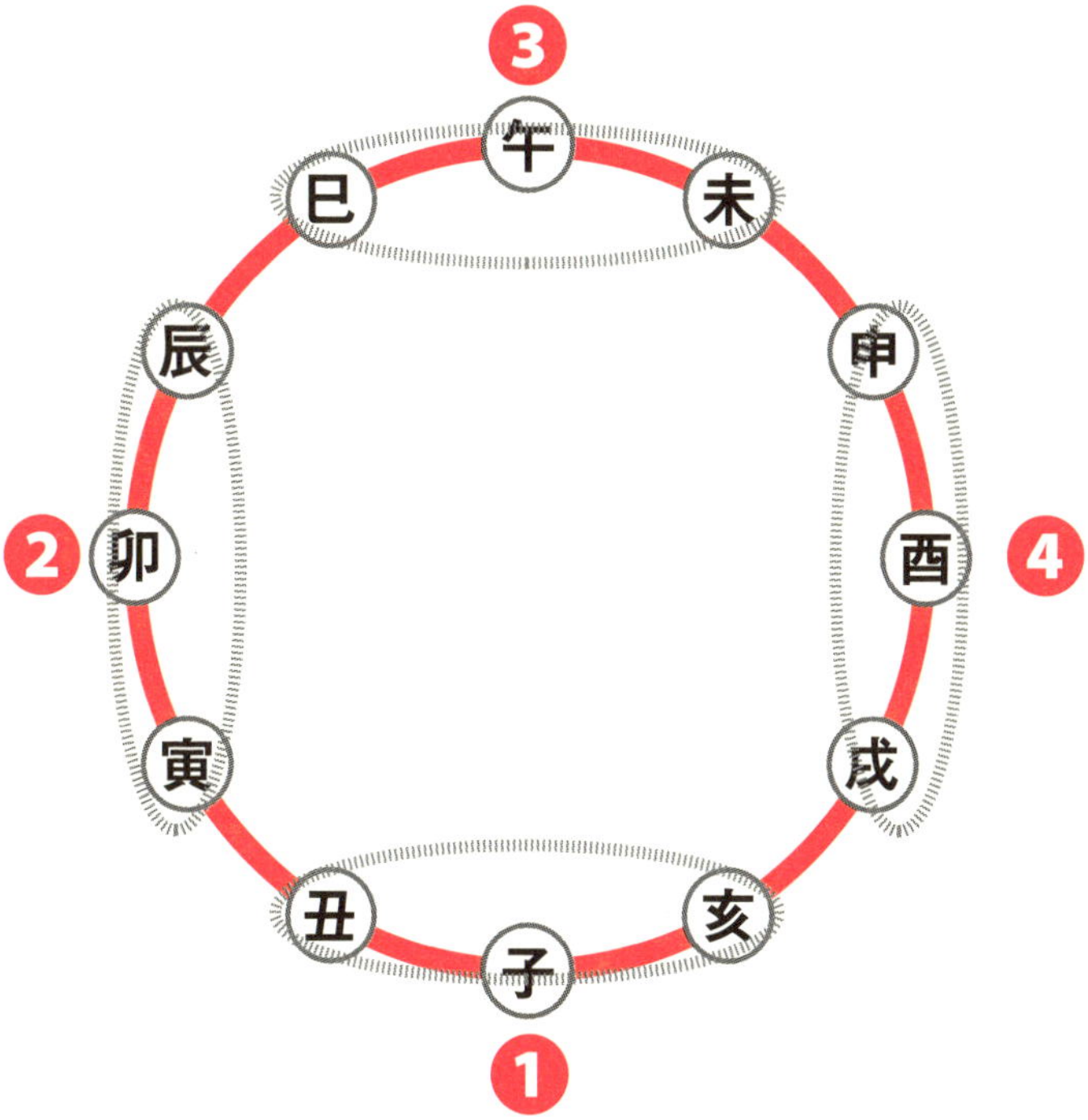

方合があれば80ページに記入しましょう

並びによるカップルの特性

並びの分類は以下のようになります。

全く並びのない場合から最大6支並びまで存在します。

全く並びのないカップル

全く並びのないカップルには、6つの支が全部一つとびになって並びが作られないカップルと、同一支が多くて結果として並びが作られないカップルの2種類があります。

前者は、**2章「関係を良くする十二支相性法」**によって相性が改善できますし、後者はそれだけ縁が深いカップルといえますので、「並びがなければ相性が悪い」という考えは無用です。

2支並びのカップル

一番よくある普通のカップルのパターンです。

子丑、午未、戌亥などのように2支並びが3つ出現する場合です。**「相性を良くする干支方位術」**が非常に適用しやすく、いくらでも改善できるカップルです。

３支並びのカップル

かなり宿命的な縁といえるでしょう。

筆者の知り合いでうまくいっている夫妻は、このパターンが一番多いです。特に何もしなくても、良好な運勢を二人で切り開いて行くでしょう。

４支並び以上のカップル

４支並び以上のカップルは、滅多に出現しません。

この術を最初から知っていて、意図的に相手を見つけた場合は別として、偶然に知り合ったカップルが４支並び以上であったら、それこそ理想的なカップルになると断言できます。

長い年月の間には波風が立つこともあると思いますが、必ずや二人で大発展をとげることになるでしょう。

皇族の方々 1

♤男性
1901年4月29日生まれ　丑年 辰月 丁丑日生まれ

♡女性
1903年3月6日生まれ　卯年 寅月 癸巳日生まれ

なんと、このご夫妻は丑、寅、卯、辰、巳と5つも連続して十二支が続きます。5支並びですね。たいそう仲のよい、しかも幸福な夫妻であると見受けられます。

おそれ多いことですが、このお二人は、昭和天皇皇后両陛下です。

昭和の時代には不幸な敗戦を経験しましたが、その後の昭和30年代、40年代の経済発展はめ

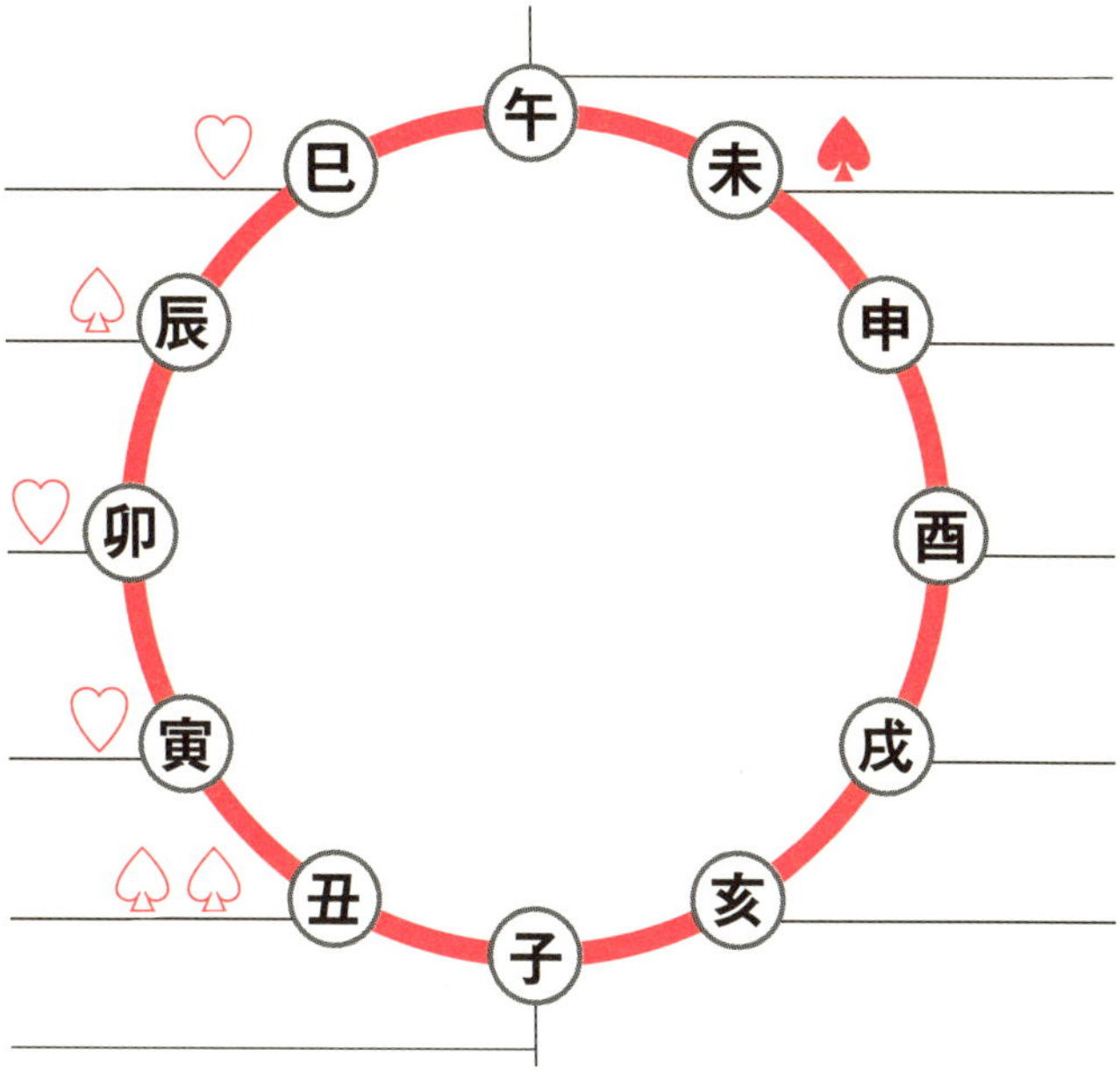

同じ十二支を２つ保持している場合……

この男性は丑を２つ持っており、こうした場合、
反対側の未も考慮に入れます。

ざましく、〝1989年〟その頂点を迎えた段階で昭和の終わりを告げました。

並びが多ければ多いほど大発展の相性であると記しましたが、お二人の結びつきの強さもさることながら、まさに輝ける昭和の時代をあらわしていると思います。

こうした相性は、我々一般の民衆にも当てはまります。

4支並び、5支並びあるいは6支並びの夫妻の家庭は大発展を遂げています。すなわち、支並びは結びつきや縁の深さに加えて、夫婦として発展する度合いをもあらわすのです。

天皇陛下と皇后陛下

♤天皇陛下

1933年12月23日生まれ　酉年 子月 癸亥日生まれ

♡皇后陛下

1934年10月20日生まれ　戌年 戌月 甲子日生まれ

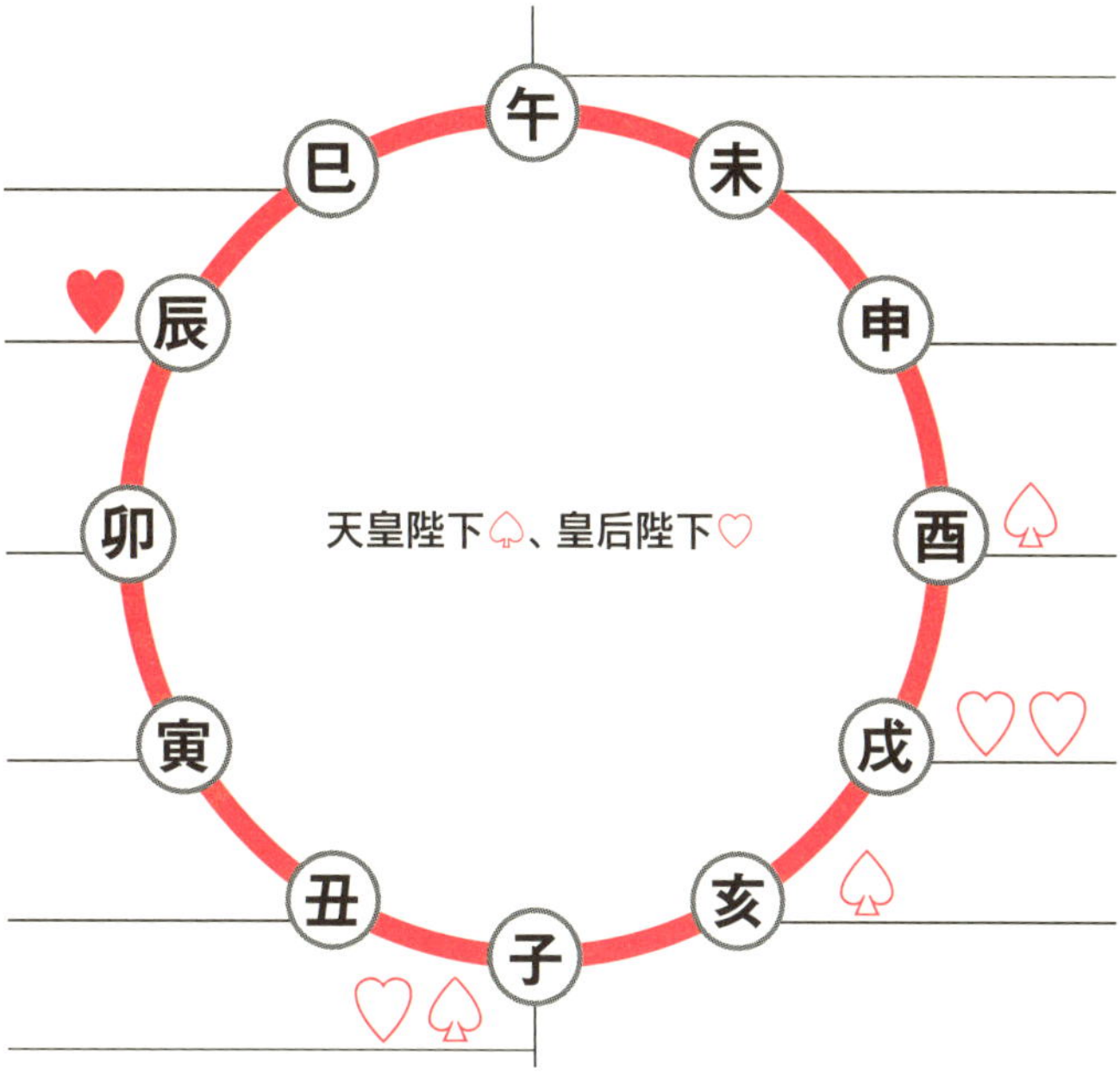

今上天皇の生年月日干支も、酉戌亥子の4支並びになり、やはり大発展のご夫妻です。

この場合、皇后陛下は戌が2つあり、この場合反対側の辰も考慮に入れます。

昭和から平成の時代になり、バブルの崩壊とその後の構造的な不況という経済的苦境が続きましたが、お二人の相性をみると、平成もまた、平穏無事な平和国家として続いていくと思います。

十二支相互関係❷
同一支
因縁が深い結びつき

2つ目の相互関係は、同一支です。

ある男性の生年月日十二支で、生年支が申、生月支が酉、生日支が子だと仮定します。

【例3】

♤男性　申年　酉月　子日生まれ

♡女性　巳年　巳月　申日生まれ

その男性の妻の生年月日十二支が、生年巳、生月巳、生日申であった場合、夫の生年支の申と妻の生日支の申が同一支となります。これはパートナー間で成立するもので、妻の生年支と生月支が同じ巳であっても考慮しません。

同一支

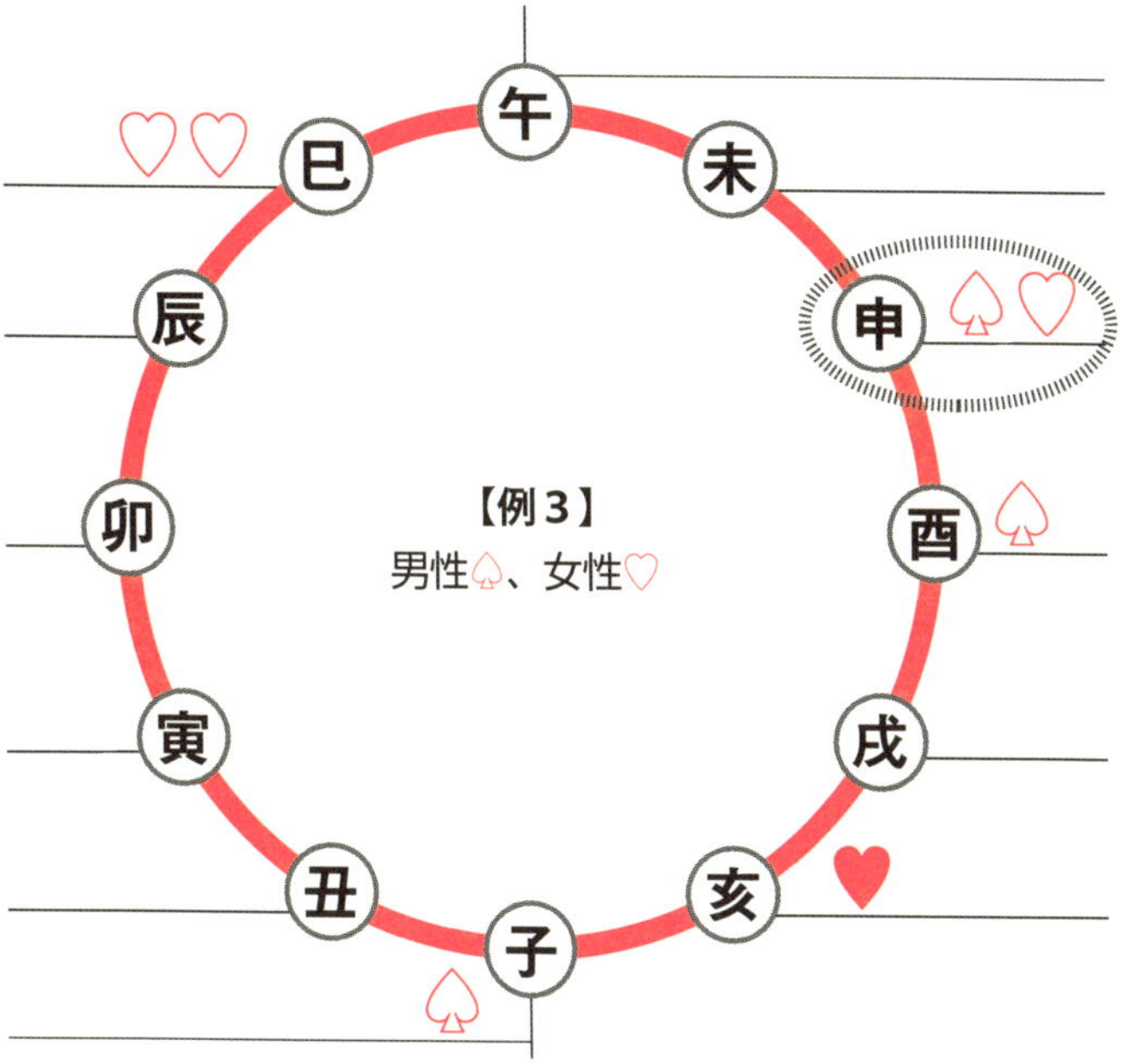

同一支の申は二人の因縁をあらわし、相性や結びつきの強さはあらわしません。たとえば、この夫婦は何かと申に縁があります。

たとえば申の年や月に引越しをしたり、年月日のいずれかに申のある子供が産まれたりします。

上図では申に♤と♡がつけられており、二人の共通の同一支となります。

同一支があれば80ページに記入しましょう

十二支相互関係❸ 三会（三合）しっかり結びつく

三会は、十二支が以下の3つの組み合わせによって成立します。

❶ 亥卯未
❷ 寅午戌
❸ 巳酉丑
❹ 申子辰

これは「三合」とも呼ばれます。

ご自分の相性チャートの中でこれらの組み合わせがあるか、探してください。この三会は、非常に強い結びつきを意味します。

三会

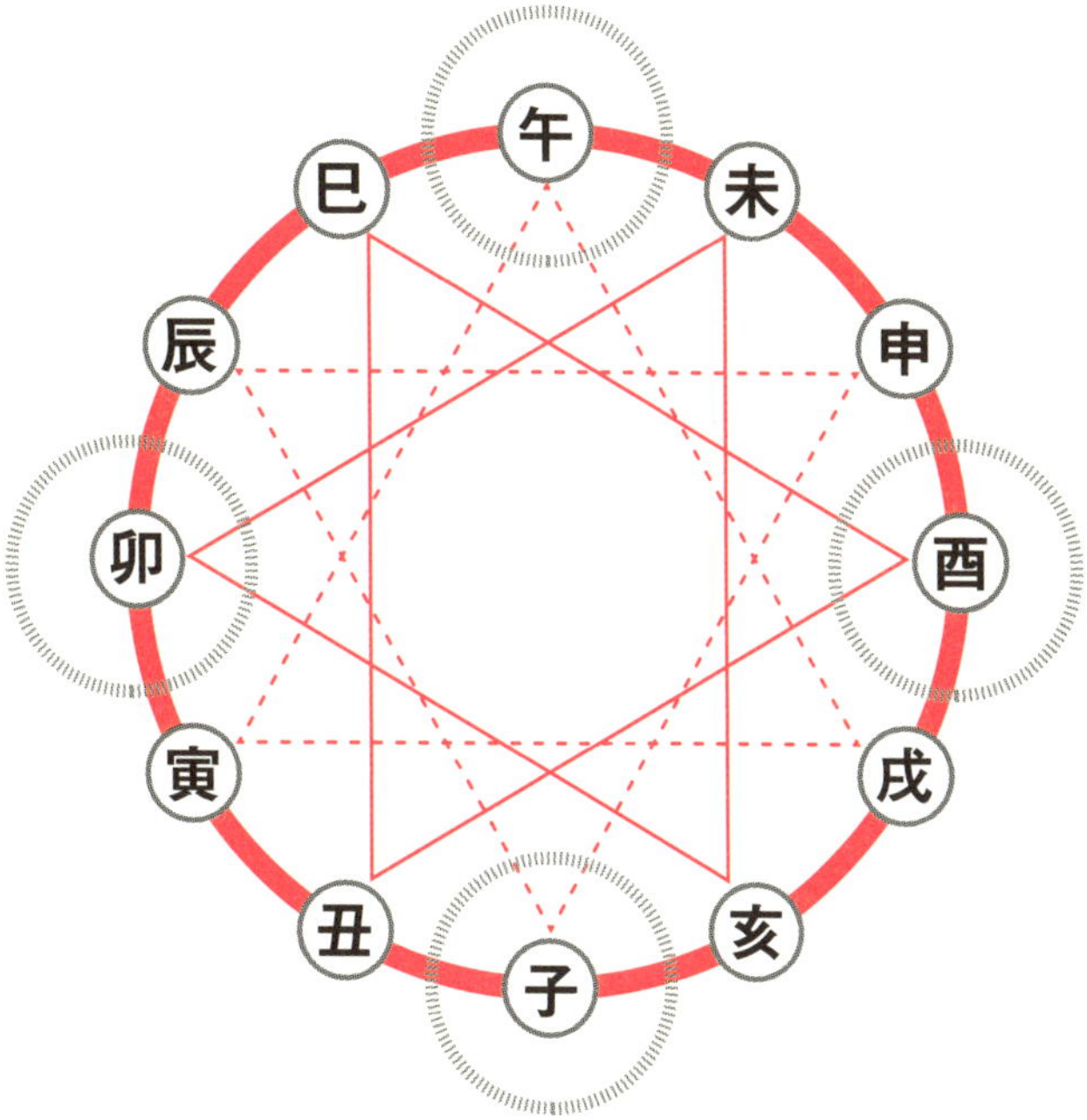

力の強い旺支

十二支の中で卯、午、酉、子の4支を旺支と呼び、力の強い支です。

三会の場合も、3つがそろわなくても、卯、午、酉、子と他の十二支（たとえば卯の場合、亥か未）2つだけでも強い結びつきを示し、これを三会に対して半会と呼びます。

三会があれば80ページに記入しましょう

男女どちらが主導権をとるかを判断

三会は大変強い結びつきを形成しますが、この旺支はその中でもどちらが主導権をとるかを判断するときにも使用します。

つまり二人で三会を形成した場合、旺支のあるほうが主導権を取るのです。

【例4】

♤男性　申年　酉月　庚子日生まれ

♡女性　辰年　未月　乙亥日生まれ

男性の生年支が申、生日支が子、女性の生年支が辰で、申子辰の三会が成立します。

一人で形成する人は強い独立運

また一人でこの三会を形成する人も存在します。

たとえば巳年、丑月、酉日生まれの人は一人で巳酉丑の三会を形成し、大変強い独立運を

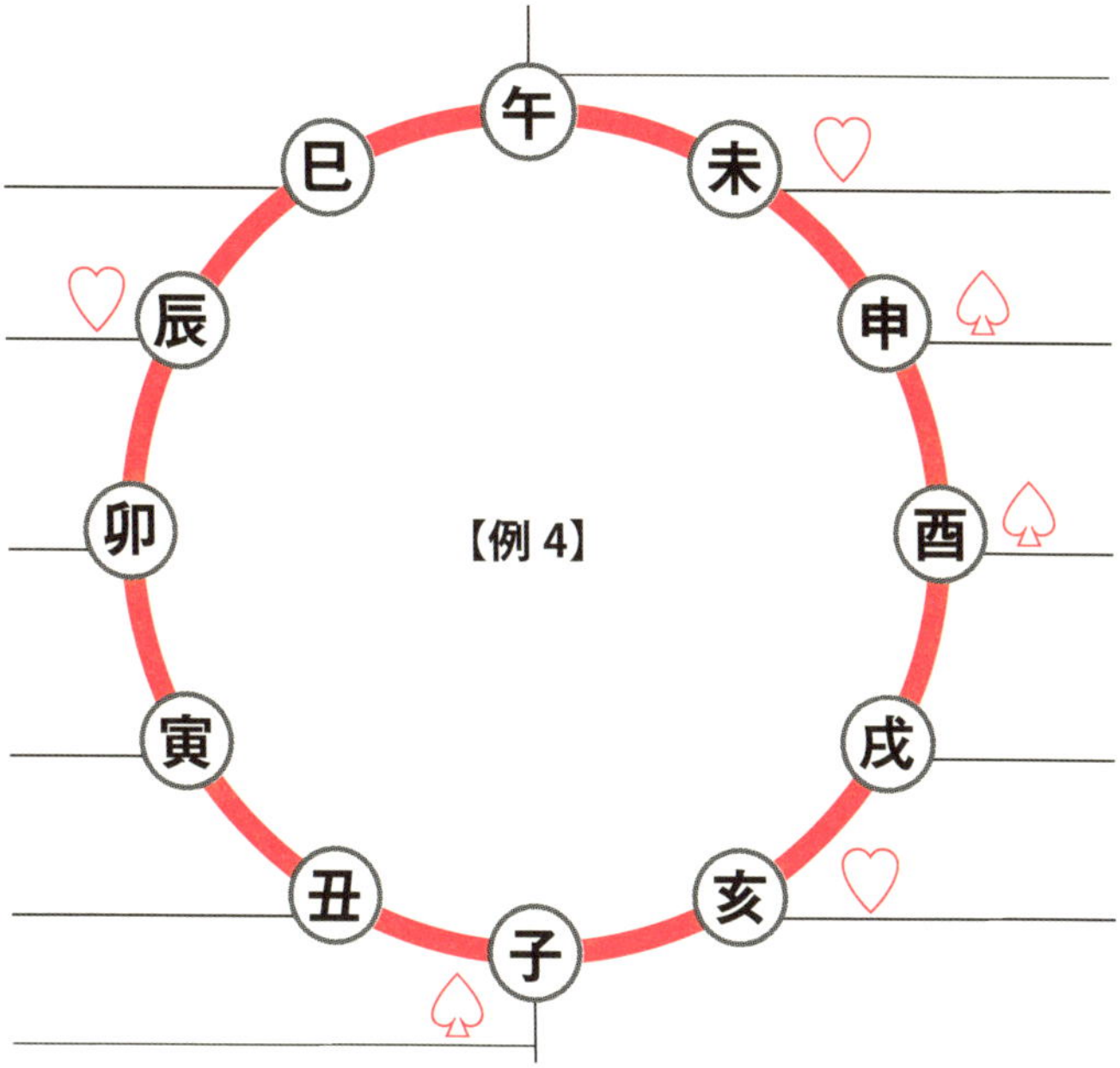

持った人であるとされています。一人で何でもできてしまう人です。大変強い運勢を持った人ですが、完璧すぎて、配偶者運や家族運に恵まれず孤独になりがちです。

4種類の三会にはそれぞれ特定の効果があります。たとえば二人で亥卯未がそろうと、発展発達という効果があらわれ、2人の将来に大きな影響を与えます。

以下順番に説明します。

三会① 亥卯未《いうひつじ》の場合

男女双方で亥卯未の三会が形成される場合には、まさに幸運に恵まれたカップルです。大発展をのぞむことができるからです。

亥卯未三会の象意は「進む」といわれています。物事をどんどん推進して、やがて成功に至るのです。そのためには当然、非常に忙しい毎日を送ることになります。

筆者の顧客で、男性が未をもち、女性が亥と卯をもつご夫婦がいらっしゃいます。結婚されて数年間は会社員でしたが、その後、健康食品を生産者から買い付けて薬局へ卸す事業を始められました。女性が社長で、男性は専務という肩書きですが、会社員時代に培った人的コネクションを活用して、年商一億を超える勢いです。ご多分に漏れず、企業の経営者として24時間戦う忙しさです。このご夫婦を見ていると、販路の開拓など社長の方が主導権を握っているようです。専務は、運転資金の融通など裏方的な仕事に注力して、社長の冒険が過ぎることのないように見守る役目も果たしているようです。

まとめますと、「二人でこの三会が形成される場合は大発展することが可能である。その代わり非常に多忙な毎日を送ることになる。どちらかといえば卯を持つ方が主導権を握る」などと判断できます。

この三会の象意として、

亥の方は、意志が非常に強固になり、簡単なことで気持ちをねじ曲げることができなくなります。「頑固になったね」といわれるかもしれません。仕事に対しては、沈着でかつ熱心、さらにスマートな仕事さばきが発揮され「できる奴」といわれることもあるでしょう。

卯の方は、新規開発、発明、創意工夫という象意が発揮されます。いわゆるアイデアマンです。もちろん仕事面だけに限らず生活面でも、これが大きく生かされるでしょう。

未の方は、和合と安定という象意が発揮されます。誰とでもうまくやっていくことができるのです。また安定という意味より、波風の立たない平穏な毎日を継続させる能力を持つということです。社会的な集団のなかで、調整役を任せることができる人物といえるでしょう。

最高に良い相性　**男性に卯があるときに、女性に未がある場合**

女性に亥がある場合はそれに次ぐ相性

最高に良い相性　**男性に未があるときに、女性に亥がある場合**

女性に卯がある場合は相性は落ちますが、別離というわけではありません。

良い相性　**男性に亥があるときに、女性に卯がある場合**

女性に未がある場合はまあまあの相性

三会② 寅午戌《とらまいぬ》の場合

男女双方で寅午戌の三会が形成される場合にも、幸運なカップルになります。夫婦そろって名誉を手にすることができるからです。

寅午戌三会の象意は「名誉獲得」です。

名誉の意味としては、公的に表彰されることも名誉ですが、むしろ所属する集団において高い地位を得ることができると解釈してください。

たとえば会社員なら同期入社のライバルに比べて、より責任の重い仕事を任される場合が多く、その結果昇進昇格が早くやってくることです。

自営業の人にとっては、名誉ということは考えにくいかもしれませんが、同業組合などで重役を任される、あるいは仕事以外の集団活動での役員を仰せつかるなど、金銭的な収入以外の喜びごとが舞い込んでくると考えられます。

主婦の場合に一番端的な名誉としては、子供が学校で表彰される、芸ごとに秀でて数々の名誉を手にするなど、家族の名誉を自分のこととして考えてください。

この三会の例（男性＝午、女性＝寅戌）としては、男性は地方公務員、女性も専業主婦で特に名誉らしきことは考えられなかったのですが、お子さんが極めて学業に秀でていて、名門中学高校と進学され、現在は国立病院で外科医をなさっているご夫婦がありました。

お母さんにとってはまさに自慢の息子ですね。

ほかにこの三会の象意として、
寅の方は、頭脳明晰になり、結果、物覚えが良くなったり、数理的な計算が得意になること、誠実になり人から尊敬をされるようになることが挙げられます。

午の方は、今まで隠れて世に出ることのなかった才能が、突然何らかの拍子で、世間に広まり、その結果、社会に認められるようになるといわれております。

戌の方は、本来の意味である名誉運に加えて、物質的にも豊かになるとされています。

良い相性　**男性に午があるときに、女性に寅がある場合**
女性に戌がある場合はそれに次ぐ相性

良い相性　**男性に戌があるときに、女性に午がある場合**
女性に寅がある場合はそれに次ぐ相性

最高に良い相性　**男性に寅があるときに、女性に戌がある場合**
女性に午がある場合はそれに次ぐ相性

三会③ 巳酉丑《みどりうし》の場合

男女で巳酉丑の三会が形成される場合は、「金運」が極めて向上するということです。

宝くじで当選したり、競馬競輪のギャンブルで大穴を当てたりなどと考えがちですが、金銭の流通という意味もありますので、一発勝負に一攫千金をねらうというよりも、日々の生活において金回りが良くなると考えた方がよいでしょう。

特に自営業者に顕著に力を発揮します。金融機関からの齟齬のない融資により、事業拡大、新分野への進出、取引先の開拓、仕入れ先の拡大などが実現でき、収入の拡大をもたらすことができます。会社員は給料が決まっていて三会の恩恵にあずかることはあまりなさそうですが、副収入の路が開けたり、臨時収入が頻繁にあったり、給料の良い会社からのヘッドハンティングがあったりします。また、お金の入りを大きくして出を少なくすることによって、金銭の流通がよくなることもあります。手元に流れるお金のボリュームが大きくなると思ってください。

この例としては、飲食店を開店されたご夫婦（男性＝酉丑、女性＝巳）がいらっしゃいます。男性が長年、中華料理店で修行され、結婚して5年目、意を決して都心にラーメン店を開店しました。運良く信用金庫から開店資金を融資してもらい、高級な雰囲気に仕上がったようです。開店当初は客足ものびず苦労したようですが、3年目より俄然と業績が向上しました。融資も順調で、２号店、３号店の計画も進んでいるようです。

この三会の象意として、

巳の方は、、周囲からの信用が厚いです。特に商売をされている方にとっては極めて重要な要素で、成功のためのキーファクターでしょう。

酉の方は、金運が極めて良好です。特に入りがすばらしく、大金を手にすることが可能です。ただし出も多いので気づいたら何も残っていなかったということもあります。

丑の方は、やはり金運が良好ですが、酉の方と反対に入りはそれほどではないものの、出が少なく、結果的に貯金を大きく貯め込んでいるといった状態です。

良い相性　**男性に酉があるときに、女性に丑がある場合**

女性に巳がある場合はそれに次ぐ相性

良い相性　**男性に丑があるときに、女性に巳がある場合**

女性に酉がある場合はそれに次ぐ相性

最高に良い相性　**男性に巳があるときに、女性に酉がある場合**

女性に丑がある場合はそれに次ぐ相性

三会④ 申子辰《さるねたつ》の場合

男女で申子辰の三会が形成される場合には、「夫婦円満」「子孫繁栄」の意があります。

また、健康運が極めて良好で、まさに医者いらずのカップルです。結婚すれば優秀で健康なお子さまに恵まれます。

筆者の知る例では三人以上の子供がいる場合が多く、子供たちは全員優秀でとてもよい子たちです。このカップルのセックスの相性は抜群で、生涯、別の異性と浮気をすることはないでしょう。

また、健康運も抜群で二人ともよく働きます。勤労意欲が極めて旺盛で、結果、周囲からの評価が向上します。このカップルの人格はすばらしく、働き者で、腰の低い旦那様、愛想の良い美人の奥様という評判が立つでしょう。特に金銭運や名誉運があるわけではありませんが、幸福な人生を送る夫婦として、理想的なカップルといえます。

この三会の例では、筆者の近所でスーパーを経営されているご夫婦がいらっしゃいます。男性に申と子があり、女性に辰があります。男性の方が中心に事業を進めているように思えますが、奥様の方がまめに動いておられるようです。お子さまは高校生を筆頭に４人恵まれ、どの子もとてもよい子です。長男が高校卒業後、店の跡継ぎになるということで、学業の合間に店に出て修行をしています。ご主人の人柄がとてもよく、そのせいか、近所の人が良く集まり、いつも繁盛しています。

この三会の象意として、
申の方は、勤労意欲が極めて強く、肉体的にも精神的にも健康を維持できるといわれています。

子の方は、子宝に恵まれ、その子供が優秀に育つこと、家庭環境に恵まれるといわれています。

辰の方は、世間の信用が厚く誰からも尊敬され、いつも周囲に気をかけてもらうことができ、子女に良縁が来ることなどの意があります。

良い相性
男性に子があるときに、女性に申がある場合
女性に辰がある場合はそれに次ぐ相性

最高に良い相性
男性に辰があるときに、女性に子がある場合
女性に申がある場合はそれに次ぐ相性

良い相性
男性に申があるときに、女性に辰がある場合
女性に子がある場合はそれに次ぐ相性

十二支相互関係❹ 合 仲の良さがわかる

合は全部で六種類あり、「支合」とも「六合」とも呼ばれることもあります。２つの支の組み合わせによって成立します。どれも効果は同じですが、生年月日のどの十二支が合を形成するかによって、象意が異なってきます。

支同士が団結して、大変仲の良い状態になり、強い結びつきをあらわします。

双方に上下関係はなく対等の結びつきであるといえます。

①子ー丑　②亥ー寅

③戌ー卯　④酉ー辰

⑤申ー巳　⑥未ー午

合

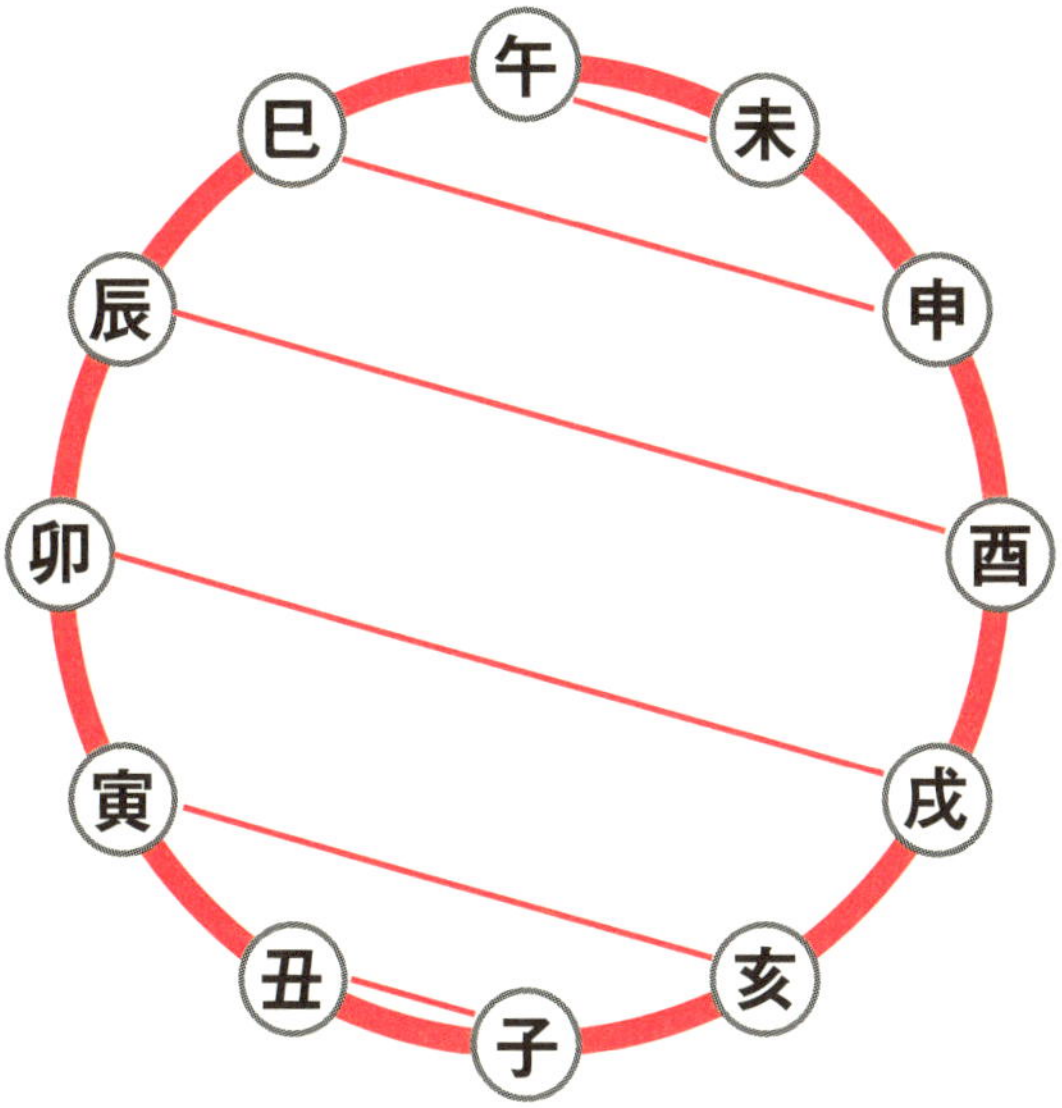

合があれば 80ページに記入しましょう

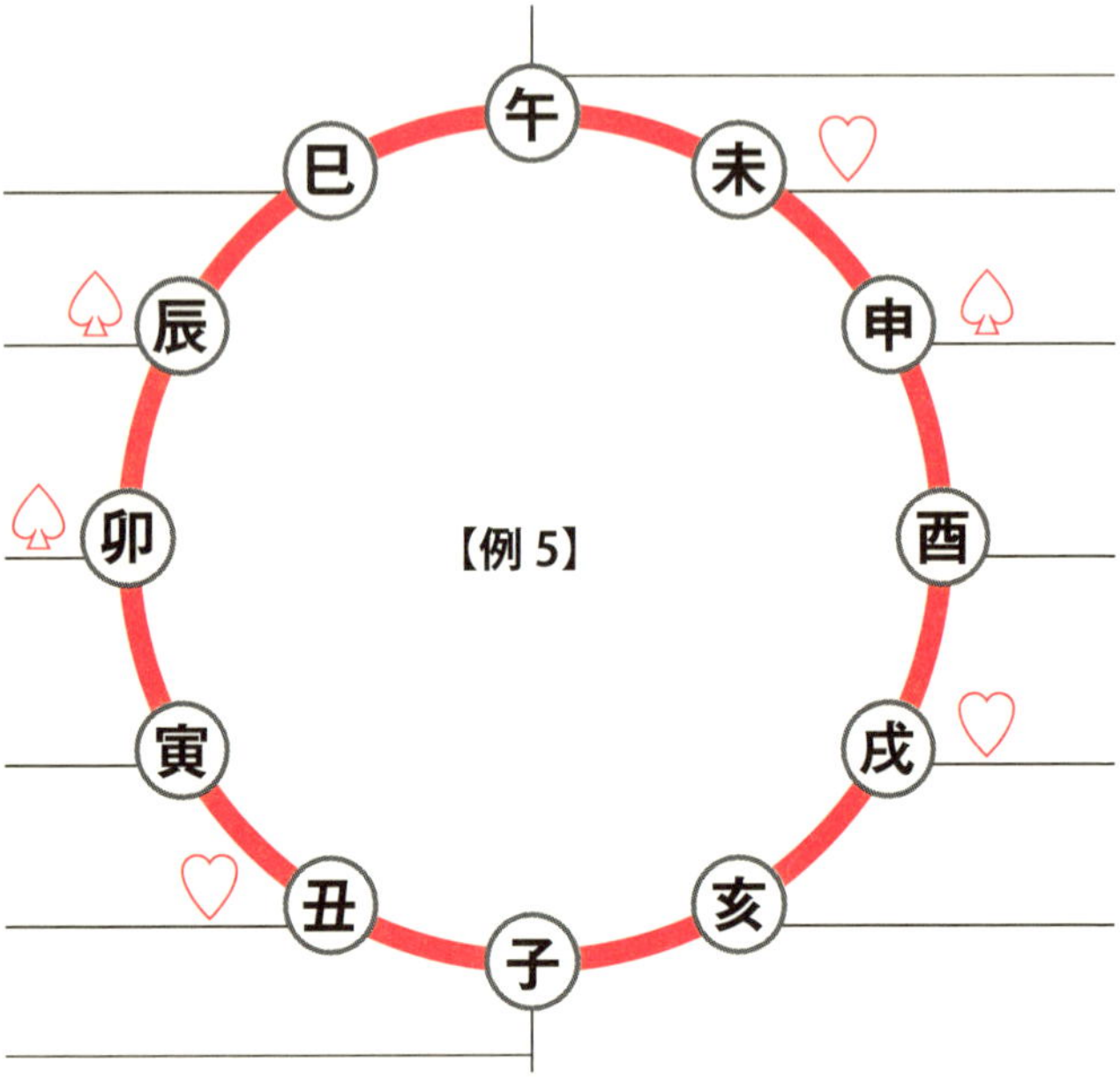

ご自分の相性チャートの中でこれらの組み合わせがあるか、探し出してください。

【例5】

♤男性

申年 辰月 乙卯日生まれ

♡女性

丑年 戌月 癸未日生まれ

男性の生日支が卯、女性の生月支が戌で、戌－卯の合が成立します。組み合わせは55～57ページの通りです。男女の区別はありません。

	生年支	生月支	生日支
自分	❶		
相手	❶		

	生年支	生月支	生日支
自分		❷	
相手		❷	

合の組み合わせの種類……六合

❶ 自分と相手の生年支同士の合

生年支同士の合があるカップルは、大変に恵まれた相性といえます。

日常の行動や仕事に堅実性があり、着実に物事をこなしていきます。

その結果、上司や近隣など周囲から強い信頼を得ることができます。いわゆるまじめなご夫婦という印象を得ることができます。自己の能力相応の目的をもって、日々地道に努力すれば、必ずよい結果が得られるといわれています。

例としては、ご夫婦で中学の教師をなさっている例がありました。勤務状況はわかりませんが、30年にわたって勤務されていることから、周囲からは高い評判を得られていると想像します。

❷ 自分と相手の生月支同士の合

生月支同士の合があるカップルは、これも良好な相性といえます。

お互いに精神的に安定した気持ちを持ち続けることができ、自信を持って物事を

	生年支	生月支	生日支
自分			❸
相手			❸

	生年支	生月支	生日支
自分	❹		
相手		❹	

遂行していくことができます。

一緒にいるだけで安心できる相手という関係です。

❸ 自分と相手の生日支同士の合

生日支同士の**合**があるカップルは、夫婦として最も理想的な組み合わせでしょう。

結婚することによってお互いが持っていた夢を実現することができるといわれています。その実現のために夫婦そろって綿密な計画を立てて、それを実行に移し、最後には結果を出してくるでしょう。

いずれにせよ最も強い相性のカップルであることはまちがいありません。

❹ 自分の生年支と相手の生月支の合

生年支と**生月支**の**合**を持ったカップルは、何事も前進志向が強く、時として持ち出しが発生することがあります。

前向きな考えは非常によいのですが、二人して空想にすぎることも多くあります。もう少し地に足の着いたことを考えるべきです。

収入の割に高級住宅地に住みたがる夫婦もよく見受けられます。

	生年支	生月支	生日支
自分	❺		
相手			❺

❺ 自分の生年支と相手の生日支の合

生年支と生日支の合を持ったカップルは、非常に現実的です。

またすぐ結果を求めたがり、周囲から疎んじられることもあります。

どちらかといえば波瀾万丈の人生を送ることになり、人の妬み嫉みを受けることもあります。

	生年支	生月支	生日支
自分		❻	
相手			❻

❻ 自分の生月支と相手の生日支の合

生月支と生日支の合を持ったカップルは、家庭運に恵まれます。

また互いの義理の親にかわいがってもらえ、その上、子宝に非常に恵まれます。

数も多く、それぞれが大変優秀な子供に育ちます。

十二支相互関係❺ 対冲
対立しやすいが結びつきも強い

これは、両者見合って対立をあらわし、結びつきも強いかかわりに対立もするという関係です。

男女でこの対冲があると、相性が大凶のように説明している書もありますが、決してそのようなことはなく、むしろ長年連れ添った夫婦でこの対冲の関係になる例が多く存在しています。以下の組み合わせによって成立します。

①子—午　②丑—未
③寅—申　④卯—酉
⑤辰—戌　⑥巳—亥

自分の相性チャートの中で、これらの組み合わせがあるか、探し出してください。

対冲

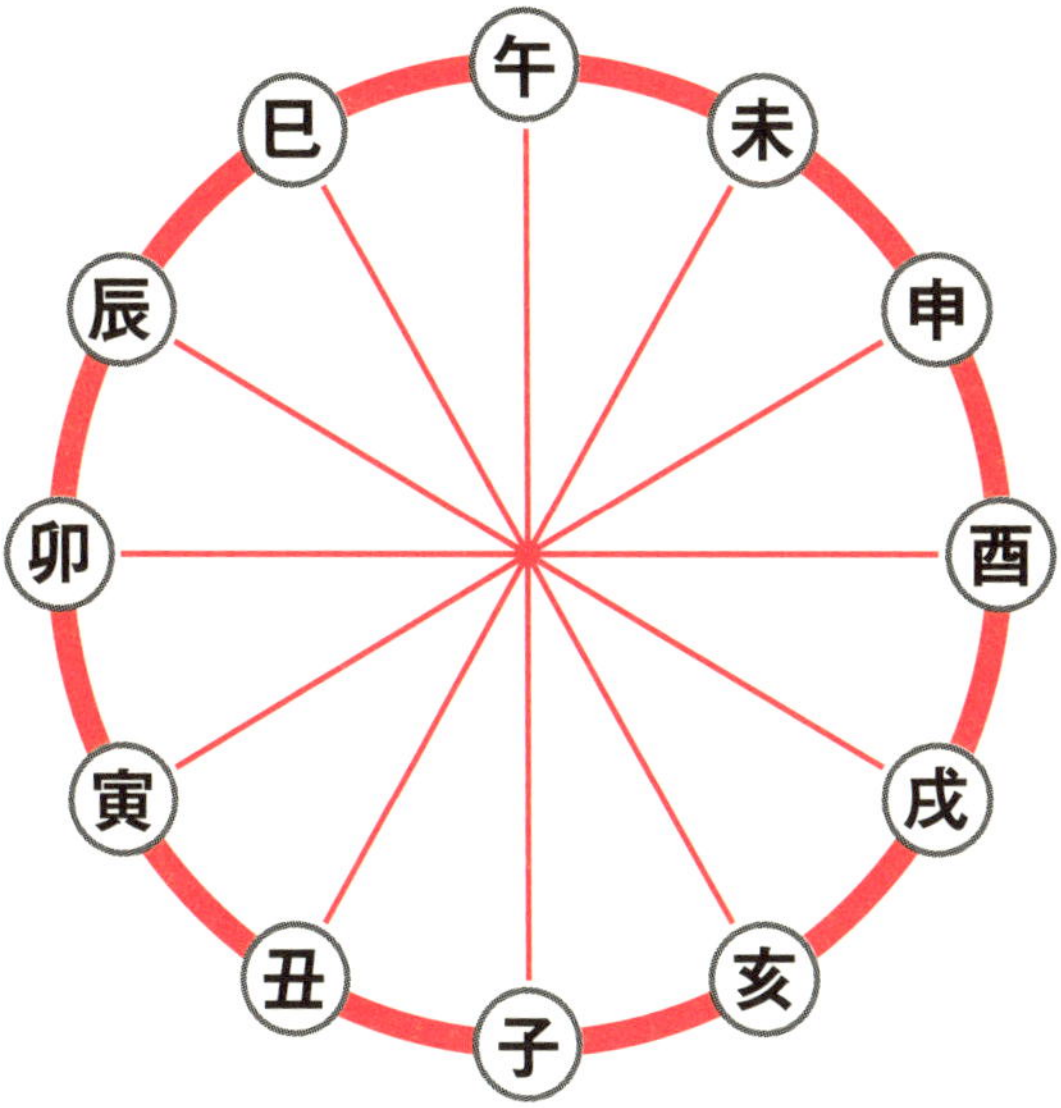

対冲があれば 80ページに記入しましょう

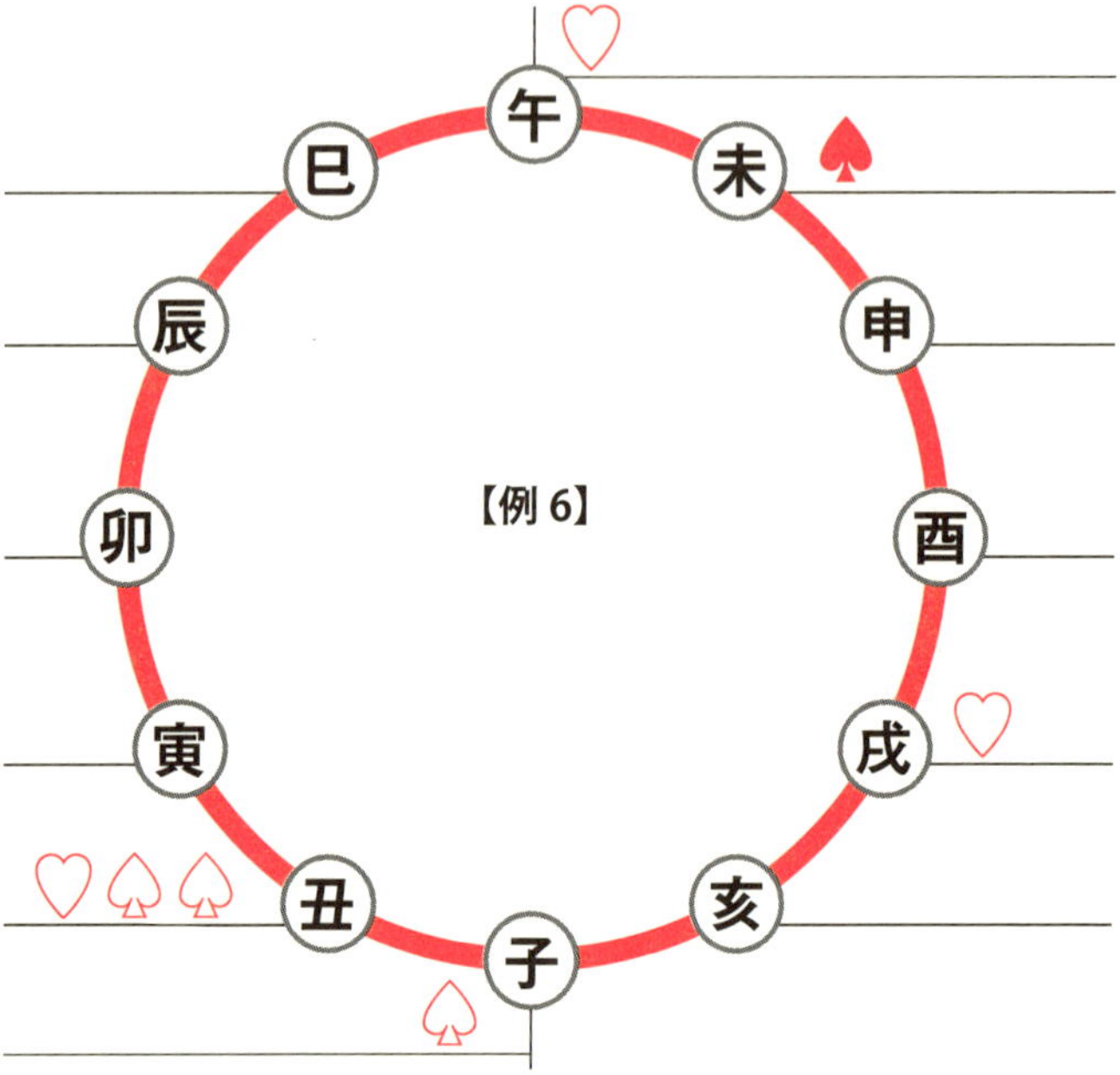

【例６】

♤男性
丑年 子月 己丑日生まれ

♡女性
丑年 戌月 壬午日生まれ

男性の生月支が子、女性の生日支が午で、子－午の対冲が成立します。（午未および子丑の合も成立）

	生年支	生月支	生日支
自分		❷	
相手		❷	

	生年支	生月支	生日支
自分	❶		
相手	❶		

対冲の種類

対冲は全部で6種類あり、どれでも効果は同じですが、合と同じく生年月日のどの十二支が対冲を形成するかによって、象意が異なってきます。

組み合わせとしては以下の組み合わせがあります。男女の区別はありません。

❶ 自分と相手の生年支同士の対冲

生年支同士の対冲があるカップルは、腰を据えて一つのことを成し遂げることができずに、職業が変わりやすくなります。

この夫婦は小さく自分たちだけでできる仕事の世界を持つのが成功の秘訣です。

❷ 自分と相手の生月支同士の対冲

生月支同士の対冲があるカップルは、心の変化が多く、非常に用心深くなります。結婚していれば猜疑心に悩まされることになります。

物事に対しても迷いが多く見られ、心の支えが必要になってきます。

	生年支	生月支	生日支
自分			❸
相手			❸

❸ 自分と相手の生日支同士の対冲

生日支同士の対冲があるカップルは、家庭、財産、結婚での別離、分離が起こりやすいです。一つのことにまとまりにくい傾向です。

また、子供のことなど身内の問題も起こりがちです。

	生年支	生月支	生日支
自分	❹		
相手		❹	

❹ 自分の生年支と相手の生月支の対冲

生年支と生月支の対冲を持ったカップルは、目的が変化しやすく、職業を何度も変えがちになります。どちらかといえば波瀾万丈のカップルです。

二人とも人付き合いが面倒になります。

その１　十二支相性占術　❺対冲

	生年支	生月支	生日支
自分	❺		
相手			❺

	生年支	生月支	生日支
自分		❻	
相手			❻

❺ 自分の生年支と相手の生日支の対冲

生年支と生日支の対冲を持ったカップルは、どちらかといえば自分勝手な夫婦と見られがちです。

なぜならば自分たちの気に入ったことしか行動せず、社会のために奉仕するという気持ちに欠けるからです。

❻ 自分の生月支と相手の生日支の対冲

生月支と生日支の対冲を持ったカップルは、自分たちだけの世界を作り上げます。大変用心深くなり納得できないことは行いません。

周囲と波風が立つことも多いです。

【合と対冲の混在について】

２人の間で合と対冲が混在する場合があります。
たとえば、男性の生年支と、
女性の生月支は合となるが、
女性の生日支とは対冲になる場合です。
このようなカップルは行動にちぐはぐが生じやすいものです。どちらかといえば、仲のよいときと、喧嘩をしているときの差が激しいでしょう。とはいっても、縁としては非常に深い部類に入りますので、それが原因で離別することはありません。

男性　丑年　酉月　己丑日生まれ
女性　辰年　子月　癸未日生まれ

男性の生年支の丑と
女性の生月支の子は合の関係
女性の生日支の未とは対冲の関係

十二支相互関連一覧

十二支相互の関連は以下の表から導くことができます。

自分／相手	子	丑	寅	卯	辰	巳	午	未	申	酉	戌	亥
子		合			三会		冲		三会			
丑	合					三会		冲		三会		
寅							三会		冲		三会	合
卯								三会		冲	合	三会
辰	三会								三会	合	冲	
巳		三会							合	三会		冲
午	冲		三会					合			三会	
未		冲		三会			合					三会
申	三会		冲		三会	合						
酉		三会		冲	合	三会						
戌			三会	合	冲		三会					
亥			合	三会		冲		三会				

横欄の子と三会を形成するのは、縦下の「三会」の欄の左を見て辰と申というように導き出します。

その2　生日干を加えた相性占術

「その1 十二支相性占術」では、生年月日の十二支同士の関係から人間関係の相性をみてきましたが、生日の十干同士の関係を配慮することで、いっそう深い判断をしていくことができます。

生日十干十二支によって、その人の持つ先天的な運勢の強さを判断することができます。ここでは、十干も考慮した関係として、干合と天剋地冲の二点について解説します。

なお、一般に、人間の持って生まれた運の強さ（先天運）や巡り来る時の運（後天運）については、生年月日時の十干十二支で判断を行う技法として四柱推命が有名です。ただし非常に複雑ですので、本書では**3部「生日干支で占うあなたの運勢」**で、生日十干十二支で個人の運勢を簡単に判断する方法を紹介します。あわせて参考にしてください。

十干の成り立ち

- 木の陽→木の兄→甲　きのえ
- 木の陰→木の弟→乙　きのと
- 火の陽→火の兄→丙　ひのえ
- 火の陰→火の弟→丁　ひのと
- 土の陽→土の兄→戊　つちのえ
- 土の陰→土の弟→己　つちのと
- 金の陽→金の兄→庚　かのえ
- 金の陰→金の弟→辛　かのと
- 水の陽→水の兄→壬　みずのえ
- 水の陰→水の弟→癸　みずのと

月の十二支

- 2月――寅　とら
- 3月――卯　う
- 4月――辰　たつ
- 5月――巳　み
- 6月――午　うま
- 7月――未　ひつじ
- 8月――申　さる
- 9月――酉　とり
- 10月――戌　いぬ
- 11月――亥　い
- 12月――子　ね
- 1月――丑　うし

十干十二支❶ 干合《かんごう》 切っても切れない関係

干合とは十干同士が強く結びつきあって、特別な働きをするものです。以下の十干の組み合わせが干合となります。

自分の生日干と相手の生日干が干合すれば、その相手とは切っても切れない関係になります。そういった意味では合（支合）とよく似ています。

どれも非常に良い象意です。干合を持つカップルは参考にしてください。

①甲—己 ②乙—庚 ③丙—辛

④丁—壬 ⑤戊—癸

干合

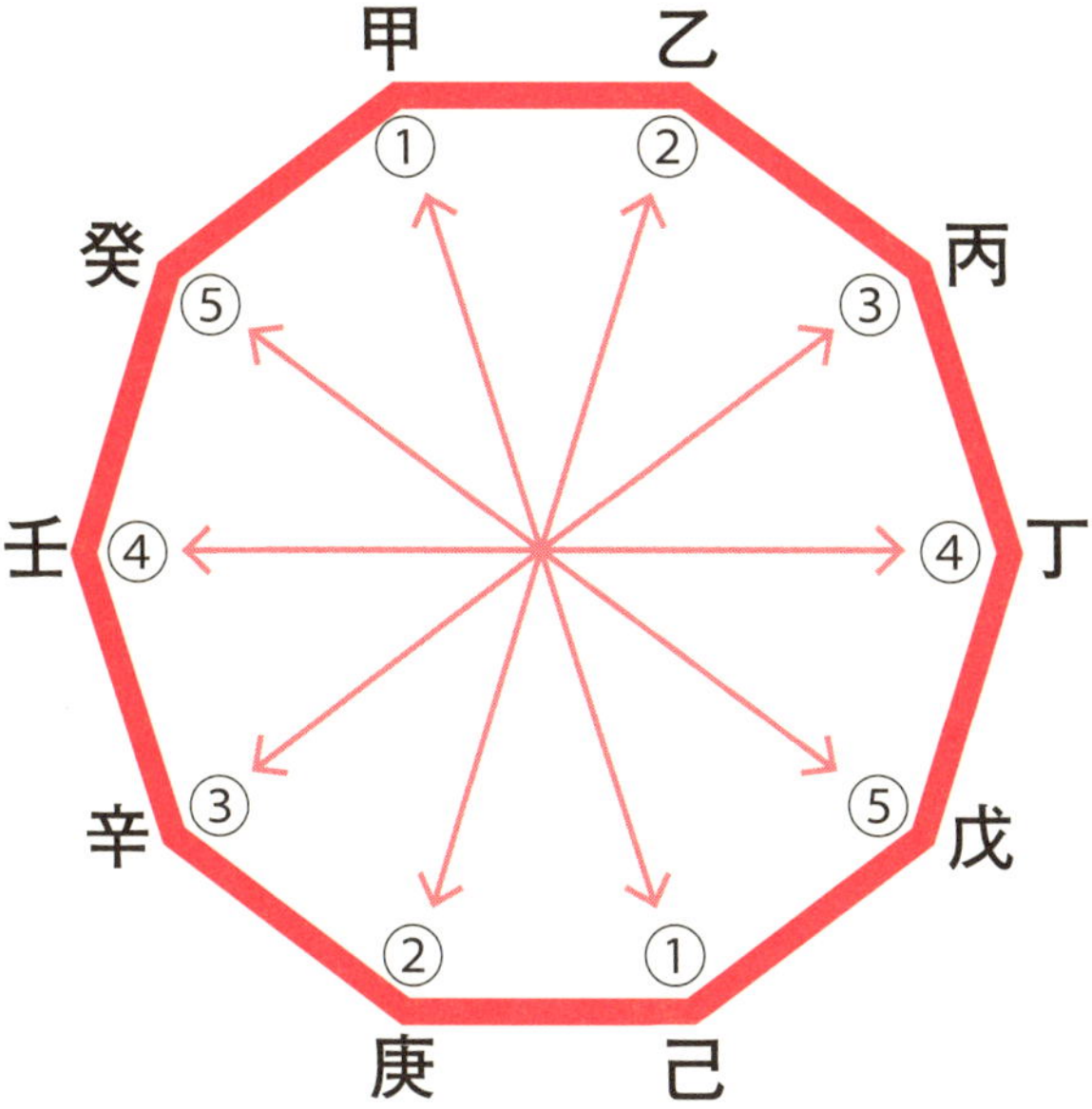

干合があれば 81 ページに記入しましょう

干合の象意

干合の象意を説明します。

①甲――己

大変財運に恵まれます。財運の内容は現在携わっている職業によって異なります。自営業なら収入が多くなる財運ですし、公務員や会社員なら出費が少なくなる財運です。

②乙――庚

名誉運を追求することができます。昇進昇格により高位につくこと、あるいは周囲から賞賛されるような名誉を得ることです。公務員や会社員の方に結果があらわれやすい干合です。

③丙――辛

知性運が良くなります。知的な職業について成功することや、資格試験合格など頭脳を使うことすべてによいです。

④ 丁—壬

福徳運がよくなります。これは仕事以外の趣味や娯楽が充実するということです。二人で共通の趣味を持ち、楽しい毎日を過ごすことができるでしょう。

⑤ 戊—癸

健康運が非常に向上します。

秋篠宮ご夫妻がまさにこの干合です。三人のかわいらしいお子さまに恵まれ、健康な日々をお過ごしのようです。**95ページ**からご紹介します。

年運としての干合

年回りで自分の干合にあたる年が巡ってくると、その年は自分が強く出ることができるでしょう。年の十干は、**巻末の「干支万年暦」**を参考にしてください。

十干十二支❷ 天剋地冲《てんこくちちゅう》 苦手だけど離れられない関係

十干の天剋と十二支の地冲、この二つの要素が重なったものを天剋地冲とよびます。

たとえば、生日干支が甲子なら、甲の天剋は庚、子の地冲は午で、庚午が天剋地冲の干支になります。

同様に、生日干支が乙丑なら辛未が天剋地冲になります。

十二支の冲については60ページ「十二支相互関係❺対冲」で解説していますが、ここでは、この組み合わせを地冲とよびます。

十干の天剋

十干は甲乙丙丁戊己庚辛壬癸の10種類です。毎日（毎月、毎年）この順番で巡ります。

この中で左図の組み合わせを天剋とよびます。

注意点としては、この天剋はすべて一方通行であるということです。

天剋

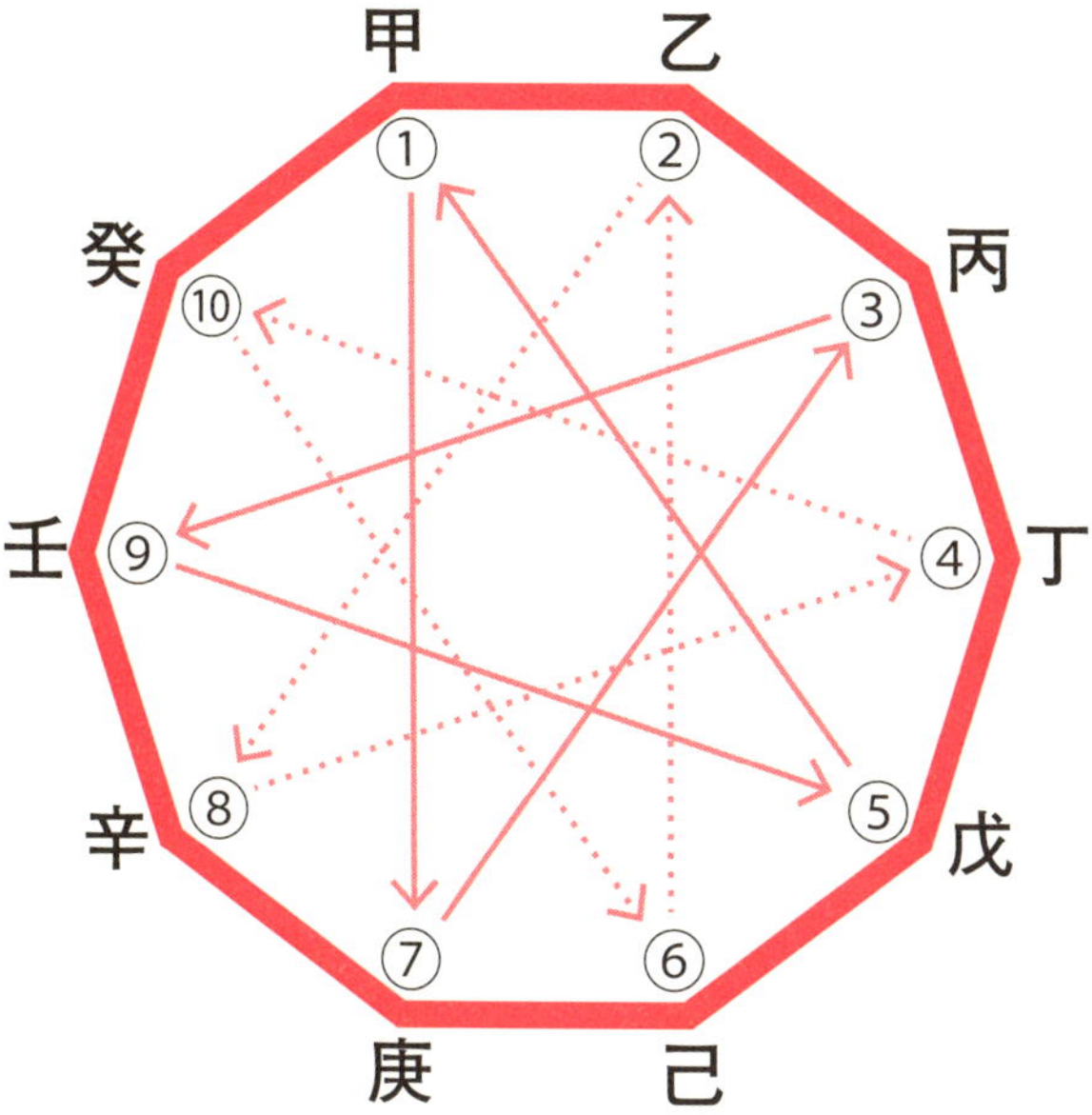

天剋があれば81ページに記入しましょう

たとえば自分の生日干が甲なら天剋に当たる十干は庚ですが、反対に、自分の生日干が庚なら天剋の干は甲ではなく丙であるということです。

天剋

① 甲 ⇓ 庚
② 乙 ⇓ 辛
③ 丙 ⇓ 壬
④ 丁 ⇓ 癸
⑤ 戊 ⇓ 甲
⑥ 己 ⇓ 乙
⑦ 庚 ⇓ 丙
⑧ 辛 ⇓ 丁
⑨ 壬 ⇓ 戊
⑩ 癸 ⇓ 己

地冲（＝対冲）

58ページ参照

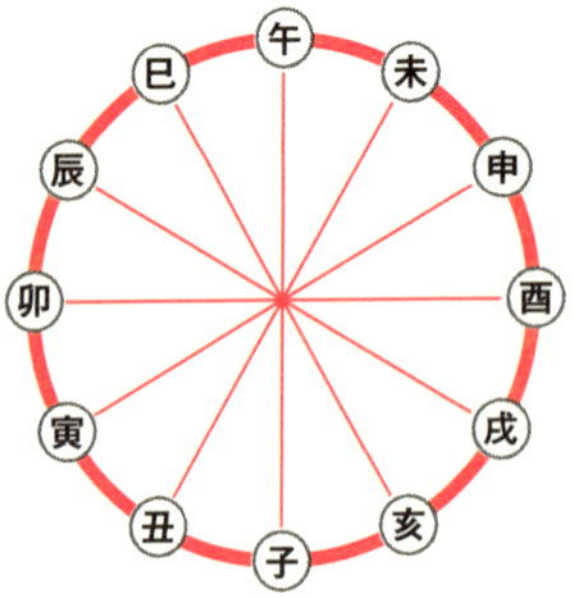

① 子 ⇕ 午
② 丑 ⇕ 未
③ 寅 ⇕ 申
④ 卯 ⇕ 酉
⑤ 辰 ⇕ 戌
⑥ 巳 ⇕ 亥

天剋地冲の相性

人間関係としての天剋地冲

人間関係としてとらえた場合、天剋地冲の相手は非常に苦手な存在といえます。たとえば生日干支が甲子なら、生日干支が庚午の人物が大変苦手であるということになります。ところがおかしなもので、日常生活を営む上で、天剋地冲の相手と巡り会うことが非常に多いのです。

恋人同士や夫婦、さらには親子兄弟、あるいは上司と部下や同僚など、自分の回りに天剋地冲の人を引き寄せてしまう場合が多いのです。苦手ではあるがなぜか引き寄せてしまう、そんな微妙な関係です。

このように天剋地冲は相性判断の一つの要素となります。先に述べた十二支の相互関係による相性診断に付加してみると、よりおもしろい判断ができます。

人間関係における天剋地冲は、一部の書で書かれているように、必ず離婚するとか犬猿の仲になるとかといった決定的なものではなく、苦手であるがくっついているという微妙な関係であることを頭に入れておいてください。

「あの人とは天剋地冲だから、もう会わない」などと、決して思い込まないように！

独身の方で、お見合いの相手が自分と天剋地冲の関係にあった場合は、いくら学歴や年収など他の条件が良くてもじっくり考えたほうがいいでしょう。おつきあいを始めたとたんに、何かとぎくしゃくしがちです。でも、だいじょうぶ。**82ページ**から述べる「**関係を良くする十二支相性法**」を使えば天剋地冲の影響を弱めることができますので、参考にしてください。

年運としての天剋地冲

年運を考えた場合は、この天剋地冲はかなりいやな存在になります。

たとえば２０１７年は丁酉の年ですが、生日干支が癸卯の人にとっては天剋地冲の年になります。癸の天剋は丁、卯の地冲は酉だからです。

天剋地冲に当たる年は諸事不如意の年になり、特に健康面では十分に注意が必要です。また家族との別れという意味もあります。

年干支は、**巻末の「干支万年暦」**を参考にしてください。

天剋地冲一覧（自分の生日干支⬇相手の生日干支）

自分	相手	自分	相手	自分	相手	自分	相手	自分	相手
甲子	庚午	乙丑	辛未	丙寅	壬申	丁卯	癸酉	戊辰	甲戌
己巳	乙亥	庚午	丙子	辛未	丁丑	壬申	戊寅	癸酉	己卯
甲戌	庚辰	乙亥	辛巳	丙子	壬午	丁丑	癸未	戊寅	甲申
己卯	乙酉	庚辰	丙戌	辛巳	丁亥	壬午	戊子	癸未	己丑
甲申	庚寅	乙酉	辛卯	丙戌	壬辰	丁亥	癸巳	戊子	甲午
己丑	乙未	庚寅	丙申	辛卯	丁酉	壬辰	戊戌	癸巳	己亥
甲午	庚子	乙未	辛丑	丙申	壬寅	丁酉	癸卯	戊戌	甲辰
己亥	乙巳	庚子	丙午	辛丑	丁未	壬寅	戊申	癸卯	己酉
甲辰	庚戌	乙巳	辛亥	丙午	壬子	丁未	癸丑	戊申	甲寅
己酉	乙卯	庚戌	丙辰	辛亥	丁巳	壬子	戊午	癸丑	己未
甲寅	庚申	乙卯	辛酉	丙辰	壬戌	丁巳	癸亥	戊午	甲子
己未	乙丑	庚申	丙寅	辛酉	丁卯	壬戌	戊辰	癸亥	己巳

相性判断シート

自分と相手の生年月日干支は、これから本書の中で幾度も出てきますので、しっかりメモしておきましょう。

自分の生年月日と干支

生年月日	年	月		日
干支				

相手の生年月日と干支

生年月日	年	月		日
干支				

相性チャート

男性を♤、女性を♡で印をつけましょう。

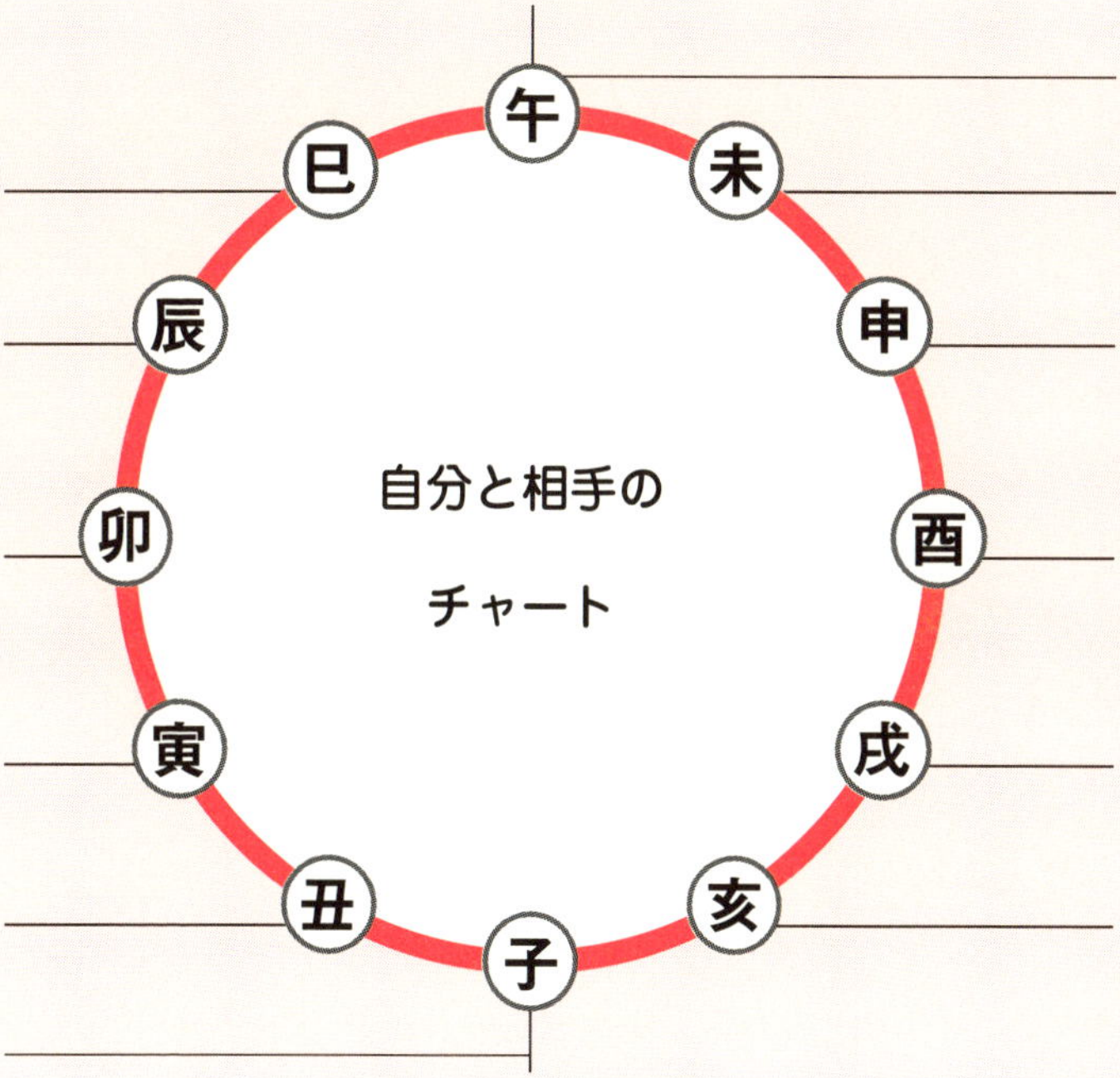

十二支の相互関係

❶並び	2支並び	
	3支並び	
		方合　①亥子丑　②寅卯辰 ③巳午未　④申酉戌
	4支並び	
	5支並び	
	6支並び	
❷同一支		
❸三会	①　亥卯未　②　寅午戌 ③　巳酉丑　④　申子辰	
	旺支	卯、午、酉、子
❹合	①　子ー丑　②　亥ー寅　③　戌ー卯 ④　酉ー辰　⑤　申ー巳　⑥　未ー午	
❺対冲	①　子ー午　②　丑ー未　③　寅ー申 ④　卯ー酉　⑤　辰ー戌　⑥　巳ー亥	

シート3

生日十干シート

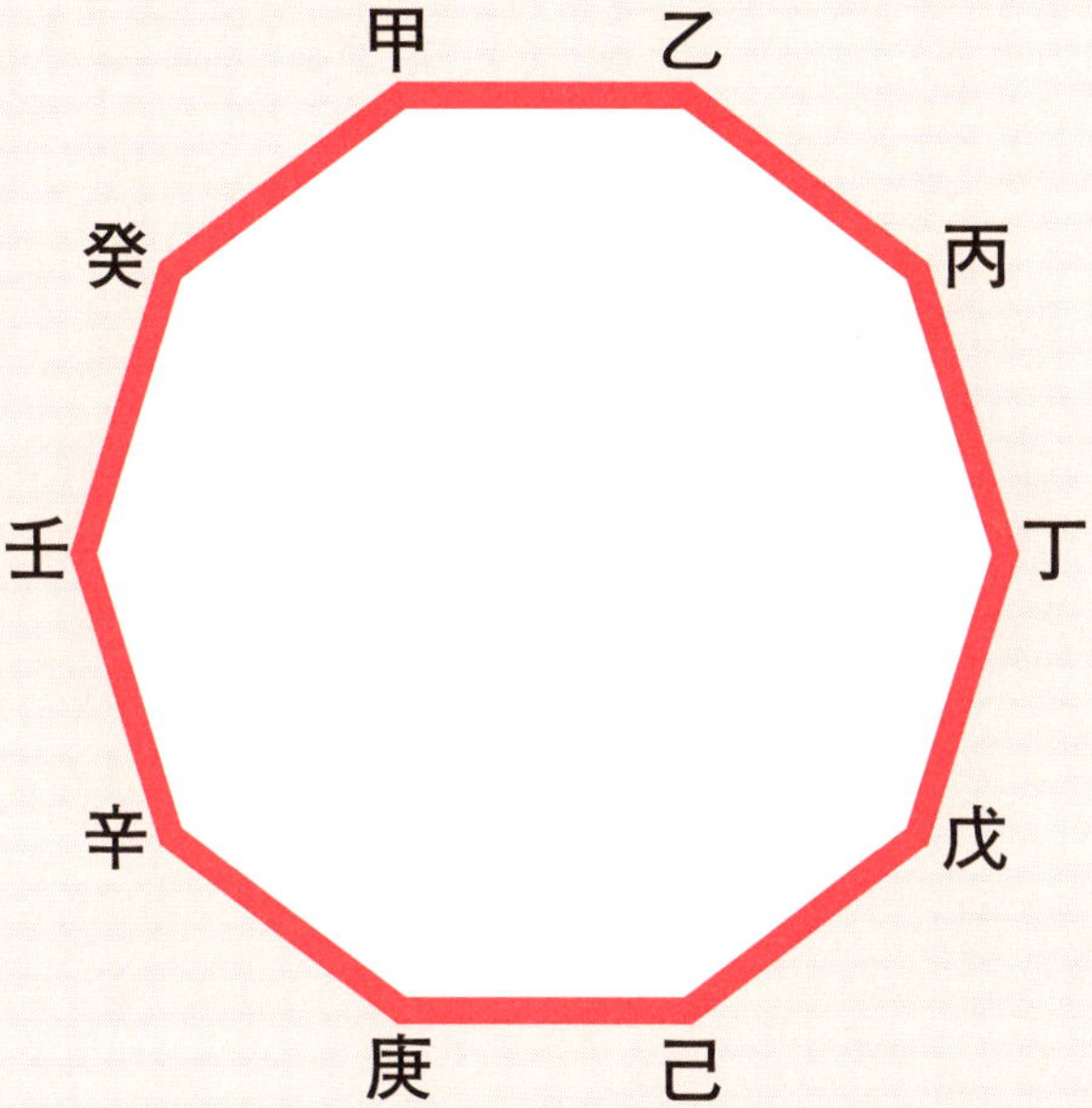

	自分	相手
生日干支		
干合		
天剋地冲		

2 関係を良くする十二支相性法

1章では、十二支の相互関係や十干を使って二人の相性を判断してきましたので、2章では、その相性をさらに強化して良くする方法を2つ紹介します。

生年月日をもとにした相性診断の結果はあまり良くなくても、並びや三会を形成するために不足している十二支を探し出し、その支を「二人の世界」に追加することで、相性を著しく向上させることができる2つの方法です。

その1は、婚約や結婚など人生のイベントをよい日取りに行う日取り術

その2は、旅行などの日取りと方位で支を追加する方位術

これらの方法で、二人の6支に不足している支を補い、並びや三会を成立させることができます。

その前に、不足している十二支を把握しましょう。

良い相互関係を形成するために必要な基本の判断

「不足している十二支」を把握する

まず、良い相互関係に必要な不足している十二支を把握する方法をご説明します。

【例7】

♤男性　子年　亥月　戊申日生まれ

♡女性　戌年　辰月　甲子日生まれ

【例7】の場合、女性の生年支の戌、男性の生月支の亥、男性の生年支かつ女性の生日支の子が、戌亥子の順で3支並んでいます。

このように、相性チャートで、Xがあれば並びが増えるという場合、そのXが不足している十二支です。

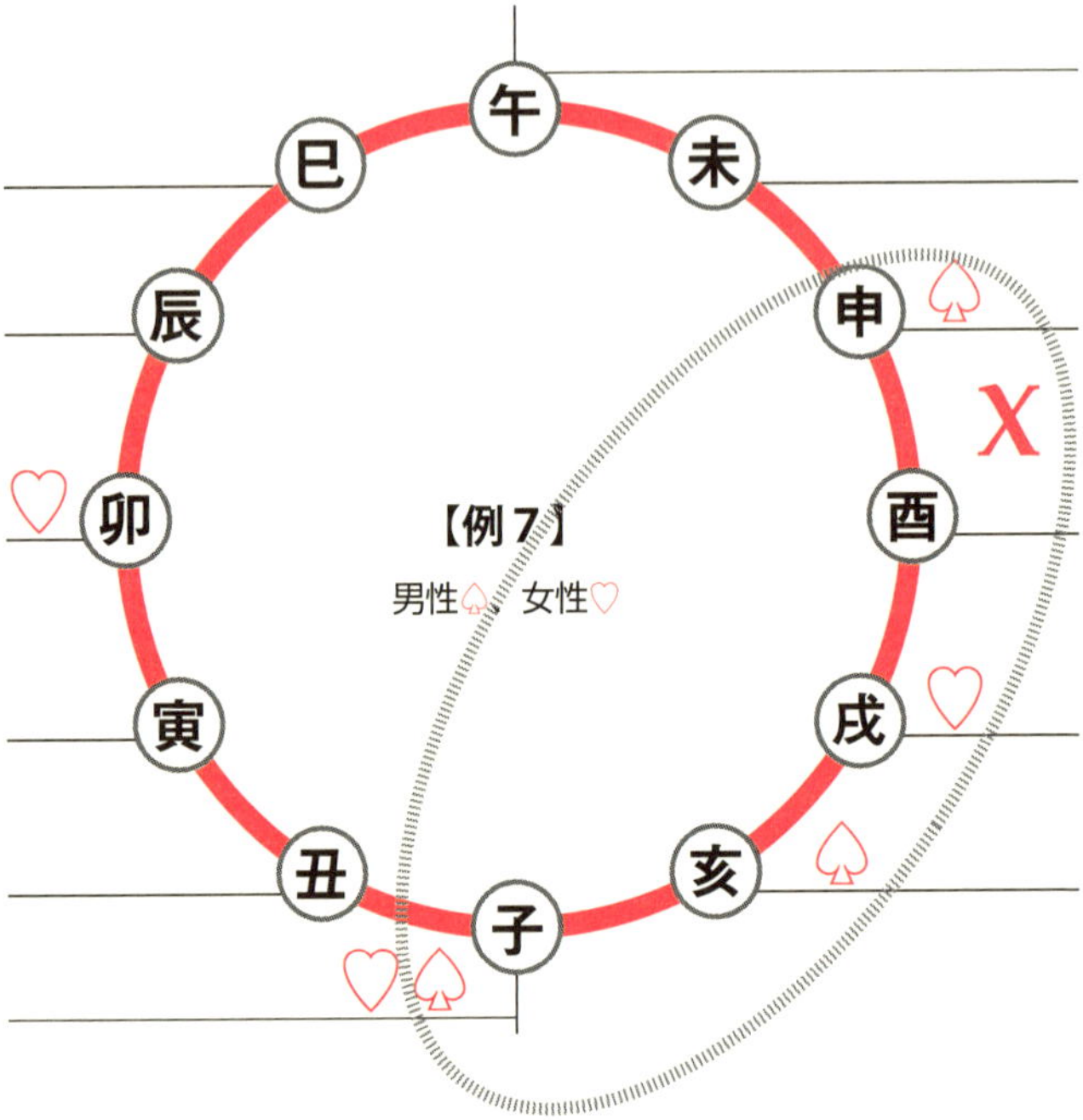

ここでもし酉が加われば、男性の生日支である申から順に、酉、戌、亥、子の5支が並ぶことになります。

したがって、このチャートでは酉が不足している十二支になります。

追加する十二支は男女の別がなく中立の支なので、2支で成立する合は対象になりません。また、追加できるのは原則として1つです。

三会が成立する場合、しない場合

【例8】の場合、辰が加われば、申子辰の三会が成立します。

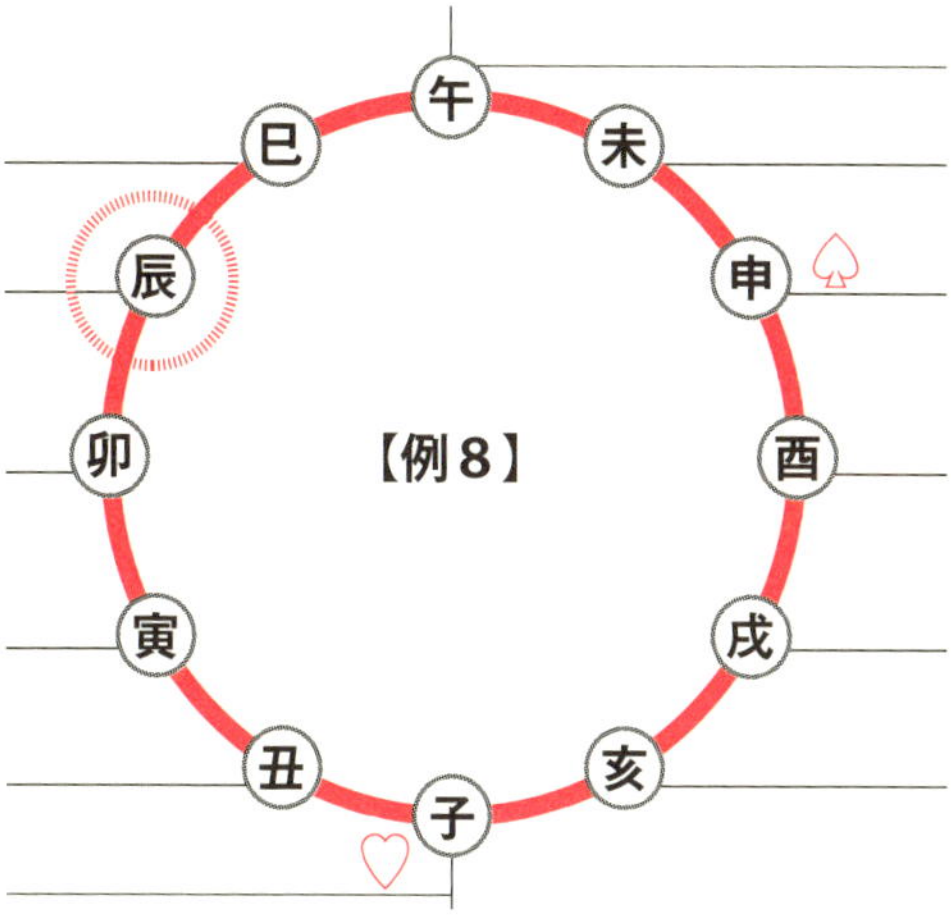

【例9】のように男性の十二支要素だけの場合は、辰を加えても三会は成立しません。男女双方の要素に不足している十二支が加わって三会が成立します。

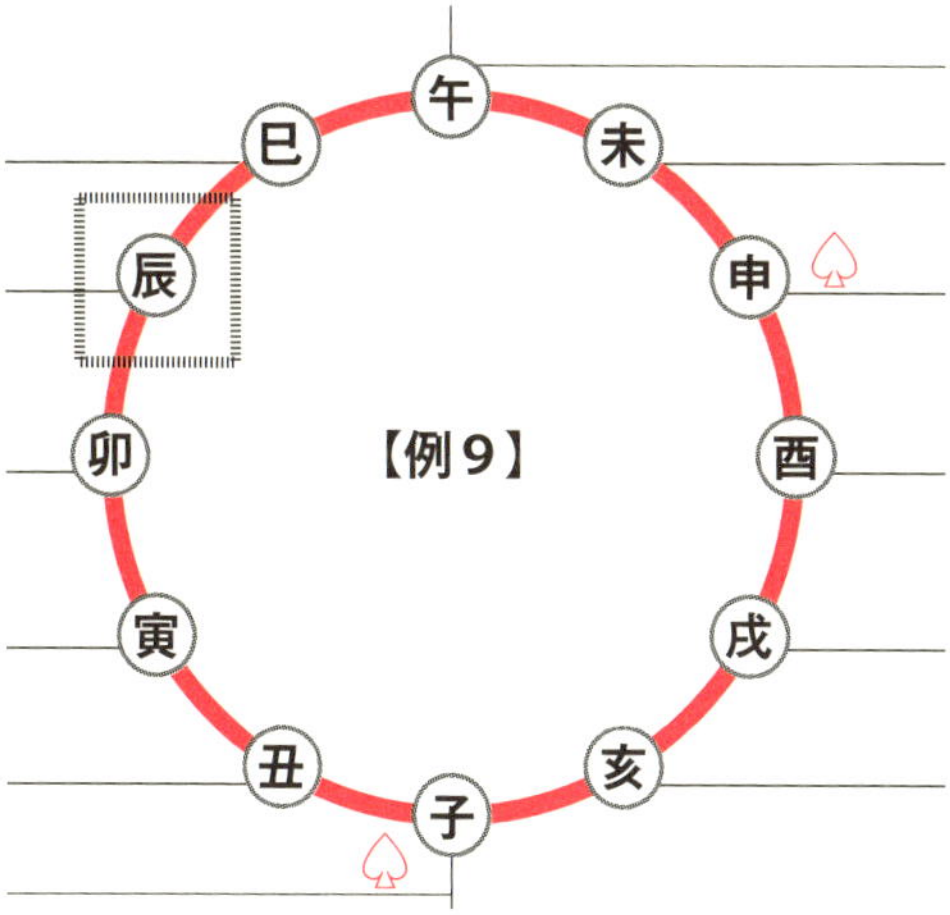

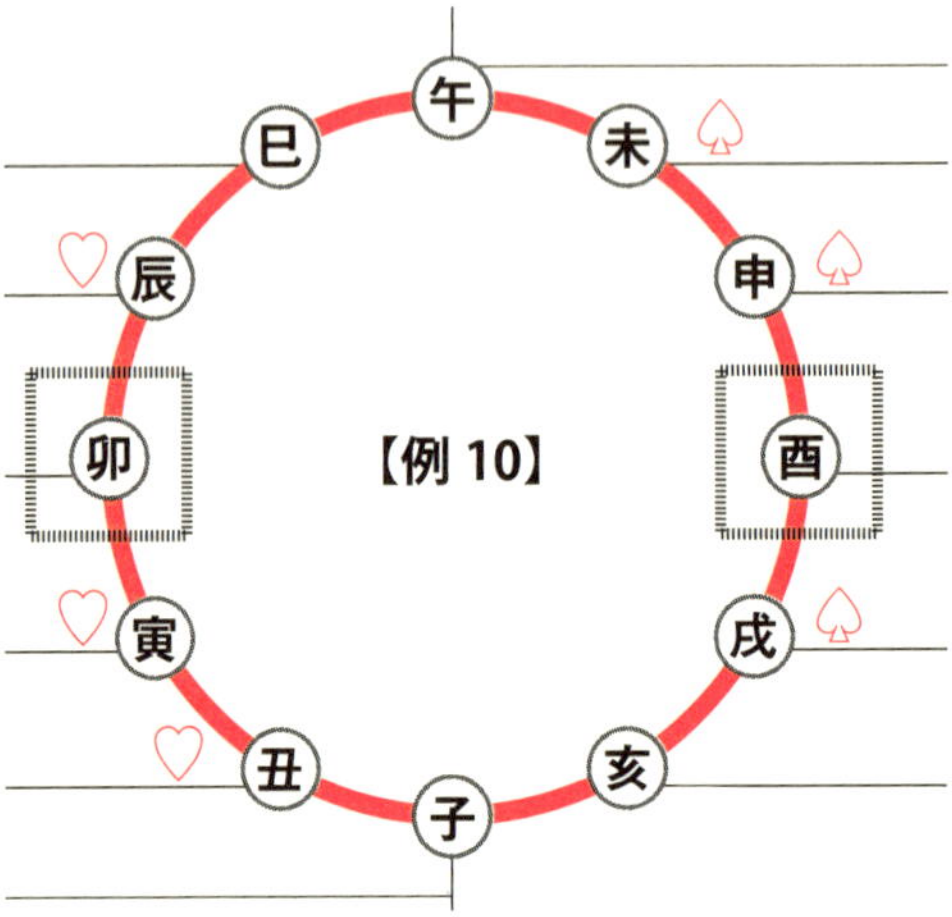

【例10】では、酉や卯を加えれば4支並びになるように見えますが、この酉や卯は不足している十二支となりません。

なぜなら酉を加えたとしても未申酉戌の並びは男性の要素でしか構成されませんし、卯を加えたとしても丑寅卯辰の並びは女性の要素でしか構成されません。

したがって二人の相性は強化されません。男女どちらかだけで、支並びを成立させても二人の運命には影響を及ぼさないのです。

この例の場合は、子を加えて申子辰の三会を成立させるのが良いと思います。

また、この場合子丑の合や子丑寅も成立しますが、追加の支である子は中立なので、相性強化にはつながりません。

並びが成立する場合、しない場合

【例11】では酉が加われば未申酉戌の4支並びになり、午が加われば巳午未申の4支並びになります。

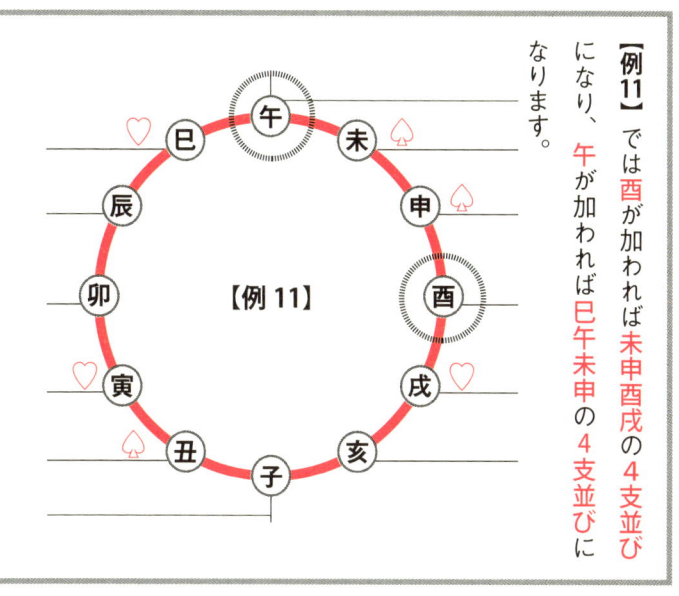

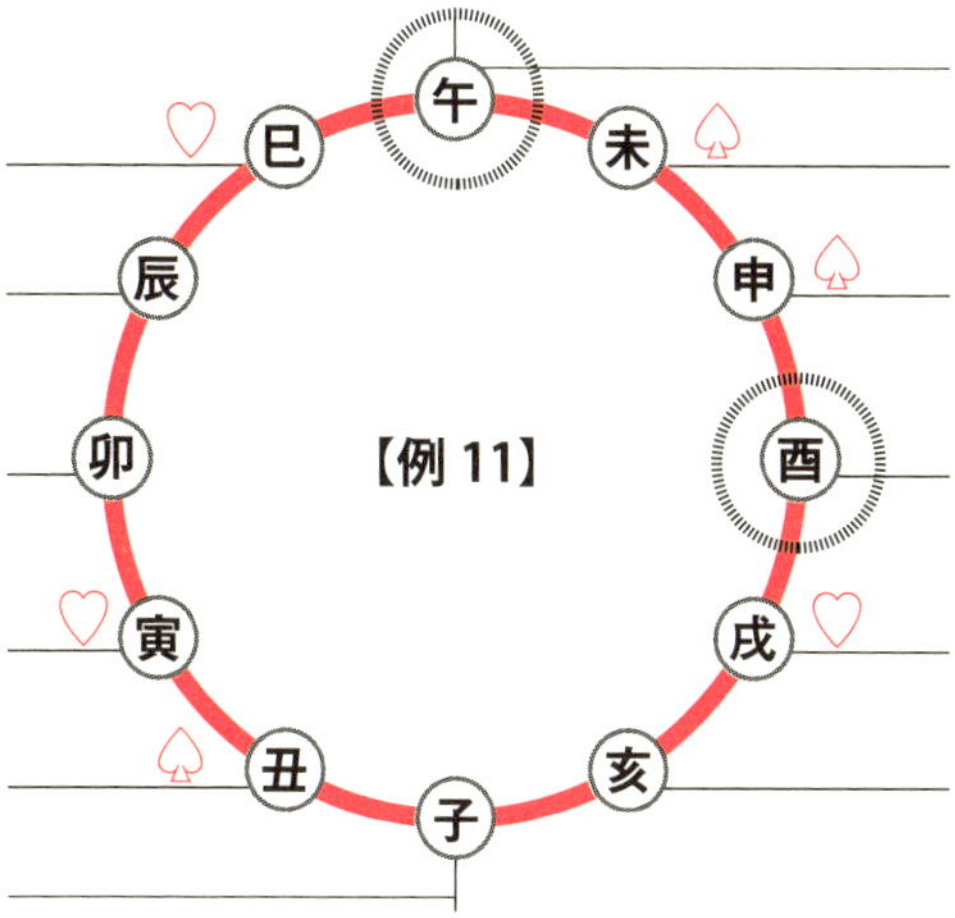

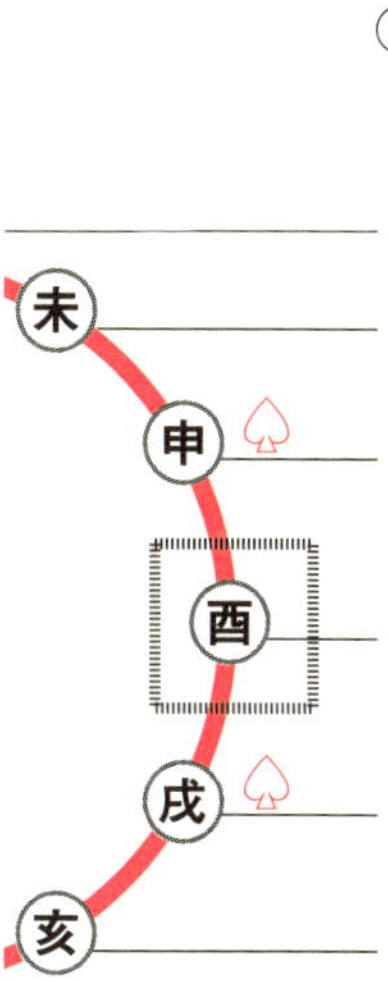

①は、酉は不足している十二支とはしません。

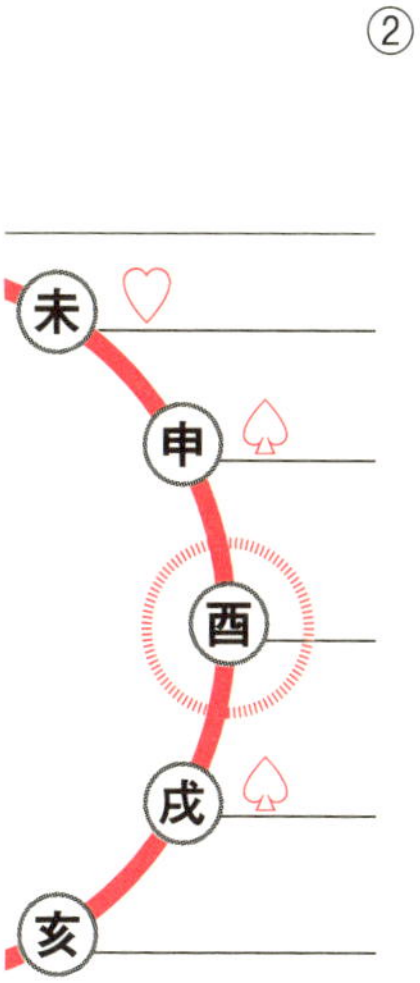

②は酉を加えて未申酉戌の4支並びが成立します。男女双方の要素で4支並ぶからです。したがって酉が不足している十二支となります。

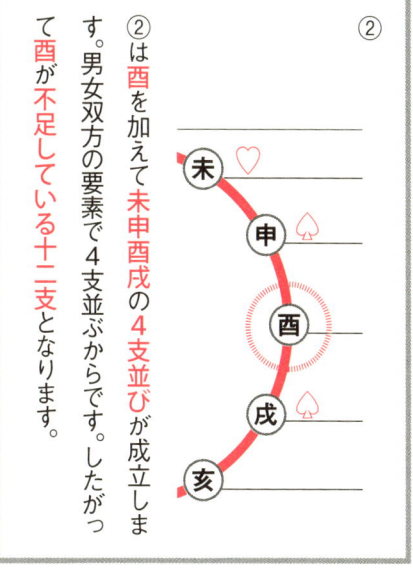

③

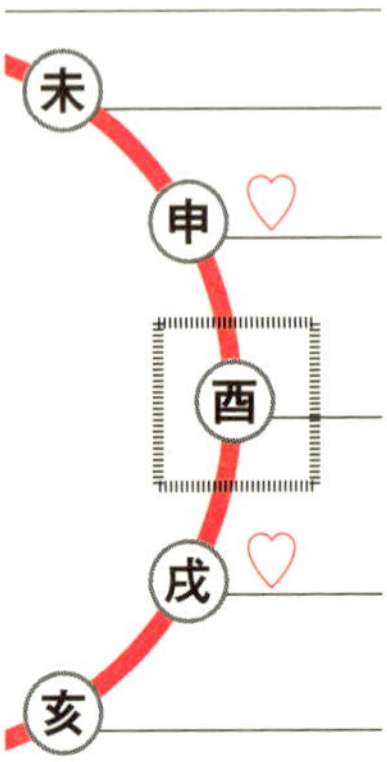

この場合も酉は不足している十二支となりません。

④

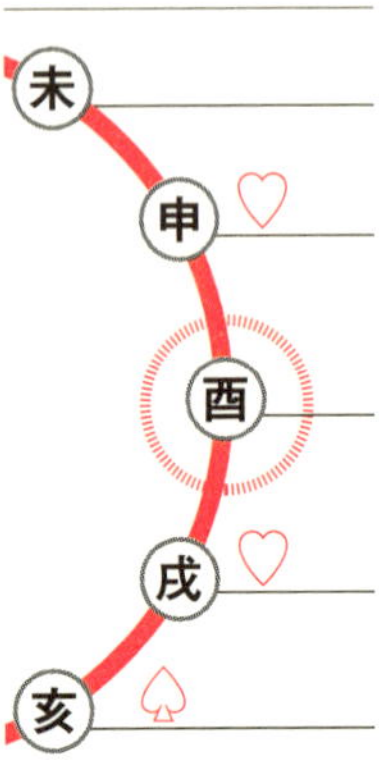

男女双方の要素に酉を加えて申酉戌亥の4支並びが成立。酉は不足している十二支となります。

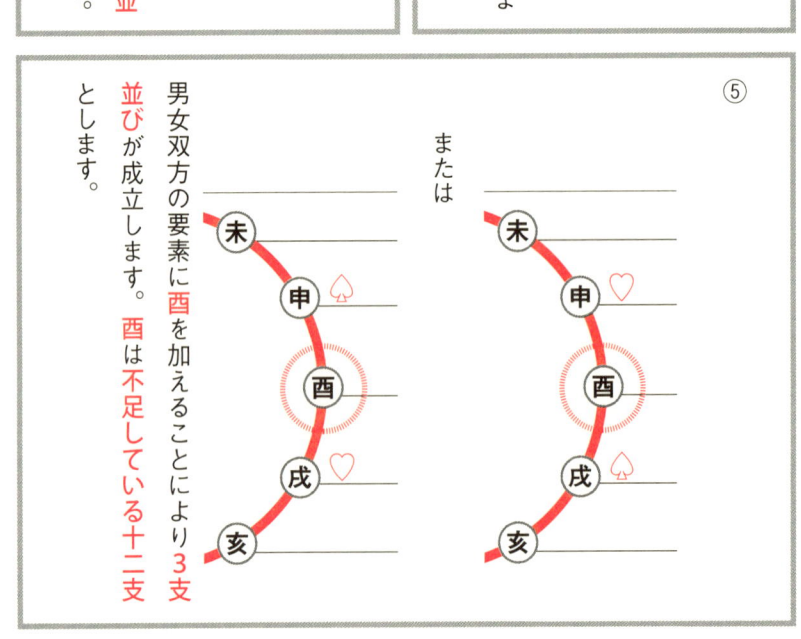

⑤

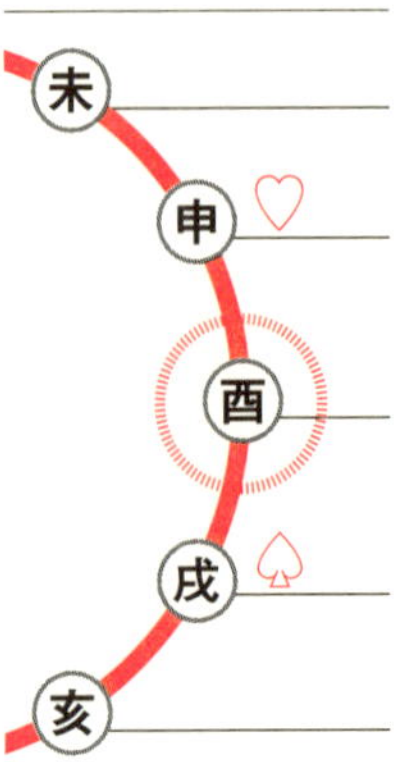

または

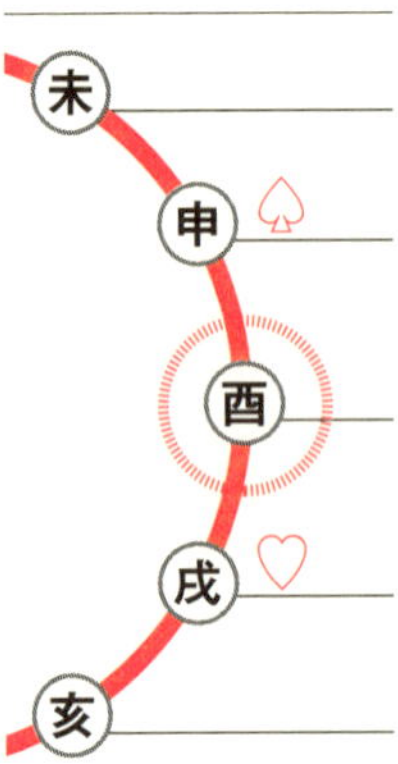

男女双方の要素に酉を加えることにより3支並びが成立します。酉は不足している十二支とします。

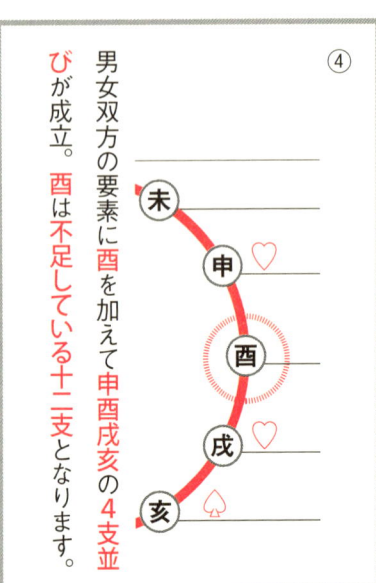

シート4

不足十二支シート

自分と相手のチャートで不足する十二支を探し出しましょう。

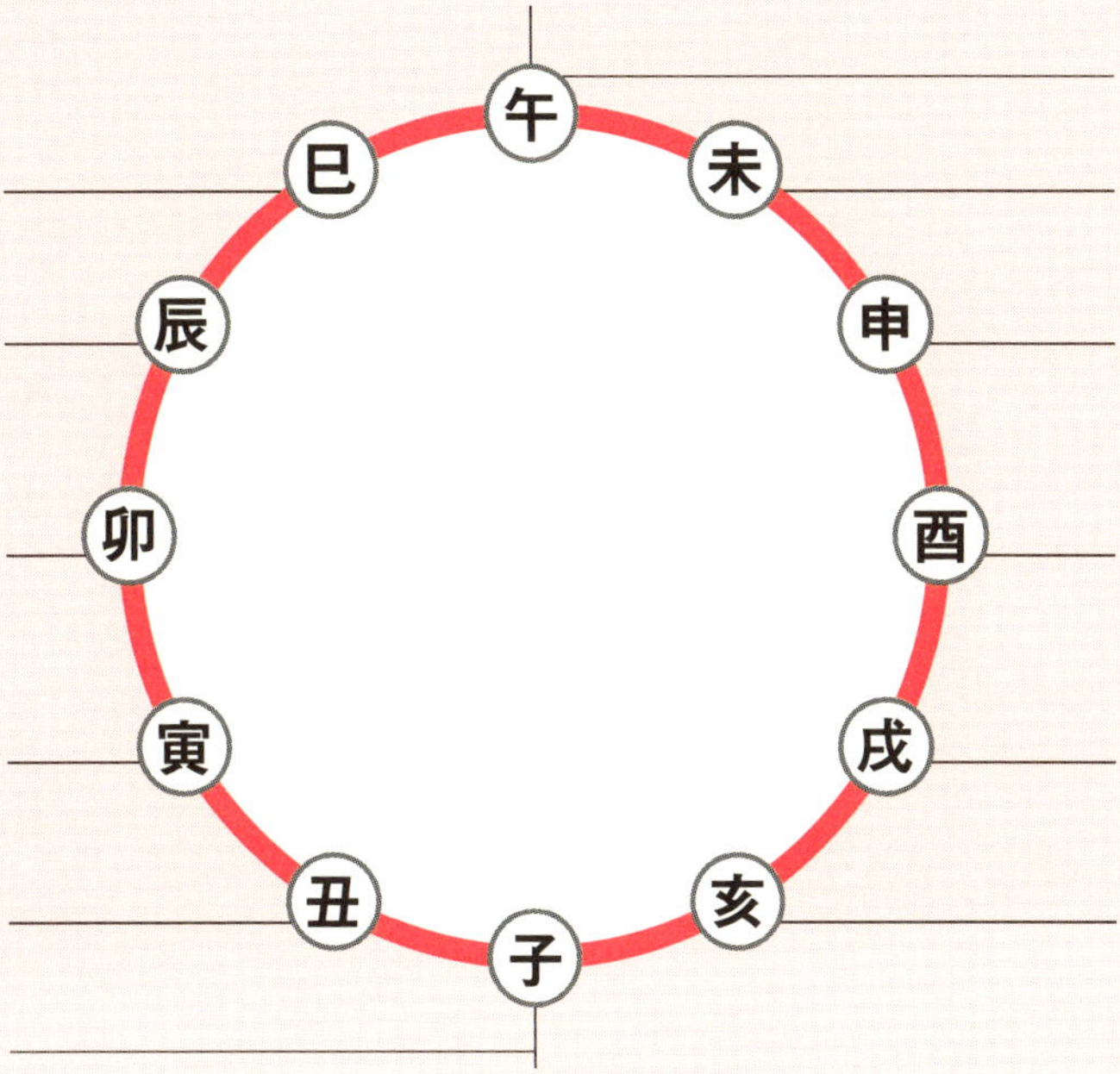

	不足十二支
三会	
合	

その1 日取り術

婚約や結婚などの日取りで十二支を補う

相性を著しく向上させる2つの方位術の1つめの方法は、十二支の相互関係のうち、並びや合や三会といった良い関係を形成するために不足している十二支の日に、パートナーとの婚約発表や結婚式など人生のイベントを行うことで、二人の相性を改善する日取り術です。

これは大変効果があり、これによって補てんした十二支は、生年月日の十二支と同様の扱いになります。

結婚が決まっている男女には、結婚式の日程を決める上で、ぴったりの方法だと思います。

方法

①不足十二支を探し出します（83〜84ページ参照）

②不足十二支を補うのに最も適切な日取りを巻末の「干支万年暦」から選びます

日取り術シート

自分と相手のチャートで不足する十二支を探し出しましょう。

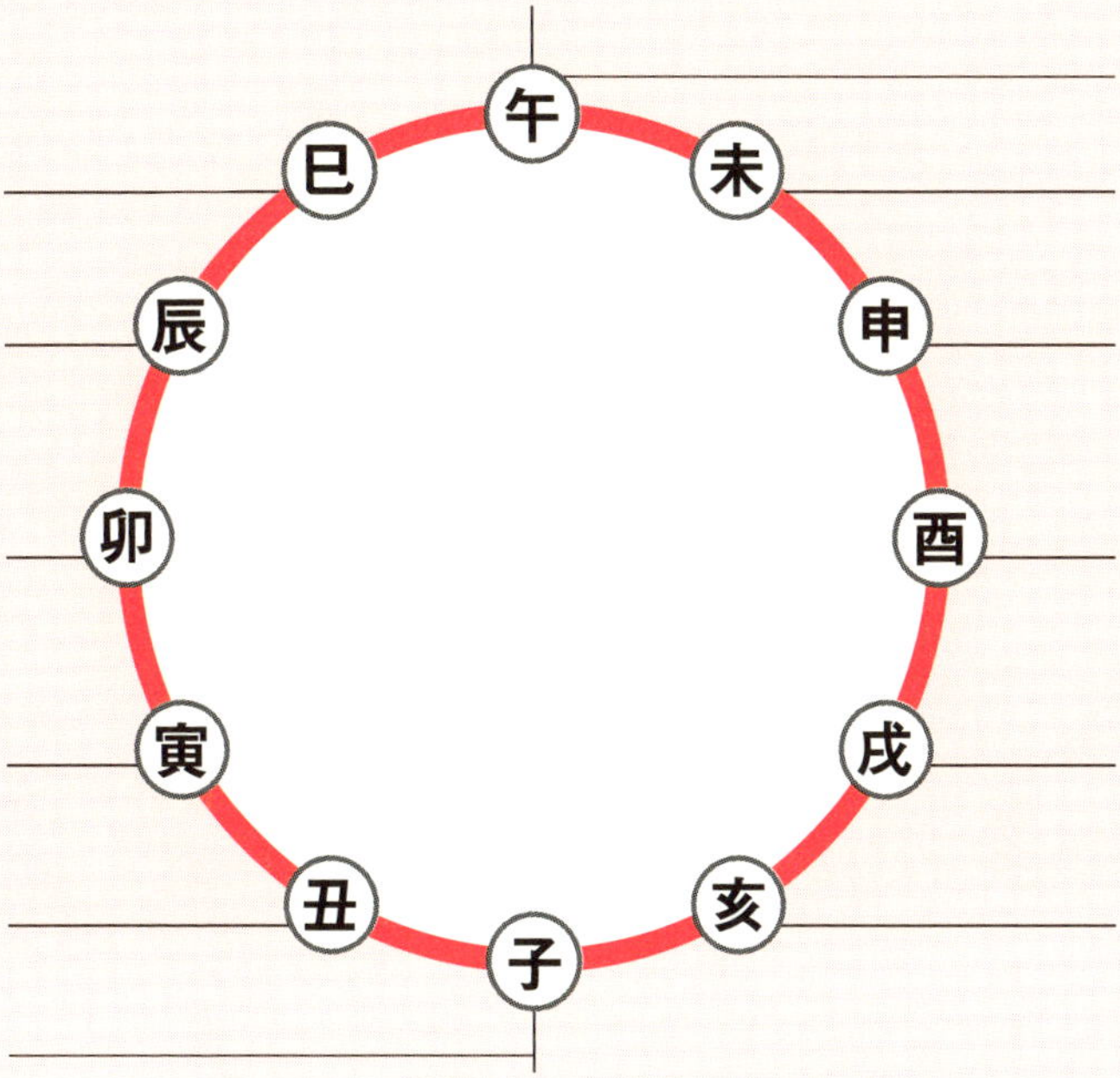

	不足十二支	適した年月日
三会		年　月　日
合		年　月　日

皇族の方々 2

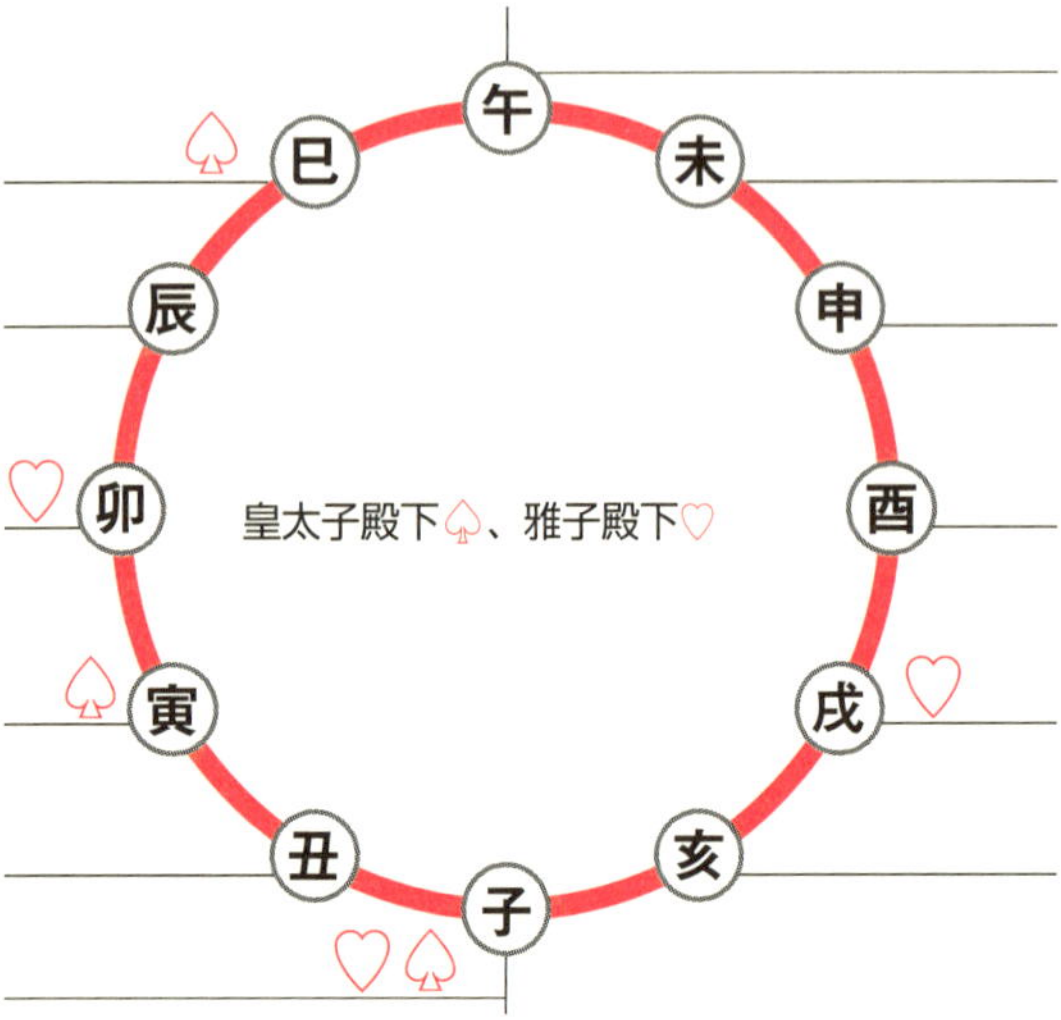

皇太子殿下と雅子妃

♤皇太子殿下
1960年2月23日生まれ
子年 寅月 巳日生まれ

♡雅子妃殿下
1963年12月9日生まれ
卯年 子月 戌日生まれ

お二人では子が同一支で、雅子さまの生年支の卯と皇太子さまの生月支の寅が2支並びになります。雅子さまの生年支の卯と生日支

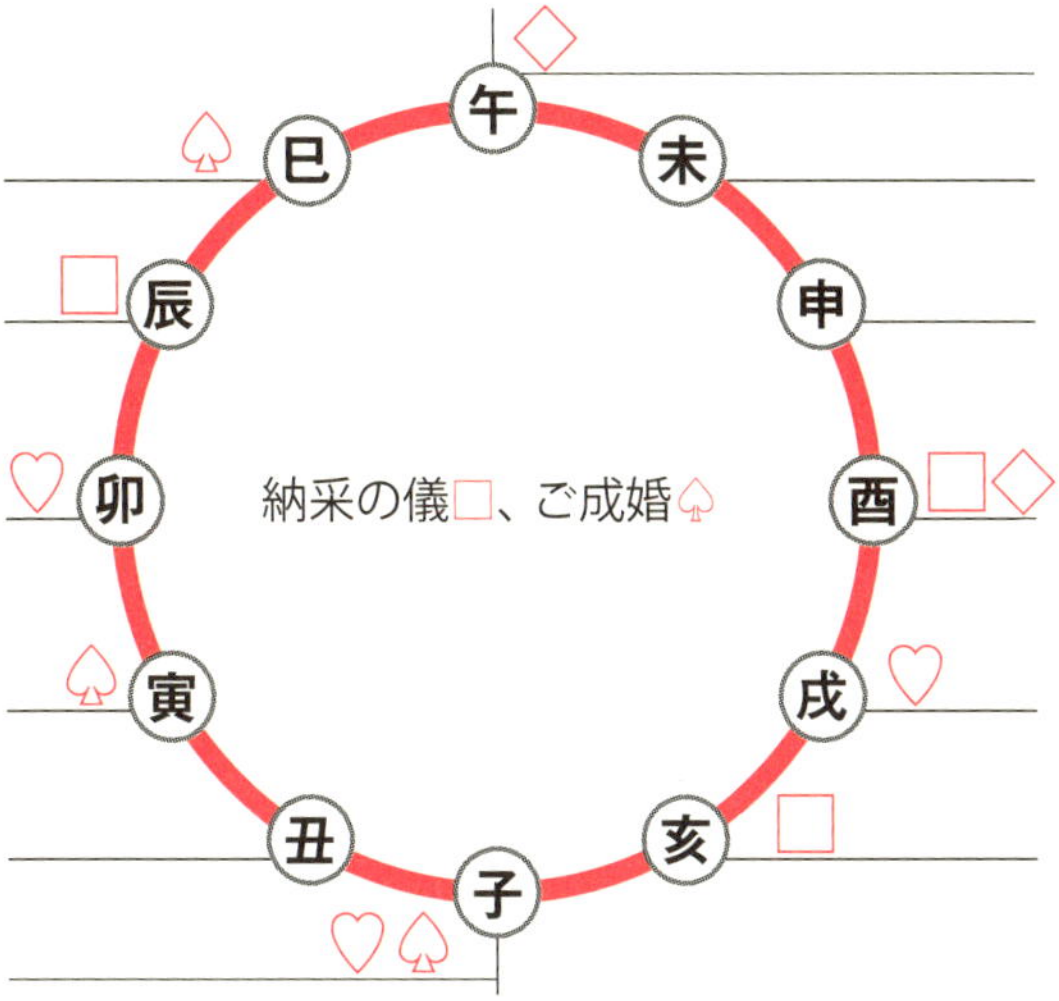

の戌が合になりますが、お二人の関係には影響を及ぼしません。

これだけをみると、２支並びだけで、あまり強い縁を感じることができません。５支並びのおじいさま夫妻（昭和天皇）、４支並びのおとうさま夫妻（今上天皇）に比較すると、やや弱いかなと思われます。

そこで、納采の儀（婚約）およびご成婚の日を考慮してみましょう。

納采の儀

1993年4月12日　酉年　辰月　亥日

ご成婚

1993年6月9日　酉年　午月　酉日

納采の儀の年の酉と日の亥は皇太子さま生

年の子、雅子さま生日の戌と4支並びを形成します。

そしてご成婚の月の午と、納采の儀の月の辰は、皇太子さまの生日支の巳、生月支の寅、雅子さまの生年支の卯とともに5支並びを形成します。

さらに驚くべきことに、ご成婚の月の午は皇太子さま生月の寅、雅子さま生日の戌と三会を形成していますね。

結論を申し上げますと、お二人の生年月日による相性はそれほど強くはないですが、ご婚約（納采の儀）、ご成婚の日付けを、お二人にとってきわめて有利に設定したことにより、きわめて強い縁を作り上げることができたということです。

一般に皇室行事の日程は、さまざまな政治的あるいは外交的な諸条件を勘案して定められますが、結果的にこのような好条件が重なったことは、お二人の命運の強さのたまものと考えられますし、将来、日本国の象徴となられるお立場からみて、来るべき輝ける未来を暗示しているようです。

秋篠宮殿下と紀子さま

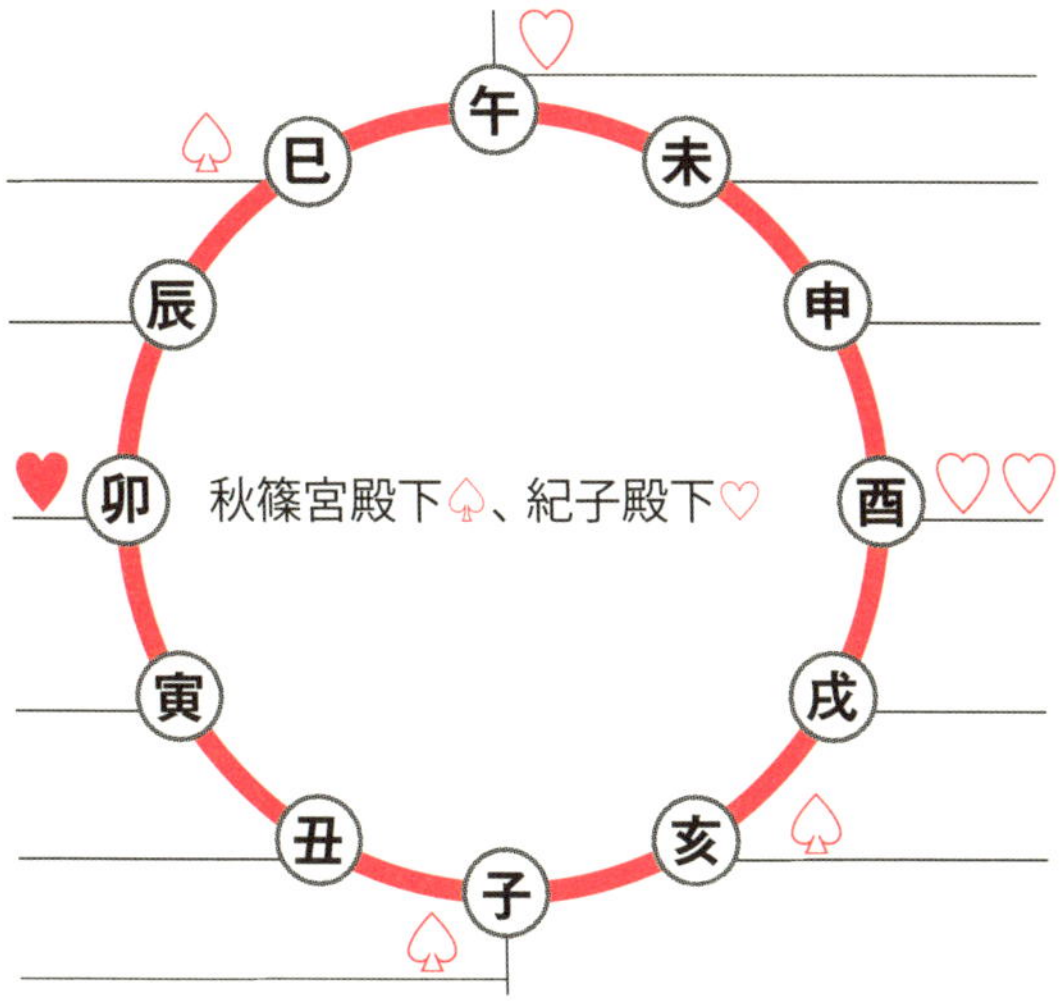

♤秋篠宮殿下
1965年11月30日生まれ
巳年亥月 戊子日生まれ

♡紀子妃殿下
1966年9月11日生まれ
午年酉月 癸酉日生まれ

最初、十二支のみの診断を行いますと、お二人で同一の支が存在せず、紀子さまの生年支の午と秋篠宮さまの生年支の巳が2支並びします。これだけをみると、2支並びだけで、あまり強い縁を感じることができません。

ところが秋篠宮さまの生日の十干、戊と紀子さまの生日の十干、癸が見事に干合します。宮さまが学習院大学に通われていたときからご結婚を意識されたとのことですが、まさに心の通いあったベストパートナーを見つけたと思います。

黒田慶樹さんと清子さん

♤黒田慶樹さん
1965年4月17日生まれ　巳年辰月　辛丑日生まれ

♡黒田清子さん
1969年4月18日生まれ　酉年辰月　癸亥日生まれ

清子さんの生まれ年の酉、黒田さんの生まれ年の巳、および生まれ日の丑で見事に三会を形成します。これだけでも非常に深い結びつきがあると思います。

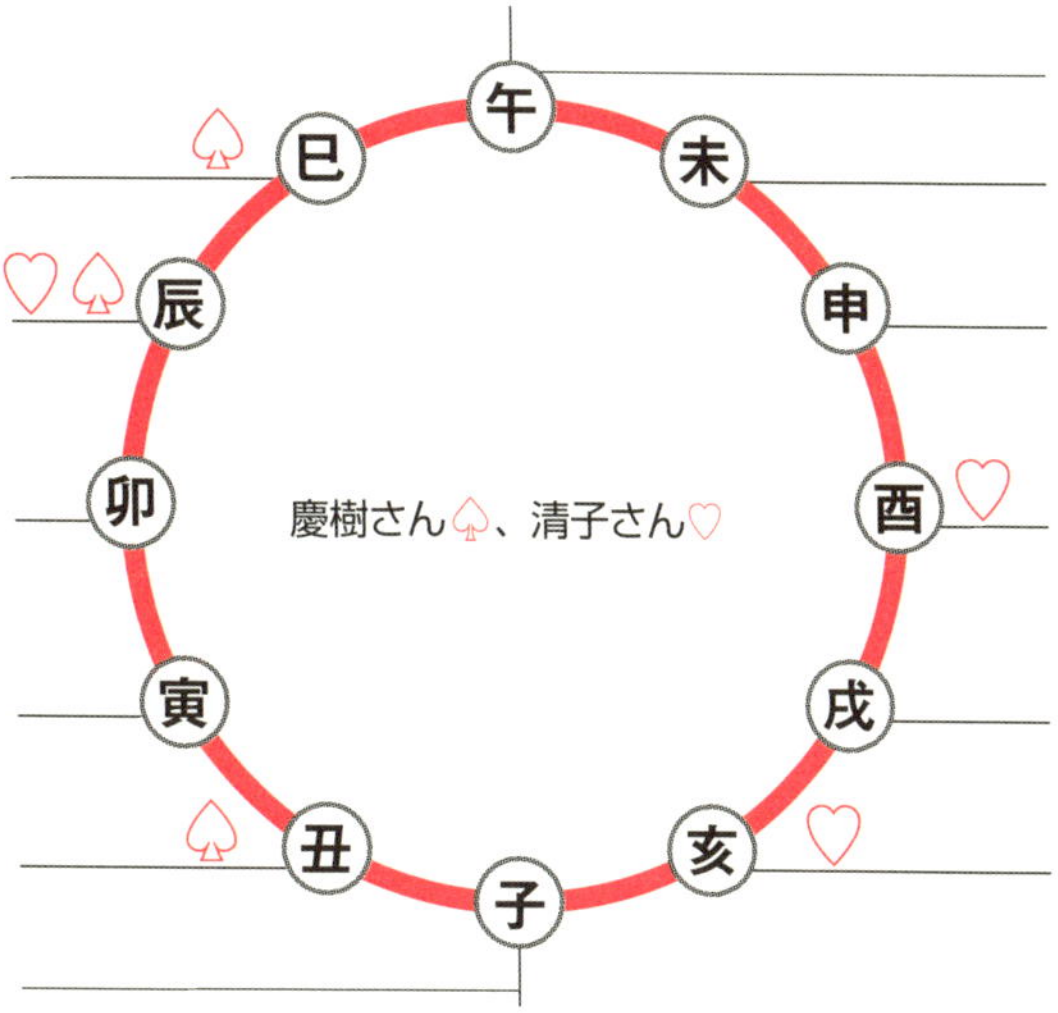

旺支の酉を清子さんが提供し、残りの巳と丑を慶樹さんが提供して三会を形成するという形になります。これは三会の中でも理想的な組み合わせです。

ご夫妻の主導権は、旺支の酉を提供する清子さんがお持ちになるように思えますが、ほかの2支は、すべて慶樹さんが提供するので、双方の力関係が非常にうまくバランスする形になります。

ほかには辰と巳の2支並び、酉と辰の支合があります。この支合は、お二人の仲の良さをあらわしています。

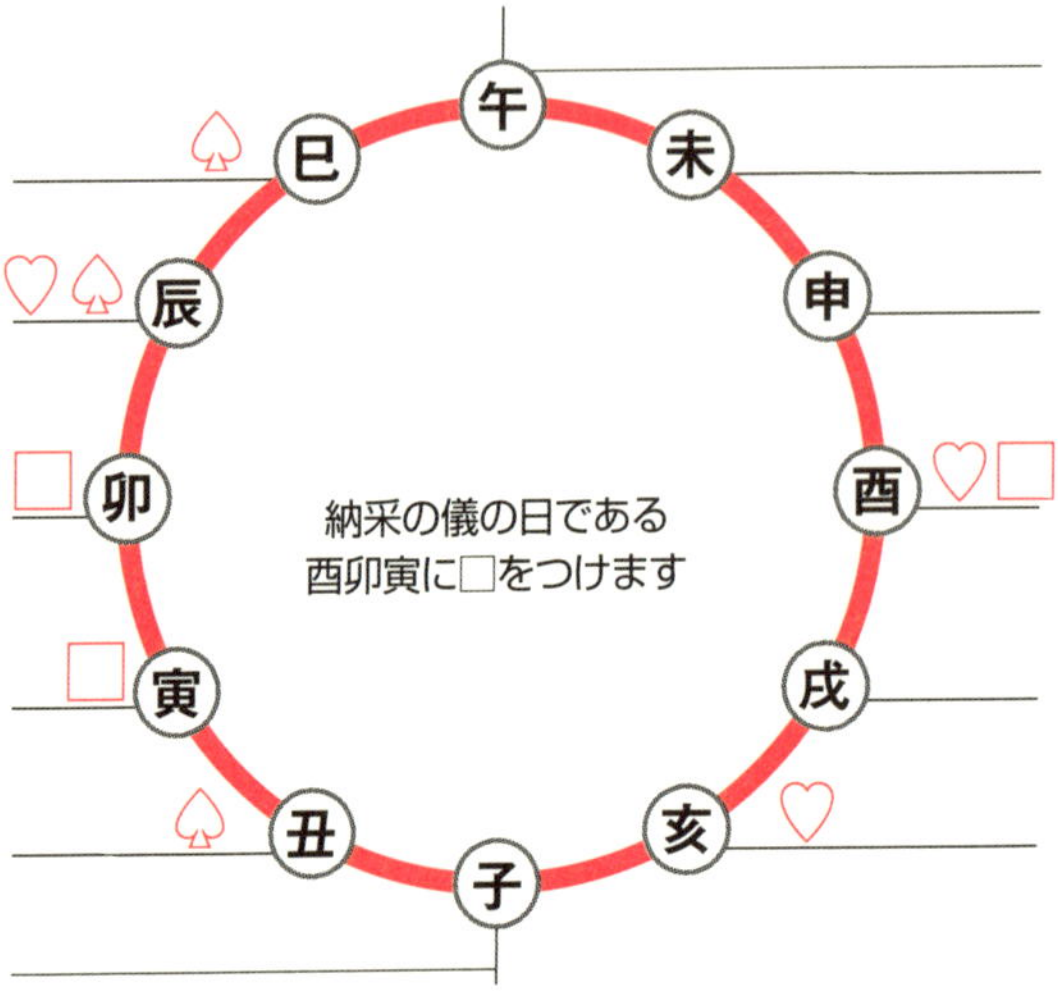

さて、お二人の納采の儀を見てみましょう。

納采の儀

2005年3月19日

酉年　卯月　壬寅日

納采の儀の日である酉卯寅を□で印をつけたのが上図です。寅と卯が加わることにより丑寅卯辰巳の5支並びを形成します。

丑から巳まで見事に5支並んでいますね。不足分の支の充足としては、申し分のない日取りです。

日取りとしては最高の組み合わせでしょう。まるでどこかの（本術の）達人が選んだ日取りのようですね！

その2 方位術

割り出した方位に旅行や引越しをして十二支を補う

まだ結婚は決断できないけれど二人の縁をいっそう強化したい方には、83〜88ページで解説した不足している十二支を補う移動術が有効です。

恋人同士なら二人で旅行する、同棲している男女なら引越しをするなど、十二支が巡る方位を用いて、不足している十二支を補てんする方法です。

1 特定の日を決める

まず、実行を希望する日取りを決めて年月日の干支を調べます。

2 特定の日の方位を調べる

特定の日について、十二支の巡りを八方位の方位盤に配付して方位を調べます。これを作盤

八方位の方位盤

【例】

Ⓑ申の逆旋
陽遁日の場合

② 南東	⑥ 南	④ 南西
③ 東	① 申	⑧ 西
⑦ 北東	⑤ 北	⑨ 北西

Ⓐ申の順旋
年、月、陰遁日の場合

❾ 南東	❺ 南	❼ 南西
❽ 東	❶ 申	❸ 西
❹ 北東	❻ 北	❷ 北西

方位は上が南、下が北（通常の地図と逆）として、八方位45度の範囲で区切られます。

と呼びます。

【例】 たとえば、昨年中に術を実行したかった場合、２０１６年は申年ですので、申を例にして説明していきます。

3 作盤の方法

作盤は、申年の申を八方位のセンター❶①に置くことから始まります。

「年」や「月」の十二支の配付方法はⒶの順旋になります。

「日」の十二支の配付は、期間によって異なります。

「申日」が陰遁日の場合はⒶの順旋配付、陽遁日の場合はⒷの逆旋配付になります。

陽遁日の場合

② 酉 南東	⑥ 丑 南	④ 亥 南西
③ 戌 東	① 申	⑧ 卯 西
⑦ 寅 北東	⑤ 子 北	⑨ 辰 北西

年、月、陰遁日の場合

❾ 辰 南東	❺ 子 南	❼ 寅 南西
❽ 卯 東	❶ 申	❸ 戌 西
❹ 亥 北東	❻ 丑 北	❷ 酉 北西

「申日」が陰遁日であれば❶、陽遁日であれば①に申を置きます。

陰遁日は、昼間の時間がだんだん少なくなって、夜の時間が増えていく時期、夏至から冬至までの期間を指します。

陽遁日は、昼間の時間が増えていく時期、冬至から夏至までの期間を指します。

4 作盤する

申を❶①に置いたら、続けて❷②、❸③、❹④……の順番に、十二支の酉、戌、亥……と配付します。

十二支は、子丑寅卯辰巳午未申酉戌亥で、また、子、丑……と、つながっていきます。

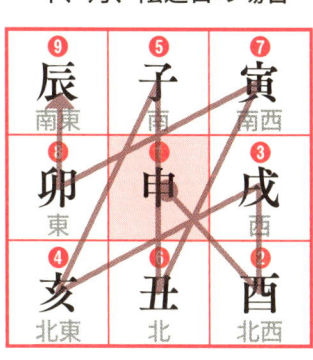

【例】たとえば２０１７年６月13日の場合は、酉年午月未日で、夏至（６月21日）より前ですので、陽遁日になります。

２０１７年６月13日　酉年午月未日　陽遁日

この「酉年」の場合、北は寅、北東は子、東は辰、南東は巳、南は丑、南西は卯、西は亥、北西は戌が巡ることになります。

これで八方位に十二支が割り当てられました。同様に、「午月」「未日」についても、図のように配付できます。

酉年

❾ 巳 南東	❺ 丑 南	❼ 卯 南西
❽ 辰 東	❶ 酉	❸ 亥 西
❹ 子 北東	❻ 寅 北	❷ 戌 北西

午月

❾ 寅 南東	❺ 戌 南	❼ 子 南西
❽ 丑 東	❶ 午	❸ 申 西
❹ 酉 北東	❻ 亥 北	❷ 未 北西

未日（陽遁日）

② 申 南東	⑥ 子 南	④ 戌 南西
③ 酉 東	① 未	⑧ 寅 西
⑦ 丑 北東	⑤ 亥 北	⑨ 卯 北西

5 方位を使用する

作盤した日取りの八方位から不足している十二支の方位を選び、運勢を補てんします。

【手法1】 旅行をする

不足している十二支の方位に向かって二人で旅行をします。

旅行に出発する「日」の十二支で作盤を行い、不足している十二支の配付された方向へ旅行します。これは日の十二支に左右されるので、何度も繰り返すことができる非常に手軽な相性強化法です。

【手法2】 引越しする

不足している十二支の方位に向かって二人で移転します。

引越しをしたい「年」「月」の十二支で作盤を行い、不足している十二支の配付された方向へ引越しします。引越しは何度もできるわけではありませんので、決定的によい方位を探す必要があります。すでに同居しているカップルに有効な用法です。

【手法3】 埋めものをする

二人の住まいの敷地内の不足している十二支の方位の場所に埋めものをします。

この方法も回数を重ねることがなかなか困難ですので、二つ目と同様、決定的によい方位を探す必要があります。

埋めものとは、古法に従って金属製の玉を桐箱に入れて地中に埋める技法です。詳細は拙著『決定版「金函玉鏡」方位術奥義』（学研パブリッシング）を参照してください。

手法1の旅行に使う方位は、旅行する「日」の十二支から選びます。旅行は、回数を重ねて効果が発揮されますので、手軽に方位を使える簡易な方法です。一方、**手法2**、**手法3**の移転や埋めものは手軽というわけにはいきません。ここで方位の選定を慎重にするため、「日」の十二支だけでなく、「年」や「月」の十二支を考慮に入れた決定的によい方位を使います。

【例】 2017年9月19日は、酉年酉月酉日ですので「年月日」とも酉でそろいます。

「日」は陰遁日ですので、十二支の配置が「年月日」とも同じになります。このように「年月日」の十二支がそろう日取りは決定的によい方位を選ぶのに適切です。

2017年9月19日　酉年 酉月 酉日

二人の十二支の相互関係で戌が不足の場合、この八方位では北西に戌がありますので、北西方面に移転するとよいのです。または敷地内に自宅の中心から北西に埋めものを行います。

2017年…酉年

9 巳 南東	5 丑 南	7 卯 南西
8 辰 東	1 酉	3 亥 西
4 子 北東	6 寅 北	2 戌 北西

9月…酉月

9 巳 南東	5 丑 南	7 卯 南西
8 辰 東	1 酉	3 亥 西
4 子 北東	6 寅 北	2 戌 北西

19日…酉日（陰遁日）

9 巳 南東	5 丑 南	7 卯 南西
8 辰 東	1 酉	3 亥 西
4 子 北東	6 寅 北	2 戌 北西

「年月日」の十二支がそろう日取りは年に数回しかないので、慎重に計画を進めたいものです。「年月日」がそろうのは理想的ですが、現実問題として難しい場合があります。そのときは、「日」はあきらめて、「年」と「月」だけ十二支をあわせます。これでも効果ははっきり出ます。

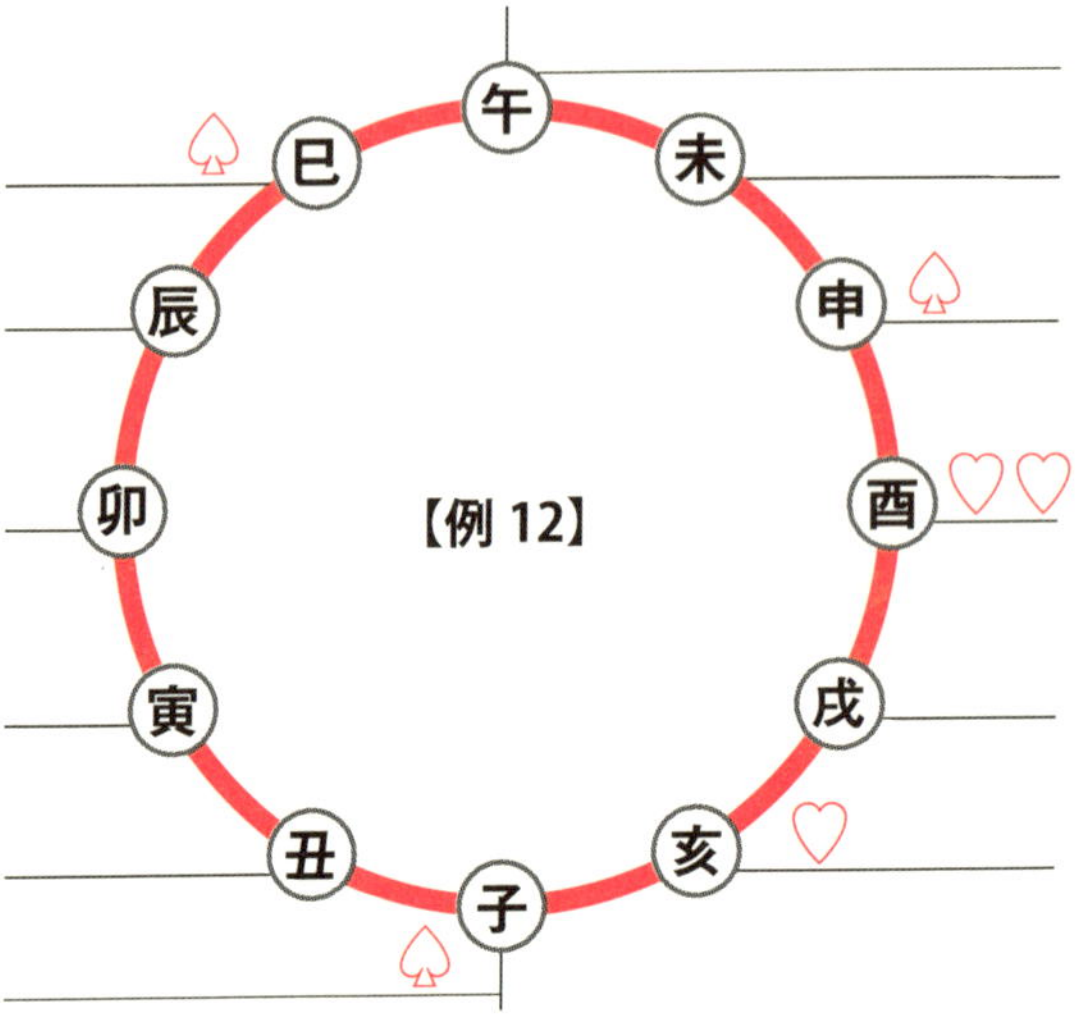

相性を良くした鑑定の例

【例12】

♤男性　1992年12月7日生まれ
申年 子月 丁巳日生まれ

♡女性　1993年9月27日生まれ
酉年 酉月 辛亥日生まれ

戌を補てんすれば申酉戌亥子の5支並びになるカップルです。2015年に家を新築したいとのことで、最適な時期と方位を探してほしいとのご依頼でした。

2015年で年月に戌が回座する方位を探

せばよいのです。この例では2015年7月18日、北東の方位に戊が回座しています。

2015年7月18日　未年 未月 未日

引越しの場合、日にちまで指定することはなかなか困難ですので、年と月だけ気にかければよいとしました。この夫婦は未年未月の2015年7月、神奈川県伊勢崎市から東京都新宿区に移転しました。

2015年…未年

9 卯 南東	5 亥 南	7 丑 南西
8 寅 東	1 未	3 酉 西
4 戊 北東	6 子 北	2 申 北西

7月…未月

9 卯 南東	5 亥 南	7 丑 南西
8 寅 東	1 未	3 酉 西
4 戊 北東	6 子 北	2 申 北西

18日…未日（陽遁日）

9 卯 南東	5 亥 南	7 丑 南西
8 寅 東	1 未	3 酉 西
4 戊 北東	6 子 北	2 申 北西

方位術シート

自分と相手のチャートで不足している十二支を記入しましょう。

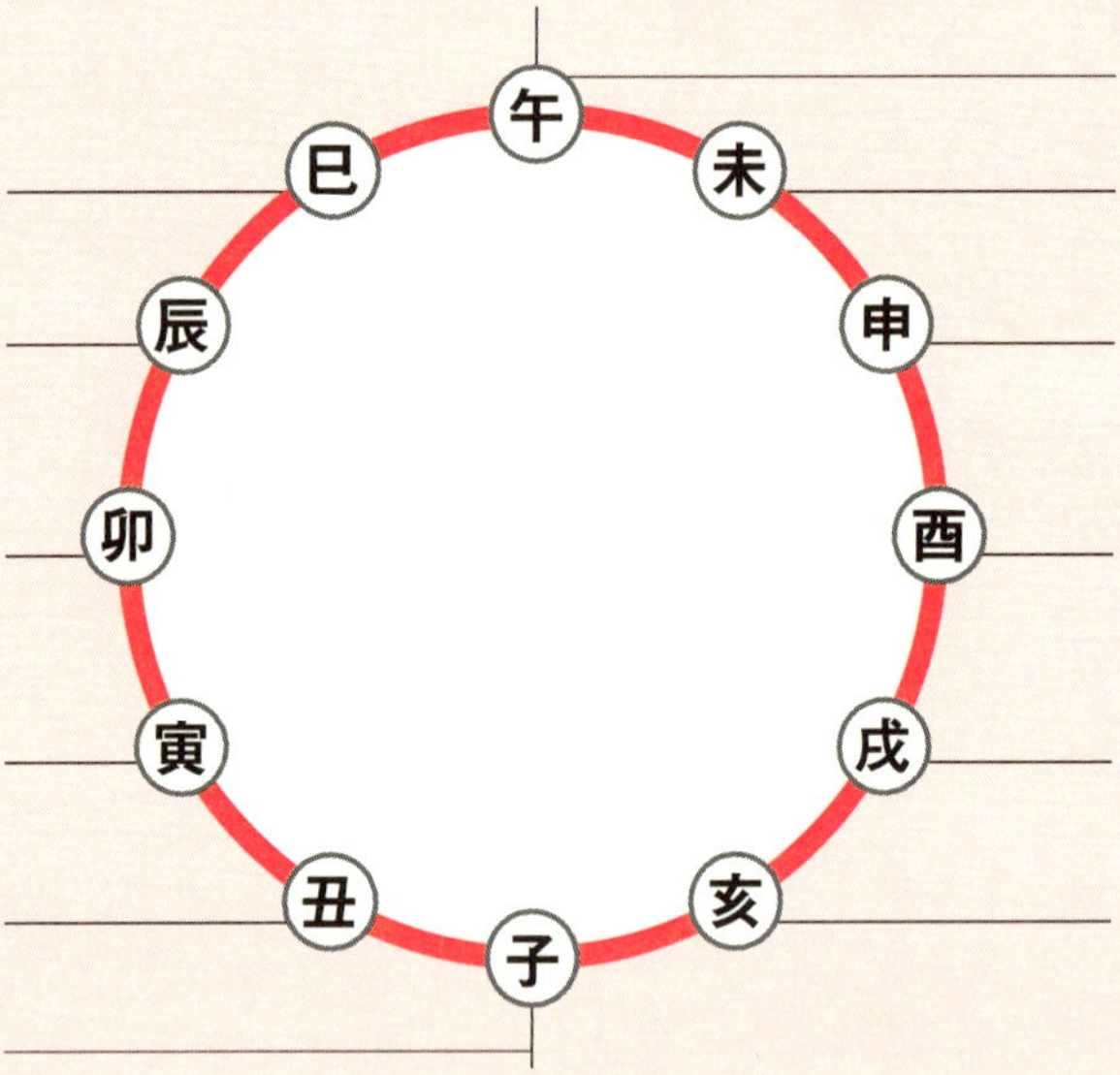

不足十二支	
希望する年月日	年　月　日
旅行や引越し先	

八方位の方位盤

年の方位盤

❾ 南東	❺ 南	❼ 南西
❽ 東	❶	❸ 西
❹ 北東	❻ 北	❷ 北西

月の方位盤

❾ 南東	❺ 南	❼ 南西
❽ 東	❶	❸ 西
❹ 北東	❻ 北	❷ 北西

日の方位盤（陽遁日の場合）

② 南東	⑥ 南	④ 南西
③ 東	①	⑧ 西
⑦ 北東	⑤ 北	⑨ 北西

日の方位盤（陰遁日の場合）

❾ 南東	❺ 南	❼ 南西
❽ 東	❶	❸ 西
❹ 北東	❻ 北	❷ 北西

八方位順旋●年／月／陰遁日の場合

申パターン

❾ 辰 南東	❺ 子 南	❼ 寅 南西
❽ 卯 東	❶ 申	❸ 戌 西
❹ 亥 北東	❻ 丑 北	❷ 酉 北西

辰パターン

❾ 子 南東	❺ 申 南	❼ 戌 南西
❽ 亥 東	❶ 辰	❸ 午 西
❹ 未 北東	❻ 酉 北	❷ 巳 北西

子パターン

❾ 申 南東	❺ 辰 南	❼ 午 南西
❽ 未 東	❶ 子	❸ 寅 西
❹ 卯 北東	❻ 巳 北	❷ 丑 北西

酉パターン

❾ 巳 南東	❺ 丑 南	❼ 卯 南西
❽ 辰 東	❶ 酉	❸ 亥 西
❹ 子 北東	❻ 寅 北	❷ 戌 北西

巳パターン

❾ 卯 南東	❺ 酉 南	❼ 亥 南西
❽ 子 東	❶ 巳	❸ 未 西
❹ 申 北東	❻ 戌 北	❷ 午 北西

丑パターン

❾ 酉 南東	❺ 巳 南	❼ 未 南西
❽ 申 東	❶ 丑	❸ 卯 西
❹ 辰 北東	❻ 午 北	❷ 寅 北西

戌パターン

❾ 午 南東	❺ 寅 南	❼ 辰 南西
❽ 巳 東	❶ 戌	❸ 子 西
❹ 丑 北東	❻ 卯 北	❷ 亥 北西

午パターン

❾ 寅 南東	❺ 戌 南	❼ 子 南西
❽ 丑 東	❶ 午	❸ 申 西
❹ 酉 北東	❻ 亥 北	❷ 未 北西

寅パターン

❾ 戌 南東	❺ 午 南	❼ 申 南西
❽ 酉 東	❶ 寅	❸ 辰 西
❹ 巳 北東	❻ 未 北	❷ 卯 北西

亥パターン

❾ 未 南東	❺ 卯 南	❼ 巳 南西
❽ 午 東	❶ 亥	❸ 丑 西
❹ 寅 北東	❻ 辰 北	❷ 子 北西

未パターン

❾ 卯 南東	❺ 亥 南	❼ 丑 南西
❽ 寅 東	❶ 未	❸ 酉 西
❹ 戌 北東	❻ 子 北	❷ 申 北西

卯パターン

❾ 亥 南東	❺ 未 南	❼ 酉 南西
❽ 戌 東	❶ 卯	❸ 巳 西
❹ 午 北東	❻ 申 北	❷ 辰 北西

八方位逆旋●陽遁日の場合

申パターン

② 酉 南東	⑥ 丑 南	④ 亥 南西
③ 戌 東	① 申	⑧ 卯 西
⑦ 寅 北東	⑤ 子 北	⑨ 辰 北西

辰パターン

② 子 南東	⑥ 申 南	④ 戌 南西
③ 亥 東	① 辰	⑧ 午 西
⑦ 未 北東	⑤ 酉 北	⑨ 巳 北西

子パターン

② 丑 南東	⑥ 巳 南	④ 卯 南西
③ 寅 東	① 子	⑧ 未 西
⑦ 午 北東	⑤ 辰 北	⑨ 申 北西

酉パターン

② 戌 南東	⑥ 寅 南	④ 子 南西
③ 亥 東	① 酉	⑧ 辰 西
⑦ 卯 北東	⑤ 丑 北	⑨ 巳 北西

巳パターン

② 午 南東	⑥ 戌 南	④ 申 南西
③ 未 東	① 巳	⑧ 子 西
⑦ 亥 北東	⑤ 酉 北	⑨ 卯 北西

丑パターン

② 寅 南東	⑥ 午 南	④ 辰 南西
③ 卯 東	① 丑	⑧ 申 西
⑦ 未 北東	⑤ 巳 北	⑨ 酉 北西

戌パターン

② 午 南東	⑥ 寅 南	④ 辰 南西
③ 巳 東	① 戌	⑧ 子 西
⑦ 丑 北東	⑤ 卯 北	⑨ 亥 北西

午パターン

② 未 南東	⑥ 亥 南	④ 酉 南西
③ 申 東	① 午	⑧ 丑 西
⑦ 子 北東	⑤ 戌 北	⑨ 寅 北西

寅パターン

② 卯 南東	⑥ 未 南	④ 巳 南西
③ 辰 東	① 寅	⑧ 酉 西
⑦ 申 北東	⑤ 午 北	⑨ 戌 北西

亥パターン

② 子 南東	⑥ 辰 南	④ 寅 南西
③ 丑 東	① 亥	⑧ 午 西
⑦ 巳 北東	⑤ 卯 北	⑨ 未 北西

未パターン

② 申 南東	⑥ 子 南	④ 戌 南西
③ 酉 東	① 未	⑧ 寅 西
⑦ 丑 北東	⑤ 亥 北	⑨ 卯 北西

卯パターン

② 辰 南東	⑥ 申 南	④ 午 南西
③ 巳 東	① 卯	⑧ 戌 西
⑦ 酉 北東	⑤ 未 北	⑨ 亥 北西

十二支の象意にもとづく相性改善

2章ではここまでに、あなたとパートナーの相性を強化して良くする方法として、**不足する十二支**を補てんする**日取り術**と**方位術**の２つの方法を紹介しました。

ここでは、**不足する十二支**は二人の運勢へどんな影響を及ぼしているのか、この**十二支を補てん**することによってどのような運勢に改善されるのかという効果について、十二支のもつ象意に沿って説明します。

この十二支は、**この十二支があれば相性が強化される十二支**となりますので、二人にとって相性を強化するために重要な役割を果たします。

1 子を補って相性を改善する

子が不足するカップルの場合

●お互いに欲に目がくらんで、お金の出し惜しみをします。
●恥を知らず利欲に走り、世間の非難を受けやすくなります。要は生きたお金の使い方を知らないカップルになります。
●二人でずるい行いをして、親兄弟や隣人との関係も悪くなることもあります。
●二人でいろいろなものに手を出し、目的をその都度変えて、その度ごとに損をすることがでてきます。

このカップルに子を補てんすると

●細かいところによく気がつくようになり、物事にメリハリがつくようになります。
●二人で一つの路を、迷うことなく切り開いていくようになり、最後は成功者となります。
●貯蓄の精神に富み、無駄な出費を抑えるようになります。
●特に女性の方が男性をうまく抑制することで、男性は仕事に邁進して良き家庭を築き上げるようになります。

2　丑を補って相性を改善する

丑が不足するカップルの場合

- 二人そろって自分勝手な行動をとり、些細なことでけんかすることが多いです。
- お互いに相手に気持ちを察する能力に欠け、それが基で離婚に至る場合も少なくありません。
- また、特に男性の方は愚図な面があり、女性の方に不満が蓄積されます。
- 女性の方は気分にムラがあり、相手をほめたかと思うと非難したりします。

このカップルに丑を補てんすると

- お互いに正直な気持ちになって、心の中身をさらけ出すようになります。
- 相手の気持ちを思いやる精神が向上します。
- 特に女性にとっては、相手のことを第一に考えるようになり、男性もそれに応えて幸福を築いていきます。

3 寅を補って相性を改善する

寅が不足するカップルの場合

●起きてもいない事柄にくよくよしたり、相手のことを気にしすぎて自分を殺したりするカップルです。
●お互いに気を使いすぎて、誤解が生じ、結果別れてしまうこともあります。
●二人とも大変正直者で、相手に気を使いすぎるタイプです。
●相手の失敗をすべて自分で背負い込むこともあります。

このカップルに寅を補てんすると

●常に泰然と構えて、物事に動じなくなります。
●思慮分別が深くなり、常に大きな望みを抱くようになり、ついには成功することになります。
●お互いのために身命を惜しまず働くようになり、お互いに尊敬しあうカップルになります。
●なにか間違いがあっても決して相手を責めることがありません。
●お互いに我慢強くなり、多少の困難があっても顔や口に出さないようになります。

4　卯を補って相性を改善する

卯が不足するカップルの場合

- 男性の方が浮気性で、そのため心配や苦労が起こりやすいカップルです。
- 男性は女癖が悪く散財しがちであり、また相手をよく取り替えます。そのため女性は嫉妬に狂いやがては別れに至ります。
- お互いに決断力に乏しく、新しいことを切り開いていくという意志も薄弱です。そのため何事も手ぬるく中途半端です。

このカップルに卯を補てんすると

- 温和で愛情が深くなり、相手に尽くすようになります。
- 周囲の人からかわいがられたり目上の人に引き立てを受けるようになります。
- 男性の浮気性が押さえられるようになります。
- 女性も心が豊かになり、些細なことでこせこせしないようになり、男性の多少の浮気も気にしなくなります。

5 辰を補って相性を改善する

辰が不足するカップルの場合

- お互い負けず嫌いで、相手の意見に耳を貸すことがありません。
- 互いに勝ち気で、普段の会話が、すぐ言い争いに発展してしまいます。
- 二人で共同事業を始めようとしても、お互いに我を張り、わがまま言いたい放題で、必ず失敗します。
- とにかく、相手に学ぼうという気持ちが、少しもありません。

このカップルに辰を補てんすると

- もともと向上心が強い二人なので、寛大な気持ちさえ持つようになれば、必ず成功するようになります。
- 辰を補てんすることにより相手の気持ちを思い、また相手に教えを乞うようになり、お互いに相手に意見を聞くようになります。
- もともと物事を機敏に処理する二人なので、お互いの良い面が強調され、やがては成功をつかむようになります。

6 巳を補って相性を改善する

巳が不足するカップルの場合

- お互いにひがみやすく意地悪なところがあります。
- 自分より優れたものに対し嫉妬心を抱きます。
- 女性は特に人を疑ったり、苦情が多くケチなところもあります。
- 男性は内心が強情で、人を押しのけて自分だけ利を得ようとするところもあります。
- お互い色情の念が強いです。

このカップルに巳を充填すると

- 女性は特に嫉妬と猜疑心を押さえることができ、温和になり品性が向上します。
- 男性は優美で高尚な趣味を持つようになります。
- 清らかなさっぱりとした気持ちでお互いを見るようになります。

7 午を補って相性を改善する

午が不足するカップルの場合

- 二人とも短気でわがままであり、他人に礼節を欠きやすいが、悪意があるわけではありません。
- 男性は思慮が浅く、口が軽いところがあり、酒の席で失敗しがちです。
- 女性は細かいところが嫌いで万事おおざっぱで、注意の行き届かないところがあります。
- 二人とも移り気で、大きな望みを立てても到達することは不可能でしょう。

このカップルに午を充填すると

- 陽気でにぎやかなカップルになります。
- 活発さを増して、運気を呼び込むことができます。
- 二人とも交際上手になり、そこからまた運がやってきます。
- 移り気を慎むことにより大きな願望がかなえられ、幸福と人望を手にすることができます。

8 未を補って相性を改善する

未が不足するカップルの場合

- 二人とも心配性で気が小さいところがあります。
- 男性は正直であるが度量が狭く、相手に対し理屈や小言をよく口にします。
- 女性は遠慮深く謙遜にすぎることもありますが、やはり相手に対し、ひとこと多いです。
- このカップルは一つのところに落ち着くことができず、いつも住所を変わる傾向があります。

このカップルに未を充填すると

- 大変柔和で礼節を重んじ、人情の厚い二人となります。
- 物事を丁寧にこなし、不始末を嫌います。男性は、創意工夫の知恵に富み、一芸に秀でて学問をよくします。
- 二人とも神仏をよく敬うようになります。
- 女性はわがままと偏屈がなくなり、従順な心を持つようになります。

9 申を補って相性を改善する

申が不足するカップルの場合

- 二人とも人を誹謗中傷する癖があり恩を仇で返すことがあります。
- 男性は大きなことが大好きで、山師のようです。
- 女性は細かいところによく気がつくが、ずるがしこい面もあります。
- 二人とも飽きっぽく、職をよく変わる傾向があります。
- 世話好きな面もあり、人からよく依頼されることが多く、自分の仕事をおいてでも依頼事項に奔走することもあります。

このカップルに申を補てんすると

- お互いに活動的になり、何事も敏しょうにこなすようになります。
- 軽率な行動を慎み、物事にまじめに取り組むようになります。
- 特に女性は非常に才能にめぐまれ、よく仕事をこなすようになります。
- 金銭的により恵まれるようになります。

10 酉を補って相性を改善する

酉が不足するカップルの場合

- どうも辛抱ができないカップルのようです。
- 少しでもいやなことがあると逃げ出したり、人に押しつけたりします。
- 男女とも持ち込まれた話が面倒だとわかると、放り投げたり嘘をついて逃げ出したりします。
- 女性は色情の念が至って深く淫蕩な生活を送ることもあります。
- 二人とも中年過ぎまでは、収入は多くても、なかなか苦労が多いです。

このカップルに酉を補てんすると

- 男性は品行が正しく、信義を重んじ、忍耐力を養い、大いに立身出世します。
- 女性は万事に如才なく愛嬌を振りまき、交際上手になって男性をもり立てます。
- 二人とも品格があって容姿が美しくなります。
- 趣味は高尚なものを好み、優雅な毎日を過ごすことができます。

11 戌を補って相性を改善する

戌が不足するカップルの場合

●男性は偏屈で怒りやすく、時として乱暴な態度をとることがあります。
●女性も些細なことで腹を立て自分の意見を押し通すことが多いです。
●二人とも理屈を言って強情を張り、運を逃がしてしまう場合や、人の意見に耳を貸さず自分が独善的に動いて身を滅ぼすこともあります。

このカップルに戌を補てんすると

●正直で義理堅く、信義を重んずるカップルになります。
●意志が固く、与えられたことについて一生懸命骨を惜しまず働くようになります。
●「あの夫婦はまじめで信用が厚い」というように人の尊敬を集めて幸福になります。

12 亥を補って相性を改善する

亥が不足するカップルの場合

●表面は人の意見に耳を貸すように見えますが、内心は容易に人に従うことのできない性格です。
●特に女性は目上の人に逆らいやすく後で後悔しても取り返しのつかないことが出てきます。
●はじめは物に凝って熱中しますが、やがて飽きて放り投げます。
●非常にケチで必要な物にも出し惜しみをしますが、時に不要な物に無駄遣いすることもあります。

このカップルに亥を補てんすると

●曲がったことを嫌う、極めて正直な性格のカップルになります。
●心は竹を割ったように潔白になり、人の尊敬を集めるようになります。
●おちぶれた家業を再興して、大発展させる人もいます。

コラム●芸能人カップルの相性は？

1部で紹介した相性占術を使って、実際に結婚された話題のお二人について、考えてみましょう。

芸能人夫妻の相性判定❶

木村拓哉さんと工藤静香さん

まず最初に、ジャニーズでの活躍が続く木村拓哉さんと諸芸に秀でた工藤静香さんのカップルについて判定してみましょう。

♤木村拓哉さん
1972年11月13日生まれ　子年　亥月　戊申日生まれ

♡工藤静香さん
1970年4月14日生まれ　戌年　辰月　甲子日生まれ

木村さん……戊申日生まれ

諸芸に通じ器用な生まれです。また大変活動的でアグレッシブな性格ですが、鼻柱向意気が強い人も多いといわれています。いつもにぎやかで人気者となり、首領親分となる人もいます。よく政治家に見かけるタイプです。ただしともすると、わが運の強さに慢心しておごり高振り、人を軽蔑するところも出て、時には勢に乗りすぎ、手を出しすぎて失敗します。人の物笑いとならぬよう常々反省し、慎みをもって行動すべきです。

この生まれは剛情で移り気なために、職業や住居の移転が多い人もいます。とにかく裏表なく信頼される人物となって、誠実に、多くの人々のために骨を折り、一つの道をたゆみなく進むうちに、大

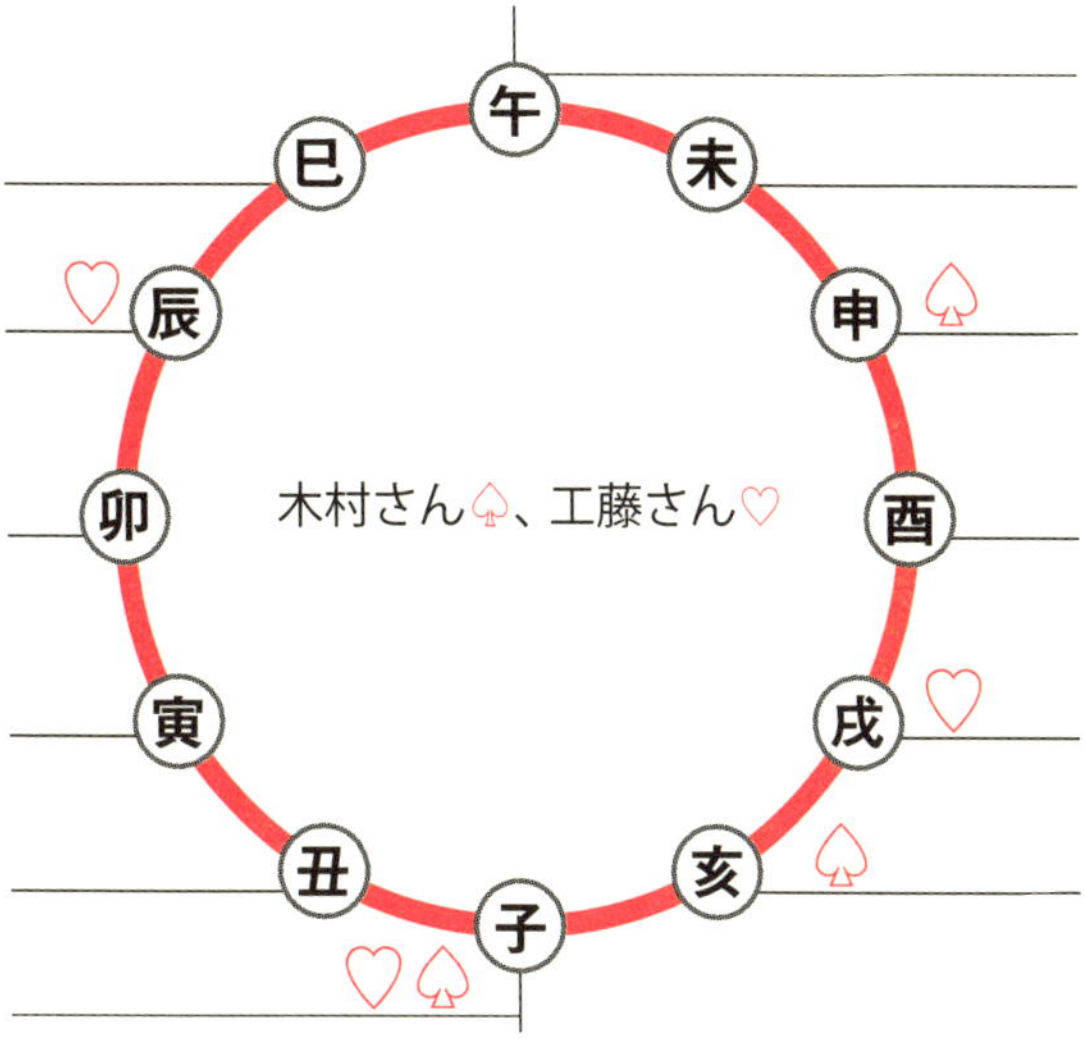

きな幸運がまわってきます。もちろん、諸芸に通じて器用であることは論を待たないと思います。

テレビで拝見した限りにおいては、ここに書いてあるような奢り高ぶりなどは少しも感じられません。常に慎み深い態度行動をされていることは、いっそう彼の魅力を増すことになっていると思います。何事においても無理をせず、自分のチャンスが到来するまで、じっと待つタイプです。

工藤さん……甲子日生まれ

甲子日生まれの方は、色黒の人が多いです。内心ケチで不義理をしてでもため込もうとする人がいるかと思うと、人のためには損得抜きで金銭を惜しまず使用する太っ腹な人もいます。無駄遣いはせず、活発で陽気に働き、時に人のためになる人は社会に出て名をなし、幸福を得ることができます。このような心掛けが大切です。経済観念が強く才智もあり、各々の職業、勤めにも熱心なので、目上の人の引き立てにあって成功しますが、話し方は重く、口下手なところもあります。若い時に苦労して、老いて幸福をつかむ人が多いです。

工藤さんの場合、「色黒」という点はまるで該当しませんが、なるほどと思ったのは、経済の観念が強く、才智があるという点です。テレビで拝見した感じでは、いわゆる「しっかり者の奥さん」といった印象を受けます。性格的には柔軟性はありますが、臨機応変というわけにはいかないようです。常に未来志向で物事を考える人です。

お二人の干支関係

木村さんは生年の子と生日の申が半会を形成しており、工藤さんの生月の辰が加わることで申子辰の三会が成立します。

申子辰の三会は夫婦円満と子孫繁栄の意があり、健康運が極めて良好といわれています。健康なお子様に恵まれ、その子供は優秀であるといわれています。何か運命的な非常に強い結びつきが感じられるお二人ですが、旺支の子が木村さん側にあるので、生活面ではすべてにわたって木村さんが主導権を取るものと思われます。

木村拓哉さんと工藤静香さん

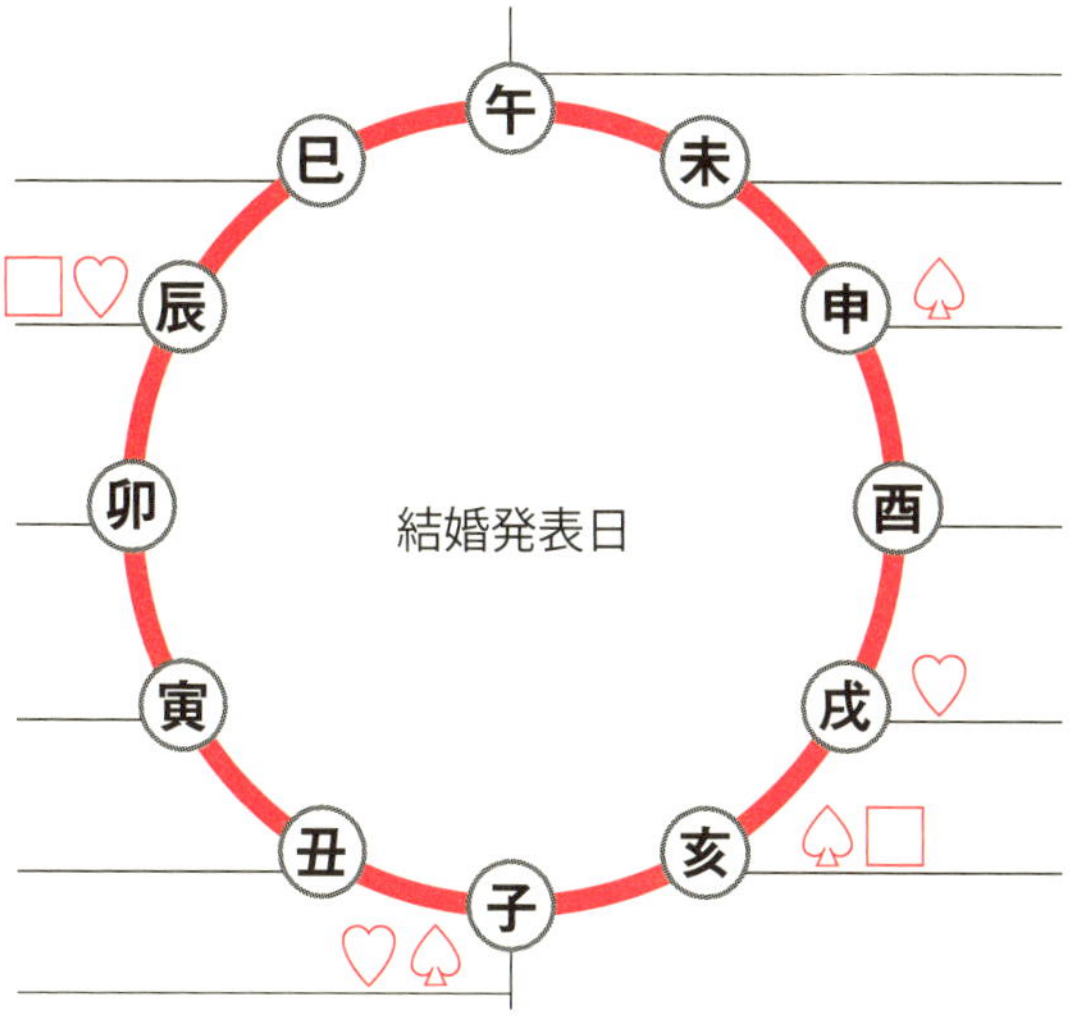

支の並びについては、戌亥子の3支並びとなりますが、木村さんの生まれ日が申ですのでこれに酉が加われば、申酉戌亥子の5支並びになり大発展の夫妻になるところでした。この不足の酉が後で重要な意味を持つことになります。

お二人の得た強運

木村拓哉さんが工藤静香さんとの結婚を発表したのは、2000年11月23日夜のことでした。内容は、近く入籍を行うこと、工藤さんが妊娠4ヶ月であること、披露宴や新居は未定であることなどでした。その後、特に披露宴などは開かれてはおりませんし、入籍の日付は公表されておりませんので、結婚を世間に発表した当日を、木村拓哉さん、工藤静香さんの結婚した日とします。当日の十二支は辰年、亥月、酉日になります。

2000年11月23日　辰年　亥月　酉日

このご夫婦の相性をもう一度検証してみましょう。

木村さんは生年の子と生日の申が半会を形成しており、工藤さんの生月の辰が加わることで三会が成立します。支の並びについては、戌亥子の3支並びとなりますが、木村さんの生まれ日が申ですのでこれに酉が加われば、申酉戌亥子の5支並びになりますね。

さて結婚発表の当日は辰年、亥月、酉日でした。二人に欲しかった酉が入っているではありませんか。また辰は工藤さんの生月と同じであり、亥は木村さんの生月と同じです。

上手のように結婚発表の当日に□をつけます。まさに、この日はお二人にとって因縁の日であると思います。別に意図をしてこの日を選んで結婚発表をしたのではないと思いますが、結婚発表という人生の重大なイベントを、この日に行う事によって、お二人に欠けていた酉が充填され、最も発展が期待できる5支並びが実現したのです。まさに、木村拓哉さん自身の持って生まれた強運を感じざるを得ません。

芸能人夫妻の相性判定❷

DAIGOさんと北川景子さん

♤DAIGOさん
1978年4月8日生まれ　午年 辰月 庚子日生まれ

♡北川景子さん
1986年8月22日生まれ　寅年 申月 戊戌日生まれ

DAIGOさん……庚子日生まれ

男性も女性も美貌の人が多く、感情はデリケートで、智能に秀れた人がいます。元来この生まれの人は福徳命といって上運にあたり、大慶に吉運の生まれなのですが、しかし人によっては大吉変じて凶となりやすく、諸事注意しなければならないので中運に止めておくのです。

つまりこの生まれは運が強く、青壮年にして財産権力を得て幸福をつかむものですが、人を立てて後にわが身を立てる心掛けが大切です。そして生れつき幸せの福徳命を十分に発揮して下さい。

幸せは永く続くでしょう。

北川景子さん……戊戌日生まれ

特に悪い心はないが、気位が高く見られがちです。中には人と協調しないで一匹狼をきめこむ人もいます。人として理想の高いにこしたことはないが、それも過ぎると軽薄になり、真実を疑がわれてしまいます。現実にマッチした考え方、合理的な言行が大切です。良いと信じたところは一人コツコツ働いて行くのが長所で、やがて財産を積み幸せをつかむ人がいます。何といっても陰日向なく働く、正直さ、誠実誠意に生きるということが根本です。人の教えに従って言葉にも温みをもつように努めて行けば、大いに福分を自然に保つことができます。

二人の干支関係

お二人は、支並びや同一支など特に強い結びつきはありません。

目立つ点としては、DAIGOさんの生月支の辰と北川さんの生日支の戌の対冲ですね。お二人で独自の世界を作り上げているようです。

丑が加われば、子丑寅の3支並び、卯が加われば、寅卯辰の3支並び、未が加われば、午未申の

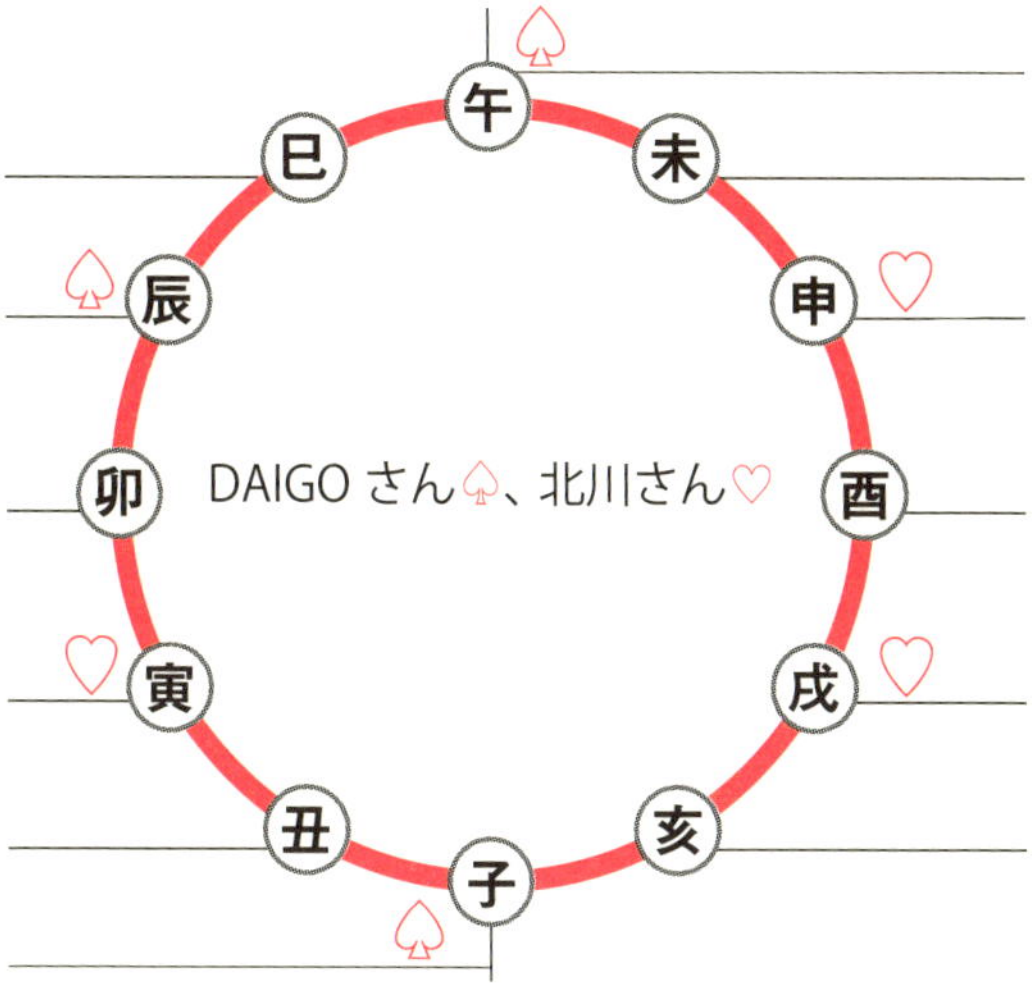

3支並び、亥が加われば戌亥子の3支並びになります。したがって、これらの不足分の丑卯未亥の4支がほしい十二支です。

この不足分の十二支を解神《かいじん》と呼び、開運の一つのキーワードになります。

お二人のご結婚は、

2015年4月29日　未年 辰月 乙亥日

でした。

未年乙亥日にご結婚ということで、上記の不足分の未と亥が充填され、午未申および戌亥子の3支並び2つが成立します。お二人の結婚式としては非常に素晴らしい日取りであるといえます。

芸能人夫妻の相性判定❸

福山雅治さんと吹石一恵さん

♤福山雅治さん

1969年2月6日生まれ　酉年 寅月 壬子日生まれ

♡吹石一恵さん

1982年9月28日生まれ　戌年 酉月 甲寅日生まれ

福山雅治さん……壬子日生まれ

大変に世話好きで、いつも人のために気苦労する方です。それだけ人にも頼られ、人望も集って、大きな仕事を起して栄え、富貴を得ることができます。

しかし気を許して安易な心持ちになり、財を浪費したり、自分一人だけ良しとして楽しんでいるようなケチな心情の持ち主になると、もう一生駄目になってしまいます。

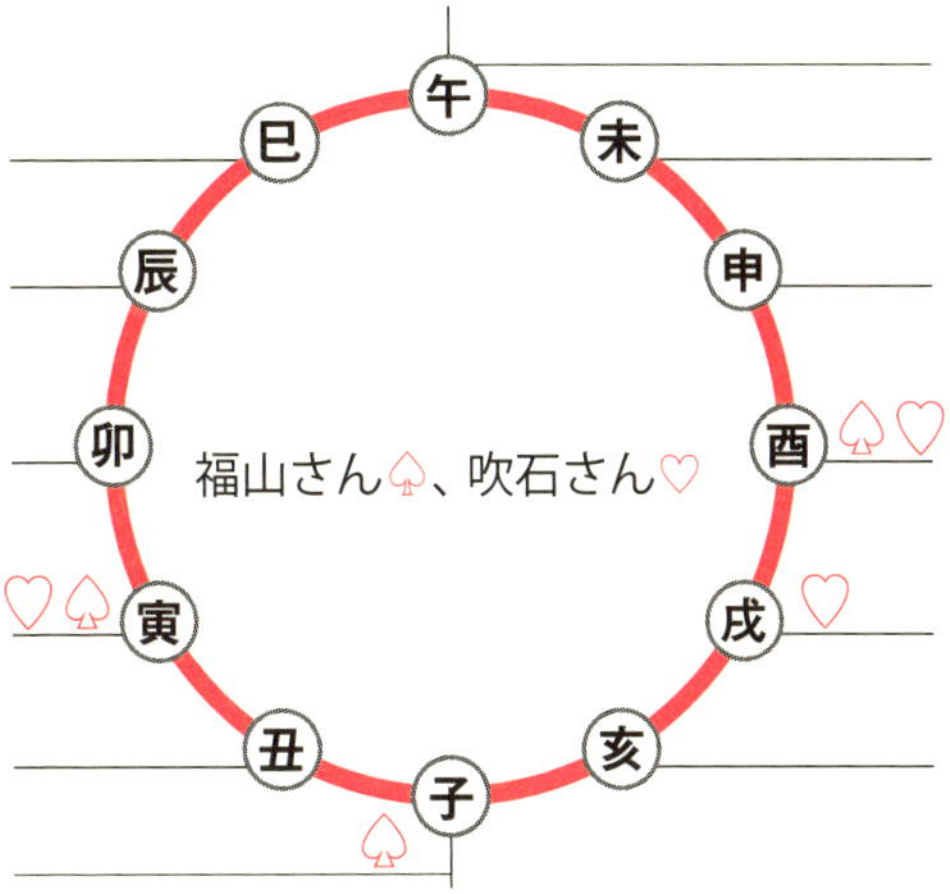

つまりこの生まれの人は、財を集めて大富を得ることがあっても、一度散ずる時は、その止まる処がなく、貧乏のドン底に落ちてしまいます。

常日頃、金銭の使い方、人との交際に心を引締め、君子聖人の道を学びとって、明るく広く、なかよくを旨として、天運に来《きた》って進むことを計るべきです。親の財産を受け継いだ人はなおさらに、この修養が大切です。老後の幸せは一つに、人との協和、大きな度量の持ち主だけに与えられるのです。

吹石一恵さん……甲寅生まれ

新規のこと、めずらしいことには非常に興味をもち、また自から発見発明をしたり、あるいは企業を起したりして成功する人もいます。ただしそれが実力に相応しない高望み、空想に終る心配もあります。

自分の力量を養って、一歩一歩漸進するべきです。そして一度得た幸せを逃がさないよう、いつも現実にマッチした具体性のある仕事を進めねばいけません。

またこの生まれの人は、周りに、この人を守り育てていく人がいると良いのです。良き両親、良き妻、良き先輩を必要とします。

それによって、この人は大変に幸福にもなり、不幸にもなります。子供の時に甘やかされた人は駄目。少しきびしいしつけに育った人は大いに成功して、富貴を得ること疑いなしです。とにかく世の中の役に立つ人物にならねばいけません。

二人の干支関係

一見してわかるように、同一支が酉と寅2つもあります。これだけでも非常に深い因縁めいた結びつきがあると思います。支並びとしては酉と戌の2支並びのみですが、これに申が加われば申酉戌と方合しますし、あるいは亥が加われば酉戌亥子と4支並びになります。さらには、午があれば寅午戌の三会を形成します。

したがって、このご夫妻は同一支を2つ持つという非常に深い結び付きであると同時に、申亥午が加わることによって、一層強力な縁を形成することができるといえます。この、申亥午の3支は解神《かいじん》と呼ばれ、今後の人生のさまざまなイベントにこれらの十二支の年月日を用いれば二人の縁を一層強化できるとされております。

お二人は婚姻届を

2015年9月28日　未年 酉月 丁未日

に提出されたそうですが、残念ながらこの日は解神には当てはまりませんでした。今後、お二人で何か事を起こすとき（移転、新築、新事業開業など）、上記の解神の3支（申亥午）を用いていただきたいと思います。

芸能人夫妻の相性判定❹

唐沢寿明さんと山口智子さん

♤唐沢寿明さん
1963年6月3日生まれ　卯年 巳月 丁丑日生まれ

♡山口智子さん
1964年10月20日生まれ　辰年 戌月 壬寅日生まれ

唐沢さん……丁丑日生まれ

正直一途、実にまじめな方です。ただしあまりに融通性のないところが欠点となりますが。そのために愛橋が乏しく、とかく強情になって、好き嫌いが強くなります。中には、ソネミ、ネタミの心を起こして、運気を破る人もいます。口は禍いのもとです。言行を慎み、礼儀を正し、信を重んじなかよくの心を表にあらわして、日々を送る心掛けが大切です。そして心を大きくもって

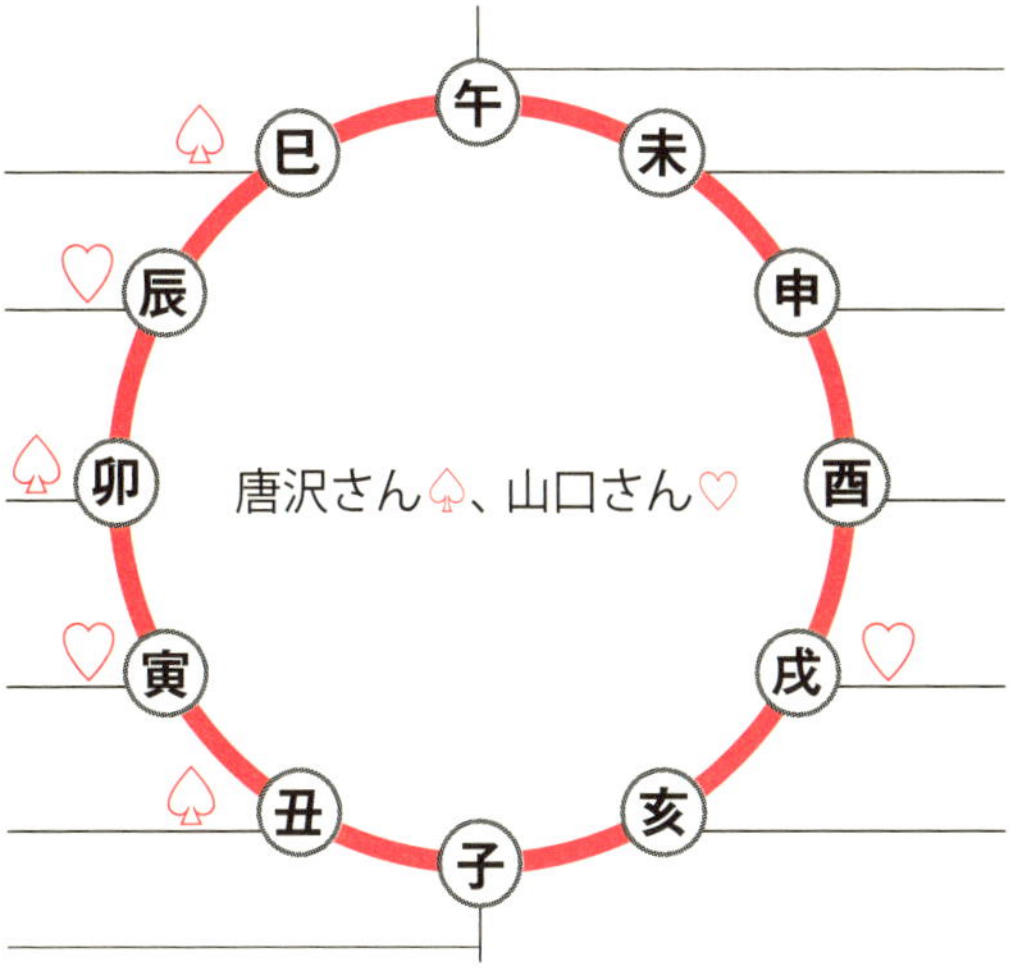

決活に人とつき合っていけば、本性の正直さが理解されて、地位も進み、財産を得ることができます。また器用な人もいて、芸能に進んで、一家を成して、老いて幸せを得る人も多いものです。男女とも色情の難の相があり、よく注意しなければいけません。

山口さん……壬寅日生まれ

この日生まれは自然に備った権貴の勢あり、強きに向って恐れず、椿事に逢っても驚かず、泰然として山の如く、よく衆を愛し、自ずと人の上位に立ち、ついには身を起して天下の覇権を握ることもできる大吉運とします。良い点としては大腹で仁義に厚く、智謀秀れて積極行動力があるので、大いに人望を集め、また財産も得て富貴の身となることができます。しかし中にはケチで、物欲色情に強く、感情に走る人がいたり、あるいは役にも立たぬ道楽趣味に夢中になって失敗をする人もいます。とにかく自己本位に物事を考えるのが一番に悪いのです。いつも他を思いやり、信仰心を厚くして楽天的な精神をもって、人のために働くときは、先の良質が発揮されて、幸せは満々として訪れてきます。また不意の災難にも備えておかねばなりません。変化は突然にあらわれるものです。

後のご夫婦も、奥様が主導権をとると思います。仕事をなさっておられますが、むしろ専業主婦として、ご主人をコントロールした方がうまくいくかもしれませんね。

二人の干支関係

唐沢さんは丑と卯と巳でちょうど一つおきの並びです。このような方は運が取りやすいですね。ちょうど空いている十二支を選べばよいのですから。

そこで山口さんですが、ちょうどよいことに辰年戌月寅日の生まれで、寅と辰を持っており、ちょうど唐沢さんの空いている十二支にすっぽりはまって、なんと五支並びを形成します。素晴らしく相性の良いご夫婦ですね。山口さんはよくご主人を助けて、ご主人も奥様を大切にします。

2部
運命の人と出会いたい方への秘法

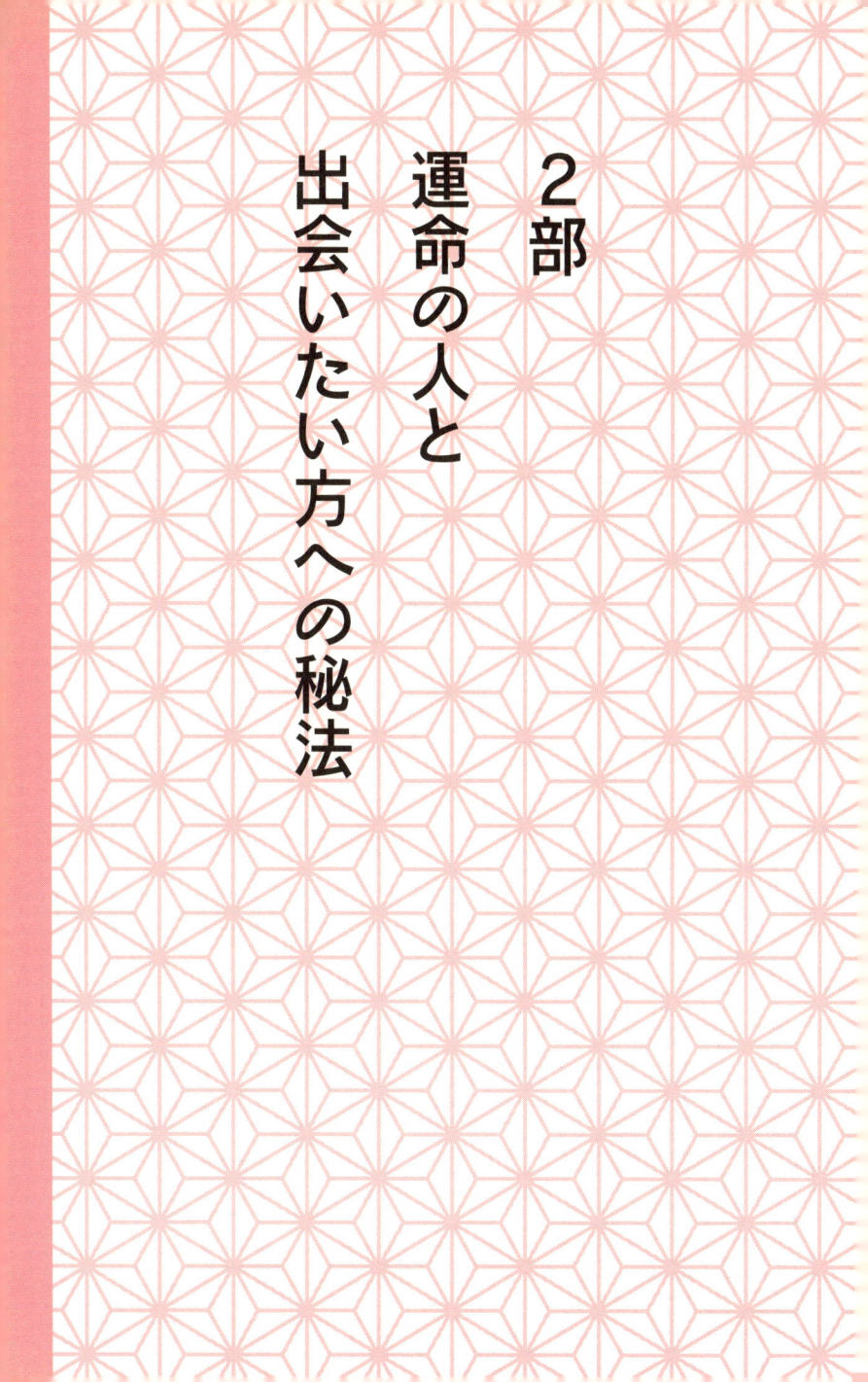

1 素敵な出会いのために

1部では、すでにパートナーがいる方が、恋人や夫婦の相性を強化するための方法を紹介しました。しかし世の中には、なかなかパートナーを見つけることができないとお悩みの方がたくさんおいでになります。

2部では、現在パートナーがいない読者を対象に、恋愛力をアップしパートナーを見つけやすくする秘術を紹介しましょう。パートナーが見つけやすくなるといっても、美容整形など特別なことをするわけではありません。

まず、生まれた日の十二支で自分の性格と恋愛を知り、自分の魅力を増して、出会いの機会を増やしましょう。続けて、方位を用いた移転・引越し、旅行をする方策を紹介します。

生日支の恋愛占術

1部で解説した通り、どなたも生年月日に3つ十二支を持ちます。この十二支によって、ある程度の性格が判断できますので紹介します。

恋愛力アップの引越し法

即効的な効果を期待するなら引越し法です。住環境だけでなく、近所の人間関係や通勤通学経路、日々の買い物など生活関連などすべてを変化させることができます。ただし出費も馬鹿になりませんので、ベストな方位を割り出し、1回の移転で決着したいものですね。目的にふさわしい方位を選ぶために、方位がもつ象意も紹介します。

恋愛力アップの旅行法

旅行を繰り返すことによって恋愛力を養成するという、手軽な旅行法を紹介します。非常に手軽であり、かつ確実な効果が期待できます。

その日の干支をもとに恋愛や良縁作りの方位を割り出して、2時間程度の移動を行います。1回や2回の旅行では劇的に運命を改善することは困難ですが、繰り返し行い、回数を重ねて効果を蓄積していくところに妙味があります。

＊方位を用いた動土（自分の住む住居敷地内の特定の場所の土を動かすこと）も恋愛力アップに有効ですが、マンションなどの集合住宅には不向きなので本書では省略します。

2 生日支の恋愛占術

どなたも生年月日に3つ十二支を持ち、この十二支によってある程度性格が判断できます。同じ十二支でも、「年」「月」「日」のどこにあるかによってあらわす内容が異なりますので注意してください。生年支によって、その人物の肉体的な側面、たとえば外見、見た目の雰囲気、健康を判断でき、生月支によって、知性的な側面、たとえば思想面、頭脳の使い方、理性を判断でき、生日支の十二支によって、感情的な側面、性格を判断することができます。

恋愛占術で人物像を判断するときは、生日支が最も重視されますので、ここでは生日支を使って性格を判断します。あくまでも性格判断で、運勢の善し悪しを説いたものではありませんので注意してください。

＊運勢は、生まれた日の十干十二支をもとに3部「生日干支で占うあなたの運勢」に掲載します。

十二支があらわす性格

生年支……肉体的な側面
外見、見た目の雰囲気、健康を判断

生月支……知性的な側面
思想面、頭脳の使い方、理性を判断

生日支……感情的な側面
性格を判断

自分の生年月日と干支 P.19 参照

生年月日	年	月	日	
干支				

1 子からみる性格と恋愛

子の字の形と意味

北斗七星の形から生まれた字で、「もだえる」に通じる。万物の生命が宿り、再び生命が活動し始める状態。わずかな動きから、大きく育つ可能性を示唆している。物事のはじめをあらわす。

性格

知性的だが、冷たく客観的に物事を見つめ、細かい事に気づく。変化を求め、器用で小才が利く。人と無理に合わせることはしないが、それほど気難しいわけではない。内面的には神経質であるが表に出さない。ネズミのように集団で暮らしたがる。仲間意識は強烈でチームワークを再重視する。「おれについてこい」という頭領型ではなく、対立をうまくまとめる調整型。金銭的には倹約家で、組織の財布をまかせられる。利害に敏感な所があり、無駄を徹底的に排除する。短気な点は、自分で改める。どちらかといえば、家にいるほうを好む。興味も、コレクションや工作、園芸などインドア的なものに偏りがち。アウトドアスポーツには興味を示さない。

恋愛

この人一筋で、自分意志を容易に曲げない。

2 丑からみる性格と恋愛

丑の字の形と意味

「かがむ」と読み、紐に通じ、紐でつなぎ止めている状態を指し示す。万物が今まさに芽を出そうとしているのを、必死につなぎ止めている有り様を意味している。植物が大地の中に根を張っていく様子をあらわし、ゆっくりと確実に物事が進んでいく様子をあらわしている。

性格

保守的で信用を重んじる。自分の納得しない仕事には手を出さず、他人からは真面目で篤実であると見られることも、反対に石頭の頑固者と捉えられたりもする。地味で目立たない。自分をアピールすることが苦手。動きがスローでまさに「牛」のようである。その点は人をイライラさせるかもしれないが、一旦ことを始めると、その着実に成し遂げていく。苦労をいとわず、いかなる困難にもぶつかっていく。臨機応変にうまく対処するということが苦手である。正攻法しか取ることができない。財運はあるが、あまり大金持ちになれる方ではない。正直、堅実、ケチな人が多い。人懐っこく涙もろい。弱気と強気が共存する。

恋愛

マイペース。時間をかけてじっくり育成するに限る。

3 寅からみる性格と恋愛

寅の字の形と意味

「のびる」に通じ、万物が一斉に芽を吹き出した状態を意味している。季節的には春の始まりをあらわしており、本格的な活動の開始を意味している。

性格

正直で誠実だが気まぐれなところがあり負けん気。じっとチャンスを待ち、動くとなったら機敏で積極的かつ大胆な行動をとる。ビジネスの世界ではなかなか抜け目のない存在である。陽気で明るく人を楽しませようとする所があり、人気抜群。ピンチになると、だれか助けてくれる人がいる。仁義や友情に厚いが、独立型。フェアであり、ルールから外れたことは許さない。。財に対する執着心は淡泊であり、成金を軽べつする傾向がある。権威的であり、組織の頭領を目指す。

恋愛

恋愛は理想が高く、相手に対し妥協をしない。また自分を相手に合わせることができない。理想を追い求め安易に妥協しない。

4 卯からみる性格と恋愛

卯の字の形と意味

「さかん」に通じ、万物の成長が盛んになっている状態を意味する。植物の芽が地上にあらわれてきたが、まだどこか弱々しい。

性格

綿密なる思想と豊かな情緒を持っている。発明発見など考案的な仕事が良い。放縦の傾向。熱中していることについては努力を惜しまないが、一旦飽きてしまうと、すぐに放り出す。現実家であり、自分にとって得か損かを冷静に見極め、損だと判断すると脱兎の如く逃げ出す。物腰は大変柔らかい。争い事を好まない。礼儀正しく人と合わせるのがうまい。人の意見を十分に聞く。あるいは人から意見を引き出す。美的感覚に優れている。

恋愛

恋愛は、相手に対し献身的、浮気をすることもない。自分と似た性格、似た境遇、同じ趣味の人と恋に陥りやすい。

5 辰からみる性格と恋愛

辰の字の形と意味

「震」に通じ、万物の成長が勢いよく、身を震わせながら成長している様子をあらわす。春爛漫の状況で万物がダイナミックに変貌を遂げている様子である。

性格

いつもは穏やかで、つかみ所がない。ぼうよう然として、軽々しく動き回ったりしない。内面的には意志強固、不屈の頑張りが利くので、どの道でも力を発揮する。人前で自分を飾ることはない。細かいことで、争ったりはしないが、感情の起伏が大きく、一旦キレると手がつけられない。事業家・独立家で一生波風が多く慎重なら吉。芸術的才能あり。

恋愛

自分からアプローチすることはなく、来るものは拒まずという感じ。恋愛と結婚は峻別する。主導権を与えれば大変喜ぶ。

6 巳からみる性格と恋愛

巳の字の形と意味

「とどまる」「やむ」に通じ、万物の成長がきわまり、一段落した状態を意味している。または次の新しい段階へ向けて一休みしている状態である。

性格

勇気、行動力を意味する。瞬発力はないが、持続力は強力である。執念深い。思慮深く、じっくり行動する。一旦思い込むと、いくら否定的な要素が出現しても、それをすぐに捨て切ることができない。いつまでも悩み続ける。変わった商売を選ぶ。思い込むと執拗なところがある。外見冷たい感じでも内心が温かい。礼儀を大切にする。

恋愛

大変モテるので、いつも異性に囲まれている。若いころからそのような環境で過ごしてきたので、孤独であることを非常に嫌う。相手を思い通りに制御する。いつも自分の管理下に置きたがる。

7 午からみる性格と恋愛

午の字の形と意味

「さからう」に通じ、万物の成長がピークを迎え、次の新しい段階へと進んでいる状態を意味している。隆盛と衰退が争っている状態を指し、これを「さからう」と表現している。

性格

見えっ張りで目立ちたがり。自分が中心でないと気が済まない。明朗で直感力が鋭く直情径行型。負けず嫌い。独立心が強く、人に従うのが苦手だが、裏表のない性格なので人には嫌われない。じっとしているのが苦手、その場の気分で衝動的な行動を取り、後で冷静になってみると、反省することしきり。人の好き嫌いが激しくお天気屋の面もある。頭の回転が早く、思い立ったらすぐ行動を開始する。瞬発力は絶大なものがあるが飽きっぽく、最初の情熱が長続きしない。社交的で華やかな交際を求める。

恋愛

恋愛は遊び中心。数多くの異性の間を駆け巡る。なかなか結婚に踏み切れない。色情と口舌のトラブルが起りやすい。

8 未からみる性格と恋愛

未の字の形と意味

「あじ」に通じ、万物が香り立ち味わい深く成熟した状態を示している。同時に衰退の始まりを意味している。

性格

知性的な一面がある。万事控えめ、まるで羊のようにソフトな人当たり。物事に柔軟で丁寧、遠慮深く取り越し苦労が多い。金銭的にちゃっかりしている部分もある。人を巧みに利用するのが上手だが人には好かれる。リスクを回避する能力は抜群だが、リスクを避けるあまり、チャレンジ精神に欠け、チャンスを逃すことが多い。事なかれ主義で保守的。現状維持を願い、改革を好まない。日々是無事平穏を生活身上とする。リーダーにはなり得ない。組織の一員として能力を発揮する。

恋愛

恋愛は臆病。失敗して自分が傷つくのを恐れるあまり、消極的になる。そのくせ、いつも甘える相手を必要とする寂しがり屋。

9 申からみる性格と恋愛

申の字の形と意味

「伸びる」に通じ、成熟の完成・熟成の完了に向かって突き進む状態である。

性格

口八丁手八丁、才気あり、話好きで社交上手。魅力的な、愛嬌を要する仕事に就くとよい。完全性を追求する気むずかしさもある。進取の気性あり。好奇心が強く、何にでも首を突っ込みたがる。そのくせ、ある程度内容を把握すると、すぐに別のものに興味が移る。目立ちたがり屋。お調子者。世間を要領よく立ち回る。時に尊大な態度を取り、ことばがきついこともある。

恋愛

相手の気持ちをうまく察することができず、失敗に終わることが多い。

10 酉からみる性格と恋愛

酉の字の形と意味

「なる」に通じ、成熟・熟成が完成した状態を意味し、時まさに収穫を迎えた段階を示している。

性格

敏感・緻密・正確なので、知的な方面の仕事をするとよい。集中力があり、それを持続させることができる。完璧主義で、途中で仕事をほうりなげることができない。万事にこだわりを持ち、自分の思い通りでないと我慢できない。智に溺れやすい傾向もある。孤独を愛し、プライドが高く、少し気難しいところがある。他人に対して、時に辛らつな批判を行う。その結果、敵を作りやすい。非常に大胆な行動をとり、人を驚かせることもある。

恋愛

相手に対する理想が高いので、なかなか成就しにくい。相手に、ひと味違う何かを求める。

11 戌からみる性格と恋愛

戌の字の形と意味

「やぶる」「滅ぶ」に通じ、万物がその役割を終えて、活動が完全に止まった状態を示している。

性格

たえざる情熱をもって精進する。誠実という文字がぴったりの人生を送る。忍耐強く、義理人情に厚い。どのような環境が与えられたとしても、たいていは我慢する。したがって、環境を変えていこうという努力はしない。これはと思った人には従順になり、どこまでもついていく。常に自分はフェアであり続けたいと思う。したがって不正なことを発見すると、絶対に許さない。

恋愛

極めて保守的である。自分の周囲から、自分の身の丈にあった相手を見つけ、堅実な恋愛、結婚に至る人が多い。結婚後はよき夫、よき妻に徹する。

12 亥からみる性格と恋愛

亥の字の形と意味

「とじる」「根」に通じ、万物が根を残して、一切の活動を止め、生命をその根に蓄えている状態を意味している。

性格

沈着、熟練、冷静。物事に対して直進して解決するので、独断になりやすい。はっきりと物をいう。それにより周囲からは恐れられる存在になる。いうだけいってすぐ引き下がるので、遺恨を残すことはない。世話好きで、涙もろく、派手さはないが、誠実さが取り得。人のよいところがあり、マルチ商法、詐欺商法に引っかかることもある。物事に対して淡泊である。自分の意見よりも、人の評価を気にする。流行に敏感である。

恋愛

恋愛は苦手。相手の真意を読みとれず、見当違いな行動をとってしまい、相手の重荷になることもある。そのくせ、常に恋をしていないと気がすまないので、いつも、誰か相手は存在する。

3 恋愛力アップの引越し法

引越し法❶ 最適方位……目的に合った鑑定手順

即効的な効果を期待するなら移転がおすすめです。
具体的には、二つの観点により適切な方位を判断します。
1．目的に合った象意をもつ方位
2．生年月日支との関係で吉方位となる方位
自分が最も望む状況を得るためには、それに1と2に合致した方位を使うことはいうまでもありません。移転方位を選定する前に、自分のあるべき姿、願望を十分に顧みましょう。

1 吉関係になる十二支を調べる

十二支の相互関係からみて、3つの生年月日支と吉関係になる合、三会、並びの十二支が吉方位です。最も効果的なのが合なので、まず合を中心に十二支を調べます。

吉関係	❶並び	十二支が複数個、順番に並ぶ関係です。最大6支並びまであります	
	❷同一支	男女の十二支が同じになる場合です	
吉関係	❸三会	十二支が3つ集まって形成される関係です	①亥卯未 ②寅午戌 ③巳酉丑 ④申子辰
吉関係	❹合	十二支が2つ集まって形成される関係です	①子－丑 ②亥－寅 ③戌－卯 ④酉－辰 ⑤申－巳 ⑥未－午
	❺対冲	合と同様、十二支が2つ集まって形成される関係です	①子－午 ②丑－未 ③寅－申 ④卯－酉 ⑤辰－戌 ⑥巳－亥

❷ 希望の日取りの候補を選ぶ

引越しを考えている年を定めたら、同じ十二支の月を第1候補として採用します。移転の方位選定では年と月を考慮の対象としますので、日の方位を作成する必要はありません。

110～111ページに掲載した八方位から、該当の十二支の作盤パターンを選び、❶で選んだ吉方位が回座する方位を見つけましょう。

【例】

2016年8月　申年申月　吉方位　辰

申年

⑨ 辰 南東	⑤ 子 南	⑦ 寅 南西
⑧ 卯 東	① 申	③ 戌 西
④ 亥 北東	⑥ 丑 北	② 酉 北西

申月

⑨ 辰 南東	⑤ 子 南	⑦ 寅 南西
⑧ 卯 東	① 申	③ 戌 西
④ 亥 北東	⑥ 丑 北	② 酉 北西

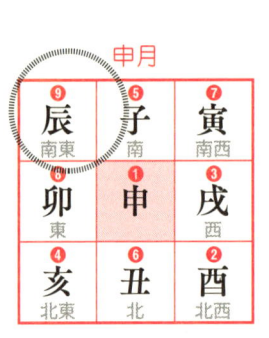

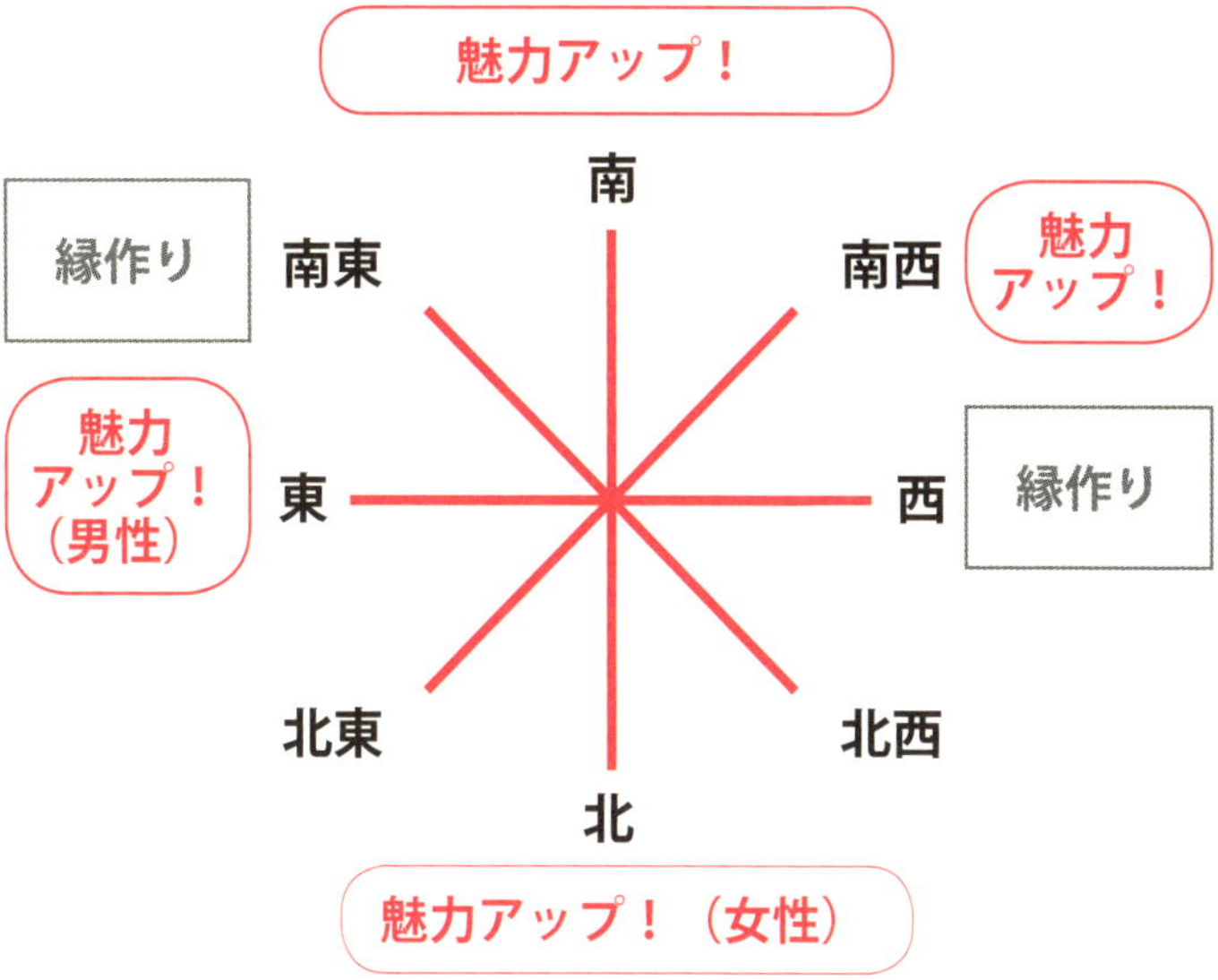

3 目的に合った移転方位を選ぶ

恋愛力アップのために**目的に合った方位**を選びます。

方位は大きく分けて、外面的内面的に自己の**魅力を増す方位**と、縁作りなどの**きっかけを増やす方位**、**その他の目的**をもった方位の3つの象意に分類されます。

A 自己の魅力を増す方位

南、南西、（女性）北、（男性）東

B 縁作りの方位

南東、西

C その他の目的をもった方位

北東、北西、南

4 最適方位を見つける

たとえば生年月日に酉がある人の場合、辰が合の関係になりますので、辰の回座した方位が吉方位となります。この辰が、回座する日取りを選んで移転するのが良いでしょう。

恋愛力を得るには……北あるいは南

出会いのきっかけや見合い話をたくさん得たいなら……南東あるいは西に回座する日取りが良いでしょう。

日や時間の特定はしませんので1カ月の間に引越しをすればよく、現在の居住地から引越し先までの距離はあまり問いません。

合の関係にある十二支が、自分の期待する時期に目的に合った方位に回座しない場合は、範囲を三会まで増やしてください。

注意点としては生年月日の十二支と対冲にある十二支を避けてください。

この酉がある人の場合なら卯の対冲は酉、巳の対冲は亥、子の対冲は午になりますので、酉亥午は対象から外します。

引越し法の指導事例

1987年5月27日生まれ　女性の場合

> 願い　結婚の対象となる男性と巡り会う機会が少ない。移転によって生活環境を変化させたい。

❶巻末の万年暦から生年月日の十二支を割り出す

卯年　巳月　子日

❷生年月日の十二支と「合」の関係にある十二支を割り出す（52ページ）

卯→戌　巳→申　子→丑

あなたの引越しプラン

❶
❷

生年月日	（十二支）	合
年		
月		
日		

❸移転する月の候補を選ぶ

たとえば２０１６年に移転を決意した場合、年と月が同じ十二支の場合を第１候補にします。２０１６年は申年なので、申月（８月７日～９月６日）が候補となります。その時期に、②の戌か申か丑が回座した方位が吉方位です。

❹「合」の十二支が回座した方位を探す

２０１６年の作盤パターンから申年と申月を作成し合の関係にある戌申丑の回座した方位を探す。

⑨ 辰 南東	⑤ 子 南	⑦ 寅 南西
⑧ 卯 東	① 申	③ 戌 西
④ 亥 北東	⑥ 丑 北	② 酉 北西

⑨ 辰 南東	⑤ 子 南	⑦ 寅 南西
⑧ 卯 東	① 申	③ 戌 西
④ 亥 北東	⑥ 丑 北	② 酉 北西

❸ 移転する年月の候補

年

月

❹

⑨ 南東	⑤ 南	⑦ 南西
⑧ 東	①	③ 西
④ 北東	⑥ 北	② 北西

⑨ 南東	⑤ 南	⑦ 南西
⑧ 東	①	③ 西
④ 北東	⑥ 北	② 北西

⑤目的に合致した方位を選択する

161ページの図の方位の意味を参考に、目的に合った方位を選びます。ここでは、男女関係に絞ってABから選びましょう。この場合、Aの北に丑、Bの西に戌が回座しており、吉方位の対象となります。今回は「出会いの機会を増やしたい」という目的ですので、自分の魅力を増す北よりも、酒食の機会が増える西の方が適してますね。

〈補足〉

合の関係にある十二支が、自分の期待する方位に回座していない場合は、範囲を三会まで増やしてください。

この女性の場合であれば（卯年巳月子日生まれ）なら、

卯の三会である亥、未
巳の三会である酉、丑
子の三会である申、辰

⑤移転先の方位候補

十二支	方位

自分	三会		
年			
月			
日			

が対象になります。

❻移転先を探す

この女性は、2016年8月に、現在より「西」に移転することにしました。

最後は具体的な家探しです。

通勤の関係からあまり遠くに移転することは難しいですが、生活環境を変えるのも目的の一つですので、あまり近くで駅が同じなども困ります。

現在地からの距離などよりも、ある程度環境の異なる場所を選択することがポイントです。

あとは自分の気に入ることが一番です。方位効果を得るために気に入らない場所に移ることは、本末転倒ですので絶対に避けてください。

方位ポイント

引越し法 ❷ 方位……象意を生かす鑑定事例

方位には、方位そのものが持つ象意があります。

その方位を使用すると、どんなことが自分の身にあらわれるかがわかります。

ここでは、生年月日や吉凶は抜きにして、８つの方位の詳しい象意と、象意を活用して引越しで男女関係や恋愛力アップに生かした鑑定事例をご紹介します。

たとえば女性が自己の魅力を向上させて恋愛力を得るには、北あるいは南に移転するのです。この場合、南は一度精算するという意味もあるので、今までのつきあいを一旦精算した上で新たな恋愛の始まりを期待するのにも良いですね。

また、出会いのきっかけやお見合いの話をたくさん得たいなら、南東あるいは西に移転するのが良いでしょう。

北

北の方位は坎宮《かんきゅう》と呼ばれ、人間の体では生殖器をあらわします。そこで、北を用いますと生殖器の活性化、転じて性的魅力の増進（特に女性）を意味します。肉体的にも精神的にも性的魅力を追求するときに、ぴったりの方位です。

鑑定事例ですが、常連さんの紹介で相談に来られた27歳のある女性の話です。結婚願望が強く、その手のさまざまなサービス企業に加入して2年近くになりますが、なかなか思うようにならない、とのことでした。理想が高くて自分が気に入る相手がみつからないのか、それとも自分に魅力が無く男性が近づいてこないのか、話を分析すると、どうも後者のようです。外見は、とても静かで清楚な感じを受けましたが、非常に痩身で女性としての性的な魅力は今一歩のようでした。性格的にも、「自分は異性にモテない」と思いこんでおり、それがすべての点で自分の行動に影響を及ぼしていたようです。

このような現状を打破するには、移転して生活そのものを変化させるのが、最も近道と考え、早急なる引越しをお薦めしました。

方位ですが、このような場合、北を選択して自己の魅力を増強するか、あるいは後述の東を選択して、より活動的な性格にするかの2点で悩み、本人に、自分のより望む方を選んでもらいました。

結果、本人は北を選択し、無事に引越しは完了し、新生活を始めました。4ヶ月後、彼女から鑑定依頼が入りました。今度は結婚式の日取りを相談したいとのことです。

実際に彼女に会ってみると、変貌ぶりに驚きました。顔かたちが変化したわけではないのに雰囲気が全然違うのです。女性としてのオーラに満ちあふれていました。彼女の顔や姿に「華」というものが感じられたのです。このように北には、女性にとっては不思議な効果が期待できる方位です。

北東

北東は艮宮《ごんきゅう》と呼ばれ、変化、変身、心変わりをあらわします。それらの象意より、別名変化宮とも呼ばれます。あまり恋愛力の養成には関係ない方位のように思えますが、事情によっては使い道がありますこの方位を使うと、今までの生活が一旦リセットされます。

どの方位でも移転することは生活環境がガラリと変化しますが、特に北東を用いた場合は、この傾向が顕著です。

今までの生活があまりにも思い通りに行かなかった時、恋愛力向上の目的に限らず、この方位に引越して、人生をやり直すつもりになることも、場合によっては必要です。

東

東は震宮《しんきゅう》と呼ばれ、文字通り振動、動き、転じて活動、エネルギッシュの意味を持ちます。これは男性にとっては性的魅力の増進、元気溌剌、身体の活性化、性格の闊達化につながります。

筆者は、男性からの相談にはこの方位をよく使用させます。

先日、相談にこられた38歳の男性ですが、見るからに元気がなく、今にも倒れそうな形相でした。なかなか、縁談がまとまらない、とのことでしたが、性格はともかく、この様子では縁談相手の女性も引いてしまう、と感じたので、東方への移転をお薦め致しました。

現在、アパートに一人暮らしで、住環境も良くないようでしたので、移転によって、環境そのものをリセットし自分を変える努力をしてくださいと申し渡しました。その後わすれたころに連絡があり、にぎやかな場所に住まいを見つけ移転をした。その後、自分が活動的になり、積極的に縁を求めて動くようになった。来週、また見合いが予定されているとのことでした。彼の人が変わったような様子から、筆者は大成功を確信致しました。

南東

南東は巽宮《そんきゅう》と呼ばれ、縁作りや出会いの方位とされています。見合い結婚の意味もあります。この方位は、結婚相手を見つけるという点では非常に重要な方位で、出会うチャンスを作りたいという希望がある場合、大変よく使う方位です。

恋愛や結婚を希望される方々に最もお勧めしている方位が南東です。この方位に移転すると、成功不成功は別として縁談が非常に多く持ち込まれるようになります。

先日も、筆者の鑑定客の娘さんですが、一人暮らしを希望とのことで、現在の親元から南東方位のマンションに引越しを指導しました。

もともと、伝をたどって多くの関係先に縁談を依頼しておりましたが、移転後、目立ってお話が舞い込むようになり、現在、その中のある男性と結婚を前提におつきあいを進めているようです。

南

南は離宮《りきゅう》と呼ばれ、華麗を意味します。そこで女性が外面も内面も美人になる方位とされています。また離という文字が示すように「別れ」「精算」の意味もあります。これは、男女間の永年の不適切な関係にピリオドを打ちたいときに、よく活用されます。

事例を一つ紹介します。

35歳の地方在住の女性ですが、職場の上司と7年間ほど不倫の関係にあり、このような爛れた生活から抜け出したいと常時考えておりましたが、なかなか実行に踏み切れず、不安な日々を過ごしておりました。相談を持ちかけられた著者としては、とにかく精算をすることが先決との思いで南方への移転を勧めました。

その後2週間も立たずに彼女は引越したのですが、驚くべきことが起こりました。不倫相手の上司の方から、離別を持ちかけられたのです。しかも相応の手切れ金までつけて。半年ほど後、彼女は幸せな結婚をしました。

そのほかの方位は以下の通りです。

南西

南西は坤宮《こんきゅう》とよばれ、「従う」という象意があります。この方位を使用することにより、女性にとっては従順で穏和な性格になり、人から愛されるようになるとされています。また労働の意味もあり、転じて仕事運の向上という意味もあります。

西

西は兌宮《だきゅう》と呼ばれ、飲食、恋愛の象意があります。酒食の機会の増加を図ったり、出会いの場を増やしたりするのに使用します。特にこの方位で見つけた女性は美人が多いです。男性にとっては、こちらの方位に移転した途端に、急にモテ出すことも報告されています。

北西

北西は乾宮《けんきゅう》と呼ばれ、名誉、決断をあらわします。そこで本方位を用いることによって迷いとの決別を図ります。たとえば、永年の交際と新規の縁談との間で迷うとき、本方位を用いて、決着を図ります。

4 恋愛力アップの旅行法

本章では旅行を繰り返すことで恋愛力を養成するという、手軽な方法を紹介します。旅行によって開運を図る方法は、拙著『決定版「金函玉鏡」方位術奥義』で紹介しました。古くから中国より伝わる金函玉鏡という軍学の一つを利用して、我々の実生活の中で、移動することによって開運を図ろうというものです。詳細は同書を参照していただくとして、本書では、恋愛力の養成に絞って話を進めますが、最初に少しだけ、金函玉鏡方位術の概要を紹介しておきましょう。

金函玉鏡方位術は、毎日の暦から吉方位や凶方位を割り出す術です。たとえばある日の吉方位を割り出して、そちらの方向に旅行をすれば、旅行をした本人に吉意が蓄積され開運に向かう、という実に妙なる術です。

金函玉鏡方位術を紹介して以来、著者のところには本術を実践した多くの方からメールが舞い込み、

「ミニロト」にて大勝利、

不景気の中、第一志望の就職先に合格、

営業第一線の方より次々に大型物件成約、

会社経営者より特許をめぐる裁判で勝訴、

などなど……多くの成功報告が寄せられました。

中には別れたくてたまらなかった主人の口から離婚を言い渡された、などというものもありました。

これらは、すべて金函玉鏡を実践したからだということではなく、いくつかの要因が重なったものと思われますが、確実に効果があらわれることも確信しました。

金函玉鏡の構造は、その日の干支をもとに、八方位に八門、九星、十二神を配置して、それぞれの象意により、方位の吉凶を判断していくというものです。一般的な開運方法に興味のある読者の方は、拙著『現代方位術大全』（説話社刊）を参照してください。

このなかで、恋愛や個人の魅力増進に最も強く関与するのは八門です。八門の中で特に恋

愛に良いとされる門の方位へ移動を繰り返すことにより、恋愛力を養成するのです。また161ページで述べた方位の目的別象意（たとえば性的魅力を増すなら北）を組み合わせることは言うまでもありません。

本書では、恋愛力の養成という観点に絞った旅行の方法を紹介します。
具体的には、
方位＝三吉門の吉方位へ出かける
出発時間＝パワーを発揮する天乙貴人の時間に出発する
目的地＝恋愛力をアップするパワースポットで過ごす
の3つの手順で決めていきます。九星や十二神は使わず、むしろ方位の目的別象意を重視します。

注意点として、旅行による恋愛力の養成は非常に手軽であるものの、繰り返し行うことが重要です。前記の成功例でも、1回や2回の方位取りで願望を達成したものもありますが、やはり多くの方は数回繰り返したようです。1回行うごとに運を蓄積していくのです。

旅行法❶ 三吉門……吉方位を選ぶ

金函玉鏡の最も重要な要素は八門です。

八門は、休門、生門、傷門、杜門、景門、死門、驚門、開門の8つの門をいい、方位取りを行う日の日干支によって割り出します。

各門は次のようにそれぞれ吉凶がはっきりしています。

吉門＝休門・生門・景門・開門
凶門＝傷門・杜門・死門・驚門

恋愛関連には、吉門の中で3つの良い方位のみを使用します。「始まり」の開門、「順調」の休門、「発展」の生門の三吉門です。日干支別の三吉門一覧表を180〜181ページに掲載します。白地は陽遁期間、グレー地は陰遁期間を示しています。なお、その日が陰遁期間であるか陽遁期間であるかによって配置は異なります。（100〜101ページ参照）

陰遁期間＝夏至の日から冬至の日まで
陽遁期間＝冬至の日から夏至の日まで

⑨ 生門 南東	⑤ 傷門 南	⑦ 杜門 南西
⑧ 休門 東	①	③ 景門 西
④ 開門 北東	⑥ 驚門 北	② 死門 北西

【例】壬申の日

⑨ 生 南東	⑤ 傷 南	⑦ 杜 南西
⑧ 休 東	①	③ 景 西
④ 開 北東	⑥ 驚 北	② 死 北西

三吉門の割り出し方

巻末の「干支万年暦」で方位取りを行う日の日干支を調べ、三吉門一覧表を参照して吉方位を把握してください。作盤することなく、その日の方位がわかり、毎日の恋愛運をアップさせることができます。

三吉門の象意は182ページから掲載します。

1.「干支万年暦」で日干支を調べる

2.三吉門一覧表から吉方位を把握する

3.三吉門の象意を参照する

【例】

たとえば壬申の日の八門を配付した図が上図です

(左図は門の字を省略したもの)。

開門が北東、休門が東、生門が南東

ですので、この3つがその日の開運方位となります。

日干支別三吉門一覧表

占いたい日の日干支	陽遁期間			陰遁期間		
	休門	生門	開門	休門	生門	開門
甲子	北	北東	北西	南	南西	南東
乙丑	北	北西	北東	南	南東	南西
丙寅	北	北東	北西	南	南西	南東
丁卯	南西	南	西	北東	北	東
戊辰	南西	西	南	北東	東	北
己巳	南西	南	西	北東	北	東
庚午	東	南東	北東	西	北西	南西
辛未	東	北東	南東	西	南西	北西
壬申	東	南東	北東	西	北西	南西
癸酉	南東	東	南東	北西	西	北
甲戌	南東	南	東	北西	北	西
乙亥	南東	東	南	北西	西	北
丙子	北西	北	西	南東	南	東
丁丑	北西	西	北	南東	東	南

占いたい日の日干支	陽遁期間			陰遁期間		
	休門	生門	開門	休門	生門	開門
甲午	東	南東	北東	西	北西	南西
乙未	東	北東	南東	西	南西	北西
丙申	東	南東	北東	西	北西	南西
丁酉	南東	東	南	北西	西	北
戊戌	南東	南	東	北西	北	西
己亥	南東	東	南	北西	西	北
庚子	北西	北	西	南東	南	東
辛丑	北西	西	北	南東	東	南
壬寅	北西	北	西	南東	南	東
癸卯	西	南西	北西	東	北東	南東
甲辰	西	北西	南西	東	南東	北東
乙巳	西	南西	北西	東	北東	南東
丙午	北東	東	北	南西	西	南
丁未	北東	北	東	南西	南	西

癸巳	壬辰	辛卯	庚寅	己丑	戊子	丁亥	丙戌	乙酉	甲申	癸未	壬午	辛巳	庚辰	己卯	戊寅
南西	南西	南西	北	北	北	南	南	南	北東	北東	北東	西	西	西	北西
南	西	南	北東	北西	北東	南東	南西	南東	東	北	東	南西	北西	南西	北
西	南	西	北西	北東	北西	南西	南東	南西	北	東	北	北西	南西	北西	西
北東	北東	北東	南	南	南	北	北	北	南西	南西	南西	東	東	東	南東
北	東	北	南東	南東	南西	北西	北東	北西	西	南	西	北東	南東	北東	南
東	北	東	南西	南西	南東	北東	北西	北東	南	西	南	南東	北東	南東	東

癸亥	壬戌	辛酉	庚申	己未	戊午	丁巳	丙辰	乙卯	甲寅	癸丑	壬子	辛亥	庚戌	己酉	戊申
南東	南東	南東	東	東	東	南西	南西	南西	北	北	北	南	南	南	北東
東	南	東	南東	北東	南東	南	西	南	北東	北西	北東	南東	南西	南東	東
南	東	南	北東	南東	北東	西	南	西	北西	北東	北西	南西	南東	南西	北
北西	北西	北西	西	西	西	北東	北東	北東	南	南	南	北	北	北	南西
西	北	西	北西	南西	北西	北	東	北	南西	南東	南西	北西	北東	北西	西
北	西	北	南西	北西	南西	東	北	東	南東	南西	南東	北東	北西	北東	南

恋愛の上吉門① 開門

キーワード

収穫、開放、始まり

開門は、強運の方位です。有力者との面会、名誉なこと、開店開業、昇級赴任すべてに大吉。仲間で集まっての会合や酒食にも、大変効果的な方位です。

この方位の神仏に祈願すると、必ずご利益が得られるといわれています。

ただし「開門」であり、すべてオープンが建前なので、秘密めいたことには利用できません。

乾宮に入るのを特に喜び、万事が成就するといわれています。

恋愛開運

開門は恋愛成就によく用います。何もかもオープンにするという意味がありますから、男性のほうから愛を告白するのに最適。必ずうまくいくとされています。それを活用して、意中の彼に告白させるため、女性のほうから開門方位への旅行に誘った例もありました。単独で使用した場合は、つきあいがオープンになり、酒食の機会、出会いのチャンスも増える効果があります。

移動場所

なんといっても神社仏閣、転じて名所旧跡です。

パワーを発揮する方位

北、西、北西を使用すると、より効果的です。

恋愛の上吉門② 生門

キーワード

活動、生産、発展

生門は、出兵攻撃、求財求宝、病気治癒、就職任官、面接訪問、生産活動、建築修造に大吉。葬儀は不可。北東に入るのを特に喜び、有力者からの引き立ての幸運に恵まれるといわれています。また、習い事、芸事の上達には絶好の方位。

さらに活力充実の意から、病気平癒のために移動する方位としてぜひ使用すべきです。休門と異なり、入院しなくても、活力増進の観点から治病目的の方位取りに最適です。

恋愛開運

恋愛に使用した場合には、男女とも互いに積極的になりやすく、性行為に進む可能性も非常に高いとされています。魅力の増加という点では、男女ともエネルギッシュになり、活動的、積極性、元気などの魅力につながっていくと考えられます。

移動場所

山、森林が最適です。

パワーを発揮する方位

北東、南西、南の三宮のどれかに配置されたとき、より効果的です。

恋愛の上吉門③　休門

キーワード

休息、安定、順調

休門は、すべての事柄に吉。特に有力者との面会、移転、旅行、新築修造、和議和解、赴任、求財借財の申し込み、娯楽、酒食、商取引すべて大吉。ギャンブルなど勝負事にも大変よい方位。「休む」の字義の通り、休養、転じて入院、転地療養など、体を休め活力を取り戻すのに最適とされています。他人との争議、叱責、訴訟には不向きで、使用すると自分にとって不利に働くようになります。したがって人を叱ってはなりません。

北に配置されるのを特に喜び、求財、有力者との婚姻に効果を発揮するといわれています。

恋愛開運

恋愛に使用した場合は、相手の立場をよく理解して、好印象を与えることが可能です。女性から愛を告白しても、非常に良好な結果を生むといわれています。自分の性的な魅力を増加させるには、うってつけの方位です。特に北に配置されたとき、北の方へ旅行をしたなら、一層強い効果を発揮します。

移動場所

海の見えるところが最適です。

パワーを発揮する方位

北、西、北西の三方位どれかに配置されたとき、より力を発揮。

旅行プランシート

出かけたい日			
日干支			
三吉門	開門	休門	生門
天乙貴人	時〜　時		
移動距離			
目的地			
滞在時間			
過ごし方			

旅行法❷ 天乙貴人《てんおつきじん》……出発時間を決める

金函玉鏡の場合は、2時間単位で黄道、黒道という形で吉凶が設定されており出発時間の適否に使用されています。

これは、一般的な開運には重要な要素となりますが、恋愛力の養成という観点からは、天乙貴人を活用することをおすすめします。

天乙貴人とは、実におめでたい名前ですが、東洋系の占術では神殺《しんさつ》と呼ばれる付帯物で、判断の補助に使用します。

この天乙貴人のときに出発したなら、有形無形の援助を人格者や上位者から授かるとされています。

天乙貴人は方位取りを行う日の日干で決まります。たとえば日干が丙の場合、17～19時、21～23時が天乙貴人にあたります。日干は**巻末の「干支万年暦」**を参照してください。

旅行法❷天乙貴人

日干	天乙貴人の時間
甲	1〜3時、13〜15時
乙	23〜1時、15〜17時
丙	17〜19時、21〜23時
丁	17〜19時、21〜23時
戊	1〜3時、13〜15時
己	23〜1時、15〜17時
庚	1〜3時、13〜15時
辛	3〜5時、11〜13時
壬	5〜7時、9〜11時
癸	5〜7時、9〜11時

旅行法❸ 目的地……旅程を決める

恋愛力をアップする旅行の方位取りに当たっては、出かける日取りと方位、出発時間が決まりました。そこで過ごすことにより恋愛パワーを充填させるにふさわしい場所や過ごし方について綿密な計画を立てましょう。

① 移動距離

まず、目的地までの距離はどれぐらいが適切でしょうか。

一般に方位取りを行うときは、移動手段にかかわらず、2時間は移動し続けなければならないとされています。

●徒歩の場合

徒歩による移動が、効果としては最大です。自宅を出発して2時間歩き続ける距離といえば、だいたい8～10キロメートル程度になります。途中で休憩してもいいのですが、5～10分程度にすることです。

●交通機関を使用する場合

よく使われる交通期間としては自動車、または、複数の公共交通機関を乗り継ぐ場合も多いと思います。いずれの場合でも、最もスピードの速い乗り物で2時間移動できる距離が最適とされます。自動車であれば東京から箱根、新幹線であれば仙台、飛行機であれば奄美大島まで行かれる程度の距離になります。

❷ 目的地の選定

日取りと方位、出発時間と移動距離が決まれば、今度は具体的な目的地を定めます。

方位取りというと一般に神社仏閣が思い浮かびますが、近辺にあれば参拝するに越したことはありませんが、それにばかりこだわることはありません。

やはり自分にとってよい気を集められる場所、いうならば自分がそこに滞在してよい気分に慣れる場所が、一番適していると思います。これは人によってさまざまですが、筆者の場合は山林や温泉地が一番気分のよい場所です。

反対に、都会の雑踏は遊びや買い物に出かける場所であって、よい気を受けにいく場所としてはあまりおすすめしません。

また、方位取りの帰りに別のところに遊びに行ってよいかという質問を受けることがありますが、そのような考えなら、方位取りなどをおこなっても、よい結果は得られません。

③ 滞在時間

徒歩でも交通機関を利用したとしても、目的地では2時間以上過ごしてください。

二泊以上する必要はありませんが、できれば一泊したいものです。特に温泉につかったり、現地で採取された素材を用いた料理を食することは、方位を取るうえで非常に効果のあることと思われます。

なお一泊程度なら、帰りの方位の吉凶を心配する必要はありません。

4 目的地での過ごし方

目的地が決まったら、現地で何をするかを決定します。過去に拙著『現代方位術大全』（説話社）にて、お砂とり、お水とり、金属玉を埋める方法や、木を使用する方法、火を使用する方法を紹介いたしましたが、恋愛力の増強には「木」が最も効果的です。

一番簡単なのは、吉方の森林へ移動し、森林浴を行うことです。2、3時間程度、現地にとどまりじっくりと森林の恵みを呼吸することです。健康によいのはもちろんですが、それ以上に精神的な充足が期待できます。

今回は自分を変えることによって恋愛力を養成することが大きな目的です。そこで吉方の森林に赴き、精神面から自分を変える努力をして頂きます。また吉方で植木を購入し、家に持ち帰って自宅の庭に植えることです。マンションにお住まいの方には、鉢に移して観葉植物として部屋に置いてもよろしいです。

木を使った究極の方法としては、古くから「杭打ち」という技法も行われております。吉方へ移動して、あらかじめ用意した木製の杭を地中に打ち込むのです。この杭は大きさが厳密に定義されており、表面には呪文や願望が記入されます。

恋愛力アップの旅行プラン例

ケース❶ 結婚の対象となる男性と巡り会うことができない女性（35歳）

方位は南東　縁作りが主眼ですので、主に南東を使用します。

三吉門は開門　三吉門ならどれでも良いのですが特に開門が目的に合致しています。つきあいの範囲を広げて、男性と巡り会うチャンスを増やそうという目論見です。

南東方面に開門が回座する日

方位取り　相談を受けたのが平成27年9月半ばでした。夏至以降ですので陰遁になります。

南東に開門が巡る日は、

甲子　丙寅　己卯　辛巳　戊子　庚寅　癸卯　乙巳　壬子

になります。

平成27年の冬至の日（12月22日）まで、これらの干支の日すべて方位取り日にちと方位が決まったので、具体的な目的地を割り出すことにしました。

目的地と過ごし方

本人の要望では徒歩で移動したいとのことでしたので、自宅より南東8キロメートルあたりで目的地を複数定めました。

候補としては森林、神社仏閣、湖沼などを探したところ、神社に隣接した森が見つかり、以前に遠足で行ったことのある場所ということでしたので、そこに決めました。

現地では杭打ちなどの技法もありますが、今回は徒歩で移動すること、および回数を重ねることという条件がありますので、手軽な方法として、とりあえず森林浴に徹することにしました。

鑑定後

5回ほど実行して年明けを迎えましたが、実行中より、男性と知り合う機会を意図的に増やし、11月半ばに婚活パーティーで知り合った方とお付き合いが継続しているとのことでした。

ケース❷ 引っ込み思案で、女性にもてない男性（28歳）

いつも「断られたらどうしようか」などやってもいないことの結果を案じているような男性で、性格や雰囲気も暗く、俺はどうせダメな人間だ、と口にすることもしばしばでした。

これは、本人の性格を変えなければ全くダメと思い、方位取りを繰り返すことにより積極的で活動的になることを指示しました。

方位は東、三吉門は生門

使用する方位は東、門は生門以外に考えられません。

活動的な方位や門を用いて、もっとアグレッシブな性格になってもらおうという目論見です。

方位取り

相談を受けたのが平成27年3月でしたので、陽遁期間中でした。
陰遁で東に生門が巡る日を探したところ、
癸酉　乙亥　壬午　甲申　丁酉　己亥　丙午　戊申　辛酉　癸亥
でした。

目的地と過ごし方

相談者は会社員であり、自由な時間があまり取れないとのことでしたので、回数を多くというわけにはいきません。

そこで実行回数は少なくする代わりに、公共交通機関を用いて、前から気になっていた、これはと思うところまで足を延ばそう、ということにしました。彼は福岡在住ですので、丁度東方面には候補地に恵まれていたのも、その理由の一つです。

とりあえず第1回目は、香川県高松市の金刀比羅宮を目的地として定めました。

芸能人夫妻の相性判定⑤
反町隆史さんと松島菜々子さん

♤反町隆史さん
1973年12月19日生まれ　丑年 子月 己丑日生まれ

♡松島菜々子さん
1973年10月13日生まれ　丑年 戌月 壬午日生まれ

反町さん……己丑日生まれ

反町さんは、生日干支が己丑ですので、次のような運勢になります。

この生まれの方は、言葉も少なく、理解力もうすく、気持ちが朗らかでなく閉じ込もったような感じの人が多いものです。マジメで正直ですが、エゴイスト独善的で、強情一徹の人もい

反町隆史さんと松島菜々子さん

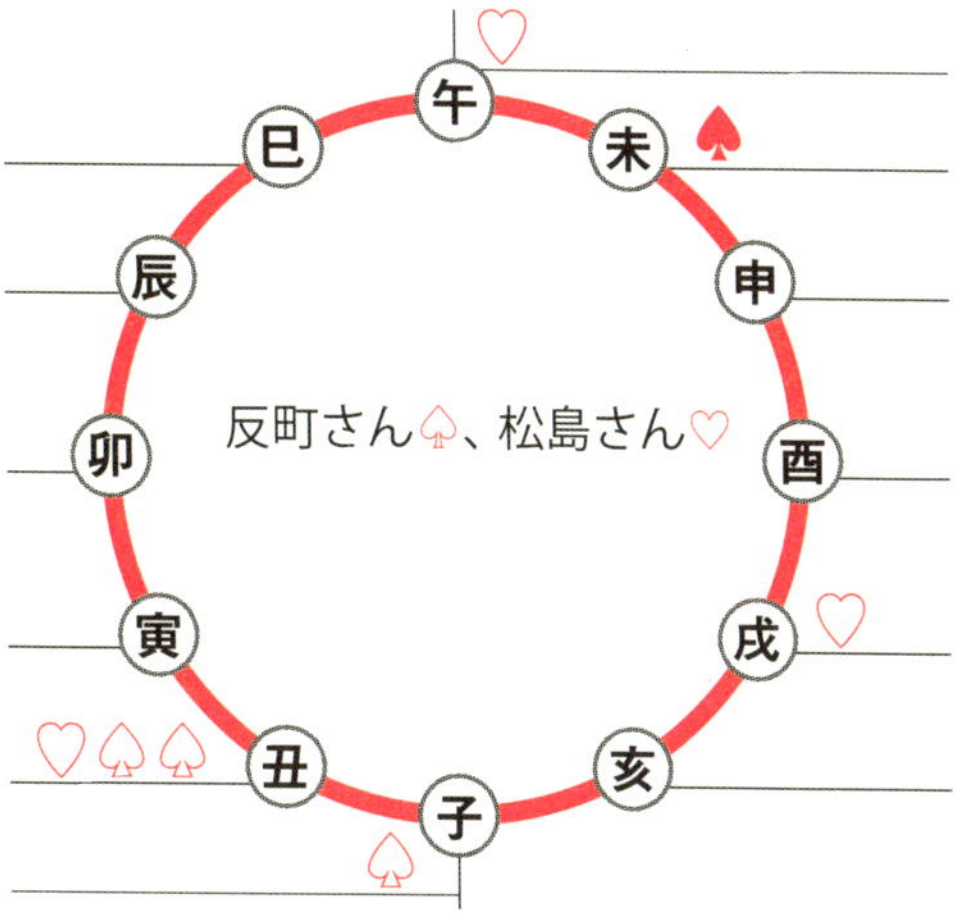

たり、また一つの事に集中して、一生懸命に努力するけれど、その割に報われず、いつも同じところを行ったり来たりして、なかなかに開運しない人がいます。

これは自分の才能に磨をかけず、いつも他力本願で、他人を当てにし頼っているからです。玉も磨かねば価値なく、鏡も磨かねば光らぬと同じです。

自己の内心の才能を引出すように、いろいろと研究工夫し、自分の道は自分で切り開く勉強をしなければなりません。それには礼を厚くして教を受けて、わが身の教養を高めることです。そしてケチな根性をすてて他人の幸福を思いやる気持ちが大切です。さらに正直、マジメ、努力家の良質を生かして、堅固に徳を積めば、老いて必らず財産に恵れるものです。ただ多少孤独的な点はやむを得ません。

「パッとしない容姿」というのは当たっていませんね。大変ハンサムで精悍な風貌です。彼は思った以上に、まじめでコツコツ型の性格だと思います。おそらく今の地位を得るために、人の何十倍も努力して、才能を切り開いてきたのではと思います。

松島さん……壬午日生まれ

松島さんは、生日干支が壬午ですので、次のような運勢になります。

この方は人に一歩もゆずらない活達の気性があって、積極的に働いて晩年に大成する人がいます。しかし一方では気性がムラで、泣いたり笑ったり気ままなところがあって、その時の調子都合でいろいろと変ってしまう人がいます。あるいは酒色におぼれ、あるいはギャンブルに熱中したり、ふだんはケチで義理をも欠き、そのくせつまらない事に大金を浪費しておしまない人もいます。

とにかく虚栄心をすてて、地味に立ち振る舞わなければいけません。わがままをおさえて、目上の人や周囲の人々の意見を、よく聞きわけて、それに従っていくようにし、更には金銭を大切に使って、浪費を慣しみ、義理を厚くすることが大切です。そうしていけば自然と、人気も集まって、財禄も恵まれて老いて幸せが来ます。

見かけよりも、結構移り気な性格かもしれませんね。反町さんがコツコツ努力型なので対照的な性格です。

二人の干支関係

次にお二人の干支関係を見てみましょう。

2支並びが2つあります。さらに午と未及び子と丑の合が成立しています。合が入り乱れているようですが、この例では松島さんの生年支の丑と反町さんの生月支である子との合を採用します。生年支と生月支の合を持ったカップルは、何事も前進志向が強く、時として持ち出しが発生することがありとされています。前向きな考えは非常によいのですが、二人して空想にすぎることも多くあるといわれております。

気になるのは子午の冲があり、強く惹かれあう反面、反発力も強い一面があります。非常にご縁の深いお二人ですが、対立することもありがちになります。亥があれば4支並びが成立するのですが。

芸能人夫妻の相性判定❻

石橋貴明さんと鈴木保奈美さん

♤石橋貴明さん
1961年10月22日生まれ　丑年 戌月 戊子日生まれ

♡鈴木保奈美さん
1966年8月14日生まれ　午年 申月 乙巳日生まれ

石橋さん……戊子日生まれ

石橋さんは、生日干支が戊子ですので、次のような運勢になります。

この方はどこか自分だけすました気取り星でも、本来は風采の上がらない野暮ったい人がいます。人情味もうすく独善的でコセコセしたところがあって、何かにつけて不足がましいこと

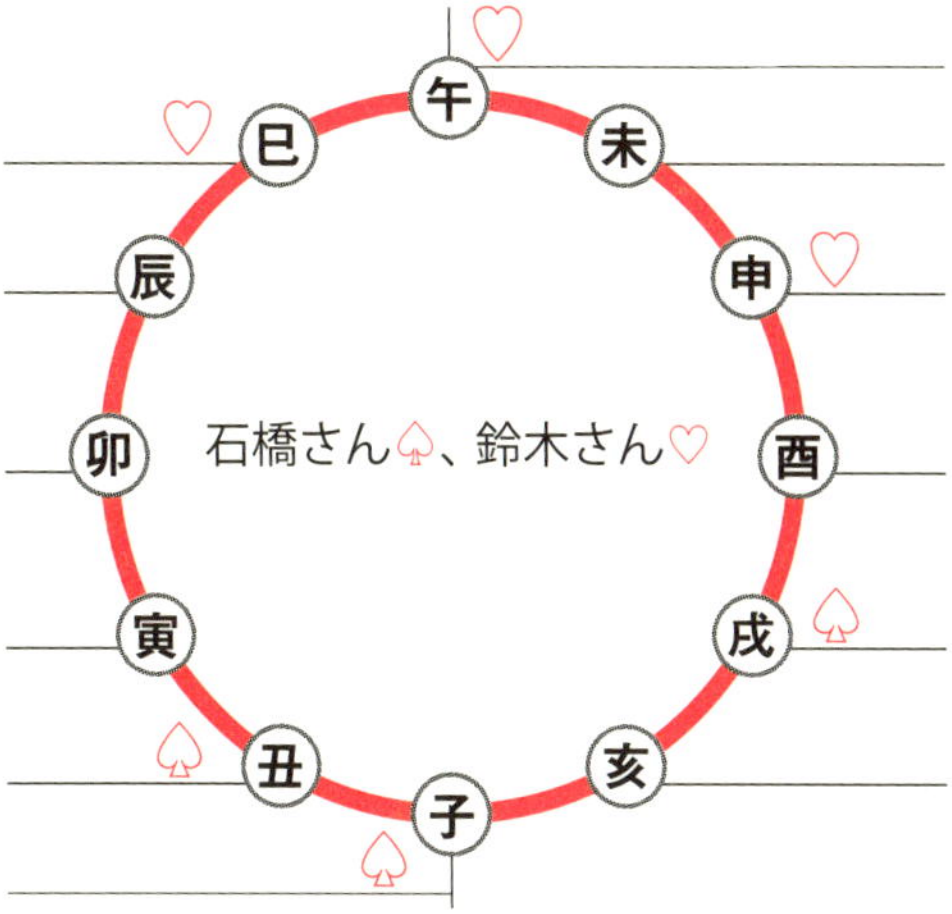

をいっては人に憎まれます。この欠点をなおして、まず心を広くもち、寛大な精神を養い、人との交際を大切に円満に、諸事を慎み深く、世の中は細く永くと心得て日々を働いていると、自然と人の上にも立つことができ、運が開かれて行きます。

徳を積み、妻子をいたわり、人のために骨を折っておくと、晩年になって大いに財産を得るものです。どちらかといえば、冒険的に人生を送り、結果浮き沈みの激しい人生になりそうです。

鈴木さん……乙巳日生まれ

鈴木さんは、生日干支が乙巳ですので、次のような運勢になります。

この方は性格明朗、人との和を大切にし、智能も秀れ、多趣味で人に好かれ、金銭に不自由しない、恵まれたタイプの人です。しかし悪くすると小才におぼれ、積極的な行動をきらい、浪費を旨とし、異性に甘く、依頼心が強く、自主的に働くことをしない困った人もいます。

これは根本にその人に実意というものが欠けていて、うかうかと人生を安楽に暮そうとするからです。

こんなナマケ者ではせっかくの幸運も逃げて、貧乏暮ししかできません。何よりも運を招くにはいつも小マメに立ち働き、誠意真実をあらわすことが先決です。そうしているうちに、先の良質が世に認められて人望も高まり、名声も上り、財産も集まること必至です。但し色情は慎まねばいけません。

二人の干支関係

お二人とも大変才能に恵まれています。石橋さんは、自分の才能におぼれることなく、日々努力をされた結果、今の地位を築くことができたのだと思います。

鈴木さんは、現在も芸能界で活躍されていますが、安易に流れることなく、よく石橋さんを支えていってほしいと思います。

次にお二人の干支関係を見てみましょう。

残念ながら支並びは一つもありませんし、子午の冲があり引き合う力と反発しあう力が混在しています。また、石橋さんには巳午の2支並び、鈴木さんには子丑の合がありますこれは個人単独でも強い運気を持っていると考えられます。

もし辰があれば申子辰の三会、あるいは酉があれば巳酉丑の三会、寅があれば寅午戌の三会が成立したところです。あと一歩で三会が成立するチャンスが3つもあるということは、それだけ開運のチャンスも多いということです。

芸能人夫妻の相性判定⑦

布袋寅泰さんと今井美樹さん

♤布袋寅泰さん

1962年2月1日生まれ　丑年 丑月 庚午日生まれ

♡今井美樹さん

1963年4月14日生まれ　卯年 辰月 丁亥日生まれ

布袋さん……庚午日生まれ

生まれたときから幸運というのではなく、自分で開拓していく人です。性格が落ちつきがなく、細かいところに気を使うことが不得手で、何事も軽はずみなところが多いのが欠点です。明朗で、愛橋があり、人との交際はソツのないのが、この人の大きな特長です。そのために人気を集めて財産もできます。この生まれは運命に変化が多く、それも急激に突然にあらわれる

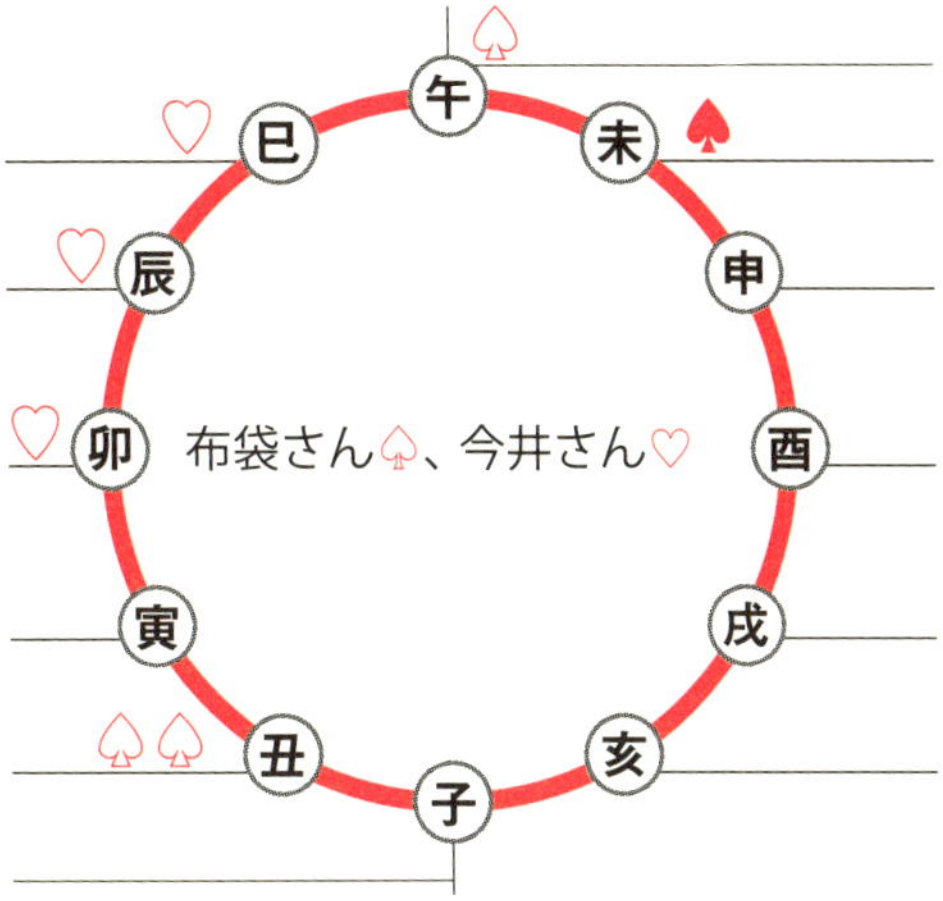

ものです。昨日の富者が今日の貧人となる人もいます。したがって、投機的なこと、金銭の貸借などには十分に気をつけて、無理をして危ない橋を渡ってはいけません。また中には、とかく金使いが下手で、肝心なところにはケチって、反面つまらない浪費をしたりして、世間の信用を落す人もいます。

とにかく誠意がない人は幸福になれません。エゴをすてて、人々のために働き、誠実に生きていく心がけを養うべきです。また男女異性関係に、だらしのない人もいます。色情を慎まねばなりません。この生まれは元来、活動的な人ですから、室内の手先仕事には適しません。ブローカー、外務員、芸術家のように、外向的な職業に向いていて、その道で成功します。

どちらかといえば人生の速度が速く、短時間に最大のエネルギーを燃焼するタイプです。

今井さん……癸巳日生まれ

今井さんは、生日干支が丁亥ですので、次のような運勢になります。

性質は実直ですが、少しく短気で円満を欠きます。表面は明朗なようでも、内面は陰気で消極的、ハキハキしないところがあります。それですから気持ちをいつもしっかり持って、積極的に行動しなければなりません。善意、親切さが、この人の取り得であり、芸事が好きで、後にはそれが身を助け、趣味が本職となるような人もいて、中年をすぎて意外な方面に出て成功することもあります。しかし根っからの移り気であったり、コセコセした狭量な精神では開運しません。さらに男女ともに色情淫事には注意を要します。また投機ギャンブルに失敗し、身を滅す人もいてよく注意しなければなりません。

二人の干支関係

この例は注意が必要です。布袋さんは丑を2つ持っており、このときは反対側の未も考慮にいれます。図では♠で表示しています。

したがって、亥卯未の三合を形成し、このままでも大発展のご夫婦です。さらに発展を望むなら巳あるいは寅を用いて、四支並び、五支並びをねらうことになります。

芸能人夫妻の相性判定❽

ヒロミさんと松本伊代さん

♤ヒロミさん
1965年2月13日生まれ　巳年　寅月　戊戌日生まれ

♡松本伊代さん
1965年6月21日生まれ　巳年　午月　丙午日生まれ

ヒロミさん……戊戌日生まれ

ヒロミさんは、生日干支が戊戌ですので、次のような運勢になります。

この方は特に悪い心はないが、野暮ったいモッサリとした人が多く、とかく気位が高く、人を見下したり、人と協調しないで一匹狼をきめこむ人もいます。どうしても陰険に思われがちで、言葉に針を含むように受け取られるのが最大の欠点です。

人として理想の高いにこしたことはないが、それも過ぎると軽薄になり、真実を疑がわれる。現実にマッチした考え方、合理的な言行が大切です。良いと信じたところはコツコツ働いて行くのが長所で、やがて財産を積み幸せをつかむ人がいます。何といっても陰日向なく働く、正直さ、誠実誠意に生きるということが根本です。

人の教えに従って言葉にも温みをもつように努めて行けば、福分を自然に保つことができます。ただし孤独性で家庭運に恵まれず、早く一人身となったり再婚する者もいます。

松本さん……丙午日生まれ

松本さんは、生日干支が丙午ですので、次のような運勢になります。この方は早く栄えて早く終るような人が多く、40歳前後に大きく身辺に変化のある人がいます。

まず幸せをつかむには、常日頃から地味に誠実に働くことに限ります。性質はトリトメがなく、少しく浮き調子で、いわゆるオッチョコチョイの人もいます。しかし根は正直で悪気はないものです。また気まぐれで剛情、エゴイストのところもあり、女性は少し嫉妬心があります。元来この生まれは陽気の極ですから、とかく陽気にすぎておごり高ぶり、椀飯振る舞い、浪費ぐせなどのある人がいます。これでは幸せは長く続きません。明日のため、老後のために、いつも慎まし

ヒロミさんと松本伊代さん

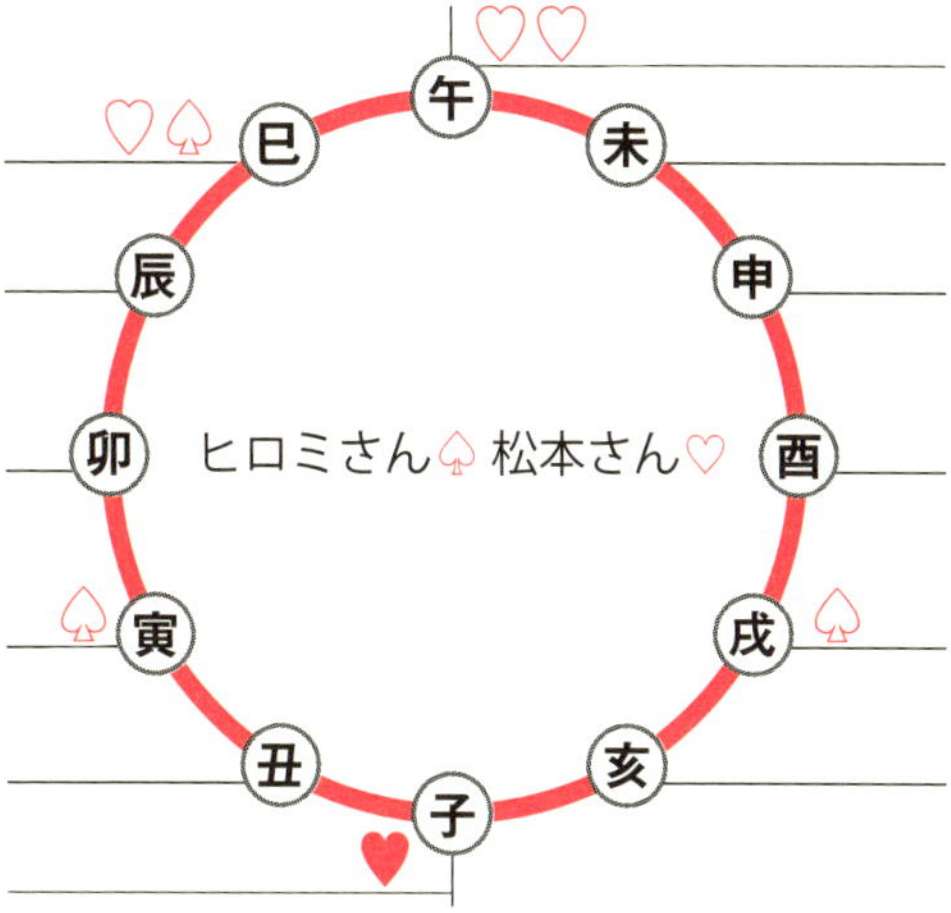

く財布の口を締めて、家業に勉励しなければなりません。周囲の誘惑に負けて身をもち崩すことがないよう、よく気をつけて意志を強固にしなければいけません。また不幸はある日突然に起りやすいものです。ふだんから十分に備えをしておくべきです。

ヒロミさんはどちらかといえば、若い頃は家庭運に恵まれておりませんでしたので、奥様を大変大切にするのではと思います。松本さんがよくご主人をコントロールされて、うまくいっている夫妻であると思います。

二人の干支関係

戌午寅の三会を形成しています。このようなご夫婦はそろって名誉を手にすることができるといわれています。寅午戌三会の象意は名誉闘達だからです。おそらくヒロミさんは将来芸能界で何らかの役につくのではないかと思います。それ以外に特に不足の支は見あたりません。

二人のご縁をより強く願うなら、辰または未を加えて3支並びをのぞむところです。

3部
生日干支で占う
あなたの運勢

生日干支による運勢

3部では、生まれた日の干支による宿命的な運勢を解説します。

干支でこのような判断を下したものはなかなか存在しなかったのですが、ここでは四柱推命学の初代高木乗先生の口伝集を参照し、占術家の間で口伝で伝えられてきた内容を公開したいと思います。

ラッキー度数を示しましたが、この点数の高低と成功不成功は関係ありません。

点数が高いから幸福になるということではなく、成功をつかむのに費やす努力が少なくてすむということです。反対に、点数が低いから不幸になるということではなく、点数が低くても人並み以上に精進し、大成功をした例がいくつもあります。

1 甲子《きのえね》日生まれ

ラッキー度数……85点

甲子日生まれの人は、やや色黒で、背も高くなく、少し太めの人が多いです。性格としては、内心はケチで不義理をしてでもため込もうとする人がいるかと思うと、人のためには損得抜きで、金銭を惜しまず使用する太っ腹な人もいます。

それで、この両極の中間にあって、無駄遣いは行わず、しかも平常は活発で陽気に働き、時には人のためにもなるという人は、社会に出て名をなし、幸福を得ることができます。このような心掛けが大切なのです。

経済の観念が強く、才智もあり、各々の職業、勤めにも熱心なので、目上の人の引き立てにあって成功しますが、しかし話し方が重く、口下手で、野暮ったいところがあるので、上流の仕事よりも大衆的な仕事をした方が成功します。若い時に苦労して、老いて幸福をつかむものですが、何よりもケチな人や、強情でわがままな人は開運しません。

病気等は以下のものに注意

頭痛、脳病、脚気、神経痛、腎臓病など

2 乙丑《きのとうし》日生まれ

ラッキー度数……85点

乙丑日生まれの人は、正直で実直なところが良い性格です。

若い時には苦労してひねくれた性格や屈曲した運命であっても、やがて年とともに陽気なのびのびした素直なものになれば、今まで寒さに閉ざされていたものが春の陽気に逢って芽を出すようなもので、だんだんと幸福を得ることができます。

男性の場合は、内向的で女性的なところがあるのが欠点です。感情の流れに敏感で、そよ吹く風、池の小波にも感動したりして、ヒステリックに泣いたり、笑ったりもします。

また男女ともに色情が深く、性的にルーズになりやすく、異性関係のもつれ、色難のために身を滅す者もいます。

とにかく有言実行を心がければ成功すると考えてください。

病気等は以下のものに注意

性病、血液疾患、中風、肺、消化器疾患、高血圧、脚気など

3 丙寅日生まれ《ひのえとら》

ラッキー度数……85点

丙寅日生まれの生まれの人は、進取的で愛嬌もあり、人に馴れ親しんで人望を得ることができますから、この特長を活かして幸せをつかんで下さい。

ただ、前進のみを考え、後に退いて考えることをしない傾向があり、強引に進みすぎて失敗をします。これは「締めくくり」の心遣いが欠けるからです。

また、親の七光りや親譲りの財力、自分の肩書き、地位を借りて、実力以上のことをして失敗することがあります。いつも一歩下がって、自己の実力を確かめてから前に進む心掛けが大切です。

色情の濃い人がいて、異性との間にトラブルを起しやすいものです。すべて物事に「締めくくり」が大切で、日々の言葉づかいも行いも、責任を取り、分をわきまえる、この心がけのある人は、年とともに陽気活発になって信用名声を得て幸福になります。

病気等は以下のものに注意

眼病、逆上、自律神経失調症、ノイローゼ、高血圧、肺、心臓病など

4 丁卯《ひのとう》日生まれ

ラッキー度数……95点

丁卯日生まれの人は、思慮深く、決断も早く、物腰が柔らかく人付き合いもよいので、目上の人の引き立てによって大いに出世をし、財産をなす人もいます。

男女ともに性質柔和にして、品行ともに穏やかで、顔かたちも美しく、そのために異性から恋い慕われるものです。

ただし、それで色難に逢い、色情のために身を誤る人があります。あるいは猜疑心も強いので、人の信頼を裏切って失敗する人もいます。

運気としては、若きより老へ、だんだん草木が伸び育つように、順調で恵まれた運勢です。しかし、ともすると、その順調な幸運になれて怠け者になってしまい、老いて不幸を招く人がいますので、若い時から日々の勤めにはげむよう心掛けなければいけません。

病気等は以下のものに注意

脳病、リウマチ、神経痛、肺、胃病、悪血、泌尿器関連、手足のケガなど

5 戊辰《つちのえたつ》日生まれ

ラッキー度数……75点

戊辰日生まれの人の中には、強い意志をもって積極的に行動して、非常に成功し、社会的地位を得て、財産を大いに積む人も少なくありません。ただし、気位ばかり先に立って、空威張りして、いつも芽が出ず、損を重ねるような人も多いのです。

中には、精神が過激な人がいて、怒気、短気、怨恨、乱暴という悪い性格の持ち主も少なくありません。このような性格の人は、それを少しでも早く治すようにしないと、いつまでたっても成功しないのです。

また、人との協調を欠き、独断独行して失敗しやすい欠点もあります。これは性格に孤独で閉鎖的な心情が強いところからくるのです。家庭運にも恵まれずに、再婚したり、早く夫や妻と生死別したりします。

意志が強く、物事に熱心なのが大きな持長なので、過激な心をおさえ、閉鎖的な心を開いて、人となかよくし、信愛を旨として生活していけば、老いて幸せはうたがいなしです。

病気等は以下のものに注意

神経痛、頭痛、心、肝臓疾患、癌、胃腸病など

6 己巳《つちのとみ》日生まれ

ラッキー度数……95点

己巳日生まれの人は、思慮があり一芸に達するものです。しかし情熱家であるために、一面では感情的に弱いところがあって、いつも他人のことが気になり、猜疑心、嫉妬心、自己嫌悪、コンプレックスなどのために、くよくよと悩みわずらい、時には怒り癇癪を起こすものです。こうした所から病気を起こしやすく、多くは精神療法がよくききます。

しかし、このような自己本位の感情にかかわっているうちは幸せは来ません。運命の本質である自立独行の志を堅くして、恵まれない環境に負けずに、いつも笑って人生を楽しむ工夫を重ねて行くうちに、自然と一芸にも達し、名声も上り、財産も蓄積するものです。

何かにつけて、運の順調でないところがありますが、決して気を落してはなりません。まず自分の実力を十分に発揮する心がけが第一です。そしていつも明朗に、分を知る精神を養うべきです。

病気等は以下のものに注意

リウマチ、肝臓、肺、骨格、脳病、神経衰弱など

7 庚午《かのえうま》日生まれ

ラッキー度数……70点

庚午日生まれの人は、生まれたときから幸運というのではなく、自分で開拓していく人です。明朗で愛橋があり、交際にソツのないのが大きな特長で、人気を集めて財産もできます。活動的な人なので、室内の手先仕事には適しません。ブローカー、外務員、芸術家のように外向的な職業に向いていて、その道で成功します。心が騒がしく落ちつきがなく、細かいところに気を使うことが不得手で、軽はずみなところが欠点です。

運命に変化が多く、急激にあらわれます。突然発病して急死することもあります。昨日の富者が今日の貧人ということにならぬよう、投機的なこと、金銭の貸借などには十分気をつけ、無理をして危ない橋を渡ってはいけません。肝心なところをケチってつまらない浪費をしたりして、信用を落とす人もいます。極端にエゴイストで、道理をわきまえず気ままに振る舞う人は幸福になれません。エゴを捨て人々のために働き、誠実に生きていく心がけを養うべきです。異性関係にだらしのない人は色情を慎まねばなりません。

病気等は以下のものに注意

交通事故、心臓、高血圧、癌、酒乱、自律神経失調症、性病、やけどなど

8 辛未《かのとひつじ》日生まれ

ラッキー度数……80点

辛未日生まれの人は平凡な人が多いですが、理屈が多すぎて計面倒れとなりやすいのです。理屈は第二、物事に熱心に行動して勇気をもち、中途半端でなく一事を貫徹させていく努力を重ねれば、徳も積まれ幸福が訪れて来ます。

良かれと思ったことが仇となり、逆恨みとなって損害を受け、親切が裏切られるなど、損な性分です。他人の苦労を買って出てあくせくすることに楽しみを感ずるような自虐的な人や、軽率に早合点して失敗する人もいます。趣味道楽に熱中して仕事はそっちのけの人、グズグズ気迷い仕事が進まずらちの明かない人、人の言葉に逆らい世間の常識に反した行動をとる人も、生来の気弱な性格から来ています。世渡りが上手でなく、何かコンプレックスをもった逃避的な態度からいろいろな欠点が出てくるのです。こうした欠点を治すのは、何よりも世の中の道理、常識を身につけることです。

旅行は良いですが、住居が転々として落ちつきのないのはよくありません。

病気等は以下のものに注意

肺、喘息、咽頭、頭痛、肝、胃腸の病など

9 壬申日生まれ《みずのえさる》

ラッキー度数……95点

壬申日生まれの人は、才能に恵まれ、表現力もすばらしく、物事に対して積極的で、幸運をつかみ取ります。

しかし、才能にうぬぼれて、高慢心を起こし、あまりにも積極的になりすぎて失敗し、財も職も失い、貧苦することにもなりやすいので、常に反省し自戒し、慎みをもって行動しなければなりません。いつも足元を堅固にし、諸事漸進を旨とし、一貫して物事に徹し、その完成を期していけば、人の頭にも立てられ、名声も上がり財産も得られます。

とにかく欲を深くしてはいけません。何事も身のほどを知って、心の安らぎを第一とし、義理人情もわきまえ、誠意真実の心を先にすれば、その才智もさらに輝きを増し、幸福も進むものです。男女とも色情の難があり、恋愛や三角関係で身をあやまることがあります。情欲は慎まねばいけません。

病気等は以下のものに注意　冷え性からの貧血、胃腸、泌尿器関連、痔疾、神経痛、リウマチ、骨の痛みなど。まれに脳病、眼病、高血圧

10 癸酉日生まれ《みずのととり》

ラッキー度数……85点

癸酉日生まれの人は、智恵は衆に秀で、芸術は妙所に達し、新たな発明発見をしたり、才智に恵まれ、あるいは弁舌さわやかで歌などに優れるといった天性があり、男女ともに顔かたちが美しく、また声も清らかであります。

それに加えて物事の決断力も早く、テキパキと行動するので、一心に、その勤めや、芸にはげむ人は、名を高め、人気を得て、財産に恵まれることができます。

ただ、この人は少しく薄情で、冷たいところがあるのが欠点です。そしてまた孤独的で、自分を守るのに熱心です。そして合理主義になって、ケチな心情をもって、人つき合いが悪い結果、せっかくのチャンスを逃してしまい出世がおくれたり、人にきらわれたりします。

あまり計算づくめではかえって運が開かれません。世の中の条理を十分にわきまえて誠意をつくして行動するべきです。そして何事にも徹底して、努力を惜しんではなりません。

病気等は以下のものに注意

心臓、肺病、肝臓、泌尿器関連など

11 甲戌《きのえいぬ》日生まれ

ラッキー度数……75点

甲戌日生まれの人は、性質は利発で、物事をよく理解し、その表裏に通じ、それによって財を成す特長をもっています。そして、推理的な才能に優れた人もいます。

しかし一方では、実力もないのに虎の威を借りて高慢になり、あるいは誇大妄想な心を起こし、できもしない大業を夢みて、いつも貧寒としているような人もいます。

これはどれも自分本位でばかり考えて、身の程を知らず、誇大な夢を追っているからです。大いに反省して慎まなければいけません。

いつも愛想よく人と交り、スッキリとした五月晴れのような明るい気持ちになって、人のために働き、慈悲の心を大切に、真の勇気をもって処世すれば、必らず人の頭に立って財産に恵まれるものです。

病気等は以下のものに注意

眼病、神経痛、骨の病、肝臓、癌など

12 乙亥《きのとい》日生まれ

ラッキー度数……85点

乙亥日生まれの人は、性質は正直で、曲がったことがきらいという、青竹を割ったようにサッパリとした潔白な人が多いものです。

それだけに一方では、世事にうとく、愚直で、頑固な面のあるのが欠点です。

しかしこの生まれの人は物事に熱心につとめますので、ついには一芸一能に達して名を上げる人もいます。

また男女とも物腰がやわらかく、異性から好感をもたれ、協力を得ることがあります。

とにかく心を大きく、気を穏やかにして、人の意見も聞いいれることです。

智能を豊かにし、万事に寛大な心をもって徳を積めば、大いに幸福を呼び、また名誉を得るものです。

病気等は以下のものに注意

腰の冷え、神経痛、泌尿器関連、胃病など

13 丙子《ひのえね》日生まれ

ラッキー度数……85点

丙子日生まれの人は、声に力があり、顔は赤味をもち、見かけは堂々としています。しかし内実は気弱く、ハキハキしないで、見かけ倒れの人も多いです。いわゆるお天気屋で、気持ちにムラがあり、その時の気分都合によって浮かれ調子に話したり、急に気難しく沈黙してしまったりするのです。これでは人の信用がつきません。

また物事についての判断が一方的で、思いつめたりして、とかく大局を見誤り、あるいは見栄を張り、虚勢を張って無理を押して失敗したりします。目先の欲求心が強く、ケチで、ギャンブルに興味をもち、親譲りの財産を蕩尽して貧乏する人もいます。

とにかく精神を強固にして一道に達する努力が必要です。目前の利を追わず、義理人情を大切にし、信を厚くし、襟を正して一歩一歩と前進することを心がけていけば、永くその財産を保存することができます。

病気等は以下のものに注意

頭痛、肺病、足腰の痛み

14 丁丑《ひのとうし》日生まれ

ラッキー度数……95点

丁丑日生まれの人は、正直一途です。また、器用な人もいて、芸能に進んで一家を成し、老いて幸せを得る人も多いものです。

融通性のないところが欠点で、そのために愛嬌が乏しく、とかく強情になって好き嫌いが激しくなります。中には、嫉み、妬みの心を起こして、運気を破ってしまう人もいます。口は禍いの元です。

言行を慣しみ、社義を正し、信を重んじ、なかよくの心を表にあらわして日々を送る心掛けが大切です。

そして心を大きくもって快活に人と付き合っていけば、本来の正直さが理解されて、地位も進み、財産を得ることができます。

男女とも色情に難の相があり、よく注意しなければいけません。

病気等は以下のものに注意

呼吸器、肝臓の病、腫物など

15 戊寅《つちのえとら》日生まれ

ラッキー度数……80点

戊寅日生まれの人の運勢は波風が荒く、一生の間に幾度となく変化があります。

気質は気位が高く、とかく勝気にすぎて退いて人と調和することをきらいます。女子は男勝りとなって、女上位の妻となったり、外に働きに出て、自分で生計を立てたりします。男も良家の生まれは非常に良運としますが、貧しい家に生まれると、位負けとなって、自我の主張を強調しすぎたり、喧嘩争論を事として、かえって運を破る人がいます。

積極的な行動によって、運の発展が期待できる非常に良い特性をもっているのですから、人との交際を大切にし、反抗、反発する精神を和らげて、先方を立て、敬愛の心を養って、生活の波風を穏やかにするよう努めていけば、必ず高い地位にも進み、大いに財産を得ることができます。

病気等は以下のものに注意

眼病、高、低血圧、耳病など

16 己卯《つちのとう》日生まれ

ラッキー度数……75点

己卯日生まれの人は、少し引っ込み思案で弱気の人が多いものです。それで、大器晩成の型となって、40歳をすぎてから、ポツポツ運が良くなってきます。ただし、運の良い人は、とかく病持ちとなって、病弱に苦しんだりします。人生には二つ良い事がないうらみがあります。

性格としては、感情が激しく、片意地を張って、孤独を一人楽しみ、人との交際を断ってしまうといったタイプの人もいます。

とにかく元来は弱気の人ですから、その欠点を捨てて、積極的に立ち働き、人に頼らず独歩して、健康に留意し、人を大きく受容して、日々を明朗に生活していれば、官位も福禄も両全することができます。ただ酒と色情には特に注意しなければなりません。酒乱、色難の相があります。若い頃は失恋して苦しむことがあります。

病気等は以下のものに注意

皮膚病、子宮病、肺、胃病。ノイローゼなど

17 庚辰日生まれ《かのえたつ》

ラッキー度数……80点

庚辰日生まれの人は、多趣味の人が多く、性格は勝気で積極的な行動力があります。人の下になって使われるのをきらい、独立して大業を成そうと計画したりします。しかし性質が粗暴で、気位ばかり高く、移り気な人はとても成功できません。あるいは虚言を吐いて人の信を裏切り、陰悪な心性の持ち主などもせっかくの幸運を逃すものです。女子は男勝りとなって外に働きに出たり、夫に先立たれて孤独になって苦労する人もいます。もともとは運気の強い生まれですから、男女とも、一本気、思いつめた言動は大いに慎まねばいけません。運を悪くするもとになります。

まず、大欲を捨てて身分相応を考えて働かなければなりません。目上の人を立て、精神を一つにして、気を移さず、一事をやりとげる熱意が大切です。そして、義理を固くし、情を厚くして人々のために働くと、必ず高い地位に上り、名を挙げ、財禄も庫に満ちて、幸福な生涯を送ることができます。

病気等は以下のものに注意

眼病、癌、呼吸器系、神経痛など

18 辛巳《かのとみ》日生まれ

ラッキー度数……80点

辛巳日生まれの人は、諸事に親切丁寧で、一芸に優れた人がいます。しかし反面、小才のみ先に走って意地悪の人となり、あるいは邪智を構えて悪だくみをする人もいます。

まず精神を落ちつけて、わが身の修養を積まなければいけません。

また中には、他人のことが気にかかり、おせっかいや出しゃばりが過ぎて、人の苦労まで一身に背負ってしまう人もいますが、これはなにも徳（得）になりません。種々取り越し苦労や気の迷い、気病み、あれこれと考え込み思案にふけることは全く損な性分です。精神を大きくもって、迷いを去り、今日の仕事を精一杯に働きつくしていくことが大切です。

男性は女難の相があって、女の怨みによって失敗することがあります。色情は絶対に慎まねばなりません。

とにかく交際上手ですから、人の好意によって望外の良運に恵まれます。

病気等は以下のものに注意

中風、胃、肝臓病、ノイローゼなど

19 壬午《みずのえうま》日生まれ

ラッキー度数……85点

壬午日生まれの人は、人に一歩もゆずらない闊達な気性があって、積極的に働いて晩年に大成する人がいます。

しかし一方では気性がムラで、泣いたり笑ったり気ままなところがあって、その時の調子次第でいろいろと変わってしまう人がいます。

あるいは酒色におぼれ、あるいはギャンブルに熱中したり、ふだんはケチで義理を欠き、そのくせつまらない事に大金を浪費して惜しまない人もいます。

とにかく虚栄心を捨て、地味に立ち振る舞わなければいけません。わがままをおさえて、目上の人や周囲の人々の意見をよく聞きわけて、それに従っていくようにします。

金銭も大切に使って浪費を慎しみ、義理を厚くすることが大切です。そうしていけば自然と、人気も集まって、財禄も恵まれ、老いて幸せが来ます。

病気等は以下のものに注意

胃、腰の痛み、腫れ物、貧血など

20 癸未《みずのとひつじ》日生まれ

ラッキー度数……70点

癸未日生まれの人は、いつも明朗な精神と、やさしい気だてを養い、コツコツたゆまずに努力していくべきです。

ちょっと見は力が強く、声も大きく、理想も高くて、何か頼もしそうな人もいますが、その多くは外見だけで、元来は気弱で遠慮がちなので、反発的に表面を繕っている場合もあって、外と内とが一致しないうらみがあります。陰ではあれこれと気病み、取り越し苦労を重ね、そのくせ一方では、強情な精神から反抗的になったりして、かえって運を悪くします。

一時の不運に気を落さず、先案じをせず、金や物を当にしないで、わが身の実力を養って、一芸一能を身につけて、健康を保持して行けば、大器は必ず晩成して、老いて幸せが訪れるものです。

病気等は以下のものに注意

頭痛、肺、肝、胃の病、神経衰弱、性病

21 甲申《きのえさる》日生まれ

ラッキー度数……75点

甲申日生まれの人は、高位高官に昇り、名誉を得、財産を積む人もいますが、気位が高く、負けおしみの強い人がいます。精神に落ち付きがなく移り気で、少しく誇大妄想の傾向があり、色情におぼれる欠点があります。一般には位負けとなって理想倒れとなり、実力以上のことをやって、かえって失敗します。

開運の道としては、虚勢を張らず物事に締めくくりをつけて、万事を堅固に、始めたことは完成する努力が大切です。人を批判したり、揚げ足を取ったりする根性は捨てて、人を許す気持ちをもたないと運が開かれません。

目上の人や他人に反抗するのも、気位の高い、悪い性格から出ていますから、これを治して素直なやさしい精神をもつよう心掛けることが大切です。若い頃は良運に恵まれても、40歳すぎて欠点が表にあらわれ不幸になり、病苦する人も多いものです。欠点があれば早く若いうちに治し、修養を積んで、老いて富貴を保つよう努めるべきです。

病気等は以下のものに注意

肝、心臓の病、精神逆上、高血圧、神経痛、癌など

22 乙酉《きのととり》日生まれ

ラッキー度数……80点

乙酉日生まれの人は、交際上手で愛嬌があり、人のご機嫌をとりつくろい、要領の良いところがあって、目上の引き立てを得、あるいは尊敬を受けて成功する人がいます。

しかし一面にはやや消極的で気弱なところがあり、気迷いが多く一貫した主義主張をもたず八方美人的であったりして、人の信を裏切るようなことになって、せっかくの運を逃してしまうこともあります。

よく注意して、いつも非理、善悪をわきまえ、自己の意志を強固にして真実を通す、頼もしい人になることを心掛けることが開運の道です。

また男女とも色好みで色情の難があり、身を滅す人がいます。異性との交際には特に注意しなければいけません。

病気等は以下のものに注意

頭痛、阪病、心臓病、神経痛、脚気、交通事故など

23 丙戌《ひのえいぬ》日生まれ

ラッキー度数……75点

丙戌日生まれの人は、義侠心に富み、人の世話をし、交際も上手で、表面は明朗です。しかし内面には少しく気迷い気苦労のところ、何か明確を欠くところがあります。また、感情の偏りがはなはだしく、泣いたり笑ったり怒ったり、その時々に極端にあらわれます。一時の情熱にかられて言行が左右されるからです。このためにせっかくの信用を落としたり、誤解されて、あたら幸運を逃がすこともあります。性分といっても、できるだけ治すようにしなければいけません。

生涯を通じて人生の苦労、波風が強く、天災や火難、剣難に逢ったり、失恋や、事業の失敗をしたりしやすいものです。そのようなさまざまな災難にも堪えられるように、普段から用心しておき、保険も掛けておくべきです。そして七転び八起き、一事をやりとげる強い精神が大切です。

病気等は以下のものに注意

高血圧、眼病、心、腎臓の病、皮膚病など

24 丁亥日生まれ

丁亥《ひのとい》日生まれ

ラッキー度数……80点

丁亥日生まれの人は、性質は実直ですが、少しく短気で円満を欠きます。

表面は明朗なようでも、内面は陰気で消極的、ハキハキしないところがあります。ですから気持ちをいつもしっかり持って、積極的に行動しなければなりません。

善意、親切さが、この人の取り得です。

芸事が好きで、後にはそれが身を助け、趣味が本職となるような人もいて、中年をすぎて意外な方面に出て成功することもあります。

しかし根っからの移り気であったり、コセコセした狭量な精神では開運しません。

さらに男女ともに色恋には注意を要します。

また投機ギャンブルに失敗し、身を滅す人もいますので、よく注意しなければなりません。

病気等は以下のものに注意

胃、心臓病、ヒステリー、悪血の病、中風など

25 戊子《つちのえね》日生まれ

ラッキー度数……70点

戊子日生まれの人は、自分だけすました気取り星でも、本来は風采の上らない野暮ったい人がいます。

人情味もうすく独善的でコセコセしたところがあって、何かにつけて不足がましいことを言っては人に憎まれます。

この欠点を治して、まず心を広くもち、寛大な精神を養い、人との交際を大切に円満に、諸事を慎み深く、世の中は細く永くと心得て日々を働いていると、自然と人の上にも立つことができ、運が開かれて行きます。

徳を積み、妻子をいたわり、人のために骨を折っておくと、晩年になって大いに財産を得るものです。

病気等は以下のものに注意

脳、目口耳の病、不具障害、中風、癌など

26 己丑《つちのとうし》日生まれ

ラッキー度数……70点

己丑日生まれの人は、真面目で正直ですが、パッとしない風姿で、言葉も少なく、理解力もうすく、気持ちが朗らかでなく閉じ込もったような感じの人が多いものです。

独善的で強情一徹の人、一つの事に凝ってムキになり一生懸命に努力するけれど、その割に報われず、同じところを行ったり来たりして、なかなか開運しない人がいます。これは自分の才能に磨きをかけず、いつも他力本願で他人を当にし頼っているからです。玉も磨かねば価値なく、鏡も磨かねば光らぬです。

内心の才能を引き出すように研究工夫し、道は自分で切り開く勉強をしなければなりません。礼を厚くして教えを受けて、教養を高めることです。そしてケチな根性をすてて他人の幸福を思いやる気持ちが大切です。

さらに、正直、真面目、努力家の良質を生かして、堅固に徳を積めば、老いて必ず財産に恵まれるものです。ただ多少孤独的な点はやむを得ません。

病気等は以下のものに注意

自閉症、ノド、喘息、胸痛など

27 庚寅《かのえとら》日生まれ

ラッキー度数……80点

庚寅日生まれの人は、元来、才智すぐれ芸術を愛し教養があり、プライドが高い人が多いですが、とかく自信過剰の欠点があります。内心の自信や理想と現実の信用や実力とが一致しないと、大きな摩擦が起こって反抗的になり、あるいは癇癪を起こし、刃物三昧、破れかぶれで暴れまわって一生を棒に振ってしまうともなりかねません。このようなことは春か秋に起りやすいものです。周囲の人々に気がねして小心翼々《しょうしんよくよく》いじけた根性をもって、自分の意志を失って小犬のように人の後について歩く人もいます。

このような心づかいでは、何時になっても幸福は来ません。開運の道は、実力を養い、よき働き手となること。他におもねることなく自己の実力で堂々と積極的に行動することです。そして気長に時機を待つこと。大器晩成の形ですから、早く出世をすると結末を良くしません。若い間にコツコツと力を蓄えて行けば、中年を過ぎて輝くような権勢、財産も得られるものです。飲酒は慎まねばいけません。酒乱で身を破る人がいます。

病気等は以下のものに注意

剣難、神経痛、逆上乱心、肺、心臓病など

28 辛卯《かのとう》日生まれ

ラッキー度数……70点

辛卯日生まれの人の良いところは、思いのほかに正直で、本人はサッパリしているところにあるものです。物事にこだわらず、いつも明朗に活動するべきです。

外見は威勢がよく、気位も高く、貴公子然としていますが、内実は貧乏性で、気持ちが小さく気迷い、愚痴が多くていつも不足不満を口にしているような人もいます。喜んだり怒ったり感情が激しく、移り気なところがあって、物事を打壊してしまうこともあり、よく反省、注意しなければなりません。

要領の良さ、立ち振る舞いのテキパキして活動的なところや、小才の利くところなど、目上の人に好かれて出世の緒をつかむことがあります。とにかく焦りは禁物。思慮を一つに定めて物事を中途で投げ出したりせずに、前進を重ねて大成を期すべきです。

生涯、口は禍いのもと。暴言、暴力を慎み、また異性関係、色情も十分に慎まねばなりません。

病気等は以下のものに注意

剣難事故、血圧、心臓、急性肺炎、胃病など

29 壬辰《みずのえたつ》日生まれ

ラッキー度数……75点

壬辰日生まれの人は、声が高く、強情で、わが意を立て、つまらぬ事にも腹を立てて怒り、それがために失敗をする人がいます。

人に交わるには、まず高慢の気をおさえ、円満の情をもってしなければなりません。そして生涯、争い事には十分に気をつけて、節度を守り、柔和を旨とするべきです。

この人の長所としては仁義に厚く、礼を正し、また押しの強いところなどもあり、さらにはよく人の世話をするなど、積極的に人のために働くことがあります。

このために老いて人望を得、名誉を得、頭領となって幸せをつかむ人がいます。ただ、孤独性の人も多く、晩婚となり、あるいは夫婦縁が何度も変わったり早く子供に先立たれて、老いて寂しい人もいます。

病気等は以下のものに注意

神経痛、肺、心臓の病、癌、潰瘍、泌尿器関連など

30 癸巳《みずのとみ》日生まれ

ラッキー度数……90点

癸巳日生まれの人は、親切でやさしく、智能才覚も秀れていて、世渡りも上手、人にも好かれ、成功もし、申し分のない幸せ者のようです。

ただし、感情が先に立って、利害を忘れたり、愛情や同情に拘わって思わぬ損をすることがあり、また疑い深い性格で、グズグズして、せっかくの幸運のチャンスを逃して後悔することがあります。とかく浮世は気を許せません。決断力を速く強く、テキパキと処理し、また非理、損得も十分に計算して処世しなければなりません。

また短気は損気といいます。強情を慎み、人の意見も入れて気長に努力することも大切です。コツコツ絶えまない働きがもっともよいです。やがては輝く幸せが来るでしょう。

ただし男女とも、嫉妬の心が強く、そのためにせっかくの恋人に去られ、あるいは夫婦の仲を破ることもあり、注意しなければなりません。

病気等は以下のものに注意

ノド、呼吸器、眼、鼻、子宮、泌尿器関連など

31 甲午日生まれ《きのえうま》

ラッキー度数……80点

甲午日生まれの人は、若い頃は派手に陽気に暮して、老いて孤独になる人がいます。芸術家や人気稼業の人などにこの生まれの人が多いものです。

大体は性格は明朗で、勢いに乗って積極的に行動しますが、時には度量がなく短気なために、せっかくの幸運のチャンスを逃すことがあります。

そして少し好運に恵まれると、つい浮き浮きして心を許し、高慢になり人が馬鹿に見えたりして油断するので、気が付いた時はどうにもならぬ悲運に落ち込んでいたということになりやすいのです。

とにかく運の好し悪しを考えずに、いつも心を引締めて、地味に働かねばなりません。また、長男長女に生まれる人が多く、弟妹や身近の人の世話をさせられるものです。

陰日向なく実直に懸命に働いて行けば、老いても富貴に恵まれ、金銀財宝が庫に満つる運をつかむこともできます。ただし女難あり、色情は十分に慎むこと。

病気等は以下のものに注意

眼病、肺、血圧、心臓

32 乙未《きのとひつじ》日生まれ

ラッキー度数……75点

乙未日生まれの人は、とにかく明朗に活発に、積極的な行動をしないと運が開けません。気病み、取越し苦労ということが一番に悪いのです。良いと信じたことは、どんどん一生懸命にやっていかねばなりません。熱心に家業をはげむことも大切です。

元来気弱で気分が開けず、女性的なところがあって、ちょっとした事でも気にかかり、それがためにに偏屈になり、へそやつむじを曲げて不幸の種を作りやすいものです。また、一ところに落ち着かず、よく移転したり、転勤したりするものです。

しかし良質として経済利財の念が強いので、大きな事はできなくとも、小金を貯めて、平安な老後を楽しむことができます。また、ちょっとした弾みから大怪我をして、後遺症に悩む人がいます。注意しなければなりません。

病気等は以下のものに注意

手足の怪我、神経痛、血圧、肺胃病、癌など

33 丙申《ひのえさる》日生まれ

ラッキー度数……75点

丙申日生まれの人は、姿形は人に優れ、女性は美人となるものです。弁舌もさわやかで、人を引つける徳があり、高尚優雅を好み、異性に慕われ、人気者となります。

しかし移り気で短気なのが欠点。理想に走り、実力もないのにおだてられて高慢となり、我欲を先に出しては失敗します。とにかく軽卒な言行は慎まねばなりません。また美人薄命といって思う人とは結ばれず、思わぬ人に慕われて、悩むものです。男の仕事にしても何事も順調に行かす、途中から方向が変り挫折する心配もあります。

まずわが欠点を直して、自分の実力を磨き蓄え、その範囲で徳を積み、精神を一つに定めて七転び八起き働くと、人望も高まり地位名誉も昇り、財産も庫に満つること必定です。

女性は難産の傾向があり注意しなければなりません。男性も急病、あるいは事故による変死なども起こしやすく常々行動に慎みが大切です。

病気等は以下のものに注意

高低血圧、眼病、肺、腎臓、泌尿器関連など

34 丁酉《ひのととり》日生まれ

ラッキー度数……85点

丁酉日生まれの人は、才能に富み、テキパキと働いて早くから幸運をつかむ人もいます。しかし多くの趣味をもって、せっかくの本業を怠り失敗することもあり、器用さが禍いとならぬよう、一業に専念して働かねばいけません。

また智恵が良くまわり小才が利くのでチャンスを上手につかみます。一方、目先の欲に引かれて悪策を計り、邪悪の道に入って信用を落しては失敗の元となります。

元来、積極活動型のタイプなのですから、この徳を生かして、志を高きにおいて、尊厳を守ることです。

気迷いを起こさずに、正直に働くと、開運成功して人の頭となり、富貴を得ること疑いありません。

病気等は以下のものに注意

血圧、肺、心、肝、胃、事故など

35 戊戌《つちのえいぬ》日生まれ

ラッキー度数……75点

戊戌日生まれの人は、良いと信じたところは一人コツコツ働いて行くのが長所で、やがて財産を積み、幸せをつかむ人がいます。

特に悪い心はないが、野暮ったいモッサリとした人が多く、とかく気位が高く、人を見下したり、人と協調しないで一匹狼をきめこむ人もいます。

どうしても陰険の風があり、言葉に針を含むように受け取られるのが最大の欠点です。人として理想が高いに越したことはありませんが、それも過ぎると軽薄になり、真実を疑われます。現実にマッチした考え方、合理的な言行が大切です。

何といっても陰日向なく働く正直さ、誠実誠意に生きるということが根本です。人の教えに従って、言葉にも温みをもつように努めていけば、大いに福分を自然に保つことができます。ただし孤独性で家庭運に恵まれず、早く配偶者を失ったり、再婚する人もいます。

病気等は以下のものに注意

癌、神経痛、皮膚病、心臓、胃、腎臓など

36 己亥《つちのとい》日生まれ

ラッキー度数……75点

己亥日生まれの人は、正直さ、やさしさという良質があり、自らを反省して努力する気質も十分に備えているのですから、これを大いに発揮して、いつも細々したこと、他人の悪口などを気にせず、明朗闊達、晴々とサッパリした気性を育て身につける工夫をすると、段々と開運し、老いて富貴を得ることができます。

身体は細づくりで、そのわりに音声が高く、一見して高貴の人を思わせるものですが、中には気短のくせに因循姑息《いんじゅんこそく》でハキハキせず、さらには疑い深く消極的な性質の人がいます。この欠点が災いすると、人に疎んじられて世にあらわれず、不平不満の暗い気持ちで過ごすことになります。これではいつまでたっても幸せになれません。

とにかく家に引きこもって安逸《あんいつ》な暮らしを夢みていてはいけません。こちらから出かけて行って、誠実と熱心さとをもって先方に当たれば、世間の引き立てを得て、運は自ずと開かれること必至です。

病気等は以下のものに注意

頭痛、ノイローゼ、神経痛、胃病、体毒など

37 庚子《かのえね》日生まれ

ラッキー度数……80点

庚子日生まれの人は、男性も女性も美貌の人が多く、感情はデリケートで智能に秀れた人がいます。元米、福徳命といって上運にあたり、大慶に吉運なのですが、人によって大吉変じて凶となりやすく、諸事注意しなければならないので中運に止めておくのです。

運が強く、青壮年に財産権力を得て幸福をつかむのに、強慾（ケチ）、殺伐（ハッタリ）、移り気（浮気）、誤大夢想（うぬぼれ）などの欠点のために、中年早くに失敗し、老いて見るかげもなく零落してしまう人がいます。よくよく注意しなければならないのです。我欲を慎み、人を立てて後にわが身を立てる心掛けが大切です。

義理人情を厚くし、世間の倫理道徳を高め、社会の譲り合い、人との交際に信義を重んじ、謙譲なかよくの心をもって当たらねばなりません。一事を貫徹し自分の実力、身分相応の仕事に精を出すことです。生まれつき幸せという福徳命を十分に発揮して下さい。幸せは永く続くでしょう。

病気等は以下のものに注意

頭痛、ノボセ、喘息、肺病

38 辛丑《かのとうし》日生まれ

ラッキー度数……75点

辛丑日生まれの人は、財産に恵まれ、一芸一能に優れ、人気もあって幸せの人もいますが、気苦労性で頑固なところがあります。これが最大の欠点で、あれこれと気迷い、取り越苦労をし、他人のことまで背負い込んでしまってうだつが上がらぬ人がいます。

人の心中を計り過ぎたり、邪推したり、意地悪をしたり、謀り事をして裏表を取り繕い陰日向をつくり、人の意見を受け入れず、ジメジメした感じの人となります。これは遠山に気を取られて眼前の石を見ずに失敗する例えに当たるもので、今は何が一番大切か、一番先に手を付けなければならないことを忘れて、先々の事ばかりに気を取られているのです。これではどんなに働いても、無駄骨折りとなってしまいます。明朗に活発に、人との信義を守り、明日を思い患うことなく、今日を精一杯がんばり、人のために働くことが第一です。そうしているうちに、一芸一能、才能は自ずと発揮されて、財産も増え、地位も向上して、幸せを得ることができます。

病気等は以下のものに注意

血圧、ノド、神経痛、骨の病、事故など

39 壬寅《みずのえとら》日生まれ

ラッキー度数……85点

壬寅日生まれの人は、自然に備った権貴の勢あり、強きに向かって恐れず、変に逢っても驚かず、泰然として山の如く、よく衆を愛し、自ずと人の上位に立ち、身を起こして天下の覇権を握ることもできる大吉運とします。

良質としては大腹で仁義に厚く、智謀秀れて積極行動力があるので、大いに人望を集め、また財産も得て富貴の身となることができます。しかし、中にはケチで、物欲色情に強く、移り気で取り留めなく、感情に走る人、役にも立たぬ道楽趣味に夢中になって失敗をする人もいます。したがって本来のラッキー度数は95点なのですが、一般には85点でしょう。

自己本位に物事を考えるのが一番悪いのです。いつも他を思いやり、信仰心を厚くして楽天的な精神をもって人のために働くとき、良質が発揮されて幸せは訪れてきます。また不意の災難にも備えておかねばなりません。変化は突然にあらわれるものです。

病気等は以下のものに注意

高血圧、肺、熱病、胃、泌尿器関連

40 癸卯《みずのとう》日生まれ

ラッキー度数……90点

癸卯日生まれの人は、生まれながらにして性質が温和で、智恵が深くて新たな発明工夫をするような人がいます。決断力もあり、天佑神助《てんゆうしんじょ》があり、不事の災難に逢っても、思いがけぬ援助を受けて、危期を脱して幸運をつかむこともあります。

ただ、外面は柔らかでも、内に強情でヘソ曲りの性格を隠していて一筋ではない人がいます。せっかち、短気、移り気なところもあるのは欠点です。

とにかく愛情は細やかで、人の和を得、さらには器用であるという特長を生かして、正直に、素直に、骨身をおしまず働くと、天下の財貨は自ずから集まり、人もうらやむ富貴を得ることもできます。

色情で失敗しやすく慎まねばなりません。また、口は万病の入り口、飲食物には注意するようにします。

病気等は以下のものに注意

ノド、肺、胃、腸、腫れ物、泌尿器関連

41 甲辰《きのえたつ》日生まれ

ラッキー度数……70点

甲辰日生まれの人は、音声太く威勢があって、人の上にも立ち、人望を集め大いに出世します。多くは凝り性で一つの事に根をつめて当たります。

時にはよいことですが、極端になると悪い作用が起こり、気が内にこもって開かれず、独善的、自閉的になって、運勢まで停滞してしまいます。

おだてに乗っておごり高ぶり、人を軽蔑して、かえって信用を落とし身を破ることになりやすいです。運が順調でなく何かにつけて滞りがちですが、思い煩うことなく、いつも寛大な精神を養って、骨を惜しまず働くことが大切です。短気は損気、強情な気持ちは捨てて争論は慎まねばなりません。

まず、勇気をもって事に当たり、災難に負けず、根気よく頑張る精神こそ、宝です。運はそうした活動によって開かれ富貴が身に集まるものです。少し孤独性で、家庭のさびしい人、再婚する人がいます。

病気等は以下のものに注意

吃音、耳口の病、神経痛、癌など

42 乙巳《きのとみ》日生まれ

ラッキー度数……95点

乙巳日生まれの人は、良き人は性格明朗、なかよくの心があって、智能も秀れ、多趣味で人に好かれ、金銭に不自由しない、恵まれたタイプの人とします。

しかし悪くすると小才におぼれ、積極的な行動をきらい、安易浪費を事とし、異性に甘く、依頼心が強く、自主的に働くことをしない困った人もいます。

これは根本にその人に実意というものが欠けていて、うかうかと人生を安楽に暮そうとするからです。こんなナマケ者ではせっかくの幸運も逃げて、貧乏暮らししかできません。

何よりも運を招くには、いつも小マメに立ち働き、誠意真実をあらわすことが先決です。

そうしているうちに、もともとの良質が世に認められて人望も高まり、名声も上がり、財産も集まること必至です。ただし、色情は慎まねばいけません。

病気等は以下のものに注意

頭痛、肺、神経痛、胃病、泌尿器関連

43 丙午日生まれ《ひのえうま》

ラッキー度数……75点

丙午日生まれの人は、性質は取り留めがなく、少し浮かれ調子で、いわゆるおっちょこちょいの人もいます。しかし根は正直で悪気はないものです。早く栄えて早く終わるような人が多く、40歳前後に大きく身の変わる人がいます。まず、老いて幸せをつかむには、常日頃から地味に誠実をもって、コツコツ働くことに限ります。

気まぐれで剛情、エゴイストのところもあり、女性は少し嫉妬心があります。元来は陽気の極ですから、とかく陽気にすぎておごり高ぶり、ケチな根性になったり、浪費ぐせのある人などがいます。これでは幸せは長く続きません。

明日のため、老後のために、慎ましく財布の口を締めて、家業に勉励しなければなりません。周囲の誘惑に負けて身をもち崩すことがないよう、気をつけて意志を強固にしなければいけません。また、不幸はある日突然に起りやすいものです。普段から十分に備えをしておくべきです。

病気等は以下のものに注意

高血圧、眼病、心臓病、事故、火傷、怪我

44 丁未《ひのとひつじ》日生まれ

ラッキー度数……85点

丁未日生まれの人は、性質は穏やかで人情も厚く思慮もあり、小才も利いて、独立独歩の精神をもって世に出て富貴を得るものです。

しかし物事に細かすぎ、気がつきすぎて、かえって迷いの心が生じ、そのために幸運を取り逃してしまう人もいます。また、その気迷いから、あちらこちらと走りまわり、転居をしたり、勤め先を変えてみたり落ち着かず、自ら変動し、失敗を招くこともあります。気の迷い、疑り深い心、因循な気性、融通のきかないところがあれば、それは〝獅《し》子《し》身中《しんちゅう》の虫〟ですから、早く取り払わなければいけません。

元来、財産に恵まれる生まれですから、いつも熱心に、努め働くときは、必ず富家となり、大財を得ることができます。その大財も、気迷いや凝り性のために活用を誤り一時に失う心配もあり、また一生の間に何度も運の変わる暗示もありますから、なるべく浪費を慣しみ保身するのが得策です。

病気等は以下のものに注意

咳、喉、肺、胃腸、癌

45 戊申《つちのえさる》日生まれ

ラッキー度数……85点

戊申日生まれの人は、諸芸に通じ器用な生まれです。また義理人情にあつく、活動的ですが、少し高慢で、鼻っ柱や向こうっ気が強い人が多いです。口数も多く押し出しも良いので人気者となり、人に立てられ首領親分となり、名誉や権力を得て高位に登る人もいます。政治家や組合長などに見かけるタイプです。

運の強さに慢心して、おごり高ぶり人を軽蔑することもあり、時には勢いに乗りすぎ、手を出しすぎて失敗します。人の物笑いとならぬよう常々反省し、慎みをもつべきです。剛情で移り気なために、あれこれと職業を変えたり、住まいを移す人がいます。あるいは人の信用を裏切って、あちらに付いたり、こちらに付いたり利のある方に付いてかけまわる内股膏薬《うちまたこうやく》のような人もいますが、これでは幸福が来ません。とにかく裏表なく信頼される人物となって、誠実に、多くの人々のために骨を折り、一つの道をたゆみなく進むうちに、大きな幸運がまわってくるのです。男女とも色情を慎むことが大事です。

病気等は以下のものに注意

高血圧、眼、耳、神経痛、怪我、事故

46 巳酉《つちのととり》日生まれ

ラッキー度数……85点

巳酉日生まれの人は、円満な常識家でそつのないところがウケて、人気を得る人がいます。しかし少し消極的で、感情に流れて内攻的になり、ハキハキしないのが困りものです。もっと積極的に活発に、心の壁を破って明朗に進みなさい。すると輝くような幸せが一杯貴方の前途にあらわれるでしょう。

善にも強く、悪にも強く、その環境によって動く人なので、悪に走り、せっかくの幸運を逃すことのないように、思い迷うことなく善の道を進むべきです。

とにかく才智にたけて愛嬌があり、人のご機嫌を取り結ぶことが上手ですから、思いがけない幸運をつかみ、立身出世をする人がいます。女性では美人というほどでもないのに〝氏なくして玉の輿に乗る〟ような、高位高官や大富豪の夫人となる人がいます。

病気等は以下のものに注意

ヒステリー、神経痛、骨の病、癌など

47 庚戌《かのえいぬ》日生まれ

ラッキー度数……90点

庚戌日生まれの人は、男も女も胆力が強く、少しも驚かず、積極的に活動する人がいます。英雄的な心情の持ち主や疲れを知らぬ精力家の人もいます。末子でも長男長女のような立場になり、親や兄弟、はては遠い親戚の者までも面倒をみる人がいます。芸事、学問、智識が深く、趣味も高尚で、仲間うちではトップ的な存在となって幸せを早くつかむものです。

しかし、その強さが逆に禍いとなって、実力もないのに気位ばかり高くなり、人付き合いも悪く、自分の領分や仕事、自分の家庭内を守ることに熱心になる人もいます。心に垣根をつくって内にとじ込もり、ヘソ曲りの狭い了見の持ち主となって、いつか幸運をとり逃してしまいます。

とにかく一人で孤立したり、内弁慶になったり偏くつになってはいけません。心を広く開いて、思ったことはハキハキと口に出し、積極的に行動し、人との交際に親愛をもってすれば、だんだんと幸運がまわって、老いて富貴を得るものです。

病気等は以下のものに注意

頭痛、神経痛、足腰の痛み、怪我

48 辛亥《かのとい》日生まれ

ラッキー度数……70点

辛亥日生まれの人は、内にこもった情が深くしっとりとした感じの人です。

感受性が発達していて、小マメに立ち働き、芸事、才智に優れて、幸せをつかむものですが、その反面、神経がいつもピリピリしている人、辛気くさい取り越し苦労、気病みばかりしていて、ちっとも心の落ち付かぬ人がいます。これでは幸福になれません。

いつも明るい気持ちを引き出して、ストレスを解消する工夫をするべきです。

うわべを飾って心にもない嘘を言い、あるいは気弱のために口先と実行とが一致せず、結果的に嘘を言うことになりやすい性質ですから、まず性根をしっかり締めてかかり、自分の実力の範囲内で一歩一歩、現実を踏まえて進むことが肝要です。一事一芸に徹して骨身を惜しまずに働く人は、40歳頃から大きく発展して富貴となるものです。気弱く迷い、ふらふらと心を移し、身を移し、転々とするのが一番悪いのです。辛抱努力が第一です。

病気等は以下のものに注意

肺病、心臓、腎臓、腰の冷え、神経痛

49 壬子《みずのえね》日生まれ

ラッキー度数……85点

壬子日生まれの人は、大変に世話好きで、いつも人のために気苦労するものです。それだけ人にも頼られ、人望も集まって、大きな仕事を起こして栄え、富貴を得ることができます。しかし気を許して安易な心持ちになり、財を浪費したり、自分一人だけよしとして楽しんでいるようなケチな心情の持ち主になると、もう一生駄目になってしまいます。

つまり、財を集めて大富を得ることがあっても、一度散在すると留まるところがなく、貧乏のドン底に落ちてしまいます。常日頃から、金銭の使い方、人との交際に心を引き締め、君子聖人の道を学びとって、明るく広く、なかよくを旨として、天運に沿って進むことを計るべきです。親の財産を受け継いだ人はなおさら、この修養が大切です。老後の幸せは一つに、人と協和すること。大きな度量の持ち主だけに与えられるのです。

病気等は以下のものに注意

ノイローゼ、腫物、休毒、胃腸、足腰の痛

50 癸丑《みずのとうし》日生まれ

ラッキー度数……70点

癸丑日生まれの人は、折り目の正しいキチンとした事を好み、悪を憎む心が強い、正義派の人ですが、その割には気弱な人が多く、内弁慶になりやすいものです。

それに頑固一徹なところもあって、偏屈な性格です。この欠点を直さないと運は開かれません。

ただし、意志が強くて万難を排し、七転び八起き、辛抱して働き通す人もいて、その気概を発揮して大事業を起こし成功することができます。とにかく一芸一能に達しようとする堅固な精神こそ最上の宝です。

人の意見を聞き入れ、その良きを取って、わが身の計らいとすることが大切です。身心ともに、打たれても壊されぬ強い抵抗力の持ち主となるよう努めること。老いて、思わぬ富貴に恵まれ、輝く幸福が訪れるでしょう。

病気等は以下のものに注意

肺、限、耳の病、胃腸、神経痛など

51 甲寅《きのえとら》日生まれ

ラッキー度数……80点

甲寅日生まれの人は、新規のこと、珍しいことに非常に興味をもち、また、自ら発見発明をしたり、あるいは企業を起こしたりして成功する人もいます。中には気位が高く、義理を重んずる精神を有する人もいて、官公吏となって出世もします。

ただしそれが実力に相応しない高望み、空想に終わる心配もあります。自分の力量を養って、一歩一歩漸進《ぜんしん》するべきです。そして一度得た幸せを逃がさないよう、いつも現実にマッチした具体性のある仕事を進めねばいけません。

この生まれの人は、周りに守り育ててくれる人がいると良いのです。良き両親、良き妻、良き先輩を必要とします。それによって、この人は大変に幸福にもなり、不幸にもなります。子供の時に甘やかされた人は駄目。少し厳しいしつけに育った人は大いに成功して、富貴を得ること疑いなしです。とにかく世の中の役に立つ人物にならねばいけません。

病気等は以下のものに注意

逆上、のぼせ、ノイローゼ、耳病、眼病

52 乙卯《きのとう》日生まれ

ラッキー度数……85点

乙卯日生まれの人は、若くして財運に恵まれ、あるいは人気者になって成功するものです。これは祖先の遺徳、親の七光りの場合が多く、本人は案外にのんびりムードの怠け者であったり、浪費ぐせがあったりします。そのために40歳頃から衰運にあい、老いて苦労する人がいます。若いうちに苦労して、自分の実力を養成しておかねばいけません。

生来八方美人、愛嬌があって交際上手の人ですが、中には頑固一徹、融通のきかない人もいます。積極的にバリバリやるかと思うと、要領を得ないでグズグズするなど、取り留めのない性分もあります。

いつも平均して絶え間なく働き、物事すべて片寄らず、中正公平の心をもち、蓄財を心がけて処すれば、永く幸福が続くものです。ことに健啖と異性関係を慎まねばいけません。男性は、女難の相があります。

病気等は以下のものに注意

肺、ノド、咳、肝臓、胃腸の病

53 丙辰《ひのえたつ》日生まれ

ラッキー度数……80点

丙辰日生まれの人の多くは、養子型です。長男に生まれても親の後を継がず、他の仕事に移り、あるいは遠く家を離れるものです。一本気で努力家、独立の気性が強いから、早く成功して財産を築く人がいます。

しかし性格的には矛盾したところがあり、表向きは明朗でも、内実は泣き虫であったり、片意地を張ってひねくれたり、あるいは空威張りして、暴言虚言を口にし、人を軽蔑します。これが大きな欠点で、そのためにせっかくの幸せを逃して、老いてから孤独になり、不幸になる人がいます。これは、いつも親身になってくれる人を裏切る結果から起こるのです。

処世術としては、世の中は人を立ててわが身も立つ、お互いが人のお蔭で成り立つという理合《りあい》をしっかり考えて、人情を厚くし信用を重んじ、誠意一筋に働くと、老いてもなお永く幸福を保つことができます。

病気等は以下のものに注意

高血圧、心臓病、神経痛、怪我

54 丁巳《ひのとみ》日生まれ

ラッキー度数……95点

丁巳日生まれの人は、朗らかな性格で、だれからも愛され人気の的となる人です。一芸一能に秀いで、目上の引き立てもあり、思慮も深く、趣味も高尚。そして、財運にも恵まれ万事幸せづくめのようですが、総じて移り気の性分なのが欠点です。

中には落ち着きのない、おっちょこちょいの軽はずみな人もいて、頭の中はカラッポで、実意のない見かけ倒しの人がいたり、あるいは感傷に流れノイローゼになって、ハキハキせずぼんやりと日を暮らすような人もいます。

異性情事のいざこざで失敗し不幸になる人もいて、世の中もさまざまです。また、嫉妬深く、感情にこだわり、意地を張って、自ら不幸を招くことがあり注意しなければなりません。とにかく人気や、才智におぼれることなく、広い視野から、道の奥を探りきわめて行き、一心に努力、積極的な行動をするところに幸せが輝きます。

病気等は以下のものに注意

脳病、中風、癌、肺病

55 戊午《つちのえうま》日生まれ

ラッキー度数……85点

戊午日生まれは、良薬は口に苦し、親や目上の意見を聞いて働く人に幸せがあります。元来、親が良く、幼少から幸せの人が多いものですが、一方、早く栄えて早く終わる暗示もあり、中年すぎて浮き沈みの多い運命の人もいます。

若いうちから十分に、わがままを慎み、人に反抗する心、浪費ぐせ、移り気などの欠点を反省して改める努力をしないと、せっかくの幸運もいつか消え失せて、老いてから孤独な身となります。

持長としては、陽気で朗らか、行動的なところもありますので、合理性を考えて、一事を貫徹する熱心さ、そして人と協調し、争論を慎んでいけば、大いに財産を得るものです。

何よりも落ち着いた精神、じっくり考え、そして人のために働くよう心がけ、その上にも親孝行をしていくと、幸福はいつまでも続くものです。

病気等は以下のものに注意

高血圧、心臓、肺、脊髄、肩こり症

56 己未《つちのとひつじ》日生まれ

ラッキー度数……75点

己未日生まれの人は、花が開いたように明るく朗らかに交際上手の人が成功し、幸運をつかみます。ともすると、一事に熱中しすぎて融通がなくなり、つまらぬことにも腹を立てたりするのが欠点。

生まれつき情が深く、思いすぎ、考えすぎ、感傷に流れやすいので、それが苦労の種となります。気分はいつも軽やかに、ストレスは早く解消するようにしなければ幸せが来ません。

この人は好人物です。しかし人のいうことを聞かず、横車を押したり、ヘソ曲りの悪いくせを出すと、親しい友人も去り、目上の人の引き立ても止まり、親兄弟とも離れて、老いて苦しむことにもなります。いつもなかよくの心で、スッキリした気分をもち、物事のけじめを明確にして働き努めれば、幸福万来です。

病気等は以下のものに注意

頭痛、休毒、肝臓、自律神経失調症

57 庚申《かのえさる》日生まれ

ラッキー度数……85点

庚申日生まれの人は、ことに女性は美人ので生まれです。男女ともに弁が立ち、人付き合いや交際上手です。ただし、中には浮気っぽい人もいて、言葉に裏表があり、晴雨も善悪も、ウソも真も、その時々の調子、ご都合で変わる〝変わりやすいは女心と秋の空〟では困るのです。幸せになろうと思ったら、いつも正直、いつも善に、誠一筋に生きて下さい。

住所や職業を何度も変えて転々とする人がいますが、それでは幸せになれません。わが意に沿う仕事にまっすぐに進むべきです。生来、利口で器用であり、活発で積極性の旺盛な人ですから、事業を起こして成功する人がいます。

しかしともすると強欲になり、殺伐とした気を起こして訟争を事とし、人をうらみ、苦しめ、自らも傷つき、幸運を破ってしまう人もいます。利を貪らず、人のためにも働き、愛情豊かに細やかに、親子、兄弟、夫婦、友人、すべての人々と親和する心をもって一心に励めば、富貴は自然と来て、老いて幸せが家に満つること請け合いです。

病気等は以下のものに注意

神経痛、腰のコリ、貧血、骨折、ノド、咳

58 辛酉《かのととり》日生まれ

ラッキー度数……75点

辛酉日生まれの人は、少しく陰気ですが穏やかな生まれです。直感力がすぐれ、才智あり、謀略あり、深く物事を推察して計画を進める特別の才能があります。

表面に出て立ち働く人ではなく、陰にいて参謀となって企画を立てて案を練る人です。だから、その分に応じた立場、仕事について勤めれば、必ず幸せになれます。でも小才に走って、わが意を張り、うぬぼれて、表面に出て空威張りしても、結局は世間の物笑いとなるだけです。

独り立ちするならば自己の実力を養い、厄のもとを十分に固めて漸進するべきです。謀り事も過ればば破れ、思案も過ぎては取り留めなく、いつまでもグズグズして決着しないでは、かえって失敗、不幸のもとになります。

企画が立ったら断固として実行し、積極的に活動する強い精神力も大切です。大胆に楽天的に、開放性の明るい性格の人は幸福が一杯訪れます。

病気等は以下のものに注意

脳病、ノイローゼ、貧血、足腰の病、喘息

59 壬戌《みずのえいぬ》日生まれ

ラッキー度数……70点

壬戌日生まれの人は、元来、器用で、見かけによらぬ情熱家でもあり、環境に順応する性質でもあります。

ただし、負けん気で剛情一徹、パッとしない性質があるので、これを治して、明るい、どんな人でも受け入れる広い大きな心の持ち主にならなければ、幸福になりません。

迷いや、疑いや、排他的な心づかいをしていては、いつまでたっても幸せの芽は出ないのです。少しく孤独で親しい友もなく、会社でも一人ポツンとしているような人もいて、また、家庭にあっては、夫や妻、子供達とも早く別れ、老いて一人暮しの人もいます。

利財の才能もあるので、見栄を張らずに真黒になって、精を出して働くときは、栄誉も自然に集まり、老いて財産を得、幸せになることができます。

病気等は以下のものに注意

胃腸、泌尿器関連、骨、脊髄、肝臓

60 癸亥《みずのとい》日生まれ

ラッキー度数……80点

癸亥日生まれの人は、心の中は剛直で権高く、古武士のような気性があり、負けん気の強い人です。それで若い間、下積みの時代は大いに苦労し、老いて実力もつき、地位も昇るようになって、はじめて幸せになるものです。つまり大器晩成のタイプなのです。

しかし少し独断的で、人の言葉を受けいれず、怒りっぽいのが玉にキズ。やはり出世もし、幸せを得るには周囲の人々と調和し、わが意も押さえて勤めなければいけません。

生来、孤独性の生まれです。険気な性質で、お世辞ということがちょっとも言えない。いつもそれで損をします。

内に優れた才能を持つのですから、これを外にあらわす積極的な努力が必要です。そして、一芸一能についてははげしく熱心に突き進み、細かいところもおろそかにせず、誠実をつくし、こうした美徳が実を結ぶように努め励めば、愛情も濃《こま》やかな長所もありますので、やがて権賞財産を得て、人もうらやむ幸福な人になります。

病気等は以下のものに注意

胃腸、肝、腎臓、貧血、足腰の痛み

資料● 干支万年暦

【暦の読み方】

年は2月始まり
月の十二支
赤干支は月の始まり日
日の干支
1月の年

1950
昭和25年
庚寅 かのえとら

日＼月支	2月 寅	3月 卯	4月 辰	5月 巳	6月 午	7月 未	8月 申	9月 酉	10月 戌	11月 亥	12月 子	1951 1月 丑
1	丁卯	乙未	丙寅	丙申	丁卯	丁酉	戊辰	己亥	己巳	庚子	庚午	辛丑
2	戊辰	丙申	丁卯	丁酉	戊辰	戊戌	己巳	庚子	庚午	辛丑	辛未	壬寅
3	己巳	丁酉	戊辰	戊戌	己巳	己亥	庚午	辛丑	辛未	壬寅	壬申	癸卯
4	**庚午**	戊戌	己巳	己亥	庚午	庚子	辛未	壬寅	壬申	癸卯	癸酉	甲辰
5	辛未	己亥	**庚午**	庚子	辛未	辛丑	壬申	癸卯	癸酉	甲辰	甲戌	乙巳
6	壬申	**庚子**	辛未	**辛丑**	**壬申**	壬寅	癸酉	甲辰	甲戌	乙巳	乙亥	**丙午**
7	癸酉	辛丑	壬申	壬寅	癸酉	癸卯	甲戌	乙巳	乙亥	丙午	丙子	丁未
8	甲戌	壬寅	癸酉	癸卯	甲戌	**甲辰**	**乙亥**	**丙午**	丙子	**丁未**	**丁丑**	戊申
9	乙亥	癸卯	甲戌	甲辰	乙亥	乙巳	丙子	丁未	**丁丑**	戊申	戊寅	己酉
10	丙子	甲辰	乙亥	乙巳	丙子	丙午	丁丑	戊申	戊寅	己酉	己卯	庚戌
11	丁丑	乙巳	丙子	丙午	丁丑	丁未	戊寅	己酉	己卯	庚戌	庚辰	辛亥
12	戊寅	丙午	丁丑	丁未	戊寅	戊申	己卯	庚戌	庚辰	辛亥	辛巳	壬子
13	己卯	丁未	戊寅	戊申	己卯	己酉	庚辰	辛亥	辛巳	壬子	壬午	癸丑
14	庚辰	戊申	己卯	己酉	庚辰	庚戌	辛巳	壬子	壬午	癸丑	癸未	甲寅
15	辛巳	己酉	庚辰	庚戌	辛巳	辛亥	壬午	癸丑	癸未	甲寅	甲申	乙卯
16	壬午	庚戌	辛巳	辛亥	壬午	壬子	癸未	甲寅	甲申	乙卯	乙酉	丙辰
17	癸未	辛亥	壬午	壬子	癸未	癸丑	甲申	乙卯	乙酉	丙辰	丙戌	丁巳
18	甲申	壬子	癸未	癸丑	甲申	甲寅	乙酉	丙辰	丙戌	丁巳	丁亥	戊午
19	乙酉	癸丑	甲申	甲寅	乙酉	乙卯	丙戌	丁巳	丁亥	戊午	戊子	己未
20	丙戌	甲寅	乙酉	乙卯	丙戌	丙辰	丁亥	戊午	戊子	己未	己丑	庚申
21	丁亥	乙卯	丙戌	丙辰	丁亥	丁巳	戊子	己未	己丑	庚申	庚寅	辛酉
22	戊子	丙辰	丁亥	丁巳	戊子	戊午	己丑	庚申	庚寅	辛酉	辛卯	壬戌
23	己丑	丁巳	戊子	戊午	己丑	己未	庚寅	辛酉	辛卯	壬戌	壬辰	癸亥
24	庚寅	戊午	己丑	己未	庚寅	庚申	辛卯	壬戌	壬辰	癸亥	癸巳	甲子
25	辛卯	己未	庚寅	庚申	辛卯	辛酉	壬辰	癸亥	癸巳	甲子	甲午	乙丑
26	壬辰	庚申	辛卯	辛酉	壬辰	壬戌	癸巳	甲子	甲午	乙丑	乙未	丙寅
27	癸巳	辛酉	壬辰	壬戌	癸巳	癸亥	甲午	乙丑	乙未	丙寅	丙申	丁卯
28	甲午	壬戌	癸巳	癸亥	甲午	甲子	乙未	丙寅	丙申	丁卯	丁酉	戊辰
29		癸亥	甲午	甲子	乙未	乙丑	丙申	丁卯	丁酉	戊辰	戊戌	己巳
30		甲子	乙未	乙丑	丙申	丙寅	丁酉	戊辰	戊戌	己巳	己亥	庚午
31		乙丑		丙寅		丁卯	戊戌		己亥		庚子	辛未

年の干支

赤地は陰遁日
（夏至〜冬至の前日）

白地は陽遁日
（冬至〜夏至の前日）

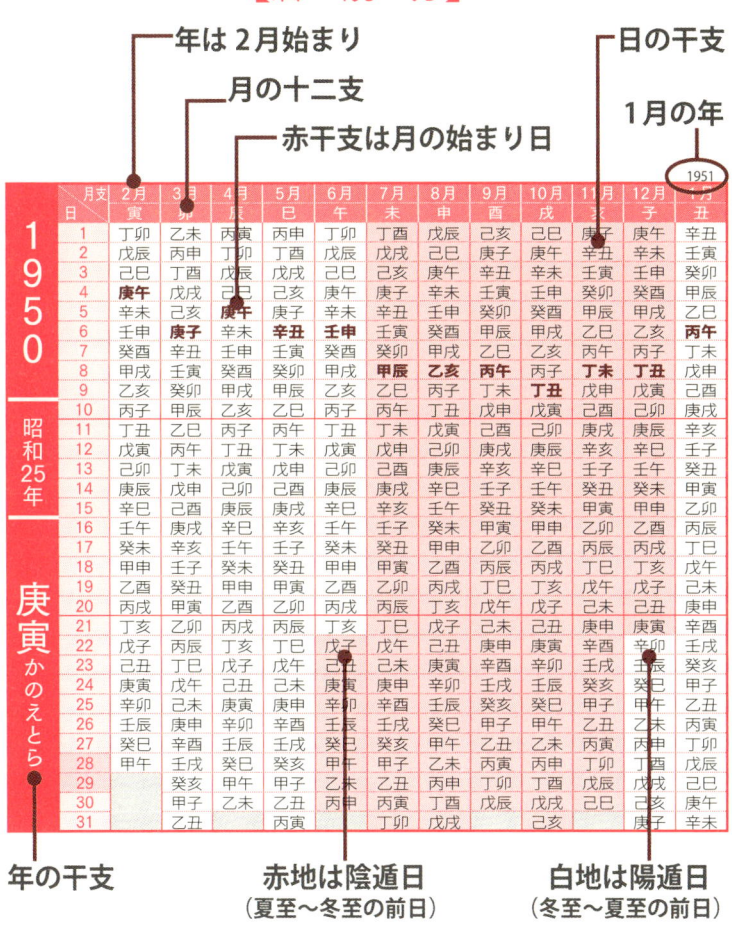

1950 昭和25年 庚寅 かのえとら

日 \ 月支	2月 寅	3月 卯	4月 辰	5月 巳	6月 午	7月 未	8月 申	9月 酉	10月 戌	11月 亥	12月 子	1951 1月 丑
1	丁卯	乙未	丙寅	丙申	丁卯	丁酉	戊辰	己亥	己巳	庚子	庚午	辛丑
2	戊辰	丙申	丁卯	丁酉	戊辰	戊戌	己巳	庚子	庚午	辛丑	辛未	壬寅
3	己巳	丁酉	戊辰	戊戌	己巳	己亥	庚午	辛丑	辛未	壬寅	壬申	癸卯
4	**庚午**	戊戌	己巳	己亥	庚午	庚子	辛未	壬寅	壬申	癸卯	癸酉	甲辰
5	辛未	己亥	**庚午**	庚子	辛未	辛丑	壬申	癸卯	癸酉	甲辰	甲戌	乙巳
6	壬申	**庚子**	辛未	**辛丑**	**壬申**	壬寅	癸酉	甲辰	甲戌	乙巳	乙亥	**丙午**
7	癸酉	辛丑	壬申	壬寅	癸酉	癸卯	甲戌	乙巳	乙亥	丙午	丙子	丁未
8	甲戌	壬寅	癸酉	癸卯	甲戌	**甲辰**	**乙亥**	**丙午**	丙子	**丁未**	**丁丑**	戊申
9	乙亥	癸卯	甲戌	甲辰	乙亥	乙巳	丙子	丁未	**丁丑**	戊申	戊寅	己酉
10	丙子	甲辰	乙亥	乙巳	丙子	丙午	丁丑	戊申	戊寅	己酉	己卯	庚戌
11	丁丑	乙巳	丙子	丙午	丁丑	丁未	戊寅	己酉	己卯	庚戌	庚辰	辛亥
12	戊寅	丙午	丁丑	丁未	戊寅	戊申	己卯	庚戌	庚辰	辛亥	辛巳	壬子
13	己卯	丁未	戊寅	戊申	己卯	己酉	庚辰	辛亥	辛巳	壬子	壬午	癸丑
14	庚辰	戊申	己卯	己酉	庚辰	庚戌	辛巳	壬子	壬午	癸丑	癸未	甲寅
15	辛巳	己酉	庚辰	庚戌	辛巳	辛亥	壬午	癸丑	癸未	甲寅	甲申	乙卯
16	壬午	庚戌	辛巳	辛亥	壬午	壬子	癸未	甲寅	甲申	乙卯	乙酉	丙辰
17	癸未	辛亥	壬午	壬子	癸未	癸丑	甲申	乙卯	乙酉	丙辰	丙戌	丁巳
18	甲申	壬子	癸未	癸丑	甲申	甲寅	乙酉	丙辰	丙戌	丁巳	丁亥	戊午
19	乙酉	癸丑	甲申	甲寅	乙酉	乙卯	丙戌	丁巳	丁亥	戊午	戊子	己未
20	丙戌	甲寅	乙酉	乙卯	丙戌	丙辰	丁亥	戊午	戊子	己未	己丑	庚申
21	丁亥	乙卯	丙戌	丙辰	丁亥	丁巳	戊子	己未	己丑	庚申	庚寅	辛酉
22	戊子	丙辰	丁亥	丁巳	戊子	戊午	己丑	庚申	庚寅	辛酉	辛卯	壬戌
23	己丑	丁巳	戊子	戊午	己丑	己未	庚寅	辛酉	辛卯	壬戌	壬辰	癸亥
24	庚寅	戊午	己丑	己未	庚寅	庚申	辛卯	壬戌	壬辰	癸亥	癸巳	甲子
25	辛卯	己未	庚寅	庚申	辛卯	辛酉	壬辰	癸亥	癸巳	甲子	甲午	乙丑
26	壬辰	庚申	辛卯	辛酉	壬辰	壬戌	癸巳	甲子	甲午	乙丑	乙未	丙寅
27	癸巳	辛酉	壬辰	壬戌	癸巳	癸亥	甲午	乙丑	乙未	丙寅	丙申	丁卯
28	甲午	壬戌	癸巳	癸亥	甲午	甲子	乙未	丙寅	丙申	丁卯	丁酉	戊辰
29		癸亥	甲午	甲子	乙未	乙丑	丙申	丁卯	丁酉	戊辰	戊戌	己巳
30		甲子	乙未	乙丑	丙申	丙寅	丁酉	戊辰	戊戌	己巳	己亥	庚午
31		乙丑		丙寅		丁卯	戊戌		己亥		庚子	辛未

1951 昭和26年 辛卯 かのとう

日 \ 月支	2月 寅	3月 卯	4月 辰	5月 巳	6月 午	7月 未	8月 申	9月 酉	10月 戌	11月 亥	12月 子	1952 1月 丑
1	壬申	庚子	辛未	辛丑	壬申	壬寅	癸酉	甲辰	甲戌	乙巳	乙亥	丙午
2	癸酉	辛丑	壬申	壬寅	癸酉	癸卯	甲戌	乙巳	乙亥	丙午	丙子	丁未
3	甲戌	壬寅	癸酉	癸卯	甲戌	甲辰	乙亥	丙午	丙子	丁未	丁丑	戊申
4	乙亥	癸卯	甲戌	甲辰	乙亥	乙巳	丙子	丁未	丁丑	戊申	戊寅	己酉
5	**丙子**	甲辰	**乙亥**	乙巳	丙子	丙午	丁丑	戊申	戊寅	己酉	己卯	庚戌
6	丁丑	**乙巳**	丙子	**丙午**	**丁丑**	丁未	戊寅	己酉	己卯	庚戌	庚辰	**辛亥**
7	戊寅	丙午	丁丑	丁未	戊寅	戊申	己卯	庚戌	庚辰	辛亥	辛巳	壬子
8	己卯	丁未	戊寅	戊申	己卯	**己酉**	**庚辰**	**辛亥**	辛巳	**壬子**	**壬午**	癸丑
9	庚辰	戊申	己卯	己酉	庚辰	庚戌	辛巳	壬子	**壬午**	癸丑	癸未	甲寅
10	辛巳	己酉	庚辰	庚戌	辛巳	辛亥	壬午	癸丑	癸未	甲寅	甲申	乙卯
11	壬午	庚戌	辛巳	辛亥	壬午	壬子	癸未	甲寅	甲申	乙卯	乙酉	丙辰
12	癸未	辛亥	壬午	壬子	癸未	癸丑	甲申	乙卯	乙酉	丙辰	丙戌	丁巳
13	甲申	壬子	癸未	癸丑	甲申	甲寅	乙酉	丙辰	丙戌	丁巳	丁亥	戊午
14	乙酉	癸丑	甲申	甲寅	乙酉	乙卯	丙戌	丁巳	丁亥	戊午	戊子	己未
15	丙戌	甲寅	乙酉	乙卯	丙戌	丙辰	丁亥	戊午	戊子	己未	己丑	庚申
16	丁亥	乙卯	丙戌	丙辰	丁亥	丁巳	戊子	己未	己丑	庚申	庚寅	辛酉
17	戊子	丙辰	丁亥	丁巳	戊子	戊午	己丑	庚申	庚寅	辛酉	辛卯	壬戌
18	己丑	丁巳	戊子	戊午	己丑	己未	庚寅	辛酉	辛卯	壬戌	壬辰	癸亥
19	庚寅	戊午	己丑	己未	庚寅	庚申	辛卯	壬戌	壬辰	癸亥	癸巳	甲子
20	辛卯	己未	庚寅	庚申	辛卯	辛酉	壬辰	癸亥	癸巳	甲子	甲午	乙丑
21	壬辰	庚申	辛卯	辛酉	壬辰	壬戌	癸巳	甲子	甲午	乙丑	乙未	丙寅
22	癸巳	辛酉	壬辰	壬戌	癸巳	癸亥	甲午	乙丑	乙未	丙寅	丙申	丁卯
23	甲午	壬戌	癸巳	癸亥	甲午	甲子	乙未	丙寅	丙申	丁卯	丁酉	戊辰
24	乙未	癸亥	甲午	甲子	乙未	乙丑	丙申	丁卯	丁酉	戊辰	戊戌	己巳
25	丙申	甲子	乙未	乙丑	丙申	丙寅	丁酉	戊辰	戊戌	己巳	己亥	庚午
26	丁酉	乙丑	丙申	丙寅	丁酉	丁卯	戊戌	己巳	己亥	庚午	庚子	辛未
27	戊戌	丙寅	丁酉	丁卯	戊戌	戊辰	己亥	庚午	庚子	辛未	辛丑	壬申
28	己亥	丁卯	戊戌	戊辰	己亥	己巳	庚子	辛未	辛丑	壬申	壬寅	癸酉
29		戊辰	己亥	己巳	庚子	庚午	辛丑	壬申	壬寅	癸酉	癸卯	甲戌
30		己巳	庚子	庚午	辛丑	辛未	壬寅	癸酉	癸卯	甲戌	甲辰	乙亥
31		庚午		辛未		壬申	癸卯		甲辰		乙巳	丙子

1952 昭和27年 壬辰 みずのえたつ

日＼月支	2月 寅	3月 卯	4月 辰	5月 巳	6月 午	7月 未	8月 申	9月 酉	10月 戌	11月 亥	12月 子	1953 1月 丑
1	丁丑	丙午	丁丑	丁未	戊寅	戊申	己卯	庚戌	庚辰	辛亥	辛巳	壬子
2	戊寅	丁未	戊寅	戊申	己卯	己酉	庚辰	辛亥	辛巳	壬子	壬午	癸丑
3	己卯	戊申	己卯	己酉	庚辰	庚戌	辛巳	壬子	壬午	癸丑	癸未	甲寅
4	庚辰	己酉	庚辰	庚戌	辛巳	辛亥	壬午	癸丑	癸未	甲寅	甲申	乙卯
5	**辛巳**	庚戌	**辛巳**	**辛亥**	壬午	壬子	癸未	甲寅	甲申	乙卯	乙酉	丙辰
6	壬午	**辛亥**	壬午	壬子	**癸未**	癸丑	甲申	乙卯	乙酉	丙辰	丙戌	**丁巳**
7	癸未	壬子	癸未	癸丑	甲申	**甲寅**	**乙酉**	丙辰	丙戌	**丁巳**	**丁亥**	戊午
8	甲申	癸丑	甲申	甲寅	乙酉	乙卯	丙戌	**丁巳**	**丁亥**	戊午	戊子	己未
9	乙酉	甲寅	乙酉	乙卯	丙戌	丙辰	丁亥	戊午	戊子	己未	己丑	庚申
10	丙戌	乙卯	丙戌	丙辰	丁亥	丁巳	戊子	己未	己丑	庚申	庚寅	辛酉
11	丁亥	丙辰	丁亥	丁巳	戊子	戊午	己丑	庚申	庚寅	辛酉	辛卯	壬戌
12	戊子	丁巳	戊子	戊午	己丑	己未	庚寅	辛酉	辛卯	壬戌	壬辰	癸亥
13	己丑	戊午	己丑	己未	庚寅	庚申	辛卯	壬戌	壬辰	癸亥	癸巳	甲子
14	庚寅	己未	庚寅	庚申	辛卯	辛酉	壬辰	癸亥	癸巳	甲子	甲午	乙丑
15	辛卯	庚申	辛卯	辛酉	壬辰	壬戌	癸巳	甲子	甲午	乙丑	乙未	丙寅
16	壬辰	辛酉	壬辰	壬戌	癸巳	癸亥	甲午	乙丑	乙未	丙寅	丙申	丁卯
17	癸巳	壬戌	癸巳	癸亥	甲午	甲子	乙未	丙寅	丙申	丁卯	丁酉	戊辰
18	甲午	癸亥	甲午	甲子	乙未	乙丑	丙申	丁卯	丁酉	戊辰	戊戌	己巳
19	乙未	甲子	乙未	乙丑	丙申	丙寅	丁酉	戊辰	戊戌	己巳	己亥	庚午
20	丙申	乙丑	丙申	丙寅	丁酉	丁卯	戊戌	己巳	己亥	庚午	庚子	辛未
21	丁酉	丙寅	丁酉	丁卯	戊戌	戊辰	己亥	庚午	庚子	辛未	辛丑	壬申
22	戊戌	丁卯	戊戌	戊辰	己亥	己巳	庚子	辛未	辛丑	壬申	壬寅	癸酉
23	己亥	戊辰	己亥	己巳	庚子	庚午	辛丑	壬申	壬寅	癸酉	癸卯	甲戌
24	庚子	己巳	庚子	庚午	辛丑	辛未	壬寅	癸酉	癸卯	甲戌	甲辰	乙亥
25	辛丑	庚午	辛丑	辛未	壬寅	壬申	癸卯	甲戌	甲辰	乙亥	乙巳	丙子
26	壬寅	辛未	壬寅	壬申	癸卯	癸酉	甲辰	乙亥	乙巳	丙子	丙午	丁丑
27	癸卯	壬申	癸卯	癸酉	甲辰	甲戌	乙巳	丙子	丙午	丁丑	丁未	戊寅
28	甲辰	癸酉	甲辰	甲戌	乙巳	乙亥	丙午	丁丑	丁未	戊寅	戊申	己卯
29	乙巳	甲戌	乙巳	乙亥	丙午	丙子	丁未	戊寅	戊申	己卯	己酉	庚辰
30		乙亥	丙午	丙子	丁未	丁丑	戊申	己卯	己酉	庚辰	庚戌	辛巳
31		丙子		丁丑		戊寅	己酉		庚戌		辛亥	壬午

1953 昭和28年 癸巳 みずのとみ

日＼月支	2月 寅	3月 卯	4月 辰	5月 巳	6月 午	7月 未	8月 申	9月 酉	10月 戌	11月 亥	12月 子	1954 1月 丑
1	癸未	辛亥	壬午	壬子	癸未	癸丑	甲申	乙卯	乙酉	丙辰	丙戌	丁巳
2	甲申	壬子	癸未	癸丑	甲申	甲寅	乙酉	丙辰	丙戌	丁巳	丁亥	戊午
3	乙酉	癸丑	甲申	甲寅	乙酉	乙卯	丙戌	丁巳	丁亥	戊午	戊子	己未
4	**丙戌**	甲寅	乙酉	乙卯	丙戌	丙辰	丁亥	戊午	戊子	己未	己丑	庚申
5	丁亥	乙卯	**丙戌**	丙辰	丁亥	丁巳	戊子	己未	己丑	庚申	庚寅	辛酉
6	戊子	**丙辰**	丁亥	**丁巳**	**戊子**	戊午	己丑	庚申	庚寅	辛酉	辛卯	**壬戌**
7	己丑	丁巳	戊子	戊午	己丑	**己未**	庚寅	辛酉	辛卯	壬戌	**壬辰**	癸亥
8	庚寅	戊午	己丑	己未	庚寅	庚申	**辛卯**	**壬戌**	**壬辰**	**癸亥**	癸巳	甲子
9	辛卯	己未	庚寅	庚申	辛卯	辛酉	壬辰	癸亥	癸巳	甲子	甲午	乙丑
10	壬辰	庚申	辛卯	辛酉	壬辰	壬戌	癸巳	甲子	甲午	乙丑	乙未	丙寅
11	癸巳	辛酉	壬辰	壬戌	癸巳	癸亥	甲午	乙丑	乙未	丙寅	丙申	丁卯
12	甲午	壬戌	癸巳	癸亥	甲午	甲子	乙未	丙寅	丙申	丁卯	丁酉	戊辰
13	乙未	癸亥	甲午	甲子	乙未	乙丑	丙申	丁卯	丁酉	戊辰	戊戌	己巳
14	丙申	甲子	乙未	乙丑	丙申	丙寅	丁酉	戊辰	戊戌	己巳	己亥	庚午
15	丁酉	乙丑	丙申	丙寅	丁酉	丁卯	戊戌	己巳	己亥	庚午	庚子	辛未
16	戊戌	丙寅	丁酉	丁卯	戊戌	戊辰	己亥	庚午	庚子	辛未	辛丑	壬申
17	己亥	丁卯	戊戌	戊辰	己亥	己巳	庚子	辛未	辛丑	壬申	壬寅	癸酉
18	庚子	戊辰	己亥	己巳	庚子	庚午	辛丑	壬申	壬寅	癸酉	癸卯	甲戌
19	辛丑	己巳	庚子	庚午	辛丑	辛未	壬寅	癸酉	癸卯	甲戌	甲辰	乙亥
20	壬寅	庚午	辛丑	辛未	壬寅	壬申	癸卯	甲戌	甲辰	乙亥	乙巳	丙子
21	癸卯	辛未	壬寅	壬申	癸卯	癸酉	甲辰	乙亥	乙巳	丙子	丙午	丁丑
22	甲辰	壬申	癸卯	癸酉	甲辰	甲戌	乙巳	丙子	丙午	丁丑	丁未	戊寅
23	乙巳	癸酉	甲辰	甲戌	乙巳	乙亥	丙午	丁丑	丁未	戊寅	戊申	己卯
24	丙午	甲戌	乙巳	乙亥	丙午	丙子	丁未	戊寅	戊申	己卯	己酉	庚辰
25	丁未	乙亥	丙午	丙子	丁未	丁丑	戊申	己卯	己酉	庚辰	庚戌	辛巳
26	戊申	丙子	丁未	丁丑	戊申	戊寅	己酉	庚辰	庚戌	辛巳	辛亥	壬午
27	己酉	丁丑	戊申	戊寅	己酉	己卯	庚戌	辛巳	辛亥	壬午	壬子	癸未
28	庚戌	戊寅	己酉	己卯	庚戌	庚辰	辛亥	壬午	壬子	癸未	癸丑	甲申
29		己卯	庚戌	庚辰	辛亥	辛巳	壬子	癸未	癸丑	甲申	甲寅	乙酉
30		庚辰	辛亥	辛巳	壬子	壬午	癸丑	甲申	甲寅	乙酉	乙卯	丙戌
31		辛巳		壬午		癸未	甲寅		乙卯		丙辰	丁亥

1954 昭和29年 甲午 きのえうま

1955

月支 日	2月 寅	3月 卯	4月 辰	5月 巳	6月 午	7月 未	8月 申	9月 酉	10月 戌	11月 亥	12月 子	1月 丑
1	戊子	丙辰	丁亥	丁巳	戊子	戊午	己丑	庚申	庚寅	辛酉	辛卯	壬戌
2	己丑	丁巳	戊子	戊午	己丑	己未	庚寅	辛酉	辛卯	壬戌	壬辰	癸亥
3	庚寅	戊午	己丑	己未	庚寅	庚申	辛卯	壬戌	壬辰	癸亥	癸巳	甲子
4	**辛卯**	己未	庚寅	庚申	辛卯	辛酉	壬辰	癸亥	癸巳	甲子	甲午	乙丑
5	壬辰	庚申	**辛卯**	辛酉	壬辰	壬戌	癸巳	甲子	甲午	乙丑	乙未	丙寅
6	癸巳	**辛酉**	壬辰	**壬戌**	**癸巳**	癸亥	甲午	乙丑	乙未	丙寅	丙申	**丁卯**
7	甲午	壬戌	癸巳	癸亥	甲午	甲子	乙未	丙寅	丙申	丁卯	丁酉	戊辰
8	乙未	癸亥	甲午	甲子	乙未	**乙丑**	**丙申**	**丁卯**	丁酉	**戊辰**	**戊戌**	己巳
9	丙申	甲子	乙未	乙丑	丙申	丙寅	丁酉	戊辰	**戊戌**	己巳	己亥	庚午
10	丁酉	乙丑	丙申	丙寅	丁酉	丁卯	戊戌	己巳	己亥	庚午	庚子	辛未
11	戊戌	丙寅	丁酉	丁卯	戊戌	戊辰	己亥	庚午	庚子	辛未	辛丑	壬申
12	己亥	丁卯	戊戌	戊辰	己亥	己巳	庚子	辛未	辛丑	壬申	壬寅	癸酉
13	庚子	戊辰	己亥	己巳	庚子	庚午	辛丑	壬申	壬寅	癸酉	癸卯	甲戌
14	辛丑	己巳	庚子	庚午	辛丑	辛未	壬寅	癸酉	癸卯	甲戌	甲辰	乙亥
15	壬寅	庚午	辛丑	辛未	壬寅	壬申	癸卯	甲戌	甲辰	乙亥	乙巳	丙子
16	癸卯	辛未	壬寅	壬申	癸卯	癸酉	甲辰	乙亥	乙巳	丙子	丙午	丁丑
17	甲辰	壬申	癸卯	癸酉	甲辰	甲戌	乙巳	丙子	丙午	丁丑	丁未	戊寅
18	乙巳	癸酉	甲辰	甲戌	乙巳	乙亥	丙午	丁丑	丁未	戊寅	戊申	己卯
19	丙午	甲戌	乙巳	乙亥	丙午	丙子	丁未	戊寅	戊申	己卯	己酉	庚辰
20	丁未	乙亥	丙午	丙子	丁未	丁丑	戊申	己卯	己酉	庚辰	庚戌	辛巳
21	戊申	丙子	丁未	丁丑	戊申	戊寅	己酉	庚辰	庚戌	辛巳	辛亥	壬午
22	己酉	丁丑	戊申	戊寅	己酉	己卯	庚戌	辛巳	辛亥	壬午	壬子	癸未
23	庚戌	戊寅	己酉	己卯	庚戌	庚辰	辛亥	壬午	壬子	癸未	癸丑	甲申
24	辛亥	己卯	庚戌	庚辰	辛亥	辛巳	壬子	癸未	癸丑	甲申	甲寅	乙酉
25	壬子	庚辰	辛亥	辛巳	壬子	壬午	癸丑	甲申	甲寅	乙酉	乙卯	丙戌
26	癸丑	辛巳	壬子	壬午	癸丑	癸未	甲寅	乙酉	乙卯	丙戌	丙辰	丁亥
27	甲寅	壬午	癸丑	癸未	甲寅	甲申	乙卯	丙戌	丙辰	丁亥	丁巳	戊子
28	乙卯	癸未	甲寅	甲申	乙卯	乙酉	丙辰	丁亥	丁巳	戊子	戊午	己丑
29		甲申	乙卯	乙酉	丙辰	丙戌	丁巳	戊子	戊午	己丑	己未	庚寅
30		乙酉	丙辰	丙戌	丁巳	丁亥	戊午	己丑	己未	庚寅	庚申	辛卯
31		丙戌		丁亥		戊子	己未		庚申		辛酉	壬辰

1955 昭和30年 乙未 きのとひつじ

1956

月支 日	2月 寅	3月 卯	4月 辰	5月 巳	6月 午	7月 未	8月 申	9月 酉	10月 戌	11月 亥	12月 子	1月 丑
1	癸巳	辛酉	壬辰	壬戌	癸巳	癸亥	甲午	乙丑	乙未	丙寅	丙申	丁卯
2	甲午	壬戌	癸巳	癸亥	甲午	甲子	乙未	丙寅	丙申	丁卯	丁酉	戊辰
3	乙未	癸亥	甲午	甲子	乙未	乙丑	丙申	丁卯	丁酉	戊辰	戊戌	己巳
4	**丙申**	甲子	乙未	乙丑	丙申	丙寅	丁酉	戊辰	戊戌	己巳	己亥	庚午
5	丁酉	乙丑	**丙申**	丙寅	丁酉	丁卯	戊戌	己巳	己亥	庚午	庚子	辛未
6	戊戌	**丙寅**	丁酉	**丁卯**	**戊戌**	戊辰	己亥	庚午	庚子	辛未	辛丑	**壬申**
7	己亥	丁卯	戊戌	戊辰	己亥	己巳	庚子	辛未	辛丑	壬申	壬寅	癸酉
8	庚子	戊辰	己亥	己巳	庚子	**庚午**	**辛丑**	**壬申**	壬寅	**癸酉**	**癸卯**	甲戌
9	辛丑	己巳	庚子	庚午	辛丑	辛未	壬寅	癸酉	**癸卯**	甲戌	甲辰	乙亥
10	壬寅	庚午	辛丑	辛未	壬寅	壬申	癸卯	甲戌	甲辰	乙亥	乙巳	丙子
11	癸卯	辛未	壬寅	壬申	癸卯	癸酉	甲辰	乙亥	乙巳	丙子	丙午	丁丑
12	甲辰	壬申	癸卯	癸酉	甲辰	甲戌	乙巳	丙子	丙午	丁丑	丁未	戊寅
13	乙巳	癸酉	甲辰	甲戌	乙巳	乙亥	丙午	丁丑	丁未	戊寅	戊申	己卯
14	丙午	甲戌	乙巳	乙亥	丙午	丙子	丁未	戊寅	戊申	己卯	己酉	庚辰
15	丁未	乙亥	丙午	丙子	丁未	丁丑	戊申	己卯	己酉	庚辰	庚戌	辛巳
16	戊申	丙子	丁未	丁丑	戊申	戊寅	己酉	庚辰	庚戌	辛巳	辛亥	壬午
17	己酉	丁丑	戊申	戊寅	己酉	己卯	庚戌	辛巳	辛亥	壬午	壬子	癸未
18	庚戌	戊寅	己酉	己卯	庚戌	庚辰	辛亥	壬午	壬子	癸未	癸丑	甲申
19	辛亥	己卯	庚戌	庚辰	辛亥	辛巳	壬子	癸未	癸丑	甲申	甲寅	乙酉
20	壬子	庚辰	辛亥	辛巳	壬子	壬午	癸丑	甲申	甲寅	乙酉	乙卯	丙戌
21	癸丑	辛巳	壬子	壬午	癸丑	癸未	甲寅	乙酉	乙卯	丙戌	丙辰	丁亥
22	甲寅	壬午	癸丑	癸未	甲寅	甲申	乙卯	丙戌	丙辰	丁亥	丁巳	戊子
23	乙卯	癸未	甲寅	甲申	乙卯	乙酉	丙辰	丁亥	丁巳	戊子	戊午	己丑
24	丙辰	甲申	乙卯	乙酉	丙辰	丙戌	丁巳	戊子	戊午	己丑	己未	庚寅
25	丁巳	乙酉	丙辰	丙戌	丁巳	丁亥	戊午	己丑	己未	庚寅	庚申	辛卯
26	戊午	丙戌	丁巳	丁亥	戊午	戊子	己未	庚寅	庚申	辛卯	辛酉	壬辰
27	己未	丁亥	戊午	戊子	己未	己丑	庚申	辛卯	辛酉	壬辰	壬戌	癸巳
28	庚申	戊子	己未	己丑	庚申	庚寅	辛酉	壬辰	壬戌	癸巳	癸亥	甲午
29		己丑	庚申	庚寅	辛酉	辛卯	壬戌	癸巳	癸亥	甲午	甲子	乙未
30		庚寅	辛酉	辛卯	壬戌	壬辰	癸亥	甲午	甲子	乙未	乙丑	丙申
31		辛卯		壬辰		癸巳	甲子		乙丑		丙寅	丁酉

1956 昭和31年 丙申 ひのえさる

1957

日＼月支	2月 寅	3月 卯	4月 辰	5月 巳	6月 午	7月 未	8月 申	9月 酉	10月 戌	11月 亥	12月 子	1月 丑
1	戊戌	丁卯	戊戌	戊辰	己亥	己巳	庚子	辛未	辛丑	壬申	壬寅	癸酉
2	己亥	戊辰	己亥	己巳	庚子	庚午	辛丑	壬申	壬寅	癸酉	癸卯	甲戌
3	庚子	己巳	庚子	庚午	辛丑	辛未	壬寅	癸酉	癸卯	甲戌	甲辰	乙亥
4	辛丑	庚午	辛丑	辛未	壬寅	壬申	癸卯	甲戌	甲辰	乙亥	乙巳	丙子
5	**壬寅**	**辛未**	**壬寅**	**壬申**	癸卯	癸酉	甲辰	乙亥	乙巳	丙子	丙午	**丁丑**
6	癸卯	壬申	癸卯	癸酉	**甲辰**	甲戌	乙巳	丙子	丙午	丁丑	丁未	戊寅
7	甲辰	癸酉	甲辰	甲戌	乙巳	**乙亥**	**丙午**	丁丑	丁未	**戊寅**	**戊申**	己卯
8	乙巳	甲戌	乙巳	乙亥	丙午	丙子	丁未	**戊寅**	**戊申**	己卯	己酉	庚辰
9	丙午	乙亥	丙午	丙子	丁未	丁丑	戊申	己卯	己酉	庚辰	庚戌	辛巳
10	丁未	丙子	丁未	丁丑	戊申	戊寅	己酉	庚辰	庚戌	辛巳	辛亥	壬午
11	戊申	丁丑	戊申	戊寅	己酉	己卯	庚戌	辛巳	辛亥	壬午	壬子	癸未
12	己酉	戊寅	己酉	己卯	庚戌	庚辰	辛亥	壬午	壬子	癸未	癸丑	甲申
13	庚戌	己卯	庚戌	庚辰	辛亥	辛巳	壬子	癸未	癸丑	甲申	甲寅	乙酉
14	辛亥	庚辰	辛亥	辛巳	壬子	壬午	癸丑	甲申	甲寅	乙酉	乙卯	丙戌
15	壬子	辛巳	壬子	壬午	癸丑	癸未	甲寅	乙酉	乙卯	丙戌	丙辰	丁亥
16	癸丑	壬午	癸丑	癸未	甲寅	甲申	乙卯	丙戌	丙辰	丁亥	丁巳	戊子
17	甲寅	癸未	甲寅	甲申	乙卯	乙酉	丙辰	丁亥	丁巳	戊子	戊午	己丑
18	乙卯	甲申	乙卯	乙酉	丙辰	丙戌	丁巳	戊子	戊午	己丑	己未	庚寅
19	丙辰	乙酉	丙辰	丙戌	丁巳	丁亥	戊午	己丑	己未	庚寅	庚申	辛卯
20	丁巳	丙戌	丁巳	丁亥	戊午	戊子	己未	庚寅	庚申	辛卯	辛酉	壬辰
21	戊午	丁亥	戊午	戊子	己未	己丑	庚申	辛卯	辛酉	壬辰	壬戌	癸巳
22	己未	戊子	己未	己丑	庚申	庚寅	辛酉	壬辰	壬戌	癸巳	癸亥	甲午
23	庚申	己丑	庚申	庚寅	辛酉	辛卯	壬戌	癸巳	癸亥	甲午	甲子	乙未
24	辛酉	庚寅	辛酉	辛卯	壬戌	壬辰	癸亥	甲午	甲子	乙未	乙丑	丙申
25	壬戌	辛卯	壬戌	壬辰	癸亥	癸巳	甲子	乙未	乙丑	丙申	丙寅	丁酉
26	癸亥	壬辰	癸亥	癸巳	甲子	甲午	乙丑	丙申	丙寅	丁酉	丁卯	戊戌
27	甲子	癸巳	甲子	甲午	乙丑	乙未	丙寅	丁酉	丁卯	戊戌	戊辰	己亥
28	乙丑	甲午	乙丑	乙未	丙寅	丙申	丁卯	戊戌	戊辰	己亥	己巳	庚子
29	丙寅	乙未	丙寅	丙申	丁卯	丁酉	戊辰	己亥	己巳	庚子	庚午	辛丑
30		丙申	丁卯	丁酉	戊辰	戊戌	己巳	庚子	庚午	辛丑	辛未	壬寅
31		丁酉		戊戌		己亥	庚午		辛未		壬申	癸卯

1957 昭和32年 丁酉 ひのととり

1958

日＼月支	2月 寅	3月 卯	4月 辰	5月 巳	6月 午	7月 未	8月 申	9月 酉	10月 戌	11月 亥	12月 子	1月 丑
1	甲辰	壬申	癸卯	癸酉	甲辰	甲戌	乙巳	丙子	丙午	丁丑	丁未	戊寅
2	乙巳	癸酉	甲辰	甲戌	乙巳	乙亥	丙午	丁丑	丁未	戊寅	戊申	己卯
3	丙午	甲戌	乙巳	乙亥	丙午	丙子	丁未	戊寅	戊申	己卯	己酉	庚辰
4	**丁未**	乙亥	丙午	丙子	丁未	丁丑	戊申	己卯	己酉	庚辰	庚戌	辛巳
5	戊申	丙子	**丁未**	丁丑	戊申	戊寅	己酉	庚辰	庚戌	辛巳	辛亥	壬午
6	己酉	**丁丑**	戊申	**戊寅**	**己酉**	己卯	庚戌	辛巳	辛亥	壬午	壬子	**癸未**
7	庚戌	戊寅	己酉	己卯	庚戌	**庚辰**	辛亥	壬午	壬子	癸未	**癸丑**	甲申
8	辛亥	己卯	庚戌	庚辰	辛亥	辛巳	**壬子**	**癸未**	**癸丑**	**甲申**	甲寅	乙酉
9	壬子	庚辰	辛亥	辛巳	壬子	壬午	癸丑	甲申	甲寅	乙酉	乙卯	丙戌
10	癸丑	辛巳	壬子	壬午	癸丑	癸未	甲寅	乙酉	乙卯	丙戌	丙辰	丁亥
11	甲寅	壬午	癸丑	癸未	甲寅	甲申	乙卯	丙戌	丙辰	丁亥	丁巳	戊子
12	乙卯	癸未	甲寅	甲申	乙卯	乙酉	丙辰	丁亥	丁巳	戊子	戊午	己丑
13	丙辰	甲申	乙卯	乙酉	丙辰	丙戌	丁巳	戊子	戊午	己丑	己未	庚寅
14	丁巳	乙酉	丙辰	丙戌	丁巳	丁亥	戊午	己丑	己未	庚寅	庚申	辛卯
15	戊午	丙戌	丁巳	丁亥	戊午	戊子	己未	庚寅	庚申	辛卯	辛酉	壬辰
16	己未	丁亥	戊午	戊子	己未	己丑	庚申	辛卯	辛酉	壬辰	壬戌	癸巳
17	庚申	戊子	己未	己丑	庚申	庚寅	辛酉	壬辰	壬戌	癸巳	癸亥	甲午
18	辛酉	己丑	庚申	庚寅	辛酉	辛卯	壬戌	癸巳	癸亥	甲午	甲子	乙未
19	壬戌	庚寅	辛酉	辛卯	壬戌	壬辰	癸亥	甲午	甲子	乙未	乙丑	丙申
20	癸亥	辛卯	壬戌	壬辰	癸亥	癸巳	甲子	乙未	乙丑	丙申	丙寅	丁酉
21	甲子	壬辰	癸亥	癸巳	甲子	甲午	乙丑	丙申	丙寅	丁酉	丁卯	戊戌
22	乙丑	癸巳	甲子	甲午	乙丑	乙未	丙寅	丁酉	丁卯	戊戌	戊辰	己亥
23	丙寅	甲午	乙丑	乙未	丙寅	丙申	丁卯	戊戌	戊辰	己亥	己巳	庚子
24	丁卯	乙未	丙寅	丙申	丁卯	丁酉	戊辰	己亥	己巳	庚子	庚午	辛丑
25	戊辰	丙申	丁卯	丁酉	戊辰	戊戌	己巳	庚子	庚午	辛丑	辛未	壬寅
26	己巳	丁酉	戊辰	戊戌	己巳	己亥	庚午	辛丑	辛未	壬寅	壬申	癸卯
27	庚午	戊戌	己巳	己亥	庚午	庚子	辛未	壬寅	壬申	癸卯	癸酉	甲辰
28	辛未	己亥	庚午	庚子	辛未	辛丑	壬申	癸卯	癸酉	甲辰	甲戌	乙巳
29		庚子	辛未	辛丑	壬申	壬寅	癸酉	甲辰	甲戌	乙巳	乙亥	丙午
30		辛丑	壬申	壬寅	癸酉	癸卯	甲戌	乙巳	乙亥	丙午	丙子	丁未
31		壬寅		癸卯		甲辰	乙亥		丙子		丁丑	戊申

1958 昭和33年 戊戌 つちのえいぬ

1959

日＼月支	2月 寅	3月 卯	4月 辰	5月 巳	6月 午	7月 未	8月 申	9月 酉	10月 戌	11月 亥	12月 子	1月 丑
1	己酉	丁丑	戊申	戊寅	己酉	己卯	庚戌	辛巳	辛亥	壬午	壬子	癸未
2	庚戌	戊寅	己酉	己卯	庚戌	庚辰	辛亥	壬午	壬子	癸未	癸丑	甲申
3	辛亥	己卯	庚戌	庚辰	辛亥	辛巳	壬子	癸未	癸丑	甲申	甲寅	乙酉
4	**壬子**	庚辰	辛亥	辛巳	壬子	壬午	癸丑	甲申	甲寅	乙酉	乙卯	丙戌
5	癸丑	辛巳	**壬子**	壬午	癸丑	癸未	甲寅	乙酉	乙卯	丙戌	丙辰	丁亥
6	甲寅	**壬午**	癸丑	**癸未**	**甲寅**	甲申	乙卯	丙戌	丙辰	丁亥	丁巳	**戊子**
7	乙卯	癸未	甲寅	甲申	乙卯	乙酉	丙辰	丁亥	丁巳	戊子	**戊午**	己丑
8	丙辰	甲申	乙卯	乙酉	丙辰	**丙戌**	**丁巳**	**戊子**	戊午	**己丑**	己未	庚寅
9	丁巳	乙酉	丙辰	丙戌	丁巳	丁亥	戊午	己丑	**己未**	庚寅	庚申	辛卯
10	戊午	丙戌	丁巳	丁亥	戊午	戊子	己未	庚寅	庚申	辛卯	辛酉	壬辰
11	己未	丁亥	戊午	戊子	己未	己丑	庚申	辛卯	辛酉	壬辰	壬戌	癸巳
12	庚申	戊子	己未	己丑	庚申	庚寅	辛酉	壬辰	壬戌	癸巳	癸亥	甲午
13	辛酉	己丑	庚申	庚寅	辛酉	辛卯	壬戌	癸巳	癸亥	甲午	甲子	乙未
14	壬戌	庚寅	辛酉	辛卯	壬戌	壬辰	癸亥	甲午	甲子	乙未	乙丑	丙申
15	癸亥	辛卯	壬戌	壬辰	癸亥	癸巳	甲子	乙未	乙丑	丙申	丙寅	丁酉
16	甲子	壬辰	癸亥	癸巳	甲子	甲午	乙丑	丙申	丙寅	丁酉	丁卯	戊戌
17	乙丑	癸巳	甲子	甲午	乙丑	乙未	丙寅	丁酉	丁卯	戊戌	戊辰	己亥
18	丙寅	甲午	乙丑	乙未	丙寅	丙申	丁卯	戊戌	戊辰	己亥	己巳	庚子
19	丁卯	乙未	丙寅	丙申	丁卯	丁酉	戊辰	己亥	己巳	庚子	庚午	辛丑
20	戊辰	丙申	丁卯	丁酉	戊辰	戊戌	己巳	庚子	庚午	辛丑	辛未	壬寅
21	己巳	丁酉	戊辰	戊戌	己巳	己亥	庚午	辛丑	辛未	壬寅	壬申	癸卯
22	庚午	戊戌	己巳	己亥	庚午	庚子	辛未	壬寅	壬申	癸卯	癸酉	甲辰
23	辛未	己亥	庚午	庚子	辛未	辛丑	壬申	癸卯	癸酉	甲辰	甲戌	乙巳
24	壬申	庚子	辛未	辛丑	壬申	壬寅	癸酉	甲辰	甲戌	乙巳	乙亥	丙午
25	癸酉	辛丑	壬申	壬寅	癸酉	癸卯	甲戌	乙巳	乙亥	丙午	丙子	丁未
26	甲戌	壬寅	癸酉	癸卯	甲戌	甲辰	乙亥	丙午	丙子	丁未	丁丑	戊申
27	乙亥	癸卯	甲戌	甲辰	乙亥	乙巳	丙子	丁未	丁丑	戊申	戊寅	己酉
28	丙子	甲辰	乙亥	乙巳	丙子	丙午	丁丑	戊申	戊寅	己酉	己卯	庚戌
29		乙巳	丙子	丙午	丁丑	丁未	戊寅	己酉	己卯	庚戌	庚辰	辛亥
30		丙午	丁丑	丁未	戊寅	戊申	己卯	庚戌	庚辰	辛亥	辛巳	壬子
31		丁未		戊申		己酉	庚辰		辛巳		壬午	癸丑

1959 昭和34年 己亥 つちのとい

1960

日＼月支	2月 寅	3月 卯	4月 辰	5月 巳	6月 午	7月 未	8月 申	9月 酉	10月 戌	11月 亥	12月 子	1月 丑
1	甲寅	壬午	癸丑	癸未	甲寅	甲申	乙卯	丙戌	丙辰	丁亥	丁巳	戊子
2	乙卯	癸未	甲寅	甲申	乙卯	乙酉	丙辰	丁亥	丁巳	戊子	戊午	己丑
3	丙辰	甲申	乙卯	乙酉	丙辰	丙戌	丁巳	戊子	戊午	己丑	己未	庚寅
4	**丁巳**	乙酉	丙辰	丙戌	丁巳	丁亥	戊午	己丑	己未	庚寅	庚申	辛卯
5	戊午	丙戌	**丁巳**	丁亥	戊午	戊子	己未	庚寅	庚申	辛卯	辛酉	壬辰
6	己未	**丁亥**	戊午	**戊子**	**己未**	己丑	庚申	辛卯	辛酉	壬辰	壬戌	**癸巳**
7	庚申	戊子	己未	己丑	庚申	庚寅	辛酉	壬辰	壬戌	癸巳	癸亥	甲午
8	辛酉	己丑	庚申	庚寅	辛酉	**辛卯**	**壬戌**	**癸巳**	癸亥	**甲午**	**甲子**	乙未
9	壬戌	庚寅	辛酉	辛卯	壬戌	壬辰	癸亥	甲午	**甲子**	乙未	乙丑	丙申
10	癸亥	辛卯	壬戌	壬辰	癸亥	癸巳	甲子	乙未	乙丑	丙申	丙寅	丁酉
11	甲子	壬辰	癸亥	癸巳	甲子	甲午	乙丑	丙申	丙寅	丁酉	丁卯	戊戌
12	乙丑	癸巳	甲子	甲午	乙丑	乙未	丙寅	丁酉	丁卯	戊戌	戊辰	己亥
13	丙寅	甲午	乙丑	乙未	丙寅	丙申	丁卯	戊戌	戊辰	己亥	己巳	庚子
14	丁卯	乙未	丙寅	丙申	丁卯	丁酉	戊辰	己亥	己巳	庚子	庚午	辛丑
15	戊辰	丙申	丁卯	丁酉	戊辰	戊戌	己巳	庚子	庚午	辛丑	辛未	壬寅
16	己巳	丁酉	戊辰	戊戌	己巳	己亥	庚午	辛丑	辛未	壬寅	壬申	癸卯
17	庚午	戊戌	己巳	己亥	庚午	庚子	辛未	壬寅	壬申	癸卯	癸酉	甲辰
18	辛未	己亥	庚午	庚子	辛未	辛丑	壬申	癸卯	癸酉	甲辰	甲戌	乙巳
19	壬申	庚子	辛未	辛丑	壬申	壬寅	癸酉	甲辰	甲戌	乙巳	乙亥	丙午
20	癸酉	辛丑	壬申	壬寅	癸酉	癸卯	甲戌	乙巳	乙亥	丙午	丙子	丁未
21	甲戌	壬寅	癸酉	癸卯	甲戌	甲辰	乙亥	丙午	丙子	丁未	丁丑	戊申
22	乙亥	癸卯	甲戌	甲辰	乙亥	乙巳	丙子	丁未	丁丑	戊申	戊寅	己酉
23	丙子	甲辰	乙亥	乙巳	丙子	丙午	丁丑	戊申	戊寅	己酉	己卯	庚戌
24	丁丑	乙巳	丙子	丙午	丁丑	丁未	戊寅	己酉	己卯	庚戌	庚辰	辛亥
25	戊寅	丙午	丁丑	丁未	戊寅	戊申	己卯	庚戌	庚辰	辛亥	辛巳	壬子
26	己卯	丁未	戊寅	戊申	己卯	己酉	庚辰	辛亥	辛巳	壬子	壬午	癸丑
27	庚辰	戊申	己卯	己酉	庚辰	庚戌	辛巳	壬子	壬午	癸丑	癸未	甲寅
28	辛巳	己酉	庚辰	庚戌	辛巳	辛亥	壬午	癸丑	癸未	甲寅	甲申	乙卯
29		庚戌	辛巳	辛亥	壬午	壬子	癸未	甲寅	甲申	乙卯	乙酉	丙辰
30		辛亥	壬午	壬子	癸未	癸丑	甲申	乙卯	乙酉	丙辰	丙戌	丁巳
31		壬子		癸丑		甲寅	乙酉		丙戌		丁亥	戊午

1960 昭和35年 庚子 かのえね

1961

日＼月支	2月 寅	3月 卯	4月 辰	5月 巳	6月 午	7月 未	8月 申	9月 酉	10月 戌	11月 亥	12月 子	1月 丑
1	己未	戊子	己未	己丑	庚申	庚寅	辛酉	壬辰	壬戌	癸巳	癸亥	甲午
2	庚申	己丑	庚申	庚寅	辛酉	辛卯	壬戌	癸巳	癸亥	甲午	甲子	乙未
3	辛酉	庚寅	辛酉	辛卯	壬戌	壬辰	癸亥	甲午	甲子	乙未	乙丑	丙申
4	壬戌	辛卯	壬戌	壬辰	癸亥	癸巳	甲子	乙未	乙丑	丙申	丙寅	丁酉
5	**癸亥**	**壬辰**	**癸亥**	**癸巳**	甲子	甲午	乙丑	丙申	丙寅	丁酉	丁卯	**戊戌**
6	甲子	癸巳	甲子	甲午	**乙丑**	乙未	丙寅	丁酉	丁卯	戊戌	戊辰	己亥
7	乙丑	甲午	乙丑	乙未	丙寅	**丙申**	**丁卯**	戊戌	戊辰	**己亥**	**己巳**	庚子
8	丙寅	乙未	丙寅	丙申	丁卯	丁酉	戊辰	**己亥**	**己巳**	庚子	庚午	辛丑
9	丁卯	丙申	丁卯	丁酉	戊辰	戊戌	己巳	庚子	庚午	辛丑	辛未	壬寅
10	戊辰	丁酉	戊辰	戊戌	己巳	己亥	庚午	辛丑	辛未	壬寅	壬申	癸卯
11	己巳	戊戌	己巳	己亥	庚午	庚子	辛未	壬寅	壬申	癸卯	癸酉	甲辰
12	庚午	己亥	庚午	庚子	辛未	辛丑	壬申	癸卯	癸酉	甲辰	甲戌	乙巳
13	辛未	庚子	辛未	辛丑	壬申	壬寅	癸酉	甲辰	甲戌	乙巳	乙亥	丙午
14	壬申	辛丑	壬申	壬寅	癸酉	癸卯	甲戌	乙巳	乙亥	丙午	丙子	丁未
15	癸酉	壬寅	癸酉	癸卯	甲戌	甲辰	乙亥	丙午	丙子	丁未	丁丑	戊申
16	甲戌	癸卯	甲戌	甲辰	乙亥	乙巳	丙子	丁未	丁丑	戊申	戊寅	己酉
17	乙亥	甲辰	乙亥	乙巳	丙子	丙午	丁丑	戊申	戊寅	己酉	己卯	庚戌
18	丙子	乙巳	丙子	丙午	丁丑	丁未	戊寅	己酉	己卯	庚戌	庚辰	辛亥
19	丁丑	丙午	丁丑	丁未	戊寅	戊申	己卯	庚戌	庚辰	辛亥	辛巳	壬子
20	戊寅	丁未	戊寅	戊申	己卯	己酉	庚辰	辛亥	辛巳	壬子	壬午	癸丑
21	己卯	戊申	己卯	己酉	庚辰	庚戌	辛巳	壬子	壬午	癸丑	癸未	甲寅
22	庚辰	己酉	庚辰	庚戌	辛巳	辛亥	壬午	癸丑	癸未	甲寅	甲申	乙卯
23	辛巳	庚戌	辛巳	辛亥	壬午	壬子	癸未	甲寅	甲申	乙卯	乙酉	丙辰
24	壬午	辛亥	壬午	壬子	癸未	癸丑	甲申	乙卯	乙酉	丙辰	丙戌	丁巳
25	癸未	壬子	癸未	癸丑	甲申	甲寅	乙酉	丙辰	丙戌	丁巳	丁亥	戊午
26	甲申	癸丑	甲申	甲寅	乙酉	乙卯	丙戌	丁巳	丁亥	戊午	戊子	己未
27	乙酉	甲寅	乙酉	乙卯	丙戌	丙辰	丁亥	戊午	戊子	己未	己丑	庚申
28	丙戌	乙卯	丙戌	丙辰	丁亥	丁巳	戊子	己未	己丑	庚申	庚寅	辛酉
29	丁亥	丙辰	丁亥	丁巳	戊子	戊午	己丑	庚申	庚寅	辛酉	辛卯	壬戌
30		丁巳	戊子	戊午	己丑	己未	庚寅	辛酉	辛卯	壬戌	壬辰	癸亥
31		戊午		己未		庚申	辛卯		壬辰		癸巳	甲子

1961 昭和36年 辛丑 かのとうし

1962

日＼月支	2月 寅	3月 卯	4月 辰	5月 巳	6月 午	7月 未	8月 申	9月 酉	10月 戌	11月 亥	12月 子	1月 丑
1	乙丑	癸巳	甲子	甲午	乙丑	乙未	丙寅	丁酉	丁卯	戊戌	戊辰	己亥
2	丙寅	甲午	乙丑	乙未	丙寅	丙申	丁卯	戊戌	戊辰	己亥	己巳	庚子
3	丁卯	乙未	丙寅	丙申	丁卯	丁酉	戊辰	己亥	己巳	庚子	庚午	辛丑
4	**戊辰**	丙申	丁卯	丁酉	戊辰	戊戌	己巳	庚子	庚午	辛丑	辛未	壬寅
5	己巳	丁酉	**戊辰**	戊戌	己巳	己亥	庚午	辛丑	辛未	壬寅	壬申	癸卯
6	庚午	**戊戌**	己巳	**己亥**	**庚午**	庚子	辛未	壬寅	壬申	癸卯	癸酉	**甲辰**
7	辛未	己亥	庚午	庚子	辛未	**辛丑**	壬申	癸卯	癸酉	甲辰	**甲戌**	乙巳
8	壬申	庚子	辛未	辛丑	壬申	壬寅	**癸酉**	**甲辰**	**甲戌**	**乙巳**	乙亥	丙午
9	癸酉	辛丑	壬申	壬寅	癸酉	癸卯	甲戌	乙巳	乙亥	丙午	丙子	丁未
10	甲戌	壬寅	癸酉	癸卯	甲戌	甲辰	乙亥	丙午	丙子	丁未	丁丑	戊申
11	乙亥	癸卯	甲戌	甲辰	乙亥	乙巳	丙子	丁未	丁丑	戊申	戊寅	己酉
12	丙子	甲辰	乙亥	乙巳	丙子	丙午	丁丑	戊申	戊寅	己酉	己卯	庚戌
13	丁丑	乙巳	丙子	丙午	丁丑	丁未	戊寅	己酉	己卯	庚戌	庚辰	辛亥
14	戊寅	丙午	丁丑	丁未	戊寅	戊申	己卯	庚戌	庚辰	辛亥	辛巳	壬子
15	己卯	丁未	戊寅	戊申	己卯	己酉	庚辰	辛亥	辛巳	壬子	壬午	癸丑
16	庚辰	戊申	己卯	己酉	庚辰	庚戌	辛巳	壬子	壬午	癸丑	癸未	甲寅
17	辛巳	己酉	庚辰	庚戌	辛巳	辛亥	壬午	癸丑	癸未	甲寅	甲申	乙卯
18	壬午	庚戌	辛巳	辛亥	壬午	壬子	癸未	甲寅	甲申	乙卯	乙酉	丙辰
19	癸未	辛亥	壬午	壬子	癸未	癸丑	甲申	乙卯	乙酉	丙辰	丙戌	丁巳
20	甲申	壬子	癸未	癸丑	甲申	甲寅	乙酉	丙辰	丙戌	丁巳	丁亥	戊午
21	乙酉	癸丑	甲申	甲寅	乙酉	乙卯	丙戌	丁巳	丁亥	戊午	戊子	己未
22	丙戌	甲寅	乙酉	乙卯	丙戌	丙辰	丁亥	戊午	戊子	己未	己丑	庚申
23	丁亥	乙卯	丙戌	丙辰	丁亥	丁巳	戊子	己未	己丑	庚申	庚寅	辛酉
24	戊子	丙辰	丁亥	丁巳	戊子	戊午	己丑	庚申	庚寅	辛酉	辛卯	壬戌
25	己丑	丁巳	戊子	戊午	己丑	己未	庚寅	辛酉	辛卯	壬戌	壬辰	癸亥
26	庚寅	戊午	己丑	己未	庚寅	庚申	辛卯	壬戌	壬辰	癸亥	癸巳	甲子
27	辛卯	己未	庚寅	庚申	辛卯	辛酉	壬辰	癸亥	癸巳	甲子	甲午	乙丑
28	壬辰	庚申	辛卯	辛酉	壬辰	壬戌	癸巳	甲子	甲午	乙丑	乙未	丙寅
29		辛酉	壬辰	壬戌	癸巳	癸亥	甲午	乙丑	乙未	丙寅	丙申	丁卯
30		壬戌	癸巳	癸亥	甲午	甲子	乙未	丙寅	丙申	丁卯	丁酉	戊辰
31		癸亥		甲子		乙丑	丙申		丁酉		戊戌	己巳

1962 昭和37年 壬寅 みずのえとら

日＼月支	2月 寅	3月 卯	4月 辰	5月 巳	6月 午	7月 未	8月 申	9月 酉	10月 戌	11月 亥	12月 子	1963 1月 丑
1	庚午	戊戌	己巳	己亥	庚午	庚子	辛未	壬寅	壬申	癸卯	癸酉	甲辰
2	辛未	己亥	庚午	庚子	辛未	辛丑	壬申	癸卯	癸酉	甲辰	甲戌	乙巳
3	壬申	庚子	辛未	辛丑	壬申	壬寅	癸酉	甲辰	甲戌	乙巳	乙亥	丙午
4	**癸酉**	辛丑	壬申	壬寅	癸酉	癸卯	甲戌	乙巳	乙亥	丙午	丙子	丁未
5	甲戌	壬寅	**癸酉**	癸卯	甲戌	甲辰	乙亥	丙午	丙子	丁未	丁丑	戊申
6	乙亥	**癸卯**	甲戌	**甲辰**	**乙亥**	乙巳	丙子	丁未	丁丑	戊申	戊寅	**己酉**
7	丙子	甲辰	乙亥	乙巳	丙子	**丙午**	丁丑	戊申	戊寅	己酉	**己卯**	庚戌
8	丁丑	乙巳	丙子	丙午	丁丑	丁未	**戊寅**	**己酉**	己卯	**庚戌**	庚辰	辛亥
9	戊寅	丙午	丁丑	丁未	戊寅	戊申	己卯	庚戌	**庚辰**	辛亥	辛巳	壬子
10	己卯	丁未	戊寅	戊申	己卯	己酉	庚辰	辛亥	辛巳	壬子	壬午	癸丑
11	庚辰	戊申	己卯	己酉	庚辰	庚戌	辛巳	壬子	壬午	癸丑	癸未	甲寅
12	辛巳	己酉	庚辰	庚戌	辛巳	辛亥	壬午	癸丑	癸未	甲寅	甲申	乙卯
13	壬午	庚戌	辛巳	辛亥	壬午	壬子	癸未	甲寅	甲申	乙卯	乙酉	丙辰
14	癸未	辛亥	壬午	壬子	癸未	癸丑	甲申	乙卯	乙酉	丙辰	丙戌	丁巳
15	甲申	壬子	癸未	癸丑	甲申	甲寅	乙酉	丙辰	丙戌	丁巳	丁亥	戊午
16	乙酉	癸丑	甲申	甲寅	乙酉	乙卯	丙戌	丁巳	丁亥	戊午	戊子	己未
17	丙戌	甲寅	乙酉	乙卯	丙戌	丙辰	丁亥	戊午	戊子	己未	己丑	庚申
18	丁亥	乙卯	丙戌	丙辰	丁亥	丁巳	戊子	己未	己丑	庚申	庚寅	辛酉
19	戊子	丙辰	丁亥	丁巳	戊子	戊午	己丑	庚申	庚寅	辛酉	辛卯	壬戌
20	己丑	丁巳	戊子	戊午	己丑	己未	庚寅	辛酉	辛卯	壬戌	壬辰	癸亥
21	庚寅	戊午	己丑	己未	庚寅	庚申	辛卯	壬戌	壬辰	癸亥	癸巳	甲子
22	辛卯	己未	庚寅	庚申	辛卯	辛酉	壬辰	癸亥	癸巳	甲子	甲午	乙丑
23	壬辰	庚申	辛卯	辛酉	壬辰	壬戌	癸巳	甲子	甲午	乙丑	乙未	丙寅
24	癸巳	辛酉	壬辰	壬戌	癸巳	癸亥	甲午	乙丑	乙未	丙寅	丙申	丁卯
25	甲午	壬戌	癸巳	癸亥	甲午	甲子	乙未	丙寅	丙申	丁卯	丁酉	戊辰
26	乙未	癸亥	甲午	甲子	乙未	乙丑	丙申	丁卯	丁酉	戊辰	戊戌	己巳
27	丙申	甲子	乙未	乙丑	丙申	丙寅	丁酉	戊辰	戊戌	己巳	己亥	庚午
28	丁酉	乙丑	丙申	丙寅	丁酉	丁卯	戊戌	己巳	己亥	庚午	庚子	辛未
29		丙寅	丁酉	丁卯	戊戌	戊辰	己亥	庚午	庚子	辛未	辛丑	壬申
30		丁卯	戊戌	戊辰	己亥	己巳	庚子	辛未	辛丑	壬申	壬寅	癸酉
31		戊辰		己巳		庚午	辛丑		壬寅		癸卯	甲戌

1963 昭和38年 癸卯 みずのとう

日＼月支	2月 寅	3月 卯	4月 辰	5月 巳	6月 午	7月 未	8月 申	9月 酉	10月 戌	11月 亥	12月 子	1964 1月 丑
1	乙亥	癸卯	甲戌	甲辰	乙亥	乙巳	丙子	丁未	丁丑	戊申	戊寅	己酉
2	丙子	甲辰	乙亥	乙巳	丙子	丙午	丁丑	戊申	戊寅	己酉	己卯	庚戌
3	丁丑	乙巳	丙子	丙午	丁丑	丁未	戊寅	己酉	己卯	庚戌	庚辰	辛亥
4	**戊寅**	丙午	丁丑	丁未	戊寅	戊申	己卯	庚戌	庚辰	辛亥	辛巳	壬子
5	己卯	丁未	**戊寅**	戊申	己卯	己酉	庚辰	辛亥	辛巳	壬子	壬午	癸丑
6	庚辰	**戊申**	己卯	**己酉**	**庚辰**	庚戌	辛巳	壬子	壬午	癸丑	癸未	**甲寅**
7	辛巳	己酉	庚辰	庚戌	辛巳	辛亥	壬午	癸丑	癸未	甲寅	甲申	乙卯
8	壬午	庚戌	辛巳	辛亥	壬午	**壬子**	**癸未**	**甲寅**	甲申	**乙卯**	**乙酉**	丙辰
9	癸未	辛亥	壬午	壬子	癸未	癸丑	甲申	乙卯	**乙酉**	丙辰	丙戌	丁巳
10	甲申	壬子	癸未	癸丑	甲申	甲寅	乙酉	丙辰	丙戌	丁巳	丁亥	戊午
11	乙酉	癸丑	甲申	甲寅	乙酉	乙卯	丙戌	丁巳	丁亥	戊午	戊子	己未
12	丙戌	甲寅	乙酉	乙卯	丙戌	丙辰	丁亥	戊午	戊子	己未	己丑	庚申
13	丁亥	乙卯	丙戌	丙辰	丁亥	丁巳	戊子	己未	己丑	庚申	庚寅	辛酉
14	戊子	丙辰	丁亥	丁巳	戊子	戊午	己丑	庚申	庚寅	辛酉	辛卯	壬戌
15	己丑	丁巳	戊子	戊午	己丑	己未	庚寅	辛酉	辛卯	壬戌	壬辰	癸亥
16	庚寅	戊午	己丑	己未	庚寅	庚申	辛卯	壬戌	壬辰	癸亥	癸巳	甲子
17	辛卯	己未	庚寅	庚申	辛卯	辛酉	壬辰	癸亥	癸巳	甲子	甲午	乙丑
18	壬辰	庚申	辛卯	辛酉	壬辰	壬戌	癸巳	甲子	甲午	乙丑	乙未	丙寅
19	癸巳	辛酉	壬辰	壬戌	癸巳	癸亥	甲午	乙丑	乙未	丙寅	丙申	丁卯
20	甲午	壬戌	癸巳	癸亥	甲午	甲子	乙未	丙寅	丙申	丁卯	丁酉	戊辰
21	乙未	癸亥	甲午	甲子	乙未	乙丑	丙申	丁卯	丁酉	戊辰	戊戌	己巳
22	丙申	甲子	乙未	乙丑	丙申	丙寅	丁酉	戊辰	戊戌	己巳	己亥	庚午
23	丁酉	乙丑	丙申	丙寅	丁酉	丁卯	戊戌	己巳	己亥	庚午	庚子	辛未
24	戊戌	丙寅	丁酉	丁卯	戊戌	戊辰	己亥	庚午	庚子	辛未	辛丑	壬申
25	己亥	丁卯	戊戌	戊辰	己亥	己巳	庚子	辛未	辛丑	壬申	壬寅	癸酉
26	庚子	戊辰	己亥	己巳	庚子	庚午	辛丑	壬申	壬寅	癸酉	癸卯	甲戌
27	辛丑	己巳	庚子	庚午	辛丑	辛未	壬寅	癸酉	癸卯	甲戌	甲辰	乙亥
28	壬寅	庚午	辛丑	辛未	壬寅	壬申	癸卯	甲戌	甲辰	乙亥	乙巳	丙子
29		辛未	壬寅	壬申	癸卯	癸酉	甲辰	乙亥	乙巳	丙子	丙午	丁丑
30		壬申	癸卯	癸酉	甲辰	甲戌	乙巳	丙子	丙午	丁丑	丁未	戊寅
31		癸酉		甲戌		乙亥	丙午		丁未		戊申	己卯

1964 昭和39年 甲辰《きのえたつ》

1965

日＼月支	2月 寅	3月 卯	4月 辰	5月 巳	6月 午	7月 未	8月 申	9月 酉	10月 戌	11月 亥	12月 子	1月 丑
1	庚辰	己酉	庚辰	庚戌	辛巳	辛亥	壬午	癸丑	癸未	甲寅	甲申	乙卯
2	辛巳	庚戌	辛巳	辛亥	壬午	壬子	癸未	甲寅	甲申	乙卯	乙酉	丙辰
3	壬午	辛亥	壬午	壬子	癸未	癸丑	甲申	乙卯	乙酉	丙辰	丙戌	丁巳
4	癸未	壬子	癸未	癸丑	甲申	甲寅	乙酉	丙辰	丙戌	丁巳	丁亥	戊午
5	**甲申**	**癸丑**	**甲申**	**甲寅**	乙酉	乙卯	丙戌	丁巳	丁亥	戊午	戊子	**己未**
6	乙酉	甲寅	乙酉	乙卯	**丙戌**	丙辰	丁亥	戊午	戊子	己未	己丑	庚申
7	丙戌	乙卯	丙戌	丙辰	丁亥	**丁巳**	**戊子**	**己未**	己丑	**庚申**	**庚寅**	辛酉
8	丁亥	丙辰	丁亥	丁巳	戊子	戊午	己丑	庚申	**庚寅**	辛酉	辛卯	壬戌
9	戊子	丁巳	戊子	戊午	己丑	己未	庚寅	辛酉	辛卯	壬戌	壬辰	癸亥
10	己丑	戊午	己丑	己未	庚寅	庚申	辛卯	壬戌	壬辰	癸亥	癸巳	甲子
11	庚寅	己未	庚寅	庚申	辛卯	辛酉	壬辰	癸亥	癸巳	甲子	甲午	乙丑
12	辛卯	庚申	辛卯	辛酉	壬辰	壬戌	癸巳	甲子	甲午	乙丑	乙未	丙寅
13	壬辰	辛酉	壬辰	壬戌	癸巳	癸亥	甲午	乙丑	乙未	丙寅	丙申	丁卯
14	癸巳	壬戌	癸巳	癸亥	甲午	甲子	乙未	丙寅	丙申	丁卯	丁酉	戊辰
15	甲午	癸亥	甲午	甲子	乙未	乙丑	丙申	丁卯	丁酉	戊辰	戊戌	己巳
16	乙未	甲子	乙未	乙丑	丙申	丙寅	丁酉	戊辰	戊戌	己巳	己亥	庚午
17	丙申	乙丑	丙申	丙寅	丁酉	丁卯	戊戌	己巳	己亥	庚午	庚子	辛未
18	丁酉	丙寅	丁酉	丁卯	戊戌	戊辰	己亥	庚午	庚子	辛未	辛丑	壬申
19	戊戌	丁卯	戊戌	戊辰	己亥	己巳	庚子	辛未	辛丑	壬申	壬寅	癸酉
20	己亥	戊辰	己亥	己巳	庚子	庚午	辛丑	壬申	壬寅	癸酉	癸卯	甲戌
21	庚子	己巳	庚子	庚午	辛丑	辛未	壬寅	癸酉	癸卯	甲戌	甲辰	乙亥
22	辛丑	庚午	辛丑	辛未	壬寅	壬申	癸卯	甲戌	甲辰	乙亥	乙巳	丙子
23	壬寅	辛未	壬寅	壬申	癸卯	癸酉	甲辰	乙亥	乙巳	丙子	丙午	丁丑
24	癸卯	壬申	癸卯	癸酉	甲辰	甲戌	乙巳	丙子	丙午	丁丑	丁未	戊寅
25	甲辰	癸酉	甲辰	甲戌	乙巳	乙亥	丙午	丁丑	丁未	戊寅	戊申	己卯
26	乙巳	甲戌	乙巳	乙亥	丙午	丙子	丁未	戊寅	戊申	己卯	己酉	庚辰
27	丙午	乙亥	丙午	丙子	丁未	丁丑	戊申	己卯	己酉	庚辰	庚戌	辛巳
28	丁未	丙子	丁未	丁丑	戊申	戊寅	己酉	庚辰	庚戌	辛巳	辛亥	壬午
29	戊申	丁丑	戊申	戊寅	己酉	己卯	庚戌	辛巳	辛亥	壬午	壬子	癸未
30		戊寅	己酉	己卯	庚戌	庚辰	辛亥	壬午	壬子	癸未	癸丑	甲申
31		己卯		庚辰		辛巳	壬子		癸丑		甲寅	乙酉

1965 昭和40年 乙巳《きのとみ》

1966

日＼月支	2月 寅	3月 卯	4月 辰	5月 巳	6月 午	7月 未	8月 申	9月 酉	10月 戌	11月 亥	12月 子	1月 丑
1	丙戌	甲寅	乙酉	乙卯	丙戌	丙辰	丁亥	戊午	戊子	己未	己丑	庚申
2	丁亥	乙卯	丙戌	丙辰	丁亥	丁巳	戊子	己未	己丑	庚申	庚寅	辛酉
3	戊子	丙辰	丁亥	丁巳	戊子	戊午	己丑	庚申	庚寅	辛酉	辛卯	壬戌
4	**己丑**	丁巳	戊子	戊午	己丑	己未	庚寅	辛酉	辛卯	壬戌	壬辰	癸亥
5	庚寅	戊午	**己丑**	己未	庚寅	庚申	辛卯	壬戌	壬辰	癸亥	癸巳	甲子
6	辛卯	**己未**	庚寅	**庚申**	**辛卯**	辛酉	壬辰	癸亥	癸巳	甲子	甲午	**乙丑**
7	壬辰	庚申	辛卯	辛酉	壬辰	**壬戌**	癸巳	甲子	甲午	乙丑	**乙未**	丙寅
8	癸巳	辛酉	壬辰	壬戌	癸巳	癸亥	**甲午**	**乙丑**	**乙未**	**丙寅**	丙申	丁卯
9	甲午	壬戌	癸巳	癸亥	甲午	甲子	乙未	丙寅	丙申	丁卯	丁酉	戊辰
10	乙未	癸亥	甲午	甲子	乙未	乙丑	丙申	丁卯	丁酉	戊辰	戊戌	己巳
11	丙申	甲子	乙未	乙丑	丙申	丙寅	丁酉	戊辰	戊戌	己巳	己亥	庚午
12	丁酉	乙丑	丙申	丙寅	丁酉	丁卯	戊戌	己巳	己亥	庚午	庚子	辛未
13	戊戌	丙寅	丁酉	丁卯	戊戌	戊辰	己亥	庚午	庚子	辛未	辛丑	壬申
14	己亥	丁卯	戊戌	戊辰	己亥	己巳	庚子	辛未	辛丑	壬申	壬寅	癸酉
15	庚子	戊辰	己亥	己巳	庚子	庚午	辛丑	壬申	壬寅	癸酉	癸卯	甲戌
16	辛丑	己巳	庚子	庚午	辛丑	辛未	壬寅	癸酉	癸卯	甲戌	甲辰	乙亥
17	壬寅	庚午	辛丑	辛未	壬寅	壬申	癸卯	甲戌	甲辰	乙亥	乙巳	丙子
18	癸卯	辛未	壬寅	壬申	癸卯	癸酉	甲辰	乙亥	乙巳	丙子	丙午	丁丑
19	甲辰	壬申	癸卯	癸酉	甲辰	甲戌	乙巳	丙子	丙午	丁丑	丁未	戊寅
20	乙巳	癸酉	甲辰	甲戌	乙巳	乙亥	丙午	丁丑	丁未	戊寅	戊申	己卯
21	丙午	甲戌	乙巳	乙亥	丙午	丙子	丁未	戊寅	戊申	己卯	己酉	庚辰
22	丁未	乙亥	丙午	丙子	丁未	丁丑	戊申	己卯	己酉	庚辰	庚戌	辛巳
23	戊申	丙子	丁未	丁丑	戊申	戊寅	己酉	庚辰	庚戌	辛巳	辛亥	壬午
24	己酉	丁丑	戊申	戊寅	己酉	己卯	庚戌	辛巳	辛亥	壬午	壬子	癸未
25	庚戌	戊寅	己酉	己卯	庚戌	庚辰	辛亥	壬午	壬子	癸未	癸丑	甲申
26	辛亥	己卯	庚戌	庚辰	辛亥	辛巳	壬子	癸未	癸丑	甲申	甲寅	乙酉
27	壬子	庚辰	辛亥	辛巳	壬子	壬午	癸丑	甲申	甲寅	乙酉	乙卯	丙戌
28	癸丑	辛巳	壬子	壬午	癸丑	癸未	甲寅	乙酉	乙卯	丙戌	丙辰	丁亥
29		壬午	癸丑	癸未	甲寅	甲申	乙卯	丙戌	丙辰	丁亥	丁巳	戊子
30		癸未	甲寅	甲申	乙卯	乙酉	丙辰	丁亥	丁巳	戊子	戊午	己丑
31		甲申		乙酉		丙戌	丁巳		戊午		己未	庚寅

1966 昭和41年 丙午 ひのえうま

日＼月支	2月 寅	3月 卯	4月 辰	5月 巳	6月 午	7月 未	8月 申	9月 酉	10月 戌	11月 亥	12月 子	1月 丑 (1967)
1	辛卯	己未	庚寅	庚申	辛卯	辛酉	壬辰	癸亥	癸巳	甲子	甲午	乙丑
2	壬辰	庚申	辛卯	辛酉	壬辰	壬戌	癸巳	甲子	甲午	乙丑	乙未	丙寅
3	癸巳	辛酉	壬辰	壬戌	癸巳	癸亥	甲午	乙丑	乙未	丙寅	丙申	丁卯
4	**甲午**	壬戌	癸巳	癸亥	甲午	甲子	乙未	丙寅	丙申	丁卯	丁酉	戊辰
5	乙未	癸亥	**甲午**	甲子	乙未	乙丑	丙申	丁卯	丁酉	戊辰	戊戌	己巳
6	丙申	**甲子**	乙未	**乙丑**	**丙申**	丙寅	丁酉	戊辰	戊戌	己巳	己亥	**庚午**
7	丁酉	乙丑	丙申	丙寅	丁酉	**丁卯**	戊戌	己巳	己亥	庚午	**庚子**	辛未
8	戊戌	丙寅	丁酉	丁卯	戊戌	戊辰	**己亥**	**庚午**	庚子	**辛未**	辛丑	壬申
9	己亥	丁卯	戊戌	戊辰	己亥	己巳	庚子	辛未	**辛丑**	壬申	壬寅	癸酉
10	庚子	戊辰	己亥	己巳	庚子	庚午	辛丑	壬申	壬寅	癸酉	癸卯	甲戌
11	辛丑	己巳	庚子	庚午	辛丑	辛未	壬寅	癸酉	癸卯	甲戌	甲辰	乙亥
12	壬寅	庚午	辛丑	辛未	壬寅	壬申	癸卯	甲戌	甲辰	乙亥	乙巳	丙子
13	癸卯	辛未	壬寅	壬申	癸卯	癸酉	甲辰	乙亥	乙巳	丙子	丙午	丁丑
14	甲辰	壬申	癸卯	癸酉	甲辰	甲戌	乙巳	丙子	丙午	丁丑	丁未	戊寅
15	乙巳	癸酉	甲辰	甲戌	乙巳	乙亥	丙午	丁丑	丁未	戊寅	戊申	己卯
16	丙午	甲戌	乙巳	乙亥	丙午	丙子	丁未	戊寅	戊申	己卯	己酉	庚辰
17	丁未	乙亥	丙午	丙子	丁未	丁丑	戊申	己卯	己酉	庚辰	庚戌	辛巳
18	戊申	丙子	丁未	丁丑	戊申	戊寅	己酉	庚辰	庚戌	辛巳	辛亥	壬午
19	己酉	丁丑	戊申	戊寅	己酉	己卯	庚戌	辛巳	辛亥	壬午	壬子	癸未
20	庚戌	戊寅	己酉	己卯	庚戌	庚辰	辛亥	壬午	壬子	癸未	癸丑	甲申
21	辛亥	己卯	庚戌	庚辰	辛亥	辛巳	壬子	癸未	癸丑	甲申	甲寅	乙酉
22	壬子	庚辰	辛亥	辛巳	壬子	壬午	癸丑	甲申	甲寅	乙酉	乙卯	丙戌
23	癸丑	辛巳	壬子	壬午	癸丑	癸未	甲寅	乙酉	乙卯	丙戌	丙辰	丁亥
24	甲寅	壬午	癸丑	癸未	甲寅	甲申	乙卯	丙戌	丙辰	丁亥	丁巳	戊子
25	乙卯	癸未	甲寅	甲申	乙卯	乙酉	丙辰	丁亥	丁巳	戊子	戊午	己丑
26	丙辰	甲申	乙卯	乙酉	丙辰	丙戌	丁巳	戊子	戊午	己丑	己未	庚寅
27	丁巳	乙酉	丙辰	丙戌	丁巳	丁亥	戊午	己丑	己未	庚寅	庚申	辛卯
28	戊午	丙戌	丁巳	丁亥	戊午	戊子	己未	庚寅	庚申	辛卯	辛酉	壬辰
29		丁亥	戊午	戊子	己未	己丑	庚申	辛卯	辛酉	壬辰	壬戌	癸巳
30		戊子	己未	己丑	庚申	庚寅	辛酉	壬辰	壬戌	癸巳	癸亥	甲午
31		己丑		庚寅		辛卯	壬戌		癸亥		甲子	乙未

1967 昭和42年 丁未 ひのとひつじ

日＼月支	2月 寅	3月 卯	4月 辰	5月 巳	6月 午	7月 未	8月 申	9月 酉	10月 戌	11月 亥	12月 子	1月 丑 (1968)
1	丙申	甲子	乙未	乙丑	丙申	丙寅	丁酉	戊辰	戊戌	己巳	己亥	庚午
2	丁酉	乙丑	丙申	丙寅	丁酉	丁卯	戊戌	己巳	己亥	庚午	庚子	辛未
3	戊戌	丙寅	丁酉	丁卯	戊戌	戊辰	己亥	庚午	庚子	辛未	辛丑	壬申
4	**己亥**	丁卯	戊戌	戊辰	己亥	己巳	庚子	辛未	辛丑	壬申	壬寅	癸酉
5	庚子	戊辰	**己亥**	己巳	庚子	庚午	辛丑	壬申	壬寅	癸酉	癸卯	甲戌
6	辛丑	**己巳**	庚子	**庚午**	**辛丑**	辛未	壬寅	癸酉	癸卯	甲戌	甲辰	**乙亥**
7	壬寅	庚午	辛丑	辛未	壬寅	壬申	癸卯	甲戌	甲辰	乙亥	乙巳	丙子
8	癸卯	辛未	壬寅	壬申	癸卯	**癸酉**	**甲辰**	**乙亥**	乙巳	**丙子**	**丙午**	丁丑
9	甲辰	壬申	癸卯	癸酉	甲辰	甲戌	乙巳	丙子	**丙午**	丁丑	丁未	戊寅
10	乙巳	癸酉	甲辰	甲戌	乙巳	乙亥	丙午	丁丑	丁未	戊寅	戊申	己卯
11	丙午	甲戌	乙巳	乙亥	丙午	丙子	丁未	戊寅	戊申	己卯	己酉	庚辰
12	丁未	乙亥	丙午	丙子	丁未	丁丑	戊申	己卯	己酉	庚辰	庚戌	辛巳
13	戊申	丙子	丁未	丁丑	戊申	戊寅	己酉	庚辰	庚戌	辛巳	辛亥	壬午
14	己酉	丁丑	戊申	戊寅	己酉	己卯	庚戌	辛巳	辛亥	壬午	壬子	癸未
15	庚戌	戊寅	己酉	己卯	庚戌	庚辰	辛亥	壬午	壬子	癸未	癸丑	甲申
16	辛亥	己卯	庚戌	庚辰	辛亥	辛巳	壬子	癸未	癸丑	甲申	甲寅	乙酉
17	壬子	庚辰	辛亥	辛巳	壬子	壬午	癸丑	甲申	甲寅	乙酉	乙卯	丙戌
18	癸丑	辛巳	壬子	壬午	癸丑	癸未	甲寅	乙酉	乙卯	丙戌	丙辰	丁亥
19	甲寅	壬午	癸丑	癸未	甲寅	甲申	乙卯	丙戌	丙辰	丁亥	丁巳	戊子
20	乙卯	癸未	甲寅	甲申	乙卯	乙酉	丙辰	丁亥	丁巳	戊子	戊午	己丑
21	丙辰	甲申	乙卯	乙酉	丙辰	丙戌	丁巳	戊子	戊午	己丑	己未	庚寅
22	丁巳	乙酉	丙辰	丙戌	丁巳	丁亥	戊午	己丑	己未	庚寅	庚申	辛卯
23	戊午	丙戌	丁巳	丁亥	戊午	戊子	己未	庚寅	庚申	辛卯	辛酉	壬辰
24	己未	丁亥	戊午	戊子	己未	己丑	庚申	辛卯	辛酉	壬辰	壬戌	癸巳
25	庚申	戊子	己未	己丑	庚申	庚寅	辛酉	壬辰	壬戌	癸巳	癸亥	甲午
26	辛酉	己丑	庚申	庚寅	辛酉	辛卯	壬戌	癸巳	癸亥	甲午	甲子	乙未
27	壬戌	庚寅	辛酉	辛卯	壬戌	壬辰	癸亥	甲午	甲子	乙未	乙丑	丙申
28	癸亥	辛卯	壬戌	壬辰	癸亥	癸巳	甲子	乙未	乙丑	丙申	丙寅	丁酉
29		壬辰	癸亥	癸巳	甲子	甲午	乙丑	丙申	丙寅	丁酉	丁卯	戊戌
30		癸巳	甲子	甲午	乙丑	乙未	丙寅	丁酉	丁卯	戊戌	戊辰	己亥
31		甲午		乙未		丙申	丁卯		戊辰		己巳	庚子

1968 昭和43年 戊申 つちのえさる

1969

日＼月支	2月 寅	3月 卯	4月 辰	5月 巳	6月 午	7月 未	8月 申	9月 酉	10月 戌	11月 亥	12月 子	1月 丑
1	辛丑	庚午	辛丑	辛未	壬寅	壬申	癸卯	甲戌	甲辰	乙亥	乙巳	丙子
2	壬寅	辛未	壬寅	壬申	癸卯	癸酉	甲辰	乙亥	乙巳	丙子	丙午	丁丑
3	癸卯	壬申	癸卯	癸酉	甲辰	甲戌	乙巳	丙子	丙午	丁丑	丁未	戊寅
4	甲辰	癸酉	甲辰	甲戌	乙巳	乙亥	丙午	丁丑	丁未	戊寅	戊申	己卯
5	**乙巳**	**甲戌**	**乙巳**	**乙亥**	丙午	丙子	丁未	戊寅	戊申	己卯	己酉	**庚辰**
6	丙午	乙亥	丙午	丙子	**丁未**	丁丑	戊申	己卯	己酉	庚辰	庚戌	辛巳
7	丁未	丙子	丁未	丁丑	戊申	**戊寅**	**己酉**	**庚辰**	庚戌	**辛巳**	**辛亥**	壬午
8	戊申	丁丑	戊申	戊寅	己酉	己卯	庚戌	辛巳	**辛亥**	壬午	壬子	癸未
9	己酉	戊寅	己酉	己卯	庚戌	庚辰	辛亥	壬午	壬子	癸未	癸丑	甲申
10	庚戌	己卯	庚戌	庚辰	辛亥	辛巳	壬子	癸未	癸丑	甲申	甲寅	乙酉
11	辛亥	庚辰	辛亥	辛巳	壬子	壬午	癸丑	甲申	甲寅	乙酉	乙卯	丙戌
12	壬子	辛巳	壬子	壬午	癸丑	癸未	甲寅	乙酉	乙卯	丙戌	丙辰	丁亥
13	癸丑	壬午	癸丑	癸未	甲寅	甲申	乙卯	丙戌	丙辰	丁亥	丁巳	戊子
14	甲寅	癸未	甲寅	甲申	乙卯	乙酉	丙辰	丁亥	丁巳	戊子	戊午	己丑
15	乙卯	甲申	乙卯	乙酉	丙辰	丙戌	丁巳	戊子	戊午	己丑	己未	庚寅
16	丙辰	乙酉	丙辰	丙戌	丁巳	丁亥	戊午	己丑	己未	庚寅	庚申	辛卯
17	丁巳	丙戌	丁巳	丁亥	戊午	戊子	己未	庚寅	庚申	辛卯	辛酉	壬辰
18	戊午	丁亥	戊午	戊子	己未	己丑	庚申	辛卯	辛酉	壬辰	壬戌	癸巳
19	己未	戊子	己未	己丑	庚申	庚寅	辛酉	壬辰	壬戌	癸巳	癸亥	甲午
20	庚申	己丑	庚申	庚寅	辛酉	辛卯	壬戌	癸巳	癸亥	甲午	甲子	乙未
21	辛酉	庚寅	辛酉	辛卯	壬戌	壬辰	癸亥	甲午	甲子	乙未	乙丑	丙申
22	壬戌	辛卯	壬戌	壬辰	癸亥	癸巳	甲子	乙未	乙丑	丙申	丙寅	丁酉
23	癸亥	壬辰	癸亥	癸巳	甲子	甲午	乙丑	丙申	丙寅	丁酉	丁卯	戊戌
24	甲子	癸巳	甲子	甲午	乙丑	乙未	丙寅	丁酉	丁卯	戊戌	戊辰	己亥
25	乙丑	甲午	乙丑	乙未	丙寅	丙申	丁卯	戊戌	戊辰	己亥	己巳	庚子
26	丙寅	乙未	丙寅	丙申	丁卯	丁酉	戊辰	己亥	己巳	庚子	庚午	辛丑
27	丁卯	丙申	丁卯	丁酉	戊辰	戊戌	己巳	庚子	庚午	辛丑	辛未	壬寅
28	戊辰	丁酉	戊辰	戊戌	己巳	己亥	庚午	辛丑	辛未	壬寅	壬申	癸卯
29	己巳	戊戌	己巳	己亥	庚午	庚子	辛未	壬寅	壬申	癸卯	癸酉	甲辰
30		己亥	庚午	庚子	辛未	辛丑	壬申	癸卯	癸酉	甲辰	甲戌	乙巳
31		庚子		辛丑		壬寅	癸酉		甲戌		乙亥	丙午

1969 昭和44年 己酉 つちのととり

1970

日＼月支	2月 寅	3月 卯	4月 辰	5月 巳	6月 午	7月 未	8月 申	9月 酉	10月 戌	11月 亥	12月 子	1月 丑
1	丁未	乙亥	丙午	丙子	丁未	丁丑	戊申	己卯	己酉	庚辰	庚戌	辛巳
2	戊申	丙子	丁未	丁丑	戊申	戊寅	己酉	庚辰	庚戌	辛巳	辛亥	壬午
3	己酉	丁丑	戊申	戊寅	己酉	己卯	庚戌	辛巳	辛亥	壬午	壬子	癸未
4	**庚戌**	戊寅	己酉	己卯	庚戌	庚辰	辛亥	壬午	壬子	癸未	癸丑	甲申
5	辛亥	己卯	**庚戌**	庚辰	辛亥	辛巳	壬子	癸未	癸丑	甲申	甲寅	乙酉
6	壬子	**庚辰**	辛亥	**辛巳**	**壬子**	壬午	癸丑	甲申	甲寅	乙酉	乙卯	**丙戌**
7	癸丑	辛巳	壬子	壬午	癸丑	**癸未**	甲寅	乙酉	乙卯	**丙戌**	**丙辰**	丁亥
8	甲寅	壬午	癸丑	癸未	甲寅	甲申	**乙卯**	**丙戌**	**丙辰**	丁亥	丁巳	戊子
9	乙卯	癸未	甲寅	甲申	乙卯	乙酉	丙辰	丁亥	丁巳	戊子	戊午	己丑
10	丙辰	甲申	乙卯	乙酉	丙辰	丙戌	丁巳	戊子	戊午	己丑	己未	庚寅
11	丁巳	乙酉	丙辰	丙戌	丁巳	丁亥	戊午	己丑	己未	庚寅	庚申	辛卯
12	戊午	丙戌	丁巳	丁亥	戊午	戊子	己未	庚寅	庚申	辛卯	辛酉	壬辰
13	己未	丁亥	戊午	戊子	己未	己丑	庚申	辛卯	辛酉	壬辰	壬戌	癸巳
14	庚申	戊子	己未	己丑	庚申	庚寅	辛酉	壬辰	壬戌	癸巳	癸亥	甲午
15	辛酉	己丑	庚申	庚寅	辛酉	辛卯	壬戌	癸巳	癸亥	甲午	甲子	乙未
16	壬戌	庚寅	辛酉	辛卯	壬戌	壬辰	癸亥	甲午	甲子	乙未	乙丑	丙申
17	癸亥	辛卯	壬戌	壬辰	癸亥	癸巳	甲子	乙未	乙丑	丙申	丙寅	丁酉
18	甲子	壬辰	癸亥	癸巳	甲子	甲午	乙丑	丙申	丙寅	丁酉	丁卯	戊戌
19	乙丑	癸巳	甲子	甲午	乙丑	乙未	丙寅	丁酉	丁卯	戊戌	戊辰	己亥
20	丙寅	甲午	乙丑	乙未	丙寅	丙申	丁卯	戊戌	戊辰	己亥	己巳	庚子
21	丁卯	乙未	丙寅	丙申	丁卯	丁酉	戊辰	己亥	己巳	庚子	庚午	辛丑
22	戊辰	丙申	丁卯	丁酉	戊辰	戊戌	己巳	庚子	庚午	辛丑	辛未	壬寅
23	己巳	丁酉	戊辰	戊戌	己巳	己亥	庚午	辛丑	辛未	壬寅	壬申	癸卯
24	庚午	戊戌	己巳	己亥	庚午	庚子	辛未	壬寅	壬申	癸卯	癸酉	甲辰
25	辛未	己亥	庚午	庚子	辛未	辛丑	壬申	癸卯	癸酉	甲辰	甲戌	乙巳
26	壬申	庚子	辛未	辛丑	壬申	壬寅	癸酉	甲辰	甲戌	乙巳	乙亥	丙午
27	癸酉	辛丑	壬申	壬寅	癸酉	癸卯	甲戌	乙巳	乙亥	丙午	丙子	丁未
28	甲戌	壬寅	癸酉	癸卯	甲戌	甲辰	乙亥	丙午	丙子	丁未	丁丑	戊申
29		癸卯	甲戌	甲辰	乙亥	乙巳	丙子	丁未	丁丑	戊申	戊寅	己酉
30		甲辰	乙亥	乙巳	丙子	丙午	丁丑	戊申	戊寅	己酉	己卯	庚戌
31		乙巳		丙午		丁未	戊寅		己卯		庚辰	辛亥

1971

1970 昭和45年 庚戌 かのえいぬ

日＼月支	2月 寅	3月 卯	4月 辰	5月 巳	6月 午	7月 未	8月 申	9月 酉	10月 戌	11月 亥	12月 子	1月 丑
1	壬子	庚辰	辛亥	辛巳	壬子	壬午	癸丑	甲申	甲寅	乙酉	乙卯	丙戌
2	癸丑	辛巳	壬子	壬午	癸丑	癸未	甲寅	乙酉	乙卯	丙戌	丙辰	丁亥
3	甲寅	壬午	癸丑	癸未	甲寅	甲申	乙卯	丙戌	丙辰	丁亥	丁巳	戊子
4	**乙卯**	癸未	甲寅	甲申	乙卯	乙酉	丙辰	丁亥	丁巳	戊子	戊午	己丑
5	丙辰	甲申	**乙卯**	乙酉	丙辰	丙戌	丁巳	戊子	戊午	己丑	己未	庚寅
6	丁巳	**乙酉**	丙辰	**丙戌**	**丁巳**	丁亥	戊午	己丑	己未	庚寅	庚申	**辛卯**
7	戊午	丙戌	丁巳	丁亥	戊午	**戊子**	己未	庚寅	庚申	辛卯	**辛酉**	壬辰
8	己未	丁亥	戊午	戊子	己未	己丑	**庚申**	**辛卯**	辛酉	**壬辰**	壬戌	癸巳
9	庚申	戊子	己未	己丑	庚申	庚寅	辛酉	壬辰	**壬戌**	癸巳	癸亥	甲午
10	辛酉	己丑	庚申	庚寅	辛酉	辛卯	壬戌	癸巳	癸亥	甲午	甲子	乙未
11	壬戌	庚寅	辛酉	辛卯	壬戌	壬辰	癸亥	甲午	甲子	乙未	乙丑	丙申
12	癸亥	辛卯	壬戌	壬辰	癸亥	癸巳	甲子	乙未	乙丑	丙申	丙寅	丁酉
13	甲子	壬辰	癸亥	癸巳	甲子	甲午	乙丑	丙申	丙寅	丁酉	丁卯	戊戌
14	乙丑	癸巳	甲子	甲午	乙丑	乙未	丙寅	丁酉	丁卯	戊戌	戊辰	己亥
15	丙寅	甲午	乙丑	乙未	丙寅	丙申	丁卯	戊戌	戊辰	己亥	己巳	庚子
16	丁卯	乙未	丙寅	丙申	丁卯	丁酉	戊辰	己亥	己巳	庚子	庚午	辛丑
17	戊辰	丙申	丁卯	丁酉	戊辰	戊戌	己巳	庚子	庚午	辛丑	辛未	壬寅
18	己巳	丁酉	戊辰	戊戌	己巳	己亥	庚午	辛丑	辛未	壬寅	壬申	癸卯
19	庚午	戊戌	己巳	己亥	庚午	庚子	辛未	壬寅	壬申	癸卯	癸酉	甲辰
20	辛未	己亥	庚午	庚子	辛未	辛丑	壬申	癸卯	癸酉	甲辰	甲戌	乙巳
21	壬申	庚子	辛未	辛丑	壬申	壬寅	癸酉	甲辰	甲戌	乙巳	乙亥	丙午
22	癸酉	辛丑	壬申	壬寅	癸酉	癸卯	甲戌	乙巳	乙亥	丙午	丙子	丁未
23	甲戌	壬寅	癸酉	癸卯	甲戌	甲辰	乙亥	丙午	丙子	丁未	丁丑	戊申
24	乙亥	癸卯	甲戌	甲辰	乙亥	乙巳	丙子	丁未	丁丑	戊申	戊寅	己酉
25	丙子	甲辰	乙亥	乙巳	丙子	丙午	丁丑	戊申	戊寅	己酉	己卯	庚戌
26	丁丑	乙巳	丙子	丙午	丁丑	丁未	戊寅	己酉	己卯	庚戌	庚辰	辛亥
27	戊寅	丙午	丁丑	丁未	戊寅	戊申	己卯	庚戌	庚辰	辛亥	辛巳	壬子
28	己卯	丁未	戊寅	戊申	己卯	己酉	庚辰	辛亥	辛巳	壬子	壬午	癸丑
29		戊申	己卯	己酉	庚辰	庚戌	辛巳	壬子	壬午	癸丑	癸未	甲寅
30		己酉	庚辰	庚戌	辛巳	辛亥	壬午	癸丑	癸未	甲寅	甲申	乙卯
31		庚戌		辛亥		壬子	癸未		甲申		乙酉	丙辰

1972

1971 昭和46年 辛亥 かのとい

日＼月支	2月 寅	3月 卯	4月 辰	5月 巳	6月 午	7月 未	8月 申	9月 酉	10月 戌	11月 亥	12月 子	1月 丑
1	丁巳	乙酉	丙辰	丙戌	丁巳	丁亥	戊午	己丑	己未	庚寅	庚申	辛卯
2	戊午	丙戌	丁巳	丁亥	戊午	戊子	己未	庚寅	庚申	辛卯	辛酉	壬辰
3	己未	丁亥	戊午	戊子	己未	己丑	庚申	辛卯	辛酉	壬辰	壬戌	癸巳
4	**庚申**	戊子	己未	己丑	庚申	庚寅	辛酉	壬辰	壬戌	癸巳	癸亥	甲午
5	辛酉	己丑	**庚申**	庚寅	辛酉	辛卯	壬戌	癸巳	癸亥	甲午	甲子	乙未
6	壬戌	**庚寅**	辛酉	**辛卯**	**壬戌**	壬辰	癸亥	甲午	甲子	乙未	乙丑	**丙申**
7	癸亥	辛卯	壬戌	壬辰	癸亥	癸巳	甲子	乙未	乙丑	丙申	丙寅	丁酉
8	甲子	壬辰	癸亥	癸巳	甲子	**甲午**	**乙丑**	**丙申**	丙寅	**丁酉**	**丁卯**	戊戌
9	乙丑	癸巳	甲子	甲午	乙丑	乙未	丙寅	丁酉	**丁卯**	戊戌	戊辰	己亥
10	丙寅	甲午	乙丑	乙未	丙寅	丙申	丁卯	戊戌	戊辰	己亥	己巳	庚子
11	丁卯	乙未	丙寅	丙申	丁卯	丁酉	戊辰	己亥	己巳	庚子	庚午	辛丑
12	戊辰	丙申	丁卯	丁酉	戊辰	戊戌	己巳	庚子	庚午	辛丑	辛未	壬寅
13	己巳	丁酉	戊辰	戊戌	己巳	己亥	庚午	辛丑	辛未	壬寅	壬申	癸卯
14	庚午	戊戌	己巳	己亥	庚午	庚子	辛未	壬寅	壬申	癸卯	癸酉	甲辰
15	辛未	己亥	庚午	庚子	辛未	辛丑	壬申	癸卯	癸酉	甲辰	甲戌	乙巳
16	壬申	庚子	辛未	辛丑	壬申	壬寅	癸酉	甲辰	甲戌	乙巳	乙亥	丙午
17	癸酉	辛丑	壬申	壬寅	癸酉	癸卯	甲戌	乙巳	乙亥	丙午	丙子	丁未
18	甲戌	壬寅	癸酉	癸卯	甲戌	甲辰	乙亥	丙午	丙子	丁未	丁丑	戊申
19	乙亥	癸卯	甲戌	甲辰	乙亥	乙巳	丙子	丁未	丁丑	戊申	戊寅	己酉
20	丙子	甲辰	乙亥	乙巳	丙子	丙午	丁丑	戊申	戊寅	己酉	己卯	庚戌
21	丁丑	乙巳	丙子	丙午	丁丑	丁未	戊寅	己酉	己卯	庚戌	庚辰	辛亥
22	戊寅	丙午	丁丑	丁未	戊寅	戊申	己卯	庚戌	庚辰	辛亥	辛巳	壬子
23	己卯	丁未	戊寅	戊申	己卯	己酉	庚辰	辛亥	辛巳	壬子	壬午	癸丑
24	庚辰	戊申	己卯	己酉	庚辰	庚戌	辛巳	壬子	壬午	癸丑	癸未	甲寅
25	辛巳	己酉	庚辰	庚戌	辛巳	辛亥	壬午	癸丑	癸未	甲寅	甲申	乙卯
26	壬午	庚戌	辛巳	辛亥	壬午	壬子	癸未	甲寅	甲申	乙卯	乙酉	丙辰
27	癸未	辛亥	壬午	壬子	癸未	癸丑	甲申	乙卯	乙酉	丙辰	丙戌	丁巳
28	甲申	壬子	癸未	癸丑	甲申	甲寅	乙酉	丙辰	丙戌	丁巳	丁亥	戊午
29		癸丑	甲申	甲寅	乙酉	乙卯	丙戌	丁巳	丁亥	戊午	戊子	己未
30		甲寅	乙酉	乙卯	丙戌	丙辰	丁亥	戊午	戊子	己未	己丑	庚申
31		乙卯		丙辰		丁巳	戊子		己丑		庚寅	辛酉

1972 昭和47年 壬子《みずのえね》

日＼月支	2月 寅	3月 卯	4月 辰	5月 巳	6月 午	7月 未	8月 申	9月 酉	10月 戌	11月 亥	12月 子	1月 丑 (1973)
1	壬戌	辛卯	壬戌	壬辰	癸亥	癸巳	甲子	乙未	乙丑	丙申	丙寅	丁酉
2	癸亥	壬辰	癸亥	癸巳	甲子	甲午	乙丑	丙申	丙寅	丁酉	丁卯	戊戌
3	甲子	癸巳	甲子	甲午	乙丑	乙未	丙寅	丁酉	丁卯	戊戌	戊辰	己亥
4	乙丑	甲午	乙丑	乙未	丙寅	丙申	丁卯	戊戌	戊辰	己亥	己巳	庚子
5	**丙寅**	**乙未**	**丙寅**	**丙申**	**丁卯**	丁酉	戊辰	己亥	己巳	庚子	庚午	**辛丑**
6	丁卯	丙申	丁卯	丁酉	戊辰	戊戌	己巳	庚子	庚午	辛丑	辛未	壬寅
7	戊辰	丁酉	戊辰	戊戌	己巳	**己亥**	**庚午**	**辛丑**	辛未	**壬寅**	**壬申**	癸卯
8	己巳	戊戌	己巳	己亥	庚午	庚子	辛未	壬寅	**壬申**	癸卯	癸酉	甲辰
9	庚午	己亥	庚午	庚子	辛未	辛丑	壬申	癸卯	癸酉	甲辰	甲戌	乙巳
10	辛未	庚子	辛未	辛丑	壬申	壬寅	癸酉	甲辰	甲戌	乙巳	乙亥	丙午
11	壬申	辛丑	壬申	壬寅	癸酉	癸卯	甲戌	乙巳	乙亥	丙午	丙子	丁未
12	癸酉	壬寅	癸酉	癸卯	甲戌	甲辰	乙亥	丙午	丙子	丁未	丁丑	戊申
13	甲戌	癸卯	甲戌	甲辰	乙亥	乙巳	丙子	丁未	丁丑	戊申	戊寅	己酉
14	乙亥	甲辰	乙亥	乙巳	丙子	丙午	丁丑	戊申	戊寅	己酉	己卯	庚戌
15	丙子	乙巳	丙子	丙午	丁丑	丁未	戊寅	己酉	己卯	庚戌	庚辰	辛亥
16	丁丑	丙午	丁丑	丁未	戊寅	戊申	己卯	庚戌	庚辰	辛亥	辛巳	壬子
17	戊寅	丁未	戊寅	戊申	己卯	己酉	庚辰	辛亥	辛巳	壬子	壬午	癸丑
18	己卯	戊申	己卯	己酉	庚辰	庚戌	辛巳	壬子	壬午	癸丑	癸未	甲寅
19	庚辰	己酉	庚辰	庚戌	辛巳	辛亥	壬午	癸丑	癸未	甲寅	甲申	乙卯
20	辛巳	庚戌	辛巳	辛亥	壬午	壬子	癸未	甲寅	甲申	乙卯	乙酉	丙辰
21	壬午	辛亥	壬午	壬子	癸未	癸丑	甲申	乙卯	乙酉	丙辰	丙戌	丁巳
22	癸未	壬子	癸未	癸丑	甲申	甲寅	乙酉	丙辰	丙戌	丁巳	丁亥	戊午
23	甲申	癸丑	甲申	甲寅	乙酉	乙卯	丙戌	丁巳	丁亥	戊午	戊子	己未
24	乙酉	甲寅	乙酉	乙卯	丙戌	丙辰	丁亥	戊午	戊子	己未	己丑	庚申
25	丙戌	乙卯	丙戌	丙辰	丁亥	丁巳	戊子	己未	己丑	庚申	庚寅	辛酉
26	丁亥	丙辰	丁亥	丁巳	戊子	戊午	己丑	庚申	庚寅	辛酉	辛卯	壬戌
27	戊子	丁巳	戊子	戊午	己丑	己未	庚寅	辛酉	辛卯	壬戌	壬辰	癸亥
28	己丑	戊午	己丑	己未	庚寅	庚申	辛卯	壬戌	壬辰	癸亥	癸巳	甲子
29	庚寅	己未	庚寅	庚申	辛卯	辛酉	壬辰	癸亥	癸巳	甲子	甲午	乙丑
30		庚申	辛卯	辛酉	壬辰	壬戌	癸巳	甲子	甲午	乙丑	乙未	丙寅
31		辛酉		壬戌		癸亥	甲午		乙未		丙申	丁卯

1973 昭和48年 癸丑《みずのとうし》

日＼月支	2月 寅	3月 卯	4月 辰	5月 巳	6月 午	7月 未	8月 申	9月 酉	10月 戌	11月 亥	12月 子	1月 丑 (1974)
1	戊辰	丙申	丁卯	丁酉	戊辰	戊戌	己巳	庚子	庚午	辛丑	辛未	壬寅
2	己巳	丁酉	戊辰	戊戌	己巳	己亥	庚午	辛丑	辛未	壬寅	壬申	癸卯
3	庚午	戊戌	己巳	己亥	庚午	庚子	辛未	壬寅	壬申	癸卯	癸酉	甲辰
4	**辛未**	己亥	庚午	庚子	辛未	辛丑	壬申	癸卯	癸酉	甲辰	甲戌	乙巳
5	壬申	庚子	**辛未**	辛丑	壬申	壬寅	癸酉	甲辰	甲戌	乙巳	乙亥	丙午
6	癸酉	**辛丑**	壬申	**壬寅**	**癸酉**	癸卯	甲戌	乙巳	乙亥	丙午	丙子	**丁未**
7	甲戌	壬寅	癸酉	癸卯	甲戌	**甲辰**	乙亥	丙午	丙子	**丁未**	**丁丑**	戊申
8	乙亥	癸卯	甲戌	甲辰	乙亥	乙巳	**丙子**	**丁未**	**丁丑**	戊申	戊寅	己酉
9	丙子	甲辰	乙亥	乙巳	丙子	丙午	丁丑	戊申	戊寅	己酉	己卯	庚戌
10	丁丑	乙巳	丙子	丙午	丁丑	丁未	戊寅	己酉	己卯	庚戌	庚辰	辛亥
11	戊寅	丙午	丁丑	丁未	戊寅	戊申	己卯	庚戌	庚辰	辛亥	辛巳	壬子
12	己卯	丁未	戊寅	戊申	己卯	己酉	庚辰	辛亥	辛巳	壬子	壬午	癸丑
13	庚辰	戊申	己卯	己酉	庚辰	庚戌	辛巳	壬子	壬午	癸丑	癸未	甲寅
14	辛巳	己酉	庚辰	庚戌	辛巳	辛亥	壬午	癸丑	癸未	甲寅	甲申	乙卯
15	壬午	庚戌	辛巳	辛亥	壬午	壬子	癸未	甲寅	甲申	乙卯	乙酉	丙辰
16	癸未	辛亥	壬午	壬子	癸未	癸丑	甲申	乙卯	乙酉	丙辰	丙戌	丁巳
17	甲申	壬子	癸未	癸丑	甲申	甲寅	乙酉	丙辰	丙戌	丁巳	丁亥	戊午
18	乙酉	癸丑	甲申	甲寅	乙酉	乙卯	丙戌	丁巳	丁亥	戊午	戊子	己未
19	丙戌	甲寅	乙酉	乙卯	丙戌	丙辰	丁亥	戊午	戊子	己未	己丑	庚申
20	丁亥	乙卯	丙戌	丙辰	丁亥	丁巳	戊子	己未	己丑	庚申	庚寅	辛酉
21	戊子	丙辰	丁亥	丁巳	戊子	戊午	己丑	庚申	庚寅	辛酉	辛卯	壬戌
22	己丑	丁巳	戊子	戊午	己丑	己未	庚寅	辛酉	辛卯	壬戌	壬辰	癸亥
23	庚寅	戊午	己丑	己未	庚寅	庚申	辛卯	壬戌	壬辰	癸亥	癸巳	甲子
24	辛卯	己未	庚寅	庚申	辛卯	辛酉	壬辰	癸亥	癸巳	甲子	甲午	乙丑
25	壬辰	庚申	辛卯	辛酉	壬辰	壬戌	癸巳	甲子	甲午	乙丑	乙未	丙寅
26	癸巳	辛酉	壬辰	壬戌	癸巳	癸亥	甲午	乙丑	乙未	丙寅	丙申	丁卯
27	甲午	壬戌	癸巳	癸亥	甲午	甲子	乙未	丙寅	丙申	丁卯	丁酉	戊辰
28	乙未	癸亥	甲午	甲子	乙未	乙丑	丙申	丁卯	丁酉	戊辰	戊戌	己巳
29		甲子	乙未	乙丑	丙申	丙寅	丁酉	戊辰	戊戌	己巳	己亥	庚午
30		乙丑	丙申	丙寅	丁酉	丁卯	戊戌	己巳	己亥	庚午	庚子	辛未
31		丙寅		丁卯		戊辰	己亥		庚子		辛丑	壬申

1974 昭和49年 甲寅 きのえとら

日＼月支	2月 寅	3月 卯	4月 辰	5月 巳	6月 午	7月 未	8月 申	9月 酉	10月 戌	11月 亥	12月 子	1975 1月 丑
1	癸酉	辛丑	壬申	壬寅	癸酉	癸卯	甲戌	乙巳	乙亥	丙午	丙子	丁未
2	甲戌	壬寅	癸酉	癸卯	甲戌	甲辰	乙亥	丙午	丙子	丁未	丁丑	戊申
3	乙亥	癸卯	甲戌	甲辰	乙亥	乙巳	丙子	丁未	丁丑	戊申	戊寅	己酉
4	**丙子**	甲辰	乙亥	乙巳	丙子	丙午	丁丑	戊申	戊寅	己酉	己卯	庚戌
5	丁丑	乙巳	**丙子**	丙午	丁丑	丁未	戊寅	己酉	己卯	庚戌	庚辰	辛亥
6	戊寅	**丙午**	丁丑	**丁未**	**戊寅**	戊申	己卯	庚戌	庚辰	辛亥	辛巳	**壬子**
7	己卯	丁未	戊寅	戊申	己卯	**己酉**	庚辰	辛亥	辛巳	壬子	**壬午**	癸丑
8	庚辰	戊申	己卯	己酉	庚辰	庚戌	**辛巳**	**壬子**	壬午	**癸丑**	癸未	甲寅
9	辛巳	己酉	庚辰	庚戌	辛巳	辛亥	壬午	癸丑	**癸未**	甲寅	甲申	乙卯
10	壬午	庚戌	辛巳	辛亥	壬午	壬子	癸未	甲寅	甲申	乙卯	乙酉	丙辰
11	癸未	辛亥	壬午	壬子	癸未	癸丑	甲申	乙卯	乙酉	丙辰	丙戌	丁巳
12	甲申	壬子	癸未	癸丑	甲申	甲寅	乙酉	丙辰	丙戌	丁巳	丁亥	戊午
13	乙酉	癸丑	甲申	甲寅	乙酉	乙卯	丙戌	丁巳	丁亥	戊午	戊子	己未
14	丙戌	甲寅	乙酉	乙卯	丙戌	丙辰	丁亥	戊午	戊子	己未	己丑	庚申
15	丁亥	乙卯	丙戌	丙辰	丁亥	丁巳	戊子	己未	己丑	庚申	庚寅	辛酉
16	戊子	丙辰	丁亥	丁巳	戊子	戊午	己丑	庚申	庚寅	辛酉	辛卯	壬戌
17	己丑	丁巳	戊子	戊午	己丑	己未	庚寅	辛酉	辛卯	壬戌	壬辰	癸亥
18	庚寅	戊午	己丑	己未	庚寅	庚申	辛卯	壬戌	壬辰	癸亥	癸巳	甲子
19	辛卯	己未	庚寅	庚申	辛卯	辛酉	壬辰	癸亥	癸巳	甲子	甲午	乙丑
20	壬辰	庚申	辛卯	辛酉	壬辰	壬戌	癸巳	甲子	甲午	乙丑	乙未	丙寅
21	癸巳	辛酉	壬辰	壬戌	癸巳	癸亥	甲午	乙丑	乙未	丙寅	丙申	丁卯
22	甲午	壬戌	癸巳	癸亥	甲午	甲子	乙未	丙寅	丙申	丁卯	丁酉	戊辰
23	乙未	癸亥	甲午	甲子	乙未	乙丑	丙申	丁卯	丁酉	戊辰	戊戌	己巳
24	丙申	甲子	乙未	乙丑	丙申	丙寅	丁酉	戊辰	戊戌	己巳	己亥	庚午
25	丁酉	乙丑	丙申	丙寅	丁酉	丁卯	戊戌	己巳	己亥	庚午	庚子	辛未
26	戊戌	丙寅	丁酉	丁卯	戊戌	戊辰	己亥	庚午	庚子	辛未	辛丑	壬申
27	己亥	丁卯	戊戌	戊辰	己亥	己巳	庚子	辛未	辛丑	壬申	壬寅	癸酉
28	庚子	戊辰	己亥	己巳	庚子	庚午	辛丑	壬申	壬寅	癸酉	癸卯	甲戌
29		己巳	庚子	庚午	辛丑	辛未	壬寅	癸酉	癸卯	甲戌	甲辰	乙亥
30		庚午	辛丑	辛未	壬寅	壬申	癸卯	甲戌	甲辰	乙亥	乙巳	丙子
31		辛未		壬申		癸酉	甲辰		乙巳		丙午	丁丑

1975 昭和50年 乙卯 きのとう

日＼月支	2月 寅	3月 卯	4月 辰	5月 巳	6月 午	7月 未	8月 申	9月 酉	10月 戌	11月 亥	12月 子	1976 1月 丑
1	戊寅	丙午	丁丑	丁未	戊寅	戊申	己卯	庚戌	庚辰	辛亥	辛巳	壬子
2	己卯	丁未	戊寅	戊申	己卯	己酉	庚辰	辛亥	辛巳	壬子	壬午	癸丑
3	庚辰	戊申	己卯	己酉	庚辰	庚戌	辛巳	壬子	壬午	癸丑	癸未	甲寅
4	**辛巳**	己酉	庚辰	庚戌	辛巳	辛亥	壬午	癸丑	癸未	甲寅	甲申	乙卯
5	壬午	庚戌	**辛巳**	辛亥	壬午	壬子	癸未	甲寅	甲申	乙卯	乙酉	丙辰
6	癸未	**辛亥**	壬午	**壬子**	**癸未**	癸丑	甲申	乙卯	乙酉	丙辰	丙戌	**丁巳**
7	甲申	壬子	癸未	癸丑	甲申	甲寅	乙酉	丙辰	丙戌	丁巳	丁亥	戊午
8	乙酉	癸丑	甲申	甲寅	乙酉	**乙卯**	**丙戌**	**丁巳**	丁亥	**戊午**	**戊子**	己未
9	丙戌	甲寅	乙酉	乙卯	丙戌	丙辰	丁亥	戊午	**戊子**	己未	己丑	庚申
10	丁亥	乙卯	丙戌	丙辰	丁亥	丁巳	戊子	己未	己丑	庚申	庚寅	辛酉
11	戊子	丙辰	丁亥	丁巳	戊子	戊午	己丑	庚申	庚寅	辛酉	辛卯	壬戌
12	己丑	丁巳	戊子	戊午	己丑	己未	庚寅	辛酉	辛卯	壬戌	壬辰	癸亥
13	庚寅	戊午	己丑	己未	庚寅	庚申	辛卯	壬戌	壬辰	癸亥	癸巳	甲子
14	辛卯	己未	庚寅	庚申	辛卯	辛酉	壬辰	癸亥	癸巳	甲子	甲午	乙丑
15	壬辰	庚申	辛卯	辛酉	壬辰	壬戌	癸巳	甲子	甲午	乙丑	乙未	丙寅
16	癸巳	辛酉	壬辰	壬戌	癸巳	癸亥	甲午	乙丑	乙未	丙寅	丙申	丁卯
17	甲午	壬戌	癸巳	癸亥	甲午	甲子	乙未	丙寅	丙申	丁卯	丁酉	戊辰
18	乙未	癸亥	甲午	甲子	乙未	乙丑	丙申	丁卯	丁酉	戊辰	戊戌	己巳
19	丙申	甲子	乙未	乙丑	丙申	丙寅	丁酉	戊辰	戊戌	己巳	己亥	庚午
20	丁酉	乙丑	丙申	丙寅	丁酉	丁卯	戊戌	己巳	己亥	庚午	庚子	辛未
21	戊戌	丙寅	丁酉	丁卯	戊戌	戊辰	己亥	庚午	庚子	辛未	辛丑	壬申
22	己亥	丁卯	戊戌	戊辰	己亥	己巳	庚子	辛未	辛丑	壬申	壬寅	癸酉
23	庚子	戊辰	己亥	己巳	庚子	庚午	辛丑	壬申	壬寅	癸酉	癸卯	甲戌
24	辛丑	己巳	庚子	庚午	辛丑	辛未	壬寅	癸酉	癸卯	甲戌	甲辰	乙亥
25	壬寅	庚午	辛丑	辛未	壬寅	壬申	癸卯	甲戌	甲辰	乙亥	乙巳	丙子
26	癸卯	辛未	壬寅	壬申	癸卯	癸酉	甲辰	乙亥	乙巳	丙子	丙午	丁丑
27	甲辰	壬申	癸卯	癸酉	甲辰	甲戌	乙巳	丙子	丙午	丁丑	丁未	戊寅
28	乙巳	癸酉	甲辰	甲戌	乙巳	乙亥	丙午	丁丑	丁未	戊寅	戊申	己卯
29		甲戌	乙巳	乙亥	丙午	丙子	丁未	戊寅	戊申	己卯	己酉	庚辰
30		乙亥	丙午	丙子	丁未	丁丑	戊申	己卯	己酉	庚辰	庚戌	辛巳
31		丙子		丁丑		戊寅	己酉		庚戌		辛亥	壬午

1976 昭和51年 丙辰《ひのえたつ》

1977

日＼月支	2月 寅	3月 卯	4月 辰	5月 巳	6月 午	7月 未	8月 申	9月 酉	10月 戌	11月 亥	12月 子	1月 丑
1	癸未	壬子	癸未	癸丑	甲申	甲寅	乙酉	丙辰	丙戌	丁巳	丁亥	戊午
2	甲申	癸丑	甲申	甲寅	乙酉	乙卯	丙戌	丁巳	丁亥	戊午	戊子	己未
3	乙酉	甲寅	乙酉	乙卯	丙戌	丙辰	丁亥	戊午	戊子	己未	己丑	庚申
4	丙戌	乙卯	丙戌	丙辰	丁亥	丁巳	戊子	己未	己丑	庚申	庚寅	辛酉
5	**丁亥**	**丙辰**	**丁亥**	**丁巳**	**戊子**	戊午	己丑	庚申	庚寅	辛酉	辛卯	**壬戌**
6	戊子	丁巳	戊子	戊午	己丑	己未	庚寅	辛酉	辛卯	壬戌	壬辰	癸亥
7	己丑	戊午	己丑	己未	庚寅	**庚申**	**辛卯**	**壬戌**	壬辰	**癸亥**	**癸巳**	甲子
8	庚寅	己未	庚寅	庚申	辛卯	辛酉	壬辰	癸亥	癸巳	甲子	甲午	乙丑
9	辛卯	庚申	辛卯	辛酉	壬辰	壬戌	癸巳	甲子	甲午	乙丑	乙未	丙寅
10	壬辰	辛酉	壬辰	壬戌	癸巳	癸亥	甲午	乙丑	乙未	丙寅	丙申	丁卯
11	癸巳	壬戌	癸巳	癸亥	甲午	甲子	乙未	丙寅	丙申	丁卯	丁酉	戊辰
12	甲午	癸亥	甲午	甲子	乙未	乙丑	丙申	丁卯	丁酉	戊辰	戊戌	己巳
13	乙未	甲子	乙未	乙丑	丙申	丙寅	丁酉	戊辰	戊戌	己巳	己亥	庚午
14	丙申	乙丑	丙申	丙寅	丁酉	丁卯	戊戌	己巳	己亥	庚午	庚子	辛未
15	丁酉	丙寅	丁酉	丁卯	戊戌	戊辰	己亥	庚午	庚子	辛未	辛丑	壬申
16	戊戌	丁卯	戊戌	戊辰	己亥	己巳	庚子	辛未	辛丑	壬申	壬寅	癸酉
17	己亥	戊辰	己亥	己巳	庚子	庚午	辛丑	壬申	壬寅	癸酉	癸卯	甲戌
18	庚子	己巳	庚子	庚午	辛丑	辛未	壬寅	癸酉	癸卯	甲戌	甲辰	乙亥
19	辛丑	庚午	辛丑	辛未	壬寅	壬申	癸卯	甲戌	甲辰	乙亥	乙巳	丙子
20	壬寅	辛未	壬寅	壬申	癸卯	癸酉	甲辰	乙亥	乙巳	丙子	丙午	丁丑
21	癸卯	壬申	癸卯	癸酉	甲辰	甲戌	乙巳	丙子	丙午	丁丑	丁未	戊寅
22	甲辰	癸酉	甲辰	甲戌	乙巳	乙亥	丙午	丁丑	丁未	戊寅	戊申	己卯
23	乙巳	甲戌	乙巳	乙亥	丙午	丙子	丁未	戊寅	戊申	己卯	己酉	庚辰
24	丙午	乙亥	丙午	丙子	丁未	丁丑	戊申	己卯	己酉	庚辰	庚戌	辛巳
25	丁未	丙子	丁未	丁丑	戊申	戊寅	己酉	庚辰	庚戌	辛巳	辛亥	壬午
26	戊申	丁丑	戊申	戊寅	己酉	己卯	庚戌	辛巳	辛亥	壬午	壬子	癸未
27	己酉	戊寅	己酉	己卯	庚戌	庚辰	辛亥	壬午	壬子	癸未	癸丑	甲申
28	庚戌	己卯	庚戌	庚辰	辛亥	辛巳	壬子	癸未	癸丑	甲申	甲寅	乙酉
29	辛亥	庚辰	辛亥	辛巳	壬子	壬午	癸丑	甲申	甲寅	乙酉	乙卯	丙戌
30		辛巳	壬子	壬午	癸丑	癸未	甲寅	乙酉	乙卯	丙戌	丙辰	丁亥
31		壬午		癸未		甲申	乙卯		丙辰		丁巳	戊子

1977 昭和52年 丁巳《ひのとみ》

1978

日＼月支	2月 寅	3月 卯	4月 辰	5月 巳	6月 午	7月 未	8月 申	9月 酉	10月 戌	11月 亥	12月 子	1月 丑
1	己丑	丁巳	戊子	戊午	己丑	己未	庚寅	辛酉	辛卯	壬戌	壬辰	癸亥
2	庚寅	戊午	己丑	己未	庚寅	庚申	辛卯	壬戌	壬辰	癸亥	癸巳	甲子
3	辛卯	己未	庚寅	庚申	辛卯	辛酉	壬辰	癸亥	癸巳	甲子	甲午	乙丑
4	**壬辰**	庚申	辛卯	辛酉	壬辰	壬戌	癸巳	甲子	甲午	乙丑	乙未	丙寅
5	癸巳	辛酉	**壬辰**	壬戌	癸巳	癸亥	甲午	乙丑	乙未	丙寅	丙申	丁卯
6	甲午	**壬戌**	癸巳	**癸亥**	**甲午**	甲子	乙未	丙寅	丙申	丁卯	丁酉	**戊辰**
7	乙未	癸亥	甲午	甲子	乙未	**乙丑**	丙申	丁卯	丁酉	**戊辰**	**戊戌**	己巳
8	丙申	甲子	乙未	乙丑	丙申	丙寅	**丁酉**	**戊辰**	**戊戌**	己巳	己亥	庚午
9	丁酉	乙丑	丙申	丙寅	丁酉	丁卯	戊戌	己巳	己亥	庚午	庚子	辛未
10	戊戌	丙寅	丁酉	丁卯	戊戌	戊辰	己亥	庚午	庚子	辛未	辛丑	壬申
11	己亥	丁卯	戊戌	戊辰	己亥	己巳	庚子	辛未	辛丑	壬申	壬寅	癸酉
12	庚子	戊辰	己亥	己巳	庚子	庚午	辛丑	壬申	壬寅	癸酉	癸卯	甲戌
13	辛丑	己巳	庚子	庚午	辛丑	辛未	壬寅	癸酉	癸卯	甲戌	甲辰	乙亥
14	壬寅	庚午	辛丑	辛未	壬寅	壬申	癸卯	甲戌	甲辰	乙亥	乙巳	丙子
15	癸卯	辛未	壬寅	壬申	癸卯	癸酉	甲辰	乙亥	乙巳	丙子	丙午	丁丑
16	甲辰	壬申	癸卯	癸酉	甲辰	甲戌	乙巳	丙子	丙午	丁丑	丁未	戊寅
17	乙巳	癸酉	甲辰	甲戌	乙巳	乙亥	丙午	丁丑	丁未	戊寅	戊申	己卯
18	丙午	甲戌	乙巳	乙亥	丙午	丙子	丁未	戊寅	戊申	己卯	己酉	庚辰
19	丁未	乙亥	丙午	丙子	丁未	丁丑	戊申	己卯	己酉	庚辰	庚戌	辛巳
20	戊申	丙子	丁未	丁丑	戊申	戊寅	己酉	庚辰	庚戌	辛巳	辛亥	壬午
21	己酉	丁丑	戊申	戊寅	己酉	己卯	庚戌	辛巳	辛亥	壬午	壬子	癸未
22	庚戌	戊寅	己酉	己卯	庚戌	庚辰	辛亥	壬午	壬子	癸未	癸丑	甲申
23	辛亥	己卯	庚戌	庚辰	辛亥	辛巳	壬子	癸未	癸丑	甲申	甲寅	乙酉
24	壬子	庚辰	辛亥	辛巳	壬子	壬午	癸丑	甲申	甲寅	乙酉	乙卯	丙戌
25	癸丑	辛巳	壬子	壬午	癸丑	癸未	甲寅	乙酉	乙卯	丙戌	丙辰	丁亥
26	甲寅	壬午	癸丑	癸未	甲寅	甲申	乙卯	丙戌	丙辰	丁亥	丁巳	戊子
27	乙卯	癸未	甲寅	甲申	乙卯	乙酉	丙辰	丁亥	丁巳	戊子	戊午	己丑
28	丙辰	甲申	乙卯	乙酉	丙辰	丙戌	丁巳	戊子	戊午	己丑	己未	庚寅
29		乙酉	丙辰	丙戌	丁巳	丁亥	戊午	己丑	己未	庚寅	庚申	辛卯
30		丙戌	丁巳	丁亥	戊午	戊子	己未	庚寅	庚申	辛卯	辛酉	壬辰
31		丁亥		戊子		己丑	庚申		辛酉		壬戌	癸巳

1978 昭和53年 戊午 つちのえうま

日 \ 月支	2月 寅	3月 卯	4月 辰	5月 巳	6月 午	7月 未	8月 申	9月 酉	10月 戌	11月 亥	12月 子	1月 丑 (1979)
1	甲午	壬戌	癸巳	癸亥	甲午	甲子	乙未	丙寅	丙申	丁卯	丁酉	戊辰
2	乙未	癸亥	甲午	甲子	乙未	乙丑	丙申	丁卯	丁酉	戊辰	戊戌	己巳
3	丙申	甲子	乙未	乙丑	丙申	丙寅	丁酉	戊辰	戊戌	己巳	己亥	庚午
4	**丁酉**	乙丑	丙申	丙寅	丁酉	丁卯	戊戌	己巳	己亥	庚午	庚子	辛未
5	戊戌	丙寅	**丁酉**	丁卯	戊戌	戊辰	己亥	庚午	庚子	辛未	辛丑	壬申
6	己亥	**丁卯**	戊戌	**戊辰**	**己亥**	己巳	庚子	辛未	辛丑	壬申	壬寅	**癸酉**
7	庚子	戊辰	己亥	己巳	庚子	**庚午**	辛丑	壬申	壬寅	癸酉	**癸卯**	甲戌
8	辛丑	己巳	庚子	庚午	辛丑	辛未	**壬寅**	**癸酉**	癸卯	**甲戌**	甲辰	乙亥
9	壬寅	庚午	辛丑	辛未	壬寅	壬申	癸卯	甲戌	**甲辰**	乙亥	乙巳	丙子
10	癸卯	辛未	壬寅	壬申	癸卯	癸酉	甲辰	乙亥	乙巳	丙子	丙午	丁丑
11	甲辰	壬申	癸卯	癸酉	甲辰	甲戌	乙巳	丙子	丙午	丁丑	丁未	戊寅
12	乙巳	癸酉	甲辰	甲戌	乙巳	乙亥	丙午	丁丑	丁未	戊寅	戊申	己卯
13	丙午	甲戌	乙巳	乙亥	丙午	丙子	丁未	戊寅	戊申	己卯	己酉	庚辰
14	丁未	乙亥	丙午	丙子	丁未	丁丑	戊申	己卯	己酉	庚辰	庚戌	辛巳
15	戊申	丙子	丁未	丁丑	戊申	戊寅	己酉	庚辰	庚戌	辛巳	辛亥	壬午
16	己酉	丁丑	戊申	戊寅	己酉	己卯	庚戌	辛巳	辛亥	壬午	壬子	癸未
17	庚戌	戊寅	己酉	己卯	庚戌	庚辰	辛亥	壬午	壬子	癸未	癸丑	甲申
18	辛亥	己卯	庚戌	庚辰	辛亥	辛巳	壬子	癸未	癸丑	甲申	甲寅	乙酉
19	壬子	庚辰	辛亥	辛巳	壬子	壬午	癸丑	甲申	甲寅	乙酉	乙卯	丙戌
20	癸丑	辛巳	壬子	壬午	癸丑	癸未	甲寅	乙酉	乙卯	丙戌	丙辰	丁亥
21	甲寅	壬午	癸丑	癸未	甲寅	甲申	乙卯	丙戌	丙辰	丁亥	丁巳	戊子
22	乙卯	癸未	甲寅	甲申	乙卯	乙酉	丙辰	丁亥	丁巳	戊子	戊午	己丑
23	丙辰	甲申	乙卯	乙酉	丙辰	丙戌	丁巳	戊子	戊午	己丑	己未	庚寅
24	丁巳	乙酉	丙辰	丙戌	丁巳	丁亥	戊午	己丑	己未	庚寅	庚申	辛卯
25	戊午	丙戌	丁巳	丁亥	戊午	戊子	己未	庚寅	庚申	辛卯	辛酉	壬辰
26	己未	丁亥	戊午	戊子	己未	己丑	庚申	辛卯	辛酉	壬辰	壬戌	癸巳
27	庚申	戊子	己未	己丑	庚申	庚寅	辛酉	壬辰	壬戌	癸巳	癸亥	甲午
28	辛酉	己丑	庚申	庚寅	辛酉	辛卯	壬戌	癸巳	癸亥	甲午	甲子	乙未
29		庚寅	辛酉	辛卯	壬戌	壬辰	癸亥	甲午	甲子	乙未	乙丑	丙申
30		辛卯	壬戌	壬辰	癸亥	癸巳	甲子	乙未	乙丑	丙申	丙寅	丁酉
31		壬辰		癸巳		甲午	乙丑		丙寅		丁卯	戊戌

1979 昭和54年 己未 つちのとひつじ

日 \ 月支	2月 寅	3月 卯	4月 辰	5月 巳	6月 午	7月 未	8月 申	9月 酉	10月 戌	11月 亥	12月 子	1月 丑 (1980)
1	己亥	丁卯	戊戌	戊辰	己亥	己巳	庚子	辛未	辛丑	壬申	壬寅	癸酉
2	庚子	戊辰	己亥	己巳	庚子	庚午	辛丑	壬申	壬寅	癸酉	癸卯	甲戌
3	辛丑	己巳	庚子	庚午	辛丑	辛未	壬寅	癸酉	癸卯	甲戌	甲辰	乙亥
4	**壬寅**	庚午	辛丑	辛未	壬寅	壬申	癸卯	甲戌	甲辰	乙亥	乙巳	丙子
5	癸卯	辛未	**壬寅**	壬申	癸卯	癸酉	甲辰	乙亥	乙巳	丙子	丙午	丁丑
6	甲辰	**壬申**	癸卯	**癸酉**	**甲辰**	甲戌	乙巳	丙子	丙午	丁丑	丁未	**戊寅**
7	乙巳	癸酉	甲辰	甲戌	乙巳	乙亥	丙午	丁丑	丁未	戊寅	戊申	己卯
8	丙午	甲戌	乙巳	乙亥	丙午	**丙子**	**丁未**	**戊寅**	戊申	**己卯**	**己酉**	庚辰
9	丁未	乙亥	丙午	丙子	丁未	丁丑	戊申	己卯	**己酉**	庚辰	庚戌	辛巳
10	戊申	丙子	丁未	丁丑	戊申	戊寅	己酉	庚辰	庚戌	辛巳	辛亥	壬午
11	己酉	丁丑	戊申	戊寅	己酉	己卯	庚戌	辛巳	辛亥	壬午	壬子	癸未
12	庚戌	戊寅	己酉	己卯	庚戌	庚辰	辛亥	壬午	壬子	癸未	癸丑	甲申
13	辛亥	己卯	庚戌	庚辰	辛亥	辛巳	壬子	癸未	癸丑	甲申	甲寅	乙酉
14	壬子	庚辰	辛亥	辛巳	壬子	壬午	癸丑	甲申	甲寅	乙酉	乙卯	丙戌
15	癸丑	辛巳	壬子	壬午	癸丑	癸未	甲寅	乙酉	乙卯	丙戌	丙辰	丁亥
16	甲寅	壬午	癸丑	癸未	甲寅	甲申	乙卯	丙戌	丙辰	丁亥	丁巳	戊子
17	乙卯	癸未	甲寅	甲申	乙卯	乙酉	丙辰	丁亥	丁巳	戊子	戊午	己丑
18	丙辰	甲申	乙卯	乙酉	丙辰	丙戌	丁巳	戊子	戊午	己丑	己未	庚寅
19	丁巳	乙酉	丙辰	丙戌	丁巳	丁亥	戊午	己丑	己未	庚寅	庚申	辛卯
20	戊午	丙戌	丁巳	丁亥	戊午	戊子	己未	庚寅	庚申	辛卯	辛酉	壬辰
21	己未	丁亥	戊午	戊子	己未	己丑	庚申	辛卯	辛酉	壬辰	壬戌	癸巳
22	庚申	戊子	己未	己丑	庚申	庚寅	辛酉	壬辰	壬戌	癸巳	癸亥	甲午
23	辛酉	己丑	庚申	庚寅	辛酉	辛卯	壬戌	癸巳	癸亥	甲午	甲子	乙未
24	壬戌	庚寅	辛酉	辛卯	壬戌	壬辰	癸亥	甲午	甲子	乙未	乙丑	丙申
25	癸亥	辛卯	壬戌	壬辰	癸亥	癸巳	甲子	乙未	乙丑	丙申	丙寅	丁酉
26	甲子	壬辰	癸亥	癸巳	甲子	甲午	乙丑	丙申	丙寅	丁酉	丁卯	戊戌
27	乙丑	癸巳	甲子	甲午	乙丑	乙未	丙寅	丁酉	丁卯	戊戌	戊辰	己亥
28	丙寅	甲午	乙丑	乙未	丙寅	丙申	丁卯	戊戌	戊辰	己亥	己巳	庚子
29		乙未	丙寅	丙申	丁卯	丁酉	戊辰	己亥	己巳	庚子	庚午	辛丑
30		丙申	丁卯	丁酉	戊辰	戊戌	己巳	庚子	庚午	辛丑	辛未	壬寅
31		丁酉		戊戌		己亥	庚午		辛未		壬申	癸卯

1980 昭和55年 庚申《かのえさる》

1981

日＼月支	2月 寅	3月 卯	4月 辰	5月 巳	6月 午	7月 未	8月 申	9月 酉	10月 戌	11月 亥	12月 子	1月 丑
1	甲辰	癸酉	甲辰	甲戌	乙巳	乙亥	丙午	丁丑	丁未	戊寅	戊申	己卯
2	乙巳	甲戌	乙巳	乙亥	丙午	丙子	丁未	戊寅	戊申	己卯	己酉	庚辰
3	丙午	乙亥	丙午	丙子	丁未	丁丑	戊申	己卯	己酉	庚辰	庚戌	辛巳
4	丁未	丙子	丁未	丁丑	戊申	戊寅	己酉	庚辰	庚戌	辛巳	辛亥	壬午
5	**戊申**	**丁丑**	**戊申**	**戊寅**	**己酉**	己卯	庚戌	辛巳	辛亥	壬午	壬子	**癸未**
6	己酉	戊寅	己酉	己卯	庚戌	庚辰	辛亥	壬午	壬子	癸未	癸丑	甲申
7	庚戌	己卯	庚戌	庚辰	辛亥	**辛巳**	**壬子**	**癸未**	癸丑	**甲申**	**甲寅**	乙酉
8	辛亥	庚辰	辛亥	辛巳	壬子	壬午	癸丑	甲申	**甲寅**	乙酉	乙卯	丙戌
9	壬子	辛巳	壬子	壬午	癸丑	癸未	甲寅	乙酉	乙卯	丙戌	丙辰	丁亥
10	癸丑	壬午	癸丑	癸未	甲寅	甲申	乙卯	丙戌	丙辰	丁亥	丁巳	戊子
11	甲寅	癸未	甲寅	甲申	乙卯	乙酉	丙辰	丁亥	丁巳	戊子	戊午	己丑
12	乙卯	甲申	乙卯	乙酉	丙辰	丙戌	丁巳	戊子	戊午	己丑	己未	庚寅
13	丙辰	乙酉	丙辰	丙戌	丁巳	丁亥	戊午	己丑	己未	庚寅	庚申	辛卯
14	丁巳	丙戌	丁巳	丁亥	戊午	戊子	己未	庚寅	庚申	辛卯	辛酉	壬辰
15	戊午	丁亥	戊午	戊子	己未	己丑	庚申	辛卯	辛酉	壬辰	壬戌	癸巳
16	己未	戊子	己未	己丑	庚申	庚寅	辛酉	壬辰	壬戌	癸巳	癸亥	甲午
17	庚申	己丑	庚申	庚寅	辛酉	辛卯	壬戌	癸巳	癸亥	甲午	甲子	乙未
18	辛酉	庚寅	辛酉	辛卯	壬戌	壬辰	癸亥	甲午	甲子	乙未	乙丑	丙申
19	壬戌	辛卯	壬戌	壬辰	癸亥	癸巳	甲子	乙未	乙丑	丙申	丙寅	丁酉
20	癸亥	壬辰	癸亥	癸巳	甲子	甲午	乙丑	丙申	丙寅	丁酉	丁卯	戊戌
21	甲子	癸巳	甲子	甲午	乙丑	乙未	丙寅	丁酉	丁卯	戊戌	戊辰	己亥
22	乙丑	甲午	乙丑	乙未	丙寅	丙申	丁卯	戊戌	戊辰	己亥	己巳	庚子
23	丙寅	乙未	丙寅	丙申	丁卯	丁酉	戊辰	己亥	己巳	庚子	庚午	辛丑
24	丁卯	丙申	丁卯	丁酉	戊辰	戊戌	己巳	庚子	庚午	辛丑	辛未	壬寅
25	戊辰	丁酉	戊辰	戊戌	己巳	己亥	庚午	辛丑	辛未	壬寅	壬申	癸卯
26	己巳	戊戌	己巳	己亥	庚午	庚子	辛未	壬寅	壬申	癸卯	癸酉	甲辰
27	庚午	己亥	庚午	庚子	辛未	辛丑	壬申	癸卯	癸酉	甲辰	甲戌	乙巳
28	辛未	庚子	辛未	辛丑	壬申	壬寅	癸酉	甲辰	甲戌	乙巳	乙亥	丙午
29	壬申	辛丑	壬申	壬寅	癸酉	癸卯	甲戌	乙巳	乙亥	丙午	丙子	丁未
30		壬寅	癸酉	癸卯	甲戌	甲辰	乙亥	丙午	丙子	丁未	丁丑	戊申
31		癸卯		甲辰		乙巳	丙子		丁丑		戊寅	己酉

1981 昭和56年 辛酉《かのととり》

1982

日＼月支	2月 寅	3月 卯	4月 辰	5月 巳	6月 午	7月 未	8月 申	9月 酉	10月 戌	11月 亥	12月 子	1月 丑
1	庚戌	戊寅	己酉	己卯	庚戌	庚辰	辛亥	壬午	壬子	癸未	癸丑	甲申
2	辛亥	己卯	庚戌	庚辰	辛亥	辛巳	壬子	癸未	癸丑	甲申	甲寅	乙酉
3	壬子	庚辰	辛亥	辛巳	壬子	壬午	癸丑	甲申	甲寅	乙酉	乙卯	丙戌
4	**癸丑**	辛巳	壬子	壬午	癸丑	癸未	甲寅	乙酉	乙卯	丙戌	丙辰	丁亥
5	甲寅	壬午	**癸丑**	**癸未**	甲寅	甲申	乙卯	丙戌	丙辰	丁亥	丁巳	戊子
6	乙卯	**癸未**	甲寅	甲申	**乙卯**	乙酉	丙辰	丁亥	丁巳	戊子	戊午	**己丑**
7	丙辰	甲申	乙卯	乙酉	丙辰	**丙戌**	**丁巳**	戊子	戊午	**己丑**	**己未**	庚寅
8	丁巳	乙酉	丙辰	丙戌	丁巳	丁亥	戊午	**己丑**	**己未**	庚寅	庚申	辛卯
9	戊午	丙戌	丁巳	丁亥	戊午	戊子	己未	庚寅	庚申	辛卯	辛酉	壬辰
10	己未	丁亥	戊午	戊子	己未	己丑	庚申	辛卯	辛酉	壬辰	壬戌	癸巳
11	庚申	戊子	己未	己丑	庚申	庚寅	辛酉	壬辰	壬戌	癸巳	癸亥	甲午
12	辛酉	己丑	庚申	庚寅	辛酉	辛卯	壬戌	癸巳	癸亥	甲午	甲子	乙未
13	壬戌	庚寅	辛酉	辛卯	壬戌	壬辰	癸亥	甲午	甲子	乙未	乙丑	丙申
14	癸亥	辛卯	壬戌	壬辰	癸亥	癸巳	甲子	乙未	乙丑	丙申	丙寅	丁酉
15	甲子	壬辰	癸亥	癸巳	甲子	甲午	乙丑	丙申	丙寅	丁酉	丁卯	戊戌
16	乙丑	癸巳	甲子	甲午	乙丑	乙未	丙寅	丁酉	丁卯	戊戌	戊辰	己亥
17	丙寅	甲午	乙丑	乙未	丙寅	丙申	丁卯	戊戌	戊辰	己亥	己巳	庚子
18	丁卯	乙未	丙寅	丙申	丁卯	丁酉	戊辰	己亥	己巳	庚子	庚午	辛丑
19	戊辰	丙申	丁卯	丁酉	戊辰	戊戌	己巳	庚子	庚午	辛丑	辛未	壬寅
20	己巳	丁酉	戊辰	戊戌	己巳	己亥	庚午	辛丑	辛未	壬寅	壬申	癸卯
21	庚午	戊戌	己巳	己亥	庚午	庚子	辛未	壬寅	壬申	癸卯	癸酉	甲辰
22	辛未	己亥	庚午	庚子	辛未	辛丑	壬申	癸卯	癸酉	甲辰	甲戌	乙巳
23	壬申	庚子	辛未	辛丑	壬申	壬寅	癸酉	甲辰	甲戌	乙巳	乙亥	丙午
24	癸酉	辛丑	壬申	壬寅	癸酉	癸卯	甲戌	乙巳	乙亥	丙午	丙子	丁未
25	甲戌	壬寅	癸酉	癸卯	甲戌	甲辰	乙亥	丙午	丙子	丁未	丁丑	戊申
26	乙亥	癸卯	甲戌	甲辰	乙亥	乙巳	丙子	丁未	丁丑	戊申	戊寅	己酉
27	丙子	甲辰	乙亥	乙巳	丙子	丙午	丁丑	戊申	戊寅	己酉	己卯	庚戌
28	丁丑	乙巳	丙子	丙午	丁丑	丁未	戊寅	己酉	己卯	庚戌	庚辰	辛亥
29		丙午	丁丑	丁未	戊寅	戊申	己卯	庚戌	庚辰	辛亥	辛巳	壬子
30		丁未	戊寅	戊申	己卯	己酉	庚辰	辛亥	辛巳	壬子	壬午	癸丑
31		戊申		己酉		庚戌	辛巳		壬午		癸未	甲寅

1982 昭和57年 壬戌 みずのえいぬ

日＼月支	2月 寅	3月 卯	4月 辰	5月 巳	6月 午	7月 未	8月 申	9月 酉	10月 戌	11月 亥	12月 子	1983 1月 丑
1	乙卯	癸未	甲寅	甲申	乙卯	乙酉	丙辰	丁亥	丁巳	戊子	戊午	己丑
2	丙辰	甲申	乙卯	乙酉	丙辰	丙戌	丁巳	戊子	戊午	己丑	己未	庚寅
3	丁巳	乙酉	丙辰	丙戌	丁巳	丁亥	戊午	己丑	己未	庚寅	庚申	辛卯
4	**戊午**	丙戌	丁巳	丁亥	戊午	戊子	己未	庚寅	庚申	辛卯	辛酉	壬辰
5	己未	丁亥	**戊午**	戊子	己未	己丑	庚申	辛卯	辛酉	壬辰	壬戌	癸巳
6	庚申	**戊子**	己未	**己丑**	**庚申**	庚寅	辛酉	壬辰	壬戌	癸巳	癸亥	**甲午**
7	辛酉	己丑	庚申	庚寅	辛酉	**辛卯**	壬戌	癸巳	癸亥	甲午	**甲子**	乙未
8	壬戌	庚寅	辛酉	辛卯	壬戌	壬辰	**癸亥**	**甲午**	甲子	**乙未**	乙丑	丙申
9	癸亥	辛卯	壬戌	壬辰	癸亥	癸巳	甲子	乙未	**乙丑**	丙申	丙寅	丁酉
10	甲子	壬辰	癸亥	癸巳	甲子	甲午	乙丑	丙申	丙寅	丁酉	丁卯	戊戌
11	乙丑	癸巳	甲子	甲午	乙丑	乙未	丙寅	丁酉	丁卯	戊戌	戊辰	己亥
12	丙寅	甲午	乙丑	乙未	丙寅	丙申	丁卯	戊戌	戊辰	己亥	己巳	庚子
13	丁卯	乙未	丙寅	丙申	丁卯	丁酉	戊辰	己亥	己巳	庚子	庚午	辛丑
14	戊辰	丙申	丁卯	丁酉	戊辰	戊戌	己巳	庚子	庚午	辛丑	辛未	壬寅
15	己巳	丁酉	戊辰	戊戌	己巳	己亥	庚午	辛丑	辛未	壬寅	壬申	癸卯
16	庚午	戊戌	己巳	己亥	庚午	庚子	辛未	壬寅	壬申	癸卯	癸酉	甲辰
17	辛未	己亥	庚午	庚子	辛未	辛丑	壬申	癸卯	癸酉	甲辰	甲戌	乙巳
18	壬申	庚子	辛未	辛丑	壬申	壬寅	癸酉	甲辰	甲戌	乙巳	乙亥	丙午
19	癸酉	辛丑	壬申	壬寅	癸酉	癸卯	甲戌	乙巳	乙亥	丙午	丙子	丁未
20	甲戌	壬寅	癸酉	癸卯	甲戌	甲辰	乙亥	丙午	丙子	丁未	丁丑	戊申
21	乙亥	癸卯	甲戌	甲辰	乙亥	乙巳	丙子	丁未	丁丑	戊申	戊寅	己酉
22	丙子	甲辰	乙亥	乙巳	丙子	丙午	丁丑	戊申	戊寅	己酉	己卯	庚戌
23	丁丑	乙巳	丙子	丙午	丁丑	丁未	戊寅	己酉	己卯	庚戌	庚辰	辛亥
24	戊寅	丙午	丁丑	丁未	戊寅	戊申	己卯	庚戌	庚辰	辛亥	辛巳	壬子
25	己卯	丁未	戊寅	戊申	己卯	己酉	庚辰	辛亥	辛巳	壬子	壬午	癸丑
26	庚辰	戊申	己卯	己酉	庚辰	庚戌	辛巳	壬子	壬午	癸丑	癸未	甲寅
27	辛巳	己酉	庚辰	庚戌	辛巳	辛亥	壬午	癸丑	癸未	甲寅	甲申	乙卯
28	壬午	庚戌	辛巳	辛亥	壬午	壬子	癸未	甲寅	甲申	乙卯	乙酉	丙辰
29		辛亥	壬午	壬子	癸未	癸丑	甲申	乙卯	乙酉	丙辰	丙戌	丁巳
30		壬子	癸未	癸丑	甲申	甲寅	乙酉	丙辰	丙戌	丁巳	丁亥	戊午
31		癸丑		甲寅		乙卯	丙戌		丁亥		戊子	己未

1983 昭和58年 癸亥 みずのとい

日＼月支	2月 寅	3月 卯	4月 辰	5月 巳	6月 午	7月 未	8月 申	9月 酉	10月 戌	11月 亥	12月 子	1984 1月 丑
1	庚申	戊子	己未	己丑	庚申	庚寅	辛酉	壬辰	壬戌	癸巳	癸亥	甲午
2	辛酉	己丑	庚申	庚寅	辛酉	辛卯	壬戌	癸巳	癸亥	甲午	甲子	乙未
3	壬戌	庚寅	辛酉	辛卯	壬戌	壬辰	癸亥	甲午	甲子	乙未	乙丑	丙申
4	**癸亥**	辛卯	壬戌	壬辰	癸亥	癸巳	甲子	乙未	乙丑	丙申	丙寅	丁酉
5	甲子	壬辰	**癸亥**	癸巳	甲子	甲午	乙丑	丙申	丙寅	丁酉	丁卯	戊戌
6	乙丑	**癸巳**	甲子	**甲午**	**乙丑**	乙未	丙寅	丁酉	丁卯	戊戌	戊辰	**己亥**
7	丙寅	甲午	乙丑	乙未	丙寅	丙申	丁卯	戊戌	戊辰	己亥	己巳	庚子
8	丁卯	乙未	丙寅	丙申	丁卯	**丁酉**	**戊辰**	**己亥**	己巳	**庚子**	**庚午**	辛丑
9	戊辰	丙申	丁卯	丁酉	戊辰	戊戌	己巳	庚子	**庚午**	辛丑	辛未	壬寅
10	己巳	丁酉	戊辰	戊戌	己巳	己亥	庚午	辛丑	辛未	壬寅	壬申	癸卯
11	庚午	戊戌	己巳	己亥	庚午	庚子	辛未	壬寅	壬申	癸卯	癸酉	甲辰
12	辛未	己亥	庚午	庚子	辛未	辛丑	壬申	癸卯	癸酉	甲辰	甲戌	乙巳
13	壬申	庚子	辛未	辛丑	壬申	壬寅	癸酉	甲辰	甲戌	乙巳	乙亥	丙午
14	癸酉	辛丑	壬申	壬寅	癸酉	癸卯	甲戌	乙巳	乙亥	丙午	丙子	丁未
15	甲戌	壬寅	癸酉	癸卯	甲戌	甲辰	乙亥	丙午	丙子	丁未	丁丑	戊申
16	乙亥	癸卯	甲戌	甲辰	乙亥	乙巳	丙子	丁未	丁丑	戊申	戊寅	己酉
17	丙子	甲辰	乙亥	乙巳	丙子	丙午	丁丑	戊申	戊寅	己酉	己卯	庚戌
18	丁丑	乙巳	丙子	丙午	丁丑	丁未	戊寅	己酉	己卯	庚戌	庚辰	辛亥
19	戊寅	丙午	丁丑	丁未	戊寅	戊申	己卯	庚戌	庚辰	辛亥	辛巳	壬子
20	己卯	丁未	戊寅	戊申	己卯	己酉	庚辰	辛亥	辛巳	壬子	壬午	癸丑
21	庚辰	戊申	己卯	己酉	庚辰	庚戌	辛巳	壬子	壬午	癸丑	癸未	甲寅
22	辛巳	己酉	庚辰	庚戌	辛巳	辛亥	壬午	癸丑	癸未	甲寅	甲申	乙卯
23	壬午	庚戌	辛巳	辛亥	壬午	壬子	癸未	甲寅	甲申	乙卯	乙酉	丙辰
24	癸未	辛亥	壬午	壬子	癸未	癸丑	甲申	乙卯	乙酉	丙辰	丙戌	丁巳
25	甲申	壬子	癸未	癸丑	甲申	甲寅	乙酉	丙辰	丙戌	丁巳	丁亥	戊午
26	乙酉	癸丑	甲申	甲寅	乙酉	乙卯	丙戌	丁巳	丁亥	戊午	戊子	己未
27	丙戌	甲寅	乙酉	乙卯	丙戌	丙辰	丁亥	戊午	戊子	己未	己丑	庚申
28	丁亥	乙卯	丙戌	丙辰	丁亥	丁巳	戊子	己未	己丑	庚申	庚寅	辛酉
29		丙辰	丁亥	丁巳	戊子	戊午	己丑	庚申	庚寅	辛酉	辛卯	壬戌
30		丁巳	戊子	戊午	己丑	己未	庚寅	辛酉	辛卯	壬戌	壬辰	癸亥
31		戊午		己未		庚申	辛卯		壬辰		癸巳	甲子

1984 昭和59年 甲子 きのえね

1985

日 \ 月支	2月 寅	3月 卯	4月 辰	5月 巳	6月 午	7月 未	8月 申	9月 酉	10月 戌	11月 亥	12月 子	1月 丑
1	乙丑	甲午	乙丑	乙未	丙寅	丙申	丁卯	戊戌	戊辰	己亥	己巳	庚子
2	丙寅	乙未	丙寅	丙申	丁卯	丁酉	戊辰	己亥	己巳	庚子	庚午	辛丑
3	丁卯	丙申	丁卯	丁酉	戊辰	戊戌	己巳	庚子	庚午	辛丑	辛未	壬寅
4	戊辰	丁酉	**戊辰**	戊戌	己巳	己亥	庚午	辛丑	辛未	壬寅	壬申	癸卯
5	**己巳**	**戊戌**	己巳	**己亥**	**庚午**	庚子	辛未	壬寅	壬申	癸卯	癸酉	**甲辰**
6	庚午	己亥	庚午	庚子	辛未	辛丑	壬申	癸卯	癸酉	甲辰	甲戌	乙巳
7	辛未	庚子	辛未	辛丑	壬申	**壬寅**	**癸酉**	**甲辰**	甲戌	**乙巳**	**乙亥**	丙午
8	壬申	辛丑	壬申	壬寅	癸酉	癸卯	甲戌	乙巳	**乙亥**	丙午	丙子	丁未
9	癸酉	壬寅	癸酉	癸卯	甲戌	甲辰	乙亥	丙午	丙子	丁未	丁丑	戊申
10	甲戌	癸卯	甲戌	甲辰	乙亥	乙巳	丙子	丁未	丁丑	戊申	戊寅	己酉
11	乙亥	甲辰	乙亥	乙巳	丙子	丙午	丁丑	戊申	戊寅	己酉	己卯	庚戌
12	丙子	乙巳	丙子	丙午	丁丑	丁未	戊寅	己酉	己卯	庚戌	庚辰	辛亥
13	丁丑	丙午	丁丑	丁未	戊寅	戊申	己卯	庚戌	庚辰	辛亥	辛巳	壬子
14	戊寅	丁未	戊寅	戊申	己卯	己酉	庚辰	辛亥	辛巳	壬子	壬午	癸丑
15	己卯	戊申	己卯	己酉	庚辰	庚戌	辛巳	壬子	壬午	癸丑	癸未	甲寅
16	庚辰	己酉	庚辰	庚戌	辛巳	辛亥	壬午	癸丑	癸未	甲寅	甲申	乙卯
17	辛巳	庚戌	辛巳	辛亥	壬午	壬子	癸未	甲寅	甲申	乙卯	乙酉	丙辰
18	壬午	辛亥	壬午	壬子	癸未	癸丑	甲申	乙卯	乙酉	丙辰	丙戌	丁巳
19	癸未	壬子	癸未	癸丑	甲申	甲寅	乙酉	丙辰	丙戌	丁巳	丁亥	戊午
20	甲申	癸丑	甲申	甲寅	乙酉	乙卯	丙戌	丁巳	丁亥	戊午	戊子	己未
21	乙酉	甲寅	乙酉	乙卯	丙戌	丙辰	丁亥	戊午	戊子	己未	己丑	庚申
22	丙戌	乙卯	丙戌	丙辰	丁亥	丁巳	戊子	己未	己丑	庚申	庚寅	辛酉
23	丁亥	丙辰	丁亥	丁巳	戊子	戊午	己丑	庚申	庚寅	辛酉	辛卯	壬戌
24	戊子	丁巳	戊子	戊午	己丑	己未	庚寅	辛酉	辛卯	壬戌	壬辰	癸亥
25	己丑	戊午	己丑	己未	庚寅	庚申	辛卯	壬戌	壬辰	癸亥	癸巳	甲子
26	庚寅	己未	庚寅	庚申	辛卯	辛酉	壬辰	癸亥	癸巳	甲子	甲午	乙丑
27	辛卯	庚申	辛卯	辛酉	壬辰	壬戌	癸巳	甲子	甲午	乙丑	乙未	丙寅
28	壬辰	辛酉	壬辰	壬戌	癸巳	癸亥	甲午	乙丑	乙未	丙寅	丙申	丁卯
29	癸巳	壬戌	癸巳	癸亥	甲午	甲子	乙未	丙寅	丙申	丁卯	丁酉	戊辰
30		癸亥	甲午	甲子	乙未	乙丑	丙申	丁卯	丁酉	戊辰	戊戌	己巳
31		甲子		乙丑		丙寅	丁酉		戊戌		己亥	庚午

1985 昭和60年 乙丑 きのとうし

1986

日 \ 月支	2月 寅	3月 卯	4月 辰	5月 巳	6月 午	7月 未	8月 申	9月 酉	10月 戌	11月 亥	12月 子	1月 丑
1	辛未	己亥	庚午	庚子	辛未	辛丑	壬申	癸卯	癸酉	甲辰	甲戌	乙巳
2	壬申	庚子	辛未	辛丑	壬申	壬寅	癸酉	甲辰	甲戌	乙巳	乙亥	丙午
3	癸酉	辛丑	壬申	壬寅	癸酉	癸卯	甲戌	乙巳	乙亥	丙午	丙子	丁未
4	**甲戌**	壬寅	癸酉	癸卯	甲戌	甲辰	乙亥	丙午	丙子	丁未	丁丑	戊申
5	乙亥	癸卯	**甲戌**	**甲辰**	乙亥	乙巳	丙子	丁未	丁丑	戊申	戊寅	己酉
6	丙子	**甲辰**	乙亥	乙巳	**丙子**	丙午	丁丑	戊申	戊寅	己酉	己卯	**庚戌**
7	丁丑	乙巳	丙子	丙午	丁丑	**丁未**	**戊寅**	己酉	己卯	**庚戌**	**庚辰**	辛亥
8	戊寅	丙午	丁丑	丁未	戊寅	戊申	己卯	**庚戌**	**庚辰**	辛亥	辛巳	壬子
9	己卯	丁未	戊寅	戊申	己卯	己酉	庚辰	辛亥	辛巳	壬子	壬午	癸丑
10	庚辰	戊申	己卯	己酉	庚辰	庚戌	辛巳	壬子	壬午	癸丑	癸未	甲寅
11	辛巳	己酉	庚辰	庚戌	辛巳	辛亥	壬午	癸丑	癸未	甲寅	甲申	乙卯
12	壬午	庚戌	辛巳	辛亥	壬午	壬子	癸未	甲寅	甲申	乙卯	乙酉	丙辰
13	癸未	辛亥	壬午	壬子	癸未	癸丑	甲申	乙卯	乙酉	丙辰	丙戌	丁巳
14	甲申	壬子	癸未	癸丑	甲申	甲寅	乙酉	丙辰	丙戌	丁巳	丁亥	戊午
15	乙酉	癸丑	甲申	甲寅	乙酉	乙卯	丙戌	丁巳	丁亥	戊午	戊子	己未
16	丙戌	甲寅	乙酉	乙卯	丙戌	丙辰	丁亥	戊午	戊子	己未	己丑	庚申
17	丁亥	乙卯	丙戌	丙辰	丁亥	丁巳	戊子	己未	己丑	庚申	庚寅	辛酉
18	戊子	丙辰	丁亥	丁巳	戊子	戊午	己丑	庚申	庚寅	辛酉	辛卯	壬戌
19	己丑	丁巳	戊子	戊午	己丑	己未	庚寅	辛酉	辛卯	壬戌	壬辰	癸亥
20	庚寅	戊午	己丑	己未	庚寅	庚申	辛卯	壬戌	壬辰	癸亥	癸巳	甲子
21	辛卯	己未	庚寅	庚申	辛卯	辛酉	壬辰	癸亥	癸巳	甲子	甲午	乙丑
22	壬辰	庚申	辛卯	辛酉	壬辰	壬戌	癸巳	甲子	甲午	乙丑	乙未	丙寅
23	癸巳	辛酉	壬辰	壬戌	癸巳	癸亥	甲午	乙丑	乙未	丙寅	丙申	丁卯
24	甲午	壬戌	癸巳	癸亥	甲午	甲子	乙未	丙寅	丙申	丁卯	丁酉	戊辰
25	乙未	癸亥	甲午	甲子	乙未	乙丑	丙申	丁卯	丁酉	戊辰	戊戌	己巳
26	丙申	甲子	乙未	乙丑	丙申	丙寅	丁酉	戊辰	戊戌	己巳	己亥	庚午
27	丁酉	乙丑	丙申	丙寅	丁酉	丁卯	戊戌	己巳	己亥	庚午	庚子	辛未
28	戊戌	丙寅	丁酉	丁卯	戊戌	戊辰	己亥	庚午	庚子	辛未	辛丑	壬申
29		丁卯	戊戌	戊辰	己亥	己巳	庚子	辛未	辛丑	壬申	壬寅	癸酉
30		戊辰	己亥	己巳	庚子	庚午	辛丑	壬申	壬寅	癸酉	癸卯	甲戌
31		己巳		庚午		辛未	壬寅		癸卯		甲辰	乙亥

1986 昭和61年 丙寅 ひのえとら

月支 日	2月 寅	3月 卯	4月 辰	5月 巳	6月 午	7月 未	8月 申	9月 酉	10月 戌	11月 亥	12月 子	1987 1月 丑
1	丙子	甲辰	乙亥	乙巳	丙子	丙午	丁丑	戊申	戊寅	己酉	己卯	庚戌
2	丁丑	乙巳	丙子	丙午	丁丑	丁未	戊寅	己酉	己卯	庚戌	庚辰	辛亥
3	戊寅	丙午	丁丑	丁未	戊寅	戊申	己卯	庚戌	庚辰	辛亥	辛巳	壬子
4	**己卯**	丁未	戊寅	戊申	己卯	己酉	庚辰	辛亥	辛巳	壬子	壬午	癸丑
5	庚辰	戊申	**己卯**	己酉	庚辰	庚戌	辛巳	壬子	壬午	癸丑	癸未	甲寅
6	辛巳	**己酉**	庚辰	**庚戌**	**辛巳**	辛亥	壬午	癸丑	癸未	甲寅	甲申	**乙卯**
7	壬午	庚戌	辛巳	辛亥	壬午	**壬子**	癸未	甲寅	甲申	乙卯	**乙酉**	丙辰
8	癸未	辛亥	壬午	壬子	癸未	癸丑	**甲申**	**乙卯**	**乙酉**	**丙辰**	丙戌	丁巳
9	甲申	壬子	癸未	癸丑	甲申	甲寅	乙酉	丙辰	丙戌	丁巳	丁亥	戊午
10	乙酉	癸丑	甲申	甲寅	乙酉	乙卯	丙戌	丁巳	丁亥	戊午	戊子	己未
11	丙戌	甲寅	乙酉	乙卯	丙戌	丙辰	丁亥	戊午	戊子	己未	己丑	庚申
12	丁亥	乙卯	丙戌	丙辰	丁亥	丁巳	戊子	己未	己丑	庚申	庚寅	辛酉
13	戊子	丙辰	丁亥	丁巳	戊子	戊午	己丑	庚申	庚寅	辛酉	辛卯	壬戌
14	己丑	丁巳	戊子	戊午	己丑	己未	庚寅	辛酉	辛卯	壬戌	壬辰	癸亥
15	庚寅	戊午	己丑	己未	庚寅	庚申	辛卯	壬戌	壬辰	癸亥	癸巳	甲子
16	辛卯	己未	庚寅	庚申	辛卯	辛酉	壬辰	癸亥	癸巳	甲子	甲午	乙丑
17	壬辰	庚申	辛卯	辛酉	壬辰	壬戌	癸巳	甲子	甲午	乙丑	乙未	丙寅
18	癸巳	辛酉	壬辰	壬戌	癸巳	癸亥	甲午	乙丑	乙未	丙寅	丙申	丁卯
19	甲午	壬戌	癸巳	癸亥	甲午	甲子	乙未	丙寅	丙申	丁卯	丁酉	戊辰
20	乙未	癸亥	甲午	甲子	乙未	乙丑	丙申	丁卯	丁酉	戊辰	戊戌	己巳
21	丙申	甲子	乙未	乙丑	丙申	丙寅	丁酉	戊辰	戊戌	己巳	己亥	庚午
22	丁酉	乙丑	丙申	丙寅	丁酉	丁卯	戊戌	己巳	己亥	庚午	庚子	辛未
23	戊戌	丙寅	丁酉	丁卯	戊戌	戊辰	己亥	庚午	庚子	辛未	辛丑	壬申
24	己亥	丁卯	戊戌	戊辰	己亥	己巳	庚子	辛未	辛丑	壬申	壬寅	癸酉
25	庚子	戊辰	己亥	己巳	庚子	庚午	辛丑	壬申	壬寅	癸酉	癸卯	甲戌
26	辛丑	己巳	庚子	庚午	辛丑	辛未	壬寅	癸酉	癸卯	甲戌	甲辰	乙亥
27	壬寅	庚午	辛丑	辛未	壬寅	壬申	癸卯	甲戌	甲辰	乙亥	乙巳	丙子
28	癸卯	辛未	壬寅	壬申	癸卯	癸酉	甲辰	乙亥	乙巳	丙子	丙午	丁丑
29		壬申	癸卯	癸酉	甲辰	甲戌	乙巳	丙子	丙午	丁丑	丁未	戊寅
30		癸酉	甲辰	甲戌	乙巳	乙亥	丙午	丁丑	丁未	戊寅	戊申	己卯
31		甲戌		乙亥		丙子	丁未		戊申		己酉	庚辰

1987 昭和62年 丁卯 ひのとう

月支 日	2月 寅	3月 卯	4月 辰	5月 巳	6月 午	7月 未	8月 申	9月 酉	10月 戌	11月 亥	12月 子	1988 1月 丑
1	辛巳	己酉	庚辰	庚戌	辛巳	辛亥	壬午	癸丑	癸未	甲寅	甲申	乙卯
2	壬午	庚戌	辛巳	辛亥	壬午	壬子	癸未	甲寅	甲申	乙卯	乙酉	丙辰
3	癸未	辛亥	壬午	壬子	癸未	癸丑	甲申	乙卯	乙酉	丙辰	丙戌	丁巳
4	**甲申**	壬子	癸未	癸丑	甲申	甲寅	乙酉	丙辰	丙戌	丁巳	丁亥	戊午
5	乙酉	癸丑	**甲申**	甲寅	乙酉	乙卯	丙戌	丁巳	丁亥	戊午	戊子	己未
6	丙戌	**甲寅**	乙酉	**乙卯**	**丙戌**	丙辰	丁亥	戊午	戊子	己未	己丑	**庚申**
7	丁亥	乙卯	丙戌	丙辰	丁亥	丁巳	戊子	己未	己丑	庚申	庚寅	辛酉
8	戊子	丙辰	丁亥	丁巳	戊子	**戊午**	**己丑**	**庚申**	庚寅	**辛酉**	**辛卯**	壬戌
9	己丑	丁巳	戊子	戊午	己丑	己未	庚寅	辛酉	**辛卯**	壬戌	壬辰	癸亥
10	庚寅	戊午	己丑	己未	庚寅	庚申	辛卯	壬戌	壬辰	癸亥	癸巳	甲子
11	辛卯	己未	庚寅	庚申	辛卯	辛酉	壬辰	癸亥	癸巳	甲子	甲午	乙丑
12	壬辰	庚申	辛卯	辛酉	壬辰	壬戌	癸巳	甲子	甲午	乙丑	乙未	丙寅
13	癸巳	辛酉	壬辰	壬戌	癸巳	癸亥	甲午	乙丑	乙未	丙寅	丙申	丁卯
14	甲午	壬戌	癸巳	癸亥	甲午	甲子	乙未	丙寅	丙申	丁卯	丁酉	戊辰
15	乙未	癸亥	甲午	甲子	乙未	乙丑	丙申	丁卯	丁酉	戊辰	戊戌	己巳
16	丙申	甲子	乙未	乙丑	丙申	丙寅	丁酉	戊辰	戊戌	己巳	己亥	庚午
17	丁酉	乙丑	丙申	丙寅	丁酉	丁卯	戊戌	己巳	己亥	庚午	庚子	辛未
18	戊戌	丙寅	丁酉	丁卯	戊戌	戊辰	己亥	庚午	庚子	辛未	辛丑	壬申
19	己亥	丁卯	戊戌	戊辰	己亥	己巳	庚子	辛未	辛丑	壬申	壬寅	癸酉
20	庚子	戊辰	己亥	己巳	庚子	庚午	辛丑	壬申	壬寅	癸酉	癸卯	甲戌
21	辛丑	己巳	庚子	庚午	辛丑	辛未	壬寅	癸酉	癸卯	甲戌	甲辰	乙亥
22	壬寅	庚午	辛丑	辛未	壬寅	壬申	癸卯	甲戌	甲辰	乙亥	乙巳	丙子
23	癸卯	辛未	壬寅	壬申	癸卯	癸酉	甲辰	乙亥	乙巳	丙子	丙午	丁丑
24	甲辰	壬申	癸卯	癸酉	甲辰	甲戌	乙巳	丙子	丙午	丁丑	丁未	戊寅
25	乙巳	癸酉	甲辰	甲戌	乙巳	乙亥	丙午	丁丑	丁未	戊寅	戊申	己卯
26	丙午	甲戌	乙巳	乙亥	丙午	丙子	丁未	戊寅	戊申	己卯	己酉	庚辰
27	丁未	乙亥	丙午	丙子	丁未	丁丑	戊申	己卯	己酉	庚辰	庚戌	辛巳
28	戊申	丙子	丁未	丁丑	戊申	戊寅	己酉	庚辰	庚戌	辛巳	辛亥	壬午
29		丁丑	戊申	戊寅	己酉	己卯	庚戌	辛巳	辛亥	壬午	壬子	癸未
30		戊寅	己酉	己卯	庚戌	庚辰	辛亥	壬午	壬子	癸未	癸丑	甲申
31		己卯		庚辰		辛巳	壬子		癸丑		甲寅	乙酉

1988 昭和63年 戊辰 つちのえたつ

1989

日＼月支	2月 寅	3月 卯	4月 辰	5月 巳	6月 午	7月 未	8月 申	9月 酉	10月 戌	11月 亥	12月 子	1月 丑
1	丙戌	乙卯	丙戌	丙辰	丁亥	丁巳	戊子	己未	己丑	庚申	庚寅	辛酉
2	丁亥	丙辰	丁亥	丁巳	戊子	戊午	己丑	庚申	庚寅	辛酉	辛卯	壬戌
3	戊子	丁巳	戊子	戊午	己丑	己未	庚寅	辛酉	辛卯	壬戌	壬辰	癸亥
4	**己丑**	戊午	**己丑**	己未	庚寅	庚申	辛卯	壬戌	壬辰	癸亥	癸巳	甲子
5	庚寅	**己未**	庚寅	**庚申**	**辛卯**	辛酉	壬辰	癸亥	癸巳	甲子	甲午	**乙丑**
6	辛卯	庚申	辛卯	辛酉	壬辰	壬戌	癸巳	甲子	甲午	乙丑	乙未	丙寅
7	壬辰	辛酉	壬辰	壬戌	癸巳	**癸亥**	**甲午**	**乙丑**	乙未	**丙寅**	**丙申**	丁卯
8	癸巳	壬戌	癸巳	癸亥	甲午	甲子	乙未	丙寅	**丙申**	丁卯	丁酉	戊辰
9	甲午	癸亥	甲午	甲子	乙未	乙丑	丙申	丁卯	丁酉	戊辰	戊戌	己巳
10	乙未	甲子	乙未	乙丑	丙申	丙寅	丁酉	戊辰	戊戌	己巳	己亥	庚午
11	丙申	乙丑	丙申	丙寅	丁酉	丁卯	戊戌	己巳	己亥	庚午	庚子	辛未
12	丁酉	丙寅	丁酉	丁卯	戊戌	戊辰	己亥	庚午	庚子	辛未	辛丑	壬申
13	戊戌	丁卯	戊戌	戊辰	己亥	己巳	庚子	辛未	辛丑	壬申	壬寅	癸酉
14	己亥	戊辰	己亥	己巳	庚子	庚午	辛丑	壬申	壬寅	癸酉	癸卯	甲戌
15	庚子	己巳	庚子	庚午	辛丑	辛未	壬寅	癸酉	癸卯	甲戌	甲辰	乙亥
16	辛丑	庚午	辛丑	辛未	壬寅	壬申	癸卯	甲戌	甲辰	乙亥	乙巳	丙子
17	壬寅	辛未	壬寅	壬申	癸卯	癸酉	甲辰	乙亥	乙巳	丙子	丙午	丁丑
18	癸卯	壬申	癸卯	癸酉	甲辰	甲戌	乙巳	丙子	丙午	丁丑	丁未	戊寅
19	甲辰	癸酉	甲辰	甲戌	乙巳	乙亥	丙午	丁丑	丁未	戊寅	戊申	己卯
20	乙巳	甲戌	乙巳	乙亥	丙午	丙子	丁未	戊寅	戊申	己卯	己酉	庚辰
21	丙午	乙亥	丙午	丙子	丁未	丁丑	戊申	己卯	己酉	庚辰	庚戌	辛巳
22	丁未	丙子	丁未	丁丑	戊申	戊寅	己酉	庚辰	庚戌	辛巳	辛亥	壬午
23	戊申	丁丑	戊申	戊寅	己酉	己卯	庚戌	辛巳	辛亥	壬午	壬子	癸未
24	己酉	戊寅	己酉	己卯	庚戌	庚辰	辛亥	壬午	壬子	癸未	癸丑	甲申
25	庚戌	己卯	庚戌	庚辰	辛亥	辛巳	壬子	癸未	癸丑	甲申	甲寅	乙酉
26	辛亥	庚辰	辛亥	辛巳	壬子	壬午	癸丑	甲申	甲寅	乙酉	乙卯	丙戌
27	壬子	辛巳	壬子	壬午	癸丑	癸未	甲寅	乙酉	乙卯	丙戌	丙辰	丁亥
28	癸丑	壬午	癸丑	癸未	甲寅	甲申	乙卯	丙戌	丙辰	丁亥	丁巳	戊子
29	甲寅	癸未	甲寅	甲申	乙卯	乙酉	丙辰	丁亥	丁巳	戊子	戊午	己丑
30		甲申	乙卯	乙酉	丙辰	丙戌	丁巳	戊子	戊午	己丑	己未	庚寅
31		乙酉		丙戌		丁亥	戊午		己未		庚申	辛卯

1989 平成元年 己巳 つちのとみ

1990

日＼月支	2月 寅	3月 卯	4月 辰	5月 巳	6月 午	7月 未	8月 申	9月 酉	10月 戌	11月 亥	12月 子	1月 丑
1	壬辰	庚申	辛卯	辛酉	壬辰	壬戌	癸巳	甲子	甲午	乙丑	乙未	丙寅
2	癸巳	辛酉	壬辰	壬戌	癸巳	癸亥	甲午	乙丑	乙未	丙寅	丙申	丁卯
3	甲午	壬戌	癸巳	癸亥	甲午	甲子	乙未	丙寅	丙申	丁卯	丁酉	戊辰
4	**乙未**	癸亥	甲午	甲子	乙未	乙丑	丙申	丁卯	丁酉	戊辰	戊戌	己巳
5	丙申	**甲子**	**乙未**	**乙丑**	丙申	丙寅	丁酉	戊辰	戊戌	己巳	己亥	**庚午**
6	丁酉	乙丑	丙申	丙寅	**丁酉**	丁卯	戊戌	己巳	己亥	庚午	庚子	辛未
7	戊戌	丙寅	丁酉	丁卯	戊戌	**戊辰**	**己亥**	庚午	庚子	**辛未**	**辛丑**	壬申
8	己亥	丁卯	戊戌	戊辰	己亥	己巳	庚子	**辛未**	**辛丑**	壬申	壬寅	癸酉
9	庚子	戊辰	己亥	己巳	庚子	庚午	辛丑	壬申	壬寅	癸酉	癸卯	甲戌
10	辛丑	己巳	庚子	庚午	辛丑	辛未	壬寅	癸酉	癸卯	甲戌	甲辰	乙亥
11	壬寅	庚午	辛丑	辛未	壬寅	壬申	癸卯	甲戌	甲辰	乙亥	乙巳	丙子
12	癸卯	辛未	壬寅	壬申	癸卯	癸酉	甲辰	乙亥	乙巳	丙子	丙午	丁丑
13	甲辰	壬申	癸卯	癸酉	甲辰	甲戌	乙巳	丙子	丙午	丁丑	丁未	戊寅
14	乙巳	癸酉	甲辰	甲戌	乙巳	乙亥	丙午	丁丑	丁未	戊寅	戊申	己卯
15	丙午	甲戌	乙巳	乙亥	丙午	丙子	丁未	戊寅	戊申	己卯	己酉	庚辰
16	丁未	乙亥	丙午	丙子	丁未	丁丑	戊申	己卯	己酉	庚辰	庚戌	辛巳
17	戊申	丙子	丁未	丁丑	戊申	戊寅	己酉	庚辰	庚戌	辛巳	辛亥	壬午
18	己酉	丁丑	戊申	戊寅	己酉	己卯	庚戌	辛巳	辛亥	壬午	壬子	癸未
19	庚戌	戊寅	己酉	己卯	庚戌	庚辰	辛亥	壬午	壬子	癸未	癸丑	甲申
20	辛亥	己卯	庚戌	庚辰	辛亥	辛巳	壬子	癸未	癸丑	甲申	甲寅	乙酉
21	壬子	庚辰	辛亥	辛巳	壬子	壬午	癸丑	甲申	甲寅	乙酉	乙卯	丙戌
22	癸丑	辛巳	壬子	壬午	癸丑	癸未	甲寅	乙酉	乙卯	丙戌	丙辰	丁亥
23	甲寅	壬午	癸丑	癸未	甲寅	甲申	乙卯	丙戌	丙辰	丁亥	丁巳	戊子
24	乙卯	癸未	甲寅	甲申	乙卯	乙酉	丙辰	丁亥	丁巳	戊子	戊午	己丑
25	丙辰	甲申	乙卯	乙酉	丙辰	丙戌	丁巳	戊子	戊午	己丑	己未	庚寅
26	丁巳	乙酉	丙辰	丙戌	丁巳	丁亥	戊午	己丑	己未	庚寅	庚申	辛卯
27	戊午	丙戌	丁巳	丁亥	戊午	戊子	己未	庚寅	庚申	辛卯	辛酉	壬辰
28	己未	丁亥	戊午	戊子	己未	己丑	庚申	辛卯	辛酉	壬辰	壬戌	癸巳
29		戊子	己未	己丑	庚申	庚寅	辛酉	壬辰	壬戌	癸巳	癸亥	甲午
30		己丑	庚申	庚寅	辛酉	辛卯	壬戌	癸巳	癸亥	甲午	甲子	乙未
31		庚寅		辛卯		壬辰	癸亥		甲子		乙丑	丙申

1990 平成2年 庚午 かのえうま

1991

日＼月支	2月 寅	3月 卯	4月 辰	5月 巳	6月 午	7月 未	8月 申	9月 酉	10月 戌	11月 亥	12月 子	1月 丑
1	丁酉	乙丑	丙申	丙寅	丁酉	丁卯	戊戌	己巳	己亥	庚午	庚子	辛未
2	戊戌	丙寅	丁酉	丁卯	戊戌	戊辰	己亥	庚午	庚子	辛未	辛丑	壬申
3	己亥	丁卯	戊戌	戊辰	己亥	己巳	庚子	辛未	辛丑	壬申	壬寅	癸酉
4	**庚子**	戊辰	己亥	己巳	庚子	庚午	辛丑	壬申	壬寅	癸酉	癸卯	甲戌
5	辛丑	己巳	**庚子**	庚午	辛丑	辛未	壬寅	癸酉	癸卯	甲戌	甲辰	乙亥
6	壬寅	**庚午**	辛丑	**辛未**	**壬寅**	壬申	癸卯	甲戌	甲辰	乙亥	乙巳	**丙子**
7	癸卯	辛未	壬寅	壬申	癸卯	**癸酉**	甲辰	乙亥	乙巳	丙子	**丙午**	丁丑
8	甲辰	壬申	癸卯	癸酉	甲辰	甲戌	**乙巳**	**丙子**	**丙午**	**丁丑**	丁未	戊寅
9	乙巳	癸酉	甲辰	甲戌	乙巳	乙亥	丙午	丁丑	丁未	戊寅	戊申	己卯
10	丙午	甲戌	乙巳	乙亥	丙午	丙子	丁未	戊寅	戊申	己卯	己酉	庚辰
11	丁未	乙亥	丙午	丙子	丁未	丁丑	戊申	己卯	己酉	庚辰	庚戌	辛巳
12	戊申	丙子	丁未	丁丑	戊申	戊寅	己酉	庚辰	庚戌	辛巳	辛亥	壬午
13	己酉	丁丑	戊申	戊寅	己酉	己卯	庚戌	辛巳	辛亥	壬午	壬子	癸未
14	庚戌	戊寅	己酉	己卯	庚戌	庚辰	辛亥	壬午	壬子	癸未	癸丑	甲申
15	辛亥	己卯	庚戌	庚辰	辛亥	辛巳	壬子	癸未	癸丑	甲申	甲寅	乙酉
16	壬子	庚辰	辛亥	辛巳	壬子	壬午	癸丑	甲申	甲寅	乙酉	乙卯	丙戌
17	癸丑	辛巳	壬子	壬午	癸丑	癸未	甲寅	乙酉	乙卯	丙戌	丙辰	丁亥
18	甲寅	壬午	癸丑	癸未	甲寅	甲申	乙卯	丙戌	丙辰	丁亥	丁巳	戊子
19	乙卯	癸未	甲寅	甲申	乙卯	乙酉	丙辰	丁亥	丁巳	戊子	戊午	己丑
20	丙辰	甲申	乙卯	乙酉	丙辰	丙戌	丁巳	戊子	戊午	己丑	己未	庚寅
21	丁巳	乙酉	丙辰	丙戌	丁巳	丁亥	戊午	己丑	己未	庚寅	庚申	辛卯
22	戊午	丙戌	丁巳	丁亥	戊午	戊子	己未	庚寅	庚申	辛卯	辛酉	壬辰
23	己未	丁亥	戊午	戊子	己未	己丑	庚申	辛卯	辛酉	壬辰	壬戌	癸巳
24	庚申	戊子	己未	己丑	庚申	庚寅	辛酉	壬辰	壬戌	癸巳	癸亥	甲午
25	辛酉	己丑	庚申	庚寅	辛酉	辛卯	壬戌	癸巳	癸亥	甲午	甲子	乙未
26	壬戌	庚寅	辛酉	辛卯	壬戌	壬辰	癸亥	甲午	甲子	乙未	乙丑	丙申
27	癸亥	辛卯	壬戌	壬辰	癸亥	癸巳	甲子	乙未	乙丑	丙申	丙寅	丁酉
28	甲子	壬辰	癸亥	癸巳	甲子	甲午	乙丑	丙申	丙寅	丁酉	丁卯	戊戌
29		癸巳	甲子	甲午	乙丑	乙未	丙寅	丁酉	丁卯	戊戌	戊辰	己亥
30		甲午	乙丑	乙未	丙寅	丙申	丁卯	戊戌	戊辰	己亥	己巳	庚子
31		乙未		丙申		丁酉	戊辰		己巳		庚午	辛丑

1991 平成3年 辛未 かのとひつじ

1992

日＼月支	2月 寅	3月 卯	4月 辰	5月 巳	6月 午	7月 未	8月 申	9月 酉	10月 戌	11月 亥	12月 子	1月 丑
1	壬寅	庚午	辛丑	辛未	壬寅	壬申	癸卯	甲戌	甲辰	乙亥	乙巳	丙子
2	癸卯	辛未	壬寅	壬申	癸卯	癸酉	甲辰	乙亥	乙巳	丙子	丙午	丁丑
3	甲辰	壬申	癸卯	癸酉	甲辰	甲戌	乙巳	丙子	丙午	丁丑	丁未	戊寅
4	**乙巳**	癸酉	甲辰	甲戌	乙巳	乙亥	丙午	丁丑	丁未	戊寅	戊申	己卯
5	丙午	甲戌	**乙巳**	乙亥	丙午	丙子	丁未	戊寅	戊申	己卯	己酉	庚辰
6	丁未	**乙亥**	丙午	**丙子**	**丁未**	丁丑	戊申	己卯	己酉	庚辰	庚戌	**辛巳**
7	戊申	丙子	丁未	丁丑	戊申	**戊寅**	己酉	庚辰	庚戌	辛巳	**辛亥**	壬午
8	己酉	丁丑	戊申	戊寅	己酉	己卯	**庚戌**	**辛巳**	辛亥	**壬午**	壬子	癸未
9	庚戌	戊寅	己酉	己卯	庚戌	庚辰	辛亥	壬午	**壬子**	癸未	癸丑	甲申
10	辛亥	己卯	庚戌	庚辰	辛亥	辛巳	壬子	癸未	癸丑	甲申	甲寅	乙酉
11	壬子	庚辰	辛亥	辛巳	壬子	壬午	癸丑	甲申	甲寅	乙酉	乙卯	丙戌
12	癸丑	辛巳	壬子	壬午	癸丑	癸未	甲寅	乙酉	乙卯	丙戌	丙辰	丁亥
13	甲寅	壬午	癸丑	癸未	甲寅	甲申	乙卯	丙戌	丙辰	丁亥	丁巳	戊子
14	乙卯	癸未	甲寅	甲申	乙卯	乙酉	丙辰	丁亥	丁巳	戊子	戊午	己丑
15	丙辰	甲申	乙卯	乙酉	丙辰	丙戌	丁巳	戊子	戊午	己丑	己未	庚寅
16	丁巳	乙酉	丙辰	丙戌	丁巳	丁亥	戊午	己丑	己未	庚寅	庚申	辛卯
17	戊午	丙戌	丁巳	丁亥	戊午	戊子	己未	庚寅	庚申	辛卯	辛酉	壬辰
18	己未	丁亥	戊午	戊子	己未	己丑	庚申	辛卯	辛酉	壬辰	壬戌	癸巳
19	庚申	戊子	己未	己丑	庚申	庚寅	辛酉	壬辰	壬戌	癸巳	癸亥	甲午
20	辛酉	己丑	庚申	庚寅	辛酉	辛卯	壬戌	癸巳	癸亥	甲午	甲子	乙未
21	壬戌	庚寅	辛酉	辛卯	壬戌	壬辰	癸亥	甲午	甲子	乙未	乙丑	丙申
22	癸亥	辛卯	壬戌	壬辰	癸亥	癸巳	甲子	乙未	乙丑	丙申	丙寅	丁酉
23	甲子	壬辰	癸亥	癸巳	甲子	甲午	乙丑	丙申	丙寅	丁酉	丁卯	戊戌
24	乙丑	癸巳	甲子	甲午	乙丑	乙未	丙寅	丁酉	丁卯	戊戌	戊辰	己亥
25	丙寅	甲午	乙丑	乙未	丙寅	丙申	丁卯	戊戌	戊辰	己亥	己巳	庚子
26	丁卯	乙未	丙寅	丙申	丁卯	丁酉	戊辰	己亥	己巳	庚子	庚午	辛丑
27	戊辰	丙申	丁卯	丁酉	戊辰	戊戌	己巳	庚子	庚午	辛丑	辛未	壬寅
28	己巳	丁酉	戊辰	戊戌	己巳	己亥	庚午	辛丑	辛未	壬寅	壬申	癸卯
29		戊戌	己巳	己亥	庚午	庚子	辛未	壬寅	壬申	癸卯	癸酉	甲辰
30		己亥	庚午	庚子	辛未	辛丑	壬申	癸卯	癸酉	甲辰	甲戌	乙巳
31		庚子		辛丑		壬寅	癸酉		甲戌		乙亥	丙午

1992 平成4年 壬申 みずのえさる

1993

日＼月支	2月 寅	3月 卯	4月 辰	5月 巳	6月 午	7月 未	8月 申	9月 酉	10月 戌	11月 亥	12月 子	1月 丑
1	丁未	丙子	丁未	丁丑	戊申	戊寅	己酉	庚辰	庚戌	辛巳	辛亥	壬午
2	戊申	丁丑	戊申	戊寅	己酉	己卯	庚戌	辛巳	辛亥	壬午	壬子	癸未
3	己酉	戊寅	己酉	己卯	庚戌	庚辰	辛亥	壬午	壬子	癸未	癸丑	甲申
4	**庚戌**	己卯	**庚戌**	庚辰	辛亥	辛巳	壬子	癸未	癸丑	甲申	甲寅	乙酉
5	辛亥	**庚辰**	辛亥	**辛巳**	**壬子**	壬午	癸丑	甲申	甲寅	乙酉	乙卯	**丙戌**
6	壬子	辛巳	壬子	壬午	癸丑	癸未	甲寅	乙酉	乙卯	丙戌	丙辰	丁亥
7	癸丑	壬午	癸丑	癸未	甲寅	**甲申**	**乙卯**	**丙戌**	丙辰	**丁亥**	**丁巳**	戊子
8	甲寅	癸未	甲寅	甲申	乙卯	乙酉	丙辰	丁亥	**丁巳**	戊子	戊午	己丑
9	乙卯	甲申	乙卯	乙酉	丙辰	丙戌	丁巳	戊子	戊午	己丑	己未	庚寅
10	丙辰	乙酉	丙辰	丙戌	丁巳	丁亥	戊午	己丑	己未	庚寅	庚申	辛卯
11	丁巳	丙戌	丁巳	丁亥	戊午	戊子	己未	庚寅	庚申	辛卯	辛酉	壬辰
12	戊午	丁亥	戊午	戊子	己未	己丑	庚申	辛卯	辛酉	壬辰	壬戌	癸巳
13	己未	戊子	己未	己丑	庚申	庚寅	辛酉	壬辰	壬戌	癸巳	癸亥	甲午
14	庚申	己丑	庚申	庚寅	辛酉	辛卯	壬戌	癸巳	癸亥	甲午	甲子	乙未
15	辛酉	庚寅	辛酉	辛卯	壬戌	壬辰	癸亥	甲午	甲子	乙未	乙丑	丙申
16	壬戌	辛卯	壬戌	壬辰	癸亥	癸巳	甲子	乙未	乙丑	丙申	丙寅	丁酉
17	癸亥	壬辰	癸亥	癸巳	甲子	甲午	乙丑	丙申	丙寅	丁酉	丁卯	戊戌
18	甲子	癸巳	甲子	甲午	乙丑	乙未	丙寅	丁酉	丁卯	戊戌	戊辰	己亥
19	乙丑	甲午	乙丑	乙未	丙寅	丙申	丁卯	戊戌	戊辰	己亥	己巳	庚子
20	丙寅	乙未	丙寅	丙申	丁卯	丁酉	戊辰	己亥	己巳	庚子	庚午	辛丑
21	丁卯	丙申	丁卯	丁酉	戊辰	戊戌	己巳	庚子	庚午	辛丑	辛未	壬寅
22	戊辰	丁酉	戊辰	戊戌	己巳	己亥	庚午	辛丑	辛未	壬寅	壬申	癸卯
23	己巳	戊戌	己巳	己亥	庚午	庚子	辛未	壬寅	壬申	癸卯	癸酉	甲辰
24	庚午	己亥	庚午	庚子	辛未	辛丑	壬申	癸卯	癸酉	甲辰	甲戌	乙巳
25	辛未	庚子	辛未	辛丑	壬申	壬寅	癸酉	甲辰	甲戌	乙巳	乙亥	丙午
26	壬申	辛丑	壬申	壬寅	癸酉	癸卯	甲戌	乙巳	乙亥	丙午	丙子	丁未
27	癸酉	壬寅	癸酉	癸卯	甲戌	甲辰	乙亥	丙午	丙子	丁未	丁丑	戊申
28	甲戌	癸卯	甲戌	甲辰	乙亥	乙巳	丙子	丁未	丁丑	戊申	戊寅	己酉
29	乙亥	甲辰	乙亥	乙巳	丙子	丙午	丁丑	戊申	戊寅	己酉	己卯	庚戌
30		乙巳	丙子	丙午	丁丑	丁未	戊寅	己酉	己卯	庚戌	庚辰	辛亥
31		丙午		丁未		戊申	己卯		庚辰		辛巳	壬子

1993 平成5年 癸酉 みずのととり

1994

日＼月支	2月 寅	3月 卯	4月 辰	5月 巳	6月 午	7月 未	8月 申	9月 酉	10月 戌	11月 亥	12月 子	1月 丑
1	癸丑	辛巳	壬子	壬午	癸丑	癸未	甲寅	乙酉	乙卯	丙戌	丙辰	丁亥
2	甲寅	壬午	癸丑	癸未	甲寅	甲申	乙卯	丙戌	丙辰	丁亥	丁巳	戊子
3	乙卯	癸未	甲寅	甲申	乙卯	乙酉	丙辰	丁亥	丁巳	戊子	戊午	己丑
4	**丙辰**	甲申	乙卯	乙酉	丙辰	丙戌	丁巳	戊子	戊午	己丑	己未	庚寅
5	丁巳	**乙酉**	**丙辰**	**丙戌**	丁巳	丁亥	戊午	己丑	己未	庚寅	庚申	**辛卯**
6	戊午	丙戌	丁巳	丁亥	**戊午**	戊子	己未	庚寅	庚申	辛卯	辛酉	壬辰
7	己未	丁亥	戊午	戊子	己未	**己丑**	**庚申**	辛卯	辛酉	**壬辰**	**壬戌**	癸巳
8	庚申	戊子	己未	己丑	庚申	庚寅	辛酉	**壬辰**	**壬戌**	癸巳	癸亥	甲午
9	辛酉	己丑	庚申	庚寅	辛酉	辛卯	壬戌	癸巳	癸亥	甲午	甲子	乙未
10	壬戌	庚寅	辛酉	辛卯	壬戌	壬辰	癸亥	甲午	甲子	乙未	乙丑	丙申
11	癸亥	辛卯	壬戌	壬辰	癸亥	癸巳	甲子	乙未	乙丑	丙申	丙寅	丁酉
12	甲子	壬辰	癸亥	癸巳	甲子	甲午	乙丑	丙申	丙寅	丁酉	丁卯	戊戌
13	乙丑	癸巳	甲子	甲午	乙丑	乙未	丙寅	丁酉	丁卯	戊戌	戊辰	己亥
14	丙寅	甲午	乙丑	乙未	丙寅	丙申	丁卯	戊戌	戊辰	己亥	己巳	庚子
15	丁卯	乙未	丙寅	丙申	丁卯	丁酉	戊辰	己亥	己巳	庚子	庚午	辛丑
16	戊辰	丙申	丁卯	丁酉	戊辰	戊戌	己巳	庚子	庚午	辛丑	辛未	壬寅
17	己巳	丁酉	戊辰	戊戌	己巳	己亥	庚午	辛丑	辛未	壬寅	壬申	癸卯
18	庚午	戊戌	己巳	己亥	庚午	庚子	辛未	壬寅	壬申	癸卯	癸酉	甲辰
19	辛未	己亥	庚午	庚子	辛未	辛丑	壬申	癸卯	癸酉	甲辰	甲戌	乙巳
20	壬申	庚子	辛未	辛丑	壬申	壬寅	癸酉	甲辰	甲戌	乙巳	乙亥	丙午
21	癸酉	辛丑	壬申	壬寅	癸酉	癸卯	甲戌	乙巳	乙亥	丙午	丙子	丁未
22	甲戌	壬寅	癸酉	癸卯	甲戌	甲辰	乙亥	丙午	丙子	丁未	丁丑	戊申
23	乙亥	癸卯	甲戌	甲辰	乙亥	乙巳	丙子	丁未	丁丑	戊申	戊寅	己酉
24	丙子	甲辰	乙亥	乙巳	丙子	丙午	丁丑	戊申	戊寅	己酉	己卯	庚戌
25	丁丑	乙巳	丙子	丙午	丁丑	丁未	戊寅	己酉	己卯	庚戌	庚辰	辛亥
26	戊寅	丙午	丁丑	丁未	戊寅	戊申	己卯	庚戌	庚辰	辛亥	辛巳	壬子
27	己卯	丁未	戊寅	戊申	己卯	己酉	庚辰	辛亥	辛巳	壬子	壬午	癸丑
28	庚辰	戊申	己卯	己酉	庚辰	庚戌	辛巳	壬子	壬午	癸丑	癸未	甲寅
29		己酉	庚辰	庚戌	辛巳	辛亥	壬午	癸丑	癸未	甲寅	甲申	乙卯
30		庚戌	辛巳	辛亥	壬午	壬子	癸未	甲寅	甲申	乙卯	乙酉	丙辰
31		辛亥		壬子		癸丑	甲申		乙酉		丙戌	丁巳

1994 平成6年 甲戌 きのえいぬ

日＼月支	2月 寅	3月 卯	4月 辰	5月 巳	6月 午	7月 未	8月 申	9月 酉	10月 戌	11月 亥	12月 子	1995 1月 丑
1	戊午	丙戌	丁巳	丁亥	戊午	戊子	己未	庚寅	庚申	辛卯	辛酉	壬辰
2	己未	丁亥	戊午	戊子	己未	己丑	庚申	辛卯	辛酉	壬辰	壬戌	癸巳
3	庚申	戊子	己未	己丑	庚申	庚寅	辛酉	壬辰	壬戌	癸巳	癸亥	甲午
4	**辛酉**	己丑	庚申	庚寅	辛酉	辛卯	壬戌	癸巳	癸亥	甲午	甲子	乙未
5	壬戌	庚寅	**辛酉**	辛卯	壬戌	壬辰	癸亥	甲午	甲子	乙未	乙丑	丙申
6	癸亥	**辛卯**	壬戌	**壬辰**	**癸亥**	癸巳	甲子	乙未	乙丑	丙申	丙寅	**丁酉**
7	甲子	壬辰	癸亥	癸巳	甲子	**甲午**	乙丑	丙申	丙寅	丁酉	**丁卯**	戊戌
8	乙丑	癸巳	甲子	甲午	乙丑	乙未	**丙寅**	**丁酉**	**丁卯**	**戊戌**	戊辰	己亥
9	丙寅	甲午	乙丑	乙未	丙寅	丙申	丁卯	戊戌	戊辰	己亥	己巳	庚子
10	丁卯	乙未	丙寅	丙申	丁卯	丁酉	戊辰	己亥	己巳	庚子	庚午	辛丑
11	戊辰	丙申	丁卯	丁酉	戊辰	戊戌	己巳	庚子	庚午	辛丑	辛未	壬寅
12	己巳	丁酉	戊辰	戊戌	己巳	己亥	庚午	辛丑	辛未	壬寅	壬申	癸卯
13	庚午	戊戌	己巳	己亥	庚午	庚子	辛未	壬寅	壬申	癸卯	癸酉	甲辰
14	辛未	己亥	庚午	庚子	辛未	辛丑	壬申	癸卯	癸酉	甲辰	甲戌	乙巳
15	壬申	庚子	辛未	辛丑	壬申	壬寅	癸酉	甲辰	甲戌	乙巳	乙亥	丙午
16	癸酉	辛丑	壬申	壬寅	癸酉	癸卯	甲戌	乙巳	乙亥	丙午	丙子	丁未
17	甲戌	壬寅	癸酉	癸卯	甲戌	甲辰	乙亥	丙午	丙子	丁未	丁丑	戊申
18	乙亥	癸卯	甲戌	甲辰	乙亥	乙巳	丙子	丁未	丁丑	戊申	戊寅	己酉
19	丙子	甲辰	乙亥	乙巳	丙子	丙午	丁丑	戊申	戊寅	己酉	己卯	庚戌
20	丁丑	乙巳	丙子	丙午	丁丑	丁未	戊寅	己酉	己卯	庚戌	庚辰	辛亥
21	戊寅	丙午	丁丑	丁未	戊寅	戊申	己卯	庚戌	庚辰	辛亥	辛巳	壬子
22	己卯	丁未	戊寅	戊申	己卯	己酉	庚辰	辛亥	辛巳	壬子	壬午	癸丑
23	庚辰	戊申	己卯	己酉	庚辰	庚戌	辛巳	壬子	壬午	癸丑	癸未	甲寅
24	辛巳	己酉	庚辰	庚戌	辛巳	辛亥	壬午	癸丑	癸未	甲寅	甲申	乙卯
25	壬午	庚戌	辛巳	辛亥	壬午	壬子	癸未	甲寅	甲申	乙卯	乙酉	丙辰
26	癸未	辛亥	壬午	壬子	癸未	癸丑	甲申	乙卯	乙酉	丙辰	丙戌	丁巳
27	甲申	壬子	癸未	癸丑	甲申	甲寅	乙酉	丙辰	丙戌	丁巳	丁亥	戊午
28	乙酉	癸丑	甲申	甲寅	乙酉	乙卯	丙戌	丁巳	丁亥	戊午	戊子	己未
29		甲寅	乙酉	乙卯	丙戌	丙辰	丁亥	戊午	戊子	己未	己丑	庚申
30		乙卯	丙戌	丙辰	丁亥	丁巳	戊子	己未	己丑	庚申	庚寅	辛酉
31		丙辰		丁巳		戊午	己丑		庚寅		辛卯	壬戌

1995 平成7年 乙亥 きのとい

日＼月支	2月 寅	3月 卯	4月 辰	5月 巳	6月 午	7月 未	8月 申	9月 酉	10月 戌	11月 亥	12月 子	1996 1月 丑
1	癸亥	辛卯	壬戌	壬辰	癸亥	癸巳	甲子	乙未	乙丑	丙申	丙寅	丁酉
2	甲子	壬辰	癸亥	癸巳	甲子	甲午	乙丑	丙申	丙寅	丁酉	丁卯	戊戌
3	乙丑	癸巳	甲子	甲午	乙丑	乙未	丙寅	丁酉	丁卯	戊戌	戊辰	己亥
4	**丙寅**	甲午	乙丑	乙未	丙寅	丙申	丁卯	戊戌	戊辰	己亥	己巳	庚子
5	丁卯	乙未	**丙寅**	丙申	丁卯	丁酉	戊辰	己亥	己巳	庚子	庚午	辛丑
6	戊辰	**丙申**	丁卯	**丁酉**	**戊辰**	戊戌	己巳	庚子	庚午	辛丑	辛未	**壬寅**
7	己巳	丁酉	戊辰	戊戌	己巳	**己亥**	庚午	辛丑	辛未	壬寅	**壬申**	癸卯
8	庚午	戊戌	己巳	己亥	庚午	庚子	**辛未**	**壬寅**	壬申	**癸卯**	癸酉	甲辰
9	辛未	己亥	庚午	庚子	辛未	辛丑	壬申	癸卯	**癸酉**	甲辰	甲戌	乙巳
10	壬申	庚子	辛未	辛丑	壬申	壬寅	癸酉	甲辰	甲戌	乙巳	乙亥	丙午
11	癸酉	辛丑	壬申	壬寅	癸酉	癸卯	甲戌	乙巳	乙亥	丙午	丙子	丁未
12	甲戌	壬寅	癸酉	癸卯	甲戌	甲辰	乙亥	丙午	丙子	丁未	丁丑	戊申
13	乙亥	癸卯	甲戌	甲辰	乙亥	乙巳	丙子	丁未	丁丑	戊申	戊寅	己酉
14	丙子	甲辰	乙亥	乙巳	丙子	丙午	丁丑	戊申	戊寅	己酉	己卯	庚戌
15	丁丑	乙巳	丙子	丙午	丁丑	丁未	戊寅	己酉	己卯	庚戌	庚辰	辛亥
16	戊寅	丙午	丁丑	丁未	戊寅	戊申	己卯	庚戌	庚辰	辛亥	辛巳	壬子
17	己卯	丁未	戊寅	戊申	己卯	己酉	庚辰	辛亥	辛巳	壬子	壬午	癸丑
18	庚辰	戊申	己卯	己酉	庚辰	庚戌	辛巳	壬子	壬午	癸丑	癸未	甲寅
19	辛巳	己酉	庚辰	庚戌	辛巳	辛亥	壬午	癸丑	癸未	甲寅	甲申	乙卯
20	壬午	庚戌	辛巳	辛亥	壬午	壬子	癸未	甲寅	甲申	乙卯	乙酉	丙辰
21	癸未	辛亥	壬午	壬子	癸未	癸丑	甲申	乙卯	乙酉	丙辰	丙戌	丁巳
22	甲申	壬子	癸未	癸丑	甲申	甲寅	乙酉	丙辰	丙戌	丁巳	丁亥	戊午
23	乙酉	癸丑	甲申	甲寅	乙酉	乙卯	丙戌	丁巳	丁亥	戊午	戊子	己未
24	丙戌	甲寅	乙酉	乙卯	丙戌	丙辰	丁亥	戊午	戊子	己未	己丑	庚申
25	丁亥	乙卯	丙戌	丙辰	丁亥	丁巳	戊子	己未	己丑	庚申	庚寅	辛酉
26	戊子	丙辰	丁亥	丁巳	戊子	戊午	己丑	庚申	庚寅	辛酉	辛卯	壬戌
27	己丑	丁巳	戊子	戊午	己丑	己未	庚寅	辛酉	辛卯	壬戌	壬辰	癸亥
28	庚寅	戊午	己丑	己未	庚寅	庚申	辛卯	壬戌	壬辰	癸亥	癸巳	甲子
29		己未	庚寅	庚申	辛卯	辛酉	壬辰	癸亥	癸巳	甲子	甲午	乙丑
30		庚申	辛卯	辛酉	壬辰	壬戌	癸巳	甲子	甲午	乙丑	乙未	丙寅
31		辛酉		壬戌	癸亥	癸亥	甲午		乙未		丙申	丁卯

1996 平成8年 丙子《ひのえね》

日	2月 寅	3月 卯	4月 辰	5月 巳	6月 午	7月 未	8月 申	9月 酉	10月 戌	11月 亥	12月 子	1月 丑 (1997)
1	戊辰	丁酉	戊辰	戊戌	己巳	己亥	庚午	辛丑	辛未	壬寅	壬申	癸卯
2	己巳	戊戌	己巳	己亥	庚午	庚子	辛未	壬寅	壬申	癸卯	癸酉	甲辰
3	庚午	己亥	庚午	庚子	辛未	辛丑	壬申	癸卯	癸酉	甲辰	甲戌	乙巳
4	**辛未**	庚子	**辛未**	辛丑	壬申	壬寅	癸酉	甲辰	甲戌	乙巳	乙亥	丙午
5	壬申	**辛丑**	壬申	**壬寅**	**癸酉**	癸卯	甲戌	乙巳	乙亥	丙午	丙子	**丁未**
6	癸酉	壬寅	癸酉	癸卯	甲戌	甲辰	乙亥	丙午	丙子	丁未	丁丑	戊申
7	甲戌	癸卯	甲戌	甲辰	乙亥	**乙巳**	**丙子**	**丁未**	丁丑	**戊申**	**戊寅**	己酉
8	乙亥	甲辰	乙亥	乙巳	丙子	丙午	丁丑	戊申	**戊寅**	己酉	己卯	庚戌
9	丙子	乙巳	丙子	丙午	丁丑	丁未	戊寅	己酉	己卯	庚戌	庚辰	辛亥
10	丁丑	丙午	丁丑	丁未	戊寅	戊申	己卯	庚戌	庚辰	辛亥	辛巳	壬子
11	戊寅	丁未	戊寅	戊申	己卯	己酉	庚辰	辛亥	辛巳	壬子	壬午	癸丑
12	己卯	戊申	己卯	己酉	庚辰	庚戌	辛巳	壬子	壬午	癸丑	癸未	甲寅
13	庚辰	己酉	庚辰	庚戌	辛巳	辛亥	壬午	癸丑	癸未	甲寅	甲申	乙卯
14	辛巳	庚戌	辛巳	辛亥	壬午	壬子	癸未	甲寅	甲申	乙卯	乙酉	丙辰
15	壬午	辛亥	壬午	壬子	癸未	癸丑	甲申	乙卯	乙酉	丙辰	丙戌	丁巳
16	癸未	壬子	癸未	癸丑	甲申	甲寅	乙酉	丙辰	丙戌	丁巳	丁亥	戊午
17	甲申	癸丑	甲申	甲寅	乙酉	乙卯	丙戌	丁巳	丁亥	戊午	戊子	己未
18	乙酉	甲寅	乙酉	乙卯	丙戌	丙辰	丁亥	戊午	戊子	己未	己丑	庚申
19	丙戌	乙卯	丙戌	丙辰	丁亥	丁巳	戊子	己未	己丑	庚申	庚寅	辛酉
20	丁亥	丙辰	丁亥	丁巳	戊子	戊午	己丑	庚申	庚寅	辛酉	辛卯	壬戌
21	戊子	丁巳	戊子	戊午	己丑	己未	庚寅	辛酉	辛卯	壬戌	壬辰	癸亥
22	己丑	戊午	己丑	己未	庚寅	庚申	辛卯	壬戌	壬辰	癸亥	癸巳	甲子
23	庚寅	己未	庚寅	庚申	辛卯	辛酉	壬辰	癸亥	癸巳	甲子	甲午	乙丑
24	辛卯	庚申	辛卯	辛酉	壬辰	壬戌	癸巳	甲子	甲午	乙丑	乙未	丙寅
25	壬辰	辛酉	壬辰	壬戌	癸巳	癸亥	甲午	乙丑	乙未	丙寅	丙申	丁卯
26	癸巳	壬戌	癸巳	癸亥	甲午	甲子	乙未	丙寅	丙申	丁卯	丁酉	戊辰
27	甲午	癸亥	甲午	甲子	乙未	乙丑	丙申	丁卯	丁酉	戊辰	戊戌	己巳
28	乙未	甲子	乙未	乙丑	丙申	丙寅	丁酉	戊辰	戊戌	己巳	己亥	庚午
29	丙申	乙丑	丙申	丙寅	丁酉	丁卯	戊戌	己巳	己亥	庚午	庚子	辛未
30		丙寅	丁酉	丁卯	戊戌	戊辰	己亥	庚午	庚子	辛未	辛丑	壬申
31		丁卯		戊辰		己巳	庚子		辛丑		壬寅	癸酉

1997 平成9年 丁丑《ひのとうし》

日	2月 寅	3月 卯	4月 辰	5月 巳	6月 午	7月 未	8月 申	9月 酉	10月 戌	11月 亥	12月 子	1月 丑 (1998)
1	甲戌	壬寅	癸酉	癸卯	甲戌	甲辰	乙亥	丙午	丙子	丁未	丁丑	戊申
2	乙亥	癸卯	甲戌	甲辰	乙亥	乙巳	丙子	丁未	丁丑	戊申	戊寅	己酉
3	丙子	甲辰	乙亥	乙巳	丙子	丙午	丁丑	戊申	戊寅	己酉	己卯	庚戌
4	**丁丑**	乙巳	丙子	丙午	丁丑	丁未	戊寅	己酉	己卯	庚戌	庚辰	辛亥
5	戊寅	**丙午**	**丁丑**	**丁未**	戊寅	戊申	己卯	庚戌	庚辰	辛亥	辛巳	**壬子**
6	己卯	丁未	戊寅	戊申	**己卯**	己酉	庚辰	辛亥	辛巳	壬子	壬午	癸丑
7	庚辰	戊申	己卯	己酉	庚辰	**庚戌**	**辛巳**	**壬子**	壬午	**癸丑**	**癸未**	甲寅
8	辛巳	己酉	庚辰	庚戌	辛巳	辛亥	壬午	癸丑	**癸未**	甲寅	甲申	乙卯
9	壬午	庚戌	辛巳	辛亥	壬午	壬子	癸未	甲寅	甲申	乙卯	乙酉	丙辰
10	癸未	辛亥	壬午	壬子	癸未	癸丑	甲申	乙卯	乙酉	丙辰	丙戌	丁巳
11	甲申	壬子	癸未	癸丑	甲申	甲寅	乙酉	丙辰	丙戌	丁巳	丁亥	戊午
12	乙酉	癸丑	甲申	甲寅	乙酉	乙卯	丙戌	丁巳	丁亥	戊午	戊子	己未
13	丙戌	甲寅	乙酉	乙卯	丙戌	丙辰	丁亥	戊午	戊子	己未	己丑	庚申
14	丁亥	乙卯	丙戌	丙辰	丁亥	丁巳	戊子	己未	己丑	庚申	庚寅	辛酉
15	戊子	丙辰	丁亥	丁巳	戊子	戊午	己丑	庚申	庚寅	辛酉	辛卯	壬戌
16	己丑	丁巳	戊子	戊午	己丑	己未	庚寅	辛酉	辛卯	壬戌	壬辰	癸亥
17	庚寅	戊午	己丑	己未	庚寅	庚申	辛卯	壬戌	壬辰	癸亥	癸巳	甲子
18	辛卯	己未	庚寅	庚申	辛卯	辛酉	壬辰	癸亥	癸巳	甲子	甲午	乙丑
19	壬辰	庚申	辛卯	辛酉	壬辰	壬戌	癸巳	甲子	甲午	乙丑	乙未	丙寅
20	癸巳	辛酉	壬辰	壬戌	癸巳	癸亥	甲午	乙丑	乙未	丙寅	丙申	丁卯
21	甲午	壬戌	癸巳	癸亥	甲午	甲子	乙未	丙寅	丙申	丁卯	丁酉	戊辰
22	乙未	癸亥	甲午	甲子	乙未	乙丑	丙申	丁卯	丁酉	戊辰	戊戌	己巳
23	丙申	甲子	乙未	乙丑	丙申	丙寅	丁酉	戊辰	戊戌	己巳	己亥	庚午
24	丁酉	乙丑	丙申	丙寅	丁酉	丁卯	戊戌	己巳	己亥	庚午	庚子	辛未
25	戊戌	丙寅	丁酉	丁卯	戊戌	戊辰	己亥	庚午	庚子	辛未	辛丑	壬申
26	己亥	丁卯	戊戌	戊辰	己亥	己巳	庚子	辛未	辛丑	壬申	壬寅	癸酉
27	庚子	戊辰	己亥	己巳	庚子	庚午	辛丑	壬申	壬寅	癸酉	癸卯	甲戌
28	辛丑	己巳	庚子	庚午	辛丑	辛未	壬寅	癸酉	癸卯	甲戌	甲辰	乙亥
29		庚午	辛丑	辛未	壬寅	壬申	癸卯	甲戌	甲辰	乙亥	乙巳	丙子
30		辛未	壬寅	壬申	癸卯	癸酉	甲辰	乙亥	乙巳	丙子	丙午	丁丑
31		壬申		癸酉		甲戌	乙巳		丙午		丁未	戊寅

1998 平成10年 戊寅 つちのえとら

日＼月支	2月 寅	3月 卯	4月 辰	5月 巳	6月 午	7月 未	8月 申	9月 酉	10月 戌	11月 亥	12月 子	1999 1月 丑
1	己卯	丁未	戊寅	戊申	己卯	己酉	庚辰	辛亥	辛巳	壬子	壬午	癸丑
2	庚辰	戊申	己卯	己酉	庚辰	庚戌	辛巳	壬子	壬午	癸丑	癸未	甲寅
3	辛巳	己酉	庚辰	庚戌	辛巳	辛亥	壬午	癸丑	癸未	甲寅	甲申	乙卯
4	**壬午**	庚戌	辛巳	辛亥	壬午	壬子	癸未	甲寅	甲申	乙卯	乙酉	丙辰
5	癸未	辛亥	**壬午**	壬子	癸未	癸丑	甲申	乙卯	乙酉	丙辰	丙戌	丁巳
6	甲申	**壬子**	癸未	**癸丑**	**甲申**	甲寅	乙酉	丙辰	丙戌	丁巳	丁亥	**戊午**
7	乙酉	癸丑	甲申	甲寅	乙酉	**乙卯**	丙戌	丁巳	丁亥	戊午	**戊子**	己未
8	丙戌	甲寅	乙酉	乙卯	丙戌	丙辰	**丁亥**	**戊午**	**戊子**	**己未**	己丑	庚申
9	丁亥	乙卯	丙戌	丙辰	丁亥	丁巳	戊子	己未	己丑	庚申	庚寅	辛酉
10	戊子	丙辰	丁亥	丁巳	戊子	戊午	己丑	庚申	庚寅	辛酉	辛卯	壬戌
11	己丑	丁巳	戊子	戊午	己丑	己未	庚寅	辛酉	辛卯	壬戌	壬辰	癸亥
12	庚寅	戊午	己丑	己未	庚寅	庚申	辛卯	壬戌	壬辰	癸亥	癸巳	甲子
13	辛卯	己未	庚寅	庚申	辛卯	辛酉	壬辰	癸亥	癸巳	甲子	甲午	乙丑
14	壬辰	庚申	辛卯	辛酉	壬辰	壬戌	癸巳	甲子	甲午	乙丑	乙未	丙寅
15	癸巳	辛酉	壬辰	壬戌	癸巳	癸亥	甲午	乙丑	乙未	丙寅	丙申	丁卯
16	甲午	壬戌	癸巳	癸亥	甲午	甲子	乙未	丙寅	丙申	丁卯	丁酉	戊辰
17	乙未	癸亥	甲午	甲子	乙未	乙丑	丙申	丁卯	丁酉	戊辰	戊戌	己巳
18	丙申	甲子	乙未	乙丑	丙申	丙寅	丁酉	戊辰	戊戌	己巳	己亥	庚午
19	丁酉	乙丑	丙申	丙寅	丁酉	丁卯	戊戌	己巳	己亥	庚午	庚子	辛未
20	戊戌	丙寅	丁酉	丁卯	戊戌	戊辰	己亥	庚午	庚子	辛未	辛丑	壬申
21	己亥	丁卯	戊戌	戊辰	己亥	己巳	庚子	辛未	辛丑	壬申	壬寅	癸酉
22	庚子	戊辰	己亥	己巳	庚子	庚午	辛丑	壬申	壬寅	癸酉	癸卯	甲戌
23	辛丑	己巳	庚子	庚午	辛丑	辛未	壬寅	癸酉	癸卯	甲戌	甲辰	乙亥
24	壬寅	庚午	辛丑	辛未	壬寅	壬申	癸卯	甲戌	甲辰	乙亥	乙巳	丙子
25	癸卯	辛未	壬寅	壬申	癸卯	癸酉	甲辰	乙亥	乙巳	丙子	丙午	丁丑
26	甲辰	壬申	癸卯	癸酉	甲辰	甲戌	乙巳	丙子	丙午	丁丑	丁未	戊寅
27	乙巳	癸酉	甲辰	甲戌	乙巳	乙亥	丙午	丁丑	丁未	戊寅	戊申	己卯
28	丙午	甲戌	乙巳	乙亥	丙午	丙子	丁未	戊寅	戊申	己卯	己酉	庚辰
29		乙亥	丙午	丙子	丁未	丁丑	戊申	己卯	己酉	庚辰	庚戌	辛巳
30		丙子	丁未	丁丑	戊申	戊寅	己酉	庚辰	庚戌	辛巳	辛亥	壬午
31		丁丑		戊寅		己卯	庚戌		辛亥		壬子	癸未

1999 平成11年 己卯 つちのとう

日＼月支	2月 寅	3月 卯	4月 辰	5月 巳	6月 午	7月 未	8月 申	9月 酉	10月 戌	11月 亥	12月 子	2000 1月 丑
1	甲申	壬子	癸未	癸丑	甲申	甲寅	乙酉	丙辰	丙戌	丁巳	丁亥	戊午
2	乙酉	癸丑	甲申	甲寅	乙酉	乙卯	丙戌	丁巳	丁亥	戊午	戊子	己未
3	丙戌	甲寅	乙酉	乙卯	丙戌	丙辰	丁亥	戊午	戊子	己未	己丑	庚申
4	**丁亥**	乙卯	丙戌	丙辰	丁亥	丁巳	戊子	己未	己丑	庚申	庚寅	辛酉
5	戊子	丙辰	**丁亥**	丁巳	戊子	戊午	己丑	庚申	庚寅	辛酉	辛卯	壬戌
6	己丑	**丁巳**	戊子	**戊午**	**己丑**	己未	庚寅	辛酉	辛卯	壬戌	壬辰	**癸亥**
7	庚寅	戊午	己丑	己未	庚寅	**庚申**	辛卯	壬戌	壬辰	癸亥	**癸巳**	甲子
8	辛卯	己未	庚寅	庚申	辛卯	辛酉	**壬辰**	**癸亥**	癸巳	**甲子**	甲午	乙丑
9	壬辰	庚申	辛卯	辛酉	壬辰	壬戌	癸巳	甲子	**甲午**	乙丑	乙未	丙寅
10	癸巳	辛酉	壬辰	壬戌	癸巳	癸亥	甲午	乙丑	乙未	丙寅	丙申	丁卯
11	甲午	壬戌	癸巳	癸亥	甲午	甲子	乙未	丙寅	丙申	丁卯	丁酉	戊辰
12	乙未	癸亥	甲午	甲子	乙未	乙丑	丙申	丁卯	丁酉	戊辰	戊戌	己巳
13	丙申	甲子	乙未	乙丑	丙申	丙寅	丁酉	戊辰	戊戌	己巳	己亥	庚午
14	丁酉	乙丑	丙申	丙寅	丁酉	丁卯	戊戌	己巳	己亥	庚午	庚子	辛未
15	戊戌	丙寅	丁酉	丁卯	戊戌	戊辰	己亥	庚午	庚子	辛未	辛丑	壬申
16	己亥	丁卯	戊戌	戊辰	己亥	己巳	庚子	辛未	辛丑	壬申	壬寅	癸酉
17	庚子	戊辰	己亥	己巳	庚子	庚午	辛丑	壬申	壬寅	癸酉	癸卯	甲戌
18	辛丑	己巳	庚子	庚午	辛丑	辛未	壬寅	癸酉	癸卯	甲戌	甲辰	乙亥
19	壬寅	庚午	辛丑	辛未	壬寅	壬申	癸卯	甲戌	甲辰	乙亥	乙巳	丙子
20	癸卯	辛未	壬寅	壬申	癸卯	癸酉	甲辰	乙亥	乙巳	丙子	丙午	丁丑
21	甲辰	壬申	癸卯	癸酉	甲辰	甲戌	乙巳	丙子	丙午	丁丑	丁未	戊寅
22	乙巳	癸酉	甲辰	甲戌	乙巳	乙亥	丙午	丁丑	丁未	戊寅	戊申	己卯
23	丙午	甲戌	乙巳	乙亥	丙午	丙子	丁未	戊寅	戊申	己卯	己酉	庚辰
24	丁未	乙亥	丙午	丙子	丁未	丁丑	戊申	己卯	己酉	庚辰	庚戌	辛巳
25	戊申	丙子	丁未	丁丑	戊申	戊寅	己酉	庚辰	庚戌	辛巳	辛亥	壬午
26	己酉	丁丑	戊申	戊寅	己酉	己卯	庚戌	辛巳	辛亥	壬午	壬子	癸未
27	庚戌	戊寅	己酉	己卯	庚戌	庚辰	辛亥	壬午	壬子	癸未	癸丑	甲申
28	辛亥	己卯	庚戌	庚辰	辛亥	辛巳	壬子	癸未	癸丑	甲申	甲寅	乙酉
29		庚辰	辛亥	辛巳	壬子	壬午	癸丑	甲申	甲寅	乙酉	乙卯	丙戌
30		辛巳	壬子	壬午	癸丑	癸未	甲寅	乙酉	乙卯	丙戌	丙辰	丁亥
31		壬午		癸未		甲申	乙卯		丙辰		丁巳	戊子

2000 平成12年 庚辰《かのえたつ》

2001

日＼月支	2月 寅	3月 卯	4月 辰	5月 巳	6月 午	7月 未	8月 申	9月 酉	10月 戌	11月 亥	12月 子	1月 丑
1	己丑	戊午	己丑	己未	庚寅	庚申	辛卯	壬戌	壬辰	癸亥	癸巳	甲子
2	庚寅	己未	庚寅	庚申	辛卯	辛酉	壬辰	癸亥	癸巳	甲子	甲午	乙丑
3	辛卯	庚申	辛卯	辛酉	壬辰	壬戌	癸巳	甲子	甲午	乙丑	乙未	丙寅
4	**壬辰**	辛酉	**壬辰**	壬戌	癸巳	癸亥	甲午	乙丑	乙未	丙寅	丙申	丁卯
5	癸巳	**壬戌**	癸巳	**癸亥**	**甲午**	甲子	乙未	丙寅	丙申	丁卯	丁酉	**戊辰**
6	甲午	癸亥	甲午	甲子	乙未	乙丑	丙申	丁卯	丁酉	戊辰	戊戌	己巳
7	乙未	甲子	乙未	乙丑	丙申	**丙寅**	**丁酉**	**戊辰**	戊戌	**己巳**	**己亥**	庚午
8	丙申	乙丑	丙申	丙寅	丁酉	丁卯	戊戌	己巳	**己亥**	庚午	庚子	辛未
9	丁酉	丙寅	丁酉	丁卯	戊戌	戊辰	己亥	庚午	庚子	辛未	辛丑	壬申
10	戊戌	丁卯	戊戌	戊辰	己亥	己巳	庚子	辛未	辛丑	壬申	壬寅	癸酉
11	己亥	戊辰	己亥	己巳	庚子	庚午	辛丑	壬申	壬寅	癸酉	癸卯	甲戌
12	庚子	己巳	庚子	庚午	辛丑	辛未	壬寅	癸酉	癸卯	甲戌	甲辰	乙亥
13	辛丑	庚午	辛丑	辛未	壬寅	壬申	癸卯	甲戌	甲辰	乙亥	乙巳	丙子
14	壬寅	辛未	壬寅	壬申	癸卯	癸酉	甲辰	乙亥	乙巳	丙子	丙午	丁丑
15	癸卯	壬申	癸卯	癸酉	甲辰	甲戌	乙巳	丙子	丙午	丁丑	丁未	戊寅
16	甲辰	癸酉	甲辰	甲戌	乙巳	乙亥	丙午	丁丑	丁未	戊寅	戊申	己卯
17	乙巳	甲戌	乙巳	乙亥	丙午	丙子	丁未	戊寅	戊申	己卯	己酉	庚辰
18	丙午	乙亥	丙午	丙子	丁未	丁丑	戊申	己卯	己酉	庚辰	庚戌	辛巳
19	丁未	丙子	丁未	丁丑	戊申	戊寅	己酉	庚辰	庚戌	辛巳	辛亥	壬午
20	戊申	丁丑	戊申	戊寅	己酉	己卯	庚戌	辛巳	辛亥	壬午	壬子	癸未
21	己酉	戊寅	己酉	己卯	庚戌	庚辰	辛亥	壬午	壬子	癸未	癸丑	甲申
22	庚戌	己卯	庚戌	庚辰	辛亥	辛巳	壬子	癸未	癸丑	甲申	甲寅	乙酉
23	辛亥	庚辰	辛亥	辛巳	壬子	壬午	癸丑	甲申	甲寅	乙酉	乙卯	丙戌
24	壬子	辛巳	壬子	壬午	癸丑	癸未	甲寅	乙酉	乙卯	丙戌	丙辰	丁亥
25	癸丑	壬午	癸丑	癸未	甲寅	甲申	乙卯	丙戌	丙辰	丁亥	丁巳	戊子
26	甲寅	癸未	甲寅	甲申	乙卯	乙酉	丙辰	丁亥	丁巳	戊子	戊午	己丑
27	乙卯	甲申	乙卯	乙酉	丙辰	丙戌	丁巳	戊子	戊午	己丑	己未	庚寅
28	丙辰	乙酉	丙辰	丙戌	丁巳	丁亥	戊午	己丑	己未	庚寅	庚申	辛卯
29	丁巳	丙戌	丁巳	丁亥	戊午	戊子	己未	庚寅	庚申	辛卯	辛酉	壬辰
30		丁亥	戊午	戊子	己未	己丑	庚申	辛卯	辛酉	壬辰	壬戌	癸巳
31		戊子		己丑		庚寅	辛酉		壬戌		癸亥	甲午

2001 平成13年 辛巳《かのとみ》

2002

日＼月支	2月 寅	3月 卯	4月 辰	5月 巳	6月 午	7月 未	8月 申	9月 酉	10月 戌	11月 亥	12月 子	1月 丑
1	乙未	癸亥	甲午	甲子	乙未	乙丑	丙申	丁卯	丁酉	戊辰	戊戌	己巳
2	丙申	甲子	乙未	乙丑	丙申	丙寅	丁酉	戊辰	戊戌	己巳	己亥	庚午
3	丁酉	乙丑	丙申	丙寅	丁酉	丁卯	戊戌	己巳	己亥	庚午	庚子	辛未
4	**戊戌**	丙寅	丁酉	丁卯	戊戌	戊辰	己亥	庚午	庚子	辛未	辛丑	壬申
5	己亥	**丁卯**	**戊戌**	**戊辰**	**己亥**	己巳	庚子	辛未	辛丑	壬申	壬寅	**癸酉**
6	庚子	戊辰	己亥	己巳	庚子	庚午	辛丑	壬申	壬寅	癸酉	癸卯	甲戌
7	辛丑	己巳	庚子	庚午	辛丑	**辛未**	**壬寅**	**癸酉**	癸卯	**甲戌**	**甲辰**	乙亥
8	壬寅	庚午	辛丑	辛未	壬寅	壬申	癸卯	甲戌	**甲辰**	乙亥	乙巳	丙子
9	癸卯	辛未	壬寅	壬申	癸卯	癸酉	甲辰	乙亥	乙巳	丙子	丙午	丁丑
10	甲辰	壬申	癸卯	癸酉	甲辰	甲戌	乙巳	丙子	丙午	丁丑	丁未	戊寅
11	乙巳	癸酉	甲辰	甲戌	乙巳	乙亥	丙午	丁丑	丁未	戊寅	戊申	己卯
12	丙午	甲戌	乙巳	乙亥	丙午	丙子	丁未	戊寅	戊申	己卯	己酉	庚辰
13	丁未	乙亥	丙午	丙子	丁未	丁丑	戊申	己卯	己酉	庚辰	庚戌	辛巳
14	戊申	丙子	丁未	丁丑	戊申	戊寅	己酉	庚辰	庚戌	辛巳	辛亥	壬午
15	己酉	丁丑	戊申	戊寅	己酉	己卯	庚戌	辛巳	辛亥	壬午	壬子	癸未
16	庚戌	戊寅	己酉	己卯	庚戌	庚辰	辛亥	壬午	壬子	癸未	癸丑	甲申
17	辛亥	己卯	庚戌	庚辰	辛亥	辛巳	壬子	癸未	癸丑	甲申	甲寅	乙酉
18	壬子	庚辰	辛亥	辛巳	壬子	壬午	癸丑	甲申	甲寅	乙酉	乙卯	丙戌
19	癸丑	辛巳	壬子	壬午	癸丑	癸未	甲寅	乙酉	乙卯	丙戌	丙辰	丁亥
20	甲寅	壬午	癸丑	癸未	甲寅	甲申	乙卯	丙戌	丙辰	丁亥	丁巳	戊子
21	乙卯	癸未	甲寅	甲申	乙卯	乙酉	丙辰	丁亥	丁巳	戊子	戊午	己丑
22	丙辰	甲申	乙卯	乙酉	丙辰	丙戌	丁巳	戊子	戊午	己丑	己未	庚寅
23	丁巳	乙酉	丙辰	丙戌	丁巳	丁亥	戊午	己丑	己未	庚寅	庚申	辛卯
24	戊午	丙戌	丁巳	丁亥	戊午	戊子	己未	庚寅	庚申	辛卯	辛酉	壬辰
25	己未	丁亥	戊午	戊子	己未	己丑	庚申	辛卯	辛酉	壬辰	壬戌	癸巳
26	庚申	戊子	己未	己丑	庚申	庚寅	辛酉	壬辰	壬戌	癸巳	癸亥	甲午
27	辛酉	己丑	庚申	庚寅	辛酉	辛卯	壬戌	癸巳	癸亥	甲午	甲子	乙未
28	壬戌	庚寅	辛酉	辛卯	壬戌	壬辰	癸亥	甲午	甲子	乙未	乙丑	丙申
29		辛卯	壬戌	壬辰	癸亥	癸巳	甲子	乙未	乙丑	丙申	丙寅	丁酉
30		壬辰	癸亥	癸巳	甲子	甲午	乙丑	丙申	丙寅	丁酉	丁卯	戊戌
31		癸巳		甲午		乙未	丙寅		丁卯		戊辰	己亥

2002 平成14年 壬午 みずのえうま

2003

日＼月支	2月 寅	3月 卯	4月 辰	5月 巳	6月 午	7月 未	8月 申	9月 酉	10月 戌	11月 亥	12月 子	1月 丑
1	庚子	戊辰	己亥	己巳	庚子	庚午	辛丑	壬申	壬寅	癸酉	癸卯	甲戌
2	辛丑	己巳	庚子	庚午	辛丑	辛未	壬寅	癸酉	癸卯	甲戌	甲辰	乙亥
3	壬寅	庚午	辛丑	辛未	壬寅	壬申	癸卯	甲戌	甲辰	乙亥	乙巳	丙子
4	**癸卯**	辛未	壬寅	壬申	癸卯	癸酉	甲辰	乙亥	乙巳	丙子	丙午	丁丑
5	甲辰	壬申	**癸卯**	癸酉	甲辰	甲戌	乙巳	丙子	丙午	丁丑	丁未	戊寅
6	乙巳	**癸酉**	甲辰	**甲戌**	**乙巳**	乙亥	丙午	丁丑	丁未	戊寅	戊申	**己卯**
7	丙午	甲戌	乙巳	乙亥	丙午	**丙子**	丁未	戊寅	戊申	**己卯**	**己酉**	庚辰
8	丁未	乙亥	丙午	丙子	丁未	丁丑	**戊申**	**己卯**	**己酉**	庚辰	庚戌	辛巳
9	戊申	丙子	丁未	丁丑	戊申	戊寅	己酉	庚辰	庚戌	辛巳	辛亥	壬午
10	己酉	丁丑	戊申	戊寅	己酉	己卯	庚戌	辛巳	辛亥	壬午	壬子	癸未
11	庚戌	戊寅	己酉	己卯	庚戌	庚辰	辛亥	壬午	壬子	癸未	癸丑	甲申
12	辛亥	己卯	庚戌	庚辰	辛亥	辛巳	壬子	癸未	癸丑	甲申	甲寅	乙酉
13	壬子	庚辰	辛亥	辛巳	壬子	壬午	癸丑	甲申	甲寅	乙酉	乙卯	丙戌
14	癸丑	辛巳	壬子	壬午	癸丑	癸未	甲寅	乙酉	乙卯	丙戌	丙辰	丁亥
15	甲寅	壬午	癸丑	癸未	甲寅	甲申	乙卯	丙戌	丙辰	丁亥	丁巳	戊子
16	乙卯	癸未	甲寅	甲申	乙卯	乙酉	丙辰	丁亥	丁巳	戊子	戊午	己丑
17	丙辰	甲申	乙卯	乙酉	丙辰	丙戌	丁巳	戊子	戊午	己丑	己未	庚寅
18	丁巳	乙酉	丙辰	丙戌	丁巳	丁亥	戊午	己丑	己未	庚寅	庚申	辛卯
19	戊午	丙戌	丁巳	丁亥	戊午	戊子	己未	庚寅	庚申	辛卯	辛酉	壬辰
20	己未	丁亥	戊午	戊子	己未	己丑	庚申	辛卯	辛酉	壬辰	壬戌	癸巳
21	庚申	戊子	己未	己丑	庚申	庚寅	辛酉	壬辰	壬戌	癸巳	癸亥	甲午
22	辛酉	己丑	庚申	庚寅	辛酉	辛卯	壬戌	癸巳	癸亥	甲午	甲子	乙未
23	壬戌	庚寅	辛酉	辛卯	壬戌	壬辰	癸亥	甲午	甲子	乙未	乙丑	丙申
24	癸亥	辛卯	壬戌	壬辰	癸亥	癸巳	甲子	乙未	乙丑	丙申	丙寅	丁酉
25	甲子	壬辰	癸亥	癸巳	甲子	甲午	乙丑	丙申	丙寅	丁酉	丁卯	戊戌
26	乙丑	癸巳	甲子	甲午	乙丑	乙未	丙寅	丁酉	丁卯	戊戌	戊辰	己亥
27	丙寅	甲午	乙丑	乙未	丙寅	丙申	丁卯	戊戌	戊辰	己亥	己巳	庚子
28	丁卯	乙未	丙寅	丙申	丁卯	丁酉	戊辰	己亥	己巳	庚子	庚午	辛丑
29		丙申	丁卯	丁酉	戊辰	戊戌	己巳	庚子	庚午	辛丑	辛未	壬寅
30		丁酉	戊辰	戊戌	己巳	己亥	庚午	辛丑	辛未	壬寅	壬申	癸卯
31		戊戌		己亥		庚子	辛未		壬申		癸酉	甲辰

2003 平成15年 癸未 みずのとひつじ

2004

日＼月支	2月 寅	3月 卯	4月 辰	5月 巳	6月 午	7月 未	8月 申	9月 酉	10月 戌	11月 亥	12月 子	1月 丑
1	乙巳	癸酉	甲辰	甲戌	乙巳	乙亥	丙午	丁丑	丁未	戊寅	戊申	己卯
2	丙午	甲戌	乙巳	乙亥	丙午	丙子	丁未	戊寅	戊申	己卯	己酉	庚辰
3	丁未	乙亥	丙午	丙子	丁未	丁丑	戊申	己卯	己酉	庚辰	庚戌	辛巳
4	**戊申**	丙子	丁未	丁丑	戊申	戊寅	己酉	庚辰	庚戌	辛巳	辛亥	壬午
5	己酉	丁丑	**戊申**	戊寅	己酉	己卯	庚戌	辛巳	辛亥	壬午	壬子	癸未
6	庚戌	**戊寅**	己酉	**己卯**	**庚戌**	庚辰	辛亥	壬午	壬子	癸未	癸丑	**甲申**
7	辛亥	己卯	庚戌	庚辰	辛亥	**辛巳**	壬子	癸未	癸丑	甲申	**甲寅**	乙酉
8	壬子	庚辰	辛亥	辛巳	壬子	壬午	**癸丑**	**甲申**	甲寅	**乙酉**	乙卯	丙戌
9	癸丑	辛巳	壬子	壬午	癸丑	癸未	甲寅	乙酉	**乙卯**	丙戌	丙辰	丁亥
10	甲寅	壬午	癸丑	癸未	甲寅	甲申	乙卯	丙戌	丙辰	丁亥	丁巳	戊子
11	乙卯	癸未	甲寅	甲申	乙卯	乙酉	丙辰	丁亥	丁巳	戊子	戊午	己丑
12	丙辰	甲申	乙卯	乙酉	丙辰	丙戌	丁巳	戊子	戊午	己丑	己未	庚寅
13	丁巳	乙酉	丙辰	丙戌	丁巳	丁亥	戊午	己丑	己未	庚寅	庚申	辛卯
14	戊午	丙戌	丁巳	丁亥	戊午	戊子	己未	庚寅	庚申	辛卯	辛酉	壬辰
15	己未	丁亥	戊午	戊子	己未	己丑	庚申	辛卯	辛酉	壬辰	壬戌	癸巳
16	庚申	戊子	己未	己丑	庚申	庚寅	辛酉	壬辰	壬戌	癸巳	癸亥	甲午
17	辛酉	己丑	庚申	庚寅	辛酉	辛卯	壬戌	癸巳	癸亥	甲午	甲子	乙未
18	壬戌	庚寅	辛酉	辛卯	壬戌	壬辰	癸亥	甲午	甲子	乙未	乙丑	丙申
19	癸亥	辛卯	壬戌	壬辰	癸亥	癸巳	甲子	乙未	乙丑	丙申	丙寅	丁酉
20	甲子	壬辰	癸亥	癸巳	甲子	甲午	乙丑	丙申	丙寅	丁酉	丁卯	戊戌
21	乙丑	癸巳	甲子	甲午	乙丑	乙未	丙寅	丁酉	丁卯	戊戌	戊辰	己亥
22	丙寅	甲午	乙丑	乙未	丙寅	丙申	丁卯	戊戌	戊辰	己亥	己巳	庚子
23	丁卯	乙未	丙寅	丙申	丁卯	丁酉	戊辰	己亥	己巳	庚子	庚午	辛丑
24	戊辰	丙申	丁卯	丁酉	戊辰	戊戌	己巳	庚子	庚午	辛丑	辛未	壬寅
25	己巳	丁酉	戊辰	戊戌	己巳	己亥	庚午	辛丑	辛未	壬寅	壬申	癸卯
26	庚午	戊戌	己巳	己亥	庚午	庚子	辛未	壬寅	壬申	癸卯	癸酉	甲辰
27	辛未	己亥	庚午	庚子	辛未	辛丑	壬申	癸卯	癸酉	甲辰	甲戌	乙巳
28	壬申	庚子	辛未	辛丑	壬申	壬寅	癸酉	甲辰	甲戌	乙巳	乙亥	丙午
29		辛丑	壬申	壬寅	癸酉	癸卯	甲戌	乙巳	乙亥	丙午	丙子	丁未
30		壬寅	癸酉	癸卯	甲戌	甲辰	乙亥	丙午	丙子	丁未	丁丑	戊申
31		癸卯		甲辰		乙巳	丙子		丁丑		戊寅	己酉

2004 平成16年 甲申 きのえさる

2005

日＼月支	2月 寅	3月 卯	4月 辰	5月 巳	6月 午	7月 未	8月 申	9月 酉	10月 戌	11月 亥	12月 子	1月 丑
1	庚戌	己卯	庚戌	庚辰	辛亥	辛巳	壬子	癸未	癸丑	甲申	甲寅	乙酉
2	辛亥	庚辰	辛亥	辛巳	壬子	壬午	癸丑	甲申	甲寅	乙酉	乙卯	丙戌
3	壬子	辛巳	壬子	壬午	癸丑	癸未	甲寅	乙酉	乙卯	丙戌	丙辰	丁亥
4	**癸丑**	壬午	**癸丑**	癸未	甲寅	甲申	乙卯	丙戌	丙辰	丁亥	丁巳	戊子
5	甲寅	**癸未**	甲寅	**甲申**	**乙卯**	乙酉	丙辰	丁亥	丁巳	戊子	戊午	**己丑**
6	乙卯	甲申	乙卯	乙酉	丙辰	丙戌	丁巳	戊子	戊午	己丑	己未	庚寅
7	丙辰	乙酉	丙辰	丙戌	丁巳	**丁亥**	**戊午**	**己丑**	己未	**庚寅**	**庚申**	辛卯
8	丁巳	丙戌	丁巳	丁亥	戊午	戊子	己未	庚寅	**庚申**	辛卯	辛酉	壬辰
9	戊午	丁亥	戊午	戊子	己未	己丑	庚申	辛卯	辛酉	壬辰	壬戌	癸巳
10	己未	戊子	己未	己丑	庚申	庚寅	辛酉	壬辰	壬戌	癸巳	癸亥	甲午
11	庚申	己丑	庚申	庚寅	辛酉	辛卯	壬戌	癸巳	癸亥	甲午	甲子	乙未
12	辛酉	庚寅	辛酉	辛卯	壬戌	壬辰	癸亥	甲午	甲子	乙未	乙丑	丙申
13	壬戌	辛卯	壬戌	壬辰	癸亥	癸巳	甲子	乙未	乙丑	丙申	丙寅	丁酉
14	癸亥	壬辰	癸亥	癸巳	甲子	甲午	乙丑	丙申	丙寅	丁酉	丁卯	戊戌
15	甲子	癸巳	甲子	甲午	乙丑	乙未	丙寅	丁酉	丁卯	戊戌	戊辰	己亥
16	乙丑	甲午	乙丑	乙未	丙寅	丙申	丁卯	戊戌	戊辰	己亥	己巳	庚子
17	丙寅	乙未	丙寅	丙申	丁卯	丁酉	戊辰	己亥	己巳	庚子	庚午	辛丑
18	丁卯	丙申	丁卯	丁酉	戊辰	戊戌	己巳	庚子	庚午	辛丑	辛未	壬寅
19	戊辰	丁酉	戊辰	戊戌	己巳	己亥	庚午	辛丑	辛未	壬寅	壬申	癸卯
20	己巳	戊戌	己巳	己亥	庚午	庚子	辛未	壬寅	壬申	癸卯	癸酉	甲辰
21	庚午	己亥	庚午	庚子	辛未	辛丑	壬申	癸卯	癸酉	甲辰	甲戌	乙巳
22	辛未	庚子	辛未	辛丑	壬申	壬寅	癸酉	甲辰	甲戌	乙巳	乙亥	丙午
23	壬申	辛丑	壬申	壬寅	癸酉	癸卯	甲戌	乙巳	乙亥	丙午	丙子	丁未
24	癸酉	壬寅	癸酉	癸卯	甲戌	甲辰	乙亥	丙午	丙子	丁未	丁丑	戊申
25	甲戌	癸卯	甲戌	甲辰	乙亥	乙巳	丙子	丁未	丁丑	戊申	戊寅	己酉
26	乙亥	甲辰	乙亥	乙巳	丙子	丙午	丁丑	戊申	戊寅	己酉	己卯	庚戌
27	丙子	乙巳	丙子	丙午	丁丑	丁未	戊寅	己酉	己卯	庚戌	庚辰	辛亥
28	丁丑	丙午	丁丑	丁未	戊寅	戊申	己卯	庚戌	庚辰	辛亥	辛巳	壬子
29	戊寅	丁未	戊寅	戊申	己卯	己酉	庚辰	辛亥	辛巳	壬子	壬午	癸丑
30		戊申	己卯	己酉	庚辰	庚戌	辛巳	壬子	壬午	癸丑	癸未	甲寅
31		己酉		庚戌		辛亥	壬午		癸未		甲申	乙卯

2005 平成17年 乙酉 きのととり

2006

日＼月支	2月 寅	3月 卯	4月 辰	5月 巳	6月 午	7月 未	8月 申	9月 酉	10月 戌	11月 亥	12月 子	1月 丑
1	丙辰	甲申	乙卯	乙酉	丙辰	丙戌	丁巳	戊子	戊午	己丑	己未	庚寅
2	丁巳	乙酉	丙辰	丙戌	丁巳	丁亥	戊午	己丑	己未	庚寅	庚申	辛卯
3	戊午	丙戌	丁巳	丁亥	戊午	戊子	己未	庚寅	庚申	辛卯	辛酉	壬辰
4	**己未**	丁亥	戊午	戊子	己未	己丑	庚申	辛卯	辛酉	壬辰	壬戌	癸巳
5	庚申	**戊子**	**己未**	**己丑**	**庚申**	庚寅	辛酉	壬辰	壬戌	癸巳	癸亥	**甲午**
6	辛酉	己丑	庚申	庚寅	辛酉	辛卯	壬戌	癸巳	癸亥	甲午	甲子	乙未
7	壬戌	庚寅	辛酉	辛卯	壬戌	**壬辰**	**癸亥**	**甲午**	甲子	**乙未**	**乙丑**	丙申
8	癸亥	辛卯	壬戌	壬辰	癸亥	癸巳	甲子	乙未	**乙丑**	丙申	丙寅	丁酉
9	甲子	壬辰	癸亥	癸巳	甲子	甲午	乙丑	丙申	丙寅	丁酉	丁卯	戊戌
10	乙丑	癸巳	甲子	甲午	乙丑	乙未	丙寅	丁酉	丁卯	戊戌	戊辰	己亥
11	丙寅	甲午	乙丑	乙未	丙寅	丙申	丁卯	戊戌	戊辰	己亥	己巳	庚子
12	丁卯	乙未	丙寅	丙申	丁卯	丁酉	戊辰	己亥	己巳	庚子	庚午	辛丑
13	戊辰	丙申	丁卯	丁酉	戊辰	戊戌	己巳	庚子	庚午	辛丑	辛未	壬寅
14	己巳	丁酉	戊辰	戊戌	己巳	己亥	庚午	辛丑	辛未	壬寅	壬申	癸卯
15	庚午	戊戌	己巳	己亥	庚午	庚子	辛未	壬寅	壬申	癸卯	癸酉	甲辰
16	辛未	己亥	庚午	庚子	辛未	辛丑	壬申	癸卯	癸酉	甲辰	甲戌	乙巳
17	壬申	庚子	辛未	辛丑	壬申	壬寅	癸酉	甲辰	甲戌	乙巳	乙亥	丙午
18	癸酉	辛丑	壬申	壬寅	癸酉	癸卯	甲戌	乙巳	乙亥	丙午	丙子	丁未
19	甲戌	壬寅	癸酉	癸卯	甲戌	甲辰	乙亥	丙午	丙子	丁未	丁丑	戊申
20	乙亥	癸卯	甲戌	甲辰	乙亥	乙巳	丙子	丁未	丁丑	戊申	戊寅	己酉
21	丙子	甲辰	乙亥	乙巳	丙子	丙午	丁丑	戊申	戊寅	己酉	己卯	庚戌
22	丁丑	乙巳	丙子	丙午	丁丑	丁未	戊寅	己酉	己卯	庚戌	庚辰	辛亥
23	戊寅	丙午	丁丑	丁未	戊寅	戊申	己卯	庚戌	庚辰	辛亥	辛巳	壬子
24	己卯	丁未	戊寅	戊申	己卯	己酉	庚辰	辛亥	辛巳	壬子	壬午	癸丑
25	庚辰	戊申	己卯	己酉	庚辰	庚戌	辛巳	壬子	壬午	癸丑	癸未	甲寅
26	辛巳	己酉	庚辰	庚戌	辛巳	辛亥	壬午	癸丑	癸未	甲寅	甲申	乙卯
27	壬午	庚戌	辛巳	辛亥	壬午	壬子	癸未	甲寅	甲申	乙卯	乙酉	丙辰
28	癸未	辛亥	壬午	壬子	癸未	癸丑	甲申	乙卯	乙酉	丙辰	丙戌	丁巳
29		壬子	癸未	癸丑	甲申	甲寅	乙酉	丙辰	丙戌	丁巳	丁亥	戊午
30		癸丑	甲申	甲寅	乙酉	乙卯	丙戌	丁巳	丁亥	戊午	戊子	己未
31		甲寅		乙卯		丙辰	丁亥		戊子		己丑	庚申

2006 平成18年 丙戌 ひのえいぬ

日＼月支	2月 寅	3月 卯	4月 辰	5月 巳	6月 午	7月 未	8月 申	9月 酉	10月 戌	11月 亥	12月 子	1月 丑 (2007)
1	辛酉	己丑	庚申	庚寅	辛酉	辛卯	壬戌	癸巳	癸亥	甲午	甲子	乙未
2	壬戌	庚寅	辛酉	辛卯	壬戌	壬辰	癸亥	甲午	甲子	乙未	乙丑	丙申
3	癸亥	辛卯	壬戌	壬辰	癸亥	癸巳	甲子	乙未	乙丑	丙申	丙寅	丁酉
4	**甲子**	壬辰	癸亥	癸巳	甲子	甲午	乙丑	丙申	丙寅	丁酉	丁卯	戊戌
5	乙丑	癸巳	**甲子**	甲午	乙丑	乙未	丙寅	丁酉	丁卯	戊戌	戊辰	己亥
6	丙寅	**甲午**	乙丑	**乙未**	**丙寅**	丙申	丁卯	戊戌	戊辰	己亥	己巳	**庚子**
7	丁卯	乙未	丙寅	丙申	丁卯	**丁酉**	戊辰	己亥	己巳	**庚子**	**庚午**	辛丑
8	戊辰	丙申	丁卯	丁酉	戊辰	戊戌	**己巳**	**庚子**	**庚午**	辛丑	辛未	壬寅
9	己巳	丁酉	戊辰	戊戌	己巳	己亥	庚午	辛丑	辛未	壬寅	壬申	癸卯
10	庚午	戊戌	己巳	己亥	庚午	庚子	辛未	壬寅	壬申	癸卯	癸酉	甲辰
11	辛未	己亥	庚午	庚子	辛未	辛丑	壬申	癸卯	癸酉	甲辰	甲戌	乙巳
12	壬申	庚子	辛未	辛丑	壬申	壬寅	癸酉	甲辰	甲戌	乙巳	乙亥	丙午
13	癸酉	辛丑	壬申	壬寅	癸酉	癸卯	甲戌	乙巳	乙亥	丙午	丙子	丁未
14	甲戌	壬寅	癸酉	癸卯	甲戌	甲辰	乙亥	丙午	丙子	丁未	丁丑	戊申
15	乙亥	癸卯	甲戌	甲辰	乙亥	乙巳	丙子	丁未	丁丑	戊申	戊寅	己酉
16	丙子	甲辰	乙亥	乙巳	丙子	丙午	丁丑	戊申	戊寅	己酉	己卯	庚戌
17	丁丑	乙巳	丙子	丙午	丁丑	丁未	戊寅	己酉	己卯	庚戌	庚辰	辛亥
18	戊寅	丙午	丁丑	丁未	戊寅	戊申	己卯	庚戌	庚辰	辛亥	辛巳	壬子
19	己卯	丁未	戊寅	戊申	己卯	己酉	庚辰	辛亥	辛巳	壬子	壬午	癸丑
20	庚辰	戊申	己卯	己酉	庚辰	庚戌	辛巳	壬子	壬午	癸丑	癸未	甲寅
21	辛巳	己酉	庚辰	庚戌	辛巳	辛亥	壬午	癸丑	癸未	甲寅	甲申	乙卯
22	壬午	庚戌	辛巳	辛亥	壬午	壬子	癸未	甲寅	甲申	乙卯	乙酉	丙辰
23	癸未	辛亥	壬午	壬子	癸未	癸丑	甲申	乙卯	乙酉	丙辰	丙戌	丁巳
24	甲申	壬子	癸未	癸丑	甲申	甲寅	乙酉	丙辰	丙戌	丁巳	丁亥	戊午
25	乙酉	癸丑	甲申	甲寅	乙酉	乙卯	丙戌	丁巳	丁亥	戊午	戊子	己未
26	丙戌	甲寅	乙酉	乙卯	丙戌	丙辰	丁亥	戊午	戊子	己未	己丑	庚申
27	丁亥	乙卯	丙戌	丙辰	丁亥	丁巳	戊子	己未	己丑	庚申	庚寅	辛酉
28	戊子	丙辰	丁亥	丁巳	戊子	戊午	己丑	庚申	庚寅	辛酉	辛卯	壬戌
29		丁巳	戊子	戊午	己丑	己未	庚寅	辛酉	辛卯	壬戌	壬辰	癸亥
30		戊午	己丑	己未	庚寅	庚申	辛卯	壬戌	壬辰	癸亥	癸巳	甲子
31		己未		庚申		辛酉	壬辰		癸巳		甲午	乙丑

2007 平成19年 丁亥 ひのとい

日＼月支	2月 寅	3月 卯	4月 辰	5月 巳	6月 午	7月 未	8月 申	9月 酉	10月 戌	11月 亥	12月 子	1月 丑 (2008)
1	丙寅	甲午	乙丑	乙未	丙寅	丙申	丁卯	戊戌	戊辰	己亥	己巳	庚子
2	丁卯	乙未	丙寅	丙申	丁卯	丁酉	戊辰	己亥	己巳	庚子	庚午	辛丑
3	戊辰	丙申	丁卯	丁酉	戊辰	戊戌	己巳	庚子	庚午	辛丑	辛未	壬寅
4	**己巳**	丁酉	戊辰	戊戌	己巳	己亥	庚午	辛丑	辛未	壬寅	壬申	癸卯
5	庚午	戊戌	**己巳**	己亥	庚午	庚子	辛未	壬寅	壬申	癸卯	癸酉	甲辰
6	辛未	**己亥**	庚午	**庚子**	**辛未**	辛丑	壬申	癸卯	癸酉	甲辰	甲戌	**乙巳**
7	壬申	庚子	辛未	辛丑	壬申	**壬寅**	癸酉	甲辰	甲戌	乙巳	**乙亥**	丙午
8	癸酉	辛丑	壬申	壬寅	癸酉	癸卯	**甲戌**	**乙巳**	乙亥	**丙午**	丙子	丁未
9	甲戌	壬寅	癸酉	癸卯	甲戌	甲辰	乙亥	丙午	**丙子**	丁未	丁丑	戊申
10	乙亥	癸卯	甲戌	甲辰	乙亥	乙巳	丙子	丁未	丁丑	戊申	戊寅	己酉
11	丙子	甲辰	乙亥	乙巳	丙子	丙午	丁丑	戊申	戊寅	己酉	己卯	庚戌
12	丁丑	乙巳	丙子	丙午	丁丑	丁未	戊寅	己酉	己卯	庚戌	庚辰	辛亥
13	戊寅	丙午	丁丑	丁未	戊寅	戊申	己卯	庚戌	庚辰	辛亥	辛巳	壬子
14	己卯	丁未	戊寅	戊申	己卯	己酉	庚辰	辛亥	辛巳	壬子	壬午	癸丑
15	庚辰	戊申	己卯	己酉	庚辰	庚戌	辛巳	壬子	壬午	癸丑	癸未	甲寅
16	辛巳	己酉	庚辰	庚戌	辛巳	辛亥	壬午	癸丑	癸未	甲寅	甲申	乙卯
17	壬午	庚戌	辛巳	辛亥	壬午	壬子	癸未	甲寅	甲申	乙卯	乙酉	丙辰
18	癸未	辛亥	壬午	壬子	癸未	癸丑	甲申	乙卯	乙酉	丙辰	丙戌	丁巳
19	甲申	壬子	癸未	癸丑	甲申	甲寅	乙酉	丙辰	丙戌	丁巳	丁亥	戊午
20	乙酉	癸丑	甲申	甲寅	乙酉	乙卯	丙戌	丁巳	丁亥	戊午	戊子	己未
21	丙戌	甲寅	乙酉	乙卯	丙戌	丙辰	丁亥	戊午	戊子	己未	己丑	庚申
22	丁亥	乙卯	丙戌	丙辰	丁亥	丁巳	戊子	己未	己丑	庚申	庚寅	辛酉
23	戊子	丙辰	丁亥	丁巳	戊子	戊午	己丑	庚申	庚寅	辛酉	辛卯	壬戌
24	己丑	丁巳	戊子	戊午	己丑	己未	庚寅	辛酉	辛卯	壬戌	壬辰	癸亥
25	庚寅	戊午	己丑	己未	庚寅	庚申	辛卯	壬戌	壬辰	癸亥	癸巳	甲子
26	辛卯	己未	庚寅	庚申	辛卯	辛酉	壬辰	癸亥	癸巳	甲子	甲午	乙丑
27	壬辰	庚申	辛卯	辛酉	壬辰	壬戌	癸巳	甲子	甲午	乙丑	乙未	丙寅
28	癸巳	辛酉	壬辰	壬戌	癸巳	癸亥	甲午	乙丑	乙未	丙寅	丙申	丁卯
29		壬戌	癸巳	癸亥	甲午	甲子	乙未	丙寅	丙申	丁卯	丁酉	戊辰
30		癸亥	甲午	甲子	乙未	乙丑	丙申	丁卯	丁酉	戊辰	戊戌	己巳
31		甲子		乙丑		丙寅	丁酉		戊戌		己亥	庚午

2008 平成20年 戊子 つちのえね

日＼月支	2月 寅	3月 卯	4月 辰	5月 巳	6月 午	7月 未	8月 申	9月 酉	10月 戌	11月 亥	12月 子	1月 丑 (2009)
1	辛未	庚子	辛未	辛丑	壬申	壬寅	癸酉	甲辰	甲戌	乙巳	乙亥	丙午
2	壬申	辛丑	壬申	壬寅	癸酉	癸卯	甲戌	乙巳	乙亥	丙午	丙子	丁未
3	癸酉	壬寅	癸酉	癸卯	甲戌	甲辰	乙亥	丙午	丙子	丁未	丁丑	戊申
4	**甲戌**	癸卯	**甲戌**	甲辰	乙亥	乙巳	丙子	丁未	丁丑	戊申	戊寅	己酉
5	乙亥	**甲辰**	乙亥	**乙巳**	**丙子**	丙午	丁丑	戊申	戊寅	己酉	己卯	**庚戌**
6	丙子	乙巳	丙子	丙午	丁丑	丁未	戊寅	己酉	己卯	庚戌	庚辰	辛亥
7	丁丑	丙午	丁丑	丁未	戊寅	**戊申**	**己卯**	**庚戌**	庚辰	**辛亥**	**辛巳**	壬子
8	戊寅	丁未	戊寅	戊申	己卯	己酉	庚辰	辛亥	**辛巳**	壬子	壬午	癸丑
9	己卯	戊申	己卯	己酉	庚辰	庚戌	辛巳	壬子	壬午	癸丑	癸未	甲寅
10	庚辰	己酉	庚辰	庚戌	辛巳	辛亥	壬午	癸丑	癸未	甲寅	甲申	乙卯
11	辛巳	庚戌	辛巳	辛亥	壬午	壬子	癸未	甲寅	甲申	乙卯	乙酉	丙辰
12	壬午	辛亥	壬午	壬子	癸未	癸丑	甲申	乙卯	乙酉	丙辰	丙戌	丁巳
13	癸未	壬子	癸未	癸丑	甲申	甲寅	乙酉	丙辰	丙戌	丁巳	丁亥	戊午
14	甲申	癸丑	甲申	甲寅	乙酉	乙卯	丙戌	丁巳	丁亥	戊午	戊子	己未
15	乙酉	甲寅	乙酉	乙卯	丙戌	丙辰	丁亥	戊午	戊子	己未	己丑	庚申
16	丙戌	乙卯	丙戌	丙辰	丁亥	丁巳	戊子	己未	己丑	庚申	庚寅	辛酉
17	丁亥	丙辰	丁亥	丁巳	戊子	戊午	己丑	庚申	庚寅	辛酉	辛卯	壬戌
18	戊子	丁巳	戊子	戊午	己丑	己未	庚寅	辛酉	辛卯	壬戌	壬辰	癸亥
19	己丑	戊午	己丑	己未	庚寅	庚申	辛卯	壬戌	壬辰	癸亥	癸巳	甲子
20	庚寅	己未	庚寅	庚申	辛卯	辛酉	壬辰	癸亥	癸巳	甲子	甲午	乙丑
21	辛卯	庚申	辛卯	辛酉	壬辰	壬戌	癸巳	甲子	甲午	乙丑	乙未	丙寅
22	壬辰	辛酉	壬辰	壬戌	癸巳	癸亥	甲午	乙丑	乙未	丙寅	丙申	丁卯
23	癸巳	壬戌	癸巳	癸亥	甲午	甲子	乙未	丙寅	丙申	丁卯	丁酉	戊辰
24	甲午	癸亥	甲午	甲子	乙未	乙丑	丙申	丁卯	丁酉	戊辰	戊戌	己巳
25	乙未	甲子	乙未	乙丑	丙申	丙寅	丁酉	戊辰	戊戌	己巳	己亥	庚午
26	丙申	乙丑	丙申	丙寅	丁酉	丁卯	戊戌	己巳	己亥	庚午	庚子	辛未
27	丁酉	丙寅	丁酉	丁卯	戊戌	戊辰	己亥	庚午	庚子	辛未	辛丑	壬申
28	戊戌	丁卯	戊戌	戊辰	己亥	己巳	庚子	辛未	辛丑	壬申	壬寅	癸酉
29	己亥	戊辰	己亥	己巳	庚子	庚午	辛丑	壬申	壬寅	癸酉	癸卯	甲戌
30		己巳	庚子	庚午	辛丑	辛未	壬寅	癸酉	癸卯	甲戌	甲辰	乙亥
31		庚午		辛未		壬申	癸卯		甲辰		乙巳	丙子

2009 平成21年 己丑 つちのとうし

日＼月支	2月 寅	3月 卯	4月 辰	5月 巳	6月 午	7月 未	8月 申	9月 酉	10月 戌	11月 亥	12月 子	1月 丑 (2010)
1	丁丑	乙巳	丙子	丙午	丁丑	丁未	戊寅	己酉	己卯	庚戌	庚辰	辛亥
2	戊寅	丙午	丁丑	丁未	戊寅	戊申	己卯	庚戌	庚辰	辛亥	辛巳	壬子
3	己卯	丁未	戊寅	戊申	己卯	己酉	庚辰	辛亥	辛巳	壬子	壬午	癸丑
4	**庚辰**	戊申	己卯	己酉	庚辰	庚戌	辛巳	壬子	壬午	癸丑	癸未	甲寅
5	辛巳	**己酉**	**庚辰**	**庚戌**	**辛巳**	辛亥	壬午	癸丑	癸未	甲寅	甲申	**乙卯**
6	壬午	庚戌	辛巳	辛亥	壬午	壬子	癸未	甲寅	甲申	乙卯	乙酉	丙辰
7	癸未	辛亥	壬午	壬子	癸未	**癸丑**	**甲申**	**乙卯**	乙酉	**丙辰**	**丙戌**	丁巳
8	甲申	壬子	癸未	癸丑	甲申	甲寅	乙酉	丙辰	**丙戌**	丁巳	丁亥	戊午
9	乙酉	癸丑	甲申	甲寅	乙酉	乙卯	丙戌	丁巳	丁亥	戊午	戊子	己未
10	丙戌	甲寅	乙酉	乙卯	丙戌	丙辰	丁亥	戊午	戊子	己未	己丑	庚申
11	丁亥	乙卯	丙戌	丙辰	丁亥	丁巳	戊子	己未	己丑	庚申	庚寅	辛酉
12	戊子	丙辰	丁亥	丁巳	戊子	戊午	己丑	庚申	庚寅	辛酉	辛卯	壬戌
13	己丑	丁巳	戊子	戊午	己丑	己未	庚寅	辛酉	辛卯	壬戌	壬辰	癸亥
14	庚寅	戊午	己丑	己未	庚寅	庚申	辛卯	壬戌	壬辰	癸亥	癸巳	甲子
15	辛卯	己未	庚寅	庚申	辛卯	辛酉	壬辰	癸亥	癸巳	甲子	甲午	乙丑
16	壬辰	庚申	辛卯	辛酉	壬辰	壬戌	癸巳	甲子	甲午	乙丑	乙未	丙寅
17	癸巳	辛酉	壬辰	壬戌	癸巳	癸亥	甲午	乙丑	乙未	丙寅	丙申	丁卯
18	甲午	壬戌	癸巳	癸亥	甲午	甲子	乙未	丙寅	丙申	丁卯	丁酉	戊辰
19	乙未	癸亥	甲午	甲子	乙未	乙丑	丙申	丁卯	丁酉	戊辰	戊戌	己巳
20	丙申	甲子	乙未	乙丑	丙申	丙寅	丁酉	戊辰	戊戌	己巳	己亥	庚午
21	丁酉	乙丑	丙申	丙寅	丁酉	丁卯	戊戌	己巳	己亥	庚午	庚子	辛未
22	戊戌	丙寅	丁酉	丁卯	戊戌	戊辰	己亥	庚午	庚子	辛未	辛丑	壬申
23	己亥	丁卯	戊戌	戊辰	己亥	己巳	庚子	辛未	辛丑	壬申	壬寅	癸酉
24	庚子	戊辰	己亥	己巳	庚子	庚午	辛丑	壬申	壬寅	癸酉	癸卯	甲戌
25	辛丑	己巳	庚子	庚午	辛丑	辛未	壬寅	癸酉	癸卯	甲戌	甲辰	乙亥
26	壬寅	庚午	辛丑	辛未	壬寅	壬申	癸卯	甲戌	甲辰	乙亥	乙巳	丙子
27	癸卯	辛未	壬寅	壬申	癸卯	癸酉	甲辰	乙亥	乙巳	丙子	丙午	丁丑
28	甲辰	壬申	癸卯	癸酉	甲辰	甲戌	乙巳	丙子	丙午	丁丑	丁未	戊寅
29		癸酉	甲辰	甲戌	乙巳	乙亥	丙午	丁丑	丁未	戊寅	戊申	己卯
30		甲戌	乙巳	乙亥	丙午	丙子	丁未	戊寅	戊申	己卯	己酉	庚辰
31		乙亥		丙子		丁丑	戊申		己酉		庚戌	辛巳

2010 平成22年 庚寅《かのえとら》

日＼月支	2月 寅	3月 卯	4月 辰	5月 巳	6月 午	7月 未	8月 申	9月 酉	10月 戌	11月 亥	12月 子	2011 1月 丑
1	壬午	庚戌	辛巳	辛亥	壬午	壬子	癸未	甲寅	甲申	乙卯	乙酉	丙辰
2	癸未	辛亥	壬午	壬子	癸未	癸丑	甲申	乙卯	乙酉	丙辰	丙戌	丁巳
3	甲申	壬子	癸未	癸丑	甲申	甲寅	乙酉	丙辰	丙戌	丁巳	丁亥	戊午
4	**乙酉**	癸丑	甲申	甲寅	乙酉	乙卯	丙戌	丁巳	丁亥	戊午	戊子	己未
5	丙戌	甲寅	**乙酉**	**乙卯**	丙戌	丙辰	丁亥	戊午	戊子	己未	己丑	庚申
6	丁亥	**乙卯**	丙戌	丙辰	**丁亥**	丁巳	戊子	己未	己丑	庚申	庚寅	**辛酉**
7	戊子	丙辰	丁亥	丁巳	戊子	**戊午**	**己丑**	庚申	庚寅	**辛酉**	**辛卯**	壬戌
8	己丑	丁巳	戊子	戊午	己丑	己未	庚寅	**辛酉**	**辛卯**	壬戌	壬辰	癸亥
9	庚寅	戊午	己丑	己未	庚寅	庚申	辛卯	壬戌	壬辰	癸亥	癸巳	甲子
10	辛卯	己未	庚寅	庚申	辛卯	辛酉	壬辰	癸亥	癸巳	甲子	甲午	乙丑
11	壬辰	庚申	辛卯	辛酉	壬辰	壬戌	癸巳	甲子	甲午	乙丑	乙未	丙寅
12	癸巳	辛酉	壬辰	壬戌	癸巳	癸亥	甲午	乙丑	乙未	丙寅	丙申	丁卯
13	甲午	壬戌	癸巳	癸亥	甲午	甲子	乙未	丙寅	丙申	丁卯	丁酉	戊辰
14	乙未	癸亥	甲午	甲子	乙未	乙丑	丙申	丁卯	丁酉	戊辰	戊戌	己巳
15	丙申	甲子	乙未	乙丑	丙申	丙寅	丁酉	戊辰	戊戌	己巳	己亥	庚午
16	丁酉	乙丑	丙申	丙寅	丁酉	丁卯	戊戌	己巳	己亥	庚午	庚子	辛未
17	戊戌	丙寅	丁酉	丁卯	戊戌	戊辰	己亥	庚午	庚子	辛未	辛丑	壬申
18	己亥	丁卯	戊戌	戊辰	己亥	己巳	庚子	辛未	辛丑	壬申	壬寅	癸酉
19	庚子	戊辰	己亥	己巳	庚子	庚午	辛丑	壬申	壬寅	癸酉	癸卯	甲戌
20	辛丑	己巳	庚子	庚午	辛丑	辛未	壬寅	癸酉	癸卯	甲戌	甲辰	乙亥
21	壬寅	庚午	辛丑	辛未	壬寅	壬申	癸卯	甲戌	甲辰	乙亥	乙巳	丙子
22	癸卯	辛未	壬寅	壬申	癸卯	癸酉	甲辰	乙亥	乙巳	丙子	丙午	丁丑
23	甲辰	壬申	癸卯	癸酉	甲辰	甲戌	乙巳	丙子	丙午	丁丑	丁未	戊寅
24	乙巳	癸酉	甲辰	甲戌	乙巳	乙亥	丙午	丁丑	丁未	戊寅	戊申	己卯
25	丙午	甲戌	乙巳	乙亥	丙午	丙子	丁未	戊寅	戊申	己卯	己酉	庚辰
26	丁未	乙亥	丙午	丙子	丁未	丁丑	戊申	己卯	己酉	庚辰	庚戌	辛巳
27	戊申	丙子	丁未	丁丑	戊申	戊寅	己酉	庚辰	庚戌	辛巳	辛亥	壬午
28	己酉	丁丑	戊申	戊寅	己酉	己卯	庚戌	辛巳	辛亥	壬午	壬子	癸未
29		戊寅	己酉	己卯	庚戌	庚辰	辛亥	壬午	壬子	癸未	癸丑	甲申
30		己卯	庚戌	庚辰	辛亥	辛巳	壬子	癸未	癸丑	甲申	甲寅	乙酉
31		庚辰		辛巳		壬午	癸丑		甲寅		乙卯	丙戌

2011 平成23年 辛卯《かのとう》

日＼月支	2月 寅	3月 卯	4月 辰	5月 巳	6月 午	7月 未	8月 申	9月 酉	10月 戌	11月 亥	12月 子	2012 1月 丑
1	丁亥	乙卯	丙戌	丙辰	丁亥	丁巳	戊子	己未	己丑	庚申	庚寅	辛酉
2	戊子	丙辰	丁亥	丁巳	戊子	戊午	己丑	庚申	庚寅	辛酉	辛卯	壬戌
3	己丑	丁巳	戊子	戊午	己丑	己未	庚寅	辛酉	辛卯	壬戌	壬辰	癸亥
4	**庚寅**	戊午	己丑	己未	庚寅	庚申	辛卯	壬戌	壬辰	癸亥	癸巳	甲子
5	辛卯	己未	**庚寅**	庚申	辛卯	辛酉	壬辰	癸亥	癸巳	甲子	甲午	乙丑
6	壬辰	**庚申**	辛卯	**辛酉**	**壬辰**	壬戌	癸巳	甲子	甲午	乙丑	乙未	**丙寅**
7	癸巳	辛酉	壬辰	壬戌	癸巳	**癸亥**	甲午	乙丑	乙未	丙寅	**丙申**	丁卯
8	甲午	壬戌	癸巳	癸亥	甲午	甲子	**乙未**	**丙寅**	丙申	**丁卯**	丁酉	戊辰
9	乙未	癸亥	甲午	甲子	乙未	乙丑	丙申	丁卯	**丁酉**	戊辰	戊戌	己巳
10	丙申	甲子	乙未	乙丑	丙申	丙寅	丁酉	戊辰	戊戌	己巳	己亥	庚午
11	丁酉	乙丑	丙申	丙寅	丁酉	丁卯	戊戌	己巳	己亥	庚午	庚子	辛未
12	戊戌	丙寅	丁酉	丁卯	戊戌	戊辰	己亥	庚午	庚子	辛未	辛丑	壬申
13	己亥	丁卯	戊戌	戊辰	己亥	己巳	庚子	辛未	辛丑	壬申	壬寅	癸酉
14	庚子	戊辰	己亥	己巳	庚子	庚午	辛丑	壬申	壬寅	癸酉	癸卯	甲戌
15	辛丑	己巳	庚子	庚午	辛丑	辛未	壬寅	癸酉	癸卯	甲戌	甲辰	乙亥
16	壬寅	庚午	辛丑	辛未	壬寅	壬申	癸卯	甲戌	甲辰	乙亥	乙巳	丙子
17	癸卯	辛未	壬寅	壬申	癸卯	癸酉	甲辰	乙亥	乙巳	丙子	丙午	丁丑
18	甲辰	壬申	癸卯	癸酉	甲辰	甲戌	乙巳	丙子	丙午	丁丑	丁未	戊寅
19	乙巳	癸酉	甲辰	甲戌	乙巳	乙亥	丙午	丁丑	丁未	戊寅	戊申	己卯
20	丙午	甲戌	乙巳	乙亥	丙午	丙子	丁未	戊寅	戊申	己卯	己酉	庚辰
21	丁未	乙亥	丙午	丙子	丁未	丁丑	戊申	己卯	己酉	庚辰	庚戌	辛巳
22	戊申	丙子	丁未	丁丑	戊申	戊寅	己酉	庚辰	庚戌	辛巳	辛亥	壬午
23	己酉	丁丑	戊申	戊寅	己酉	己卯	庚戌	辛巳	辛亥	壬午	壬子	癸未
24	庚戌	戊寅	己酉	己卯	庚戌	庚辰	辛亥	壬午	壬子	癸未	癸丑	甲申
25	辛亥	己卯	庚戌	庚辰	辛亥	辛巳	壬子	癸未	癸丑	甲申	甲寅	乙酉
26	壬子	庚辰	辛亥	辛巳	壬子	壬午	癸丑	甲申	甲寅	乙酉	乙卯	丙戌
27	癸丑	辛巳	壬子	壬午	癸丑	癸未	甲寅	乙酉	乙卯	丙戌	丙辰	丁亥
28	甲寅	壬午	癸丑	癸未	甲寅	甲申	乙卯	丙戌	丙辰	丁亥	丁巳	戊子
29		癸未	甲寅	甲申	乙卯	乙酉	丙辰	丁亥	丁巳	戊子	戊午	己丑
30		甲申	乙卯	乙酉	丙辰	丙戌	丁巳	戊子	戊午	己丑	己未	庚寅
31		乙酉		丙戌		丁亥	戊午		己未		庚申	辛卯

2012 平成24年 壬辰《みずのえたつ》

2013

日＼月支	2月 寅	3月 卯	4月 辰	5月 巳	6月 午	7月 未	8月 申	9月 酉	10月 戌	11月 亥	12月 子	1月 丑
1	壬辰	辛酉	壬辰	壬戌	癸巳	癸亥	甲午	乙丑	乙未	丙寅	丙申	丁卯
2	癸巳	壬戌	癸巳	癸亥	甲午	甲子	乙未	丙寅	丙申	丁卯	丁酉	戊辰
3	甲午	癸亥	甲午	甲子	乙未	乙丑	丙申	丁卯	丁酉	戊辰	戊戌	己巳
4	**乙未**	甲子	**乙未**	乙丑	丙申	丙寅	丁酉	戊辰	戊戌	己巳	己亥	庚午
5	丙申	**乙丑**	丙申	**丙寅**	**丁酉**	丁卯	戊戌	己巳	己亥	庚午	庚子	**辛未**
6	丁酉	丙寅	丁酉	丁卯	戊戌	戊辰	己亥	庚午	庚子	辛未	辛丑	壬申
7	戊戌	丁卯	戊戌	戊辰	己亥	**己巳**	**庚子**	**辛未**	辛丑	**壬申**	**壬寅**	癸酉
8	己亥	戊辰	己亥	己巳	庚子	庚午	辛丑	壬申	**壬寅**	癸酉	癸卯	甲戌
9	庚子	己巳	庚子	庚午	辛丑	辛未	壬寅	癸酉	癸卯	甲戌	甲辰	乙亥
10	辛丑	庚午	辛丑	辛未	壬寅	壬申	癸卯	甲戌	甲辰	乙亥	乙巳	丙子
11	壬寅	辛未	壬寅	壬申	癸卯	癸酉	甲辰	乙亥	乙巳	丙子	丙午	丁丑
12	癸卯	壬申	癸卯	癸酉	甲辰	甲戌	乙巳	丙子	丙午	丁丑	丁未	戊寅
13	甲辰	癸酉	甲辰	甲戌	乙巳	乙亥	丙午	丁丑	丁未	戊寅	戊申	己卯
14	乙巳	甲戌	乙巳	乙亥	丙午	丙子	丁未	戊寅	戊申	己卯	己酉	庚辰
15	丙午	乙亥	丙午	丙子	丁未	丁丑	戊申	己卯	己酉	庚辰	庚戌	辛巳
16	丁未	丙子	丁未	丁丑	戊申	戊寅	己酉	庚辰	庚戌	辛巳	辛亥	壬午
17	戊申	丁丑	戊申	戊寅	己酉	己卯	庚戌	辛巳	辛亥	壬午	壬子	癸未
18	己酉	戊寅	己酉	己卯	庚戌	庚辰	辛亥	壬午	壬子	癸未	癸丑	甲申
19	庚戌	己卯	庚戌	庚辰	辛亥	辛巳	壬子	癸未	癸丑	甲申	甲寅	乙酉
20	辛亥	庚辰	辛亥	辛巳	壬子	壬午	癸丑	甲申	甲寅	乙酉	乙卯	丙戌
21	壬子	辛巳	壬子	壬午	癸丑	癸未	甲寅	乙酉	乙卯	丙戌	丙辰	丁亥
22	癸丑	壬午	癸丑	癸未	甲寅	甲申	乙卯	丙戌	丙辰	丁亥	丁巳	戊子
23	甲寅	癸未	甲寅	甲申	乙卯	乙酉	丙辰	丁亥	丁巳	戊子	戊午	己丑
24	乙卯	甲申	乙卯	乙酉	丙辰	丙戌	丁巳	戊子	戊午	己丑	己未	庚寅
25	丙辰	乙酉	丙辰	丙戌	丁巳	丁亥	戊午	己丑	己未	庚寅	庚申	辛卯
26	丁巳	丙戌	丁巳	丁亥	戊午	戊子	己未	庚寅	庚申	辛卯	辛酉	壬辰
27	戊午	丁亥	戊午	戊子	己未	己丑	庚申	辛卯	辛酉	壬辰	壬戌	癸巳
28	己未	戊子	己未	己丑	庚申	庚寅	辛酉	壬辰	壬戌	癸巳	癸亥	甲午
29	庚申	己丑	庚申	庚寅	辛酉	辛卯	壬戌	癸巳	癸亥	甲午	甲子	乙未
30		庚寅	辛酉	辛卯	壬戌	壬辰	癸亥	甲午	甲子	乙未	乙丑	丙申
31		辛卯		壬辰		癸巳	甲子		乙丑		丙寅	丁酉

2013 平成25年 癸巳《みずのとみ》

2014

日＼月支	2月 寅	3月 卯	4月 辰	5月 巳	6月 午	7月 未	8月 申	9月 酉	10月 戌	11月 亥	12月 子	1月 丑
1	戊戌	丙寅	丁酉	丁卯	戊戌	戊辰	己亥	庚午	庚子	辛未	辛丑	壬申
2	己亥	丁卯	戊戌	戊辰	己亥	己巳	庚子	辛未	辛丑	壬申	壬寅	癸酉
3	庚子	戊辰	己亥	己巳	庚子	庚午	辛丑	壬申	壬寅	癸酉	癸卯	甲戌
4	**辛丑**	己巳	庚子	庚午	辛丑	辛未	壬寅	癸酉	癸卯	甲戌	甲辰	乙亥
5	壬寅	**庚午**	**辛丑**	**辛未**	**壬寅**	壬申	癸卯	甲戌	甲辰	乙亥	乙巳	**丙子**
6	癸卯	辛未	壬寅	壬申	癸卯	癸酉	甲辰	乙亥	乙巳	丙子	丙午	丁丑
7	甲辰	壬申	癸卯	癸酉	甲辰	**甲戌**	**乙巳**	**丙子**	丙午	**丁丑**	**丁未**	戊寅
8	乙巳	癸酉	甲辰	甲戌	乙巳	乙亥	丙午	丁丑	**丁未**	戊寅	戊申	己卯
9	丙午	甲戌	乙巳	乙亥	丙午	丙子	丁未	戊寅	戊申	己卯	己酉	庚辰
10	丁未	乙亥	丙午	丙子	丁未	丁丑	戊申	己卯	己酉	庚辰	庚戌	辛巳
11	戊申	丙子	丁未	丁丑	戊申	戊寅	己酉	庚辰	庚戌	辛巳	辛亥	壬午
12	己酉	丁丑	戊申	戊寅	己酉	己卯	庚戌	辛巳	辛亥	壬午	壬子	癸未
13	庚戌	戊寅	己酉	己卯	庚戌	庚辰	辛亥	壬午	壬子	癸未	癸丑	甲申
14	辛亥	己卯	庚戌	庚辰	辛亥	辛巳	壬子	癸未	癸丑	甲申	甲寅	乙酉
15	壬子	庚辰	辛亥	辛巳	壬子	壬午	癸丑	甲申	甲寅	乙酉	乙卯	丙戌
16	癸丑	辛巳	壬子	壬午	癸丑	癸未	甲寅	乙酉	乙卯	丙戌	丙辰	丁亥
17	甲寅	壬午	癸丑	癸未	甲寅	甲申	乙卯	丙戌	丙辰	丁亥	丁巳	戊子
18	乙卯	癸未	甲寅	甲申	乙卯	乙酉	丙辰	丁亥	丁巳	戊子	戊午	己丑
19	丙辰	甲申	乙卯	乙酉	丙辰	丙戌	丁巳	戊子	戊午	己丑	己未	庚寅
20	丁巳	乙酉	丙辰	丙戌	丁巳	丁亥	戊午	己丑	己未	庚寅	庚申	辛卯
21	戊午	丙戌	丁巳	丁亥	戊午	戊子	己未	庚寅	庚申	辛卯	辛酉	壬辰
22	己未	丁亥	戊午	戊子	己未	己丑	庚申	辛卯	辛酉	壬辰	壬戌	癸巳
23	庚申	戊子	己未	己丑	庚申	庚寅	辛酉	壬辰	壬戌	癸巳	癸亥	甲午
24	辛酉	己丑	庚申	庚寅	辛酉	辛卯	壬戌	癸巳	癸亥	甲午	甲子	乙未
25	壬戌	庚寅	辛酉	辛卯	壬戌	壬辰	癸亥	甲午	甲子	乙未	乙丑	丙申
26	癸亥	辛卯	壬戌	壬辰	癸亥	癸巳	甲子	乙未	乙丑	丙申	丙寅	丁酉
27	甲子	壬辰	癸亥	癸巳	甲子	甲午	乙丑	丙申	丙寅	丁酉	丁卯	戊戌
28	乙丑	癸巳	甲子	甲午	乙丑	乙未	丙寅	丁酉	丁卯	戊戌	戊辰	己亥
29		甲午	乙丑	乙未	丙寅	丙申	丁卯	戊戌	戊辰	己亥	己巳	庚子
30		乙未	丙寅	丙申	丁卯	丁酉	戊辰	己亥	己巳	庚子	庚午	辛丑
31		丙申		丁酉		戊戌	己巳		庚午		辛未	壬寅

2014 平成26年 甲午 きのえうま

日＼月支	2月 寅	3月 卯	4月 辰	5月 巳	6月 午	7月 未	8月 申	9月 酉	10月 戌	11月 亥	12月 子	2015 1月 丑
1	癸卯	辛未	壬寅	壬申	癸卯	癸酉	甲辰	乙亥	乙巳	丙子	丙午	丁丑
2	甲辰	壬申	癸卯	癸酉	甲辰	甲戌	乙巳	丙子	丙午	丁丑	丁未	戊寅
3	乙巳	癸酉	甲辰	甲戌	乙巳	乙亥	丙午	丁丑	丁未	戊寅	戊申	己卯
4	**丙午**	甲戌	乙巳	乙亥	丙午	丙子	丁未	戊寅	戊申	己卯	己酉	庚辰
5	丁未	乙亥	**丙午**	**丙子**	丁未	丁丑	戊申	己卯	己酉	庚辰	庚戌	辛巳
6	戊申	**丙子**	丁未	丁丑	**戊申**	戊寅	己酉	庚辰	庚戌	辛巳	辛亥	**壬午**
7	己酉	丁丑	戊申	戊寅	己酉	**己卯**	**庚戌**	辛巳	辛亥	**壬午**	**壬子**	癸未
8	庚戌	戊寅	己酉	己卯	庚戌	庚辰	辛亥	**壬午**	**壬子**	癸未	癸丑	甲申
9	辛亥	己卯	庚戌	庚辰	辛亥	辛巳	壬子	癸未	癸丑	甲申	甲寅	乙酉
10	壬子	庚辰	辛亥	辛巳	壬子	壬午	癸丑	甲申	甲寅	乙酉	乙卯	丙戌
11	癸丑	辛巳	壬子	壬午	癸丑	癸未	甲寅	乙酉	乙卯	丙戌	丙辰	丁亥
12	甲寅	壬午	癸丑	癸未	甲寅	甲申	乙卯	丙戌	丙辰	丁亥	丁巳	戊子
13	乙卯	癸未	甲寅	甲申	乙卯	乙酉	丙辰	丁亥	丁巳	戊子	戊午	己丑
14	丙辰	甲申	乙卯	乙酉	丙辰	丙戌	丁巳	戊子	戊午	己丑	己未	庚寅
15	丁巳	乙酉	丙辰	丙戌	丁巳	丁亥	戊午	己丑	己未	庚寅	庚申	辛卯
16	戊午	丙戌	丁巳	丁亥	戊午	戊子	己未	庚寅	庚申	辛卯	辛酉	壬辰
17	己未	丁亥	戊午	戊子	己未	己丑	庚申	辛卯	辛酉	壬辰	壬戌	癸巳
18	庚申	戊子	己未	己丑	庚申	庚寅	辛酉	壬辰	壬戌	癸巳	癸亥	甲午
19	辛酉	己丑	庚申	庚寅	辛酉	辛卯	壬戌	癸巳	癸亥	甲午	甲子	乙未
20	壬戌	庚寅	辛酉	辛卯	壬戌	壬辰	癸亥	甲午	甲子	乙未	乙丑	丙申
21	癸亥	辛卯	壬戌	壬辰	癸亥	癸巳	甲子	乙未	乙丑	丙申	丙寅	丁酉
22	甲子	壬辰	癸亥	癸巳	甲子	甲午	乙丑	丙申	丙寅	丁酉	丁卯	戊戌
23	乙丑	癸巳	甲子	甲午	乙丑	乙未	丙寅	丁酉	丁卯	戊戌	戊辰	己亥
24	丙寅	甲午	乙丑	乙未	丙寅	丙申	丁卯	戊戌	戊辰	己亥	己巳	庚子
25	丁卯	乙未	丙寅	丙申	丁卯	丁酉	戊辰	己亥	己巳	庚子	庚午	辛丑
26	戊辰	丙申	丁卯	丁酉	戊辰	戊戌	己巳	庚子	庚午	辛丑	辛未	壬寅
27	己巳	丁酉	戊辰	戊戌	己巳	己亥	庚午	辛丑	辛未	壬寅	壬申	癸卯
28	庚午	戊戌	己巳	己亥	庚午	庚子	辛未	壬寅	壬申	癸卯	癸酉	甲辰
29		己亥	庚午	庚子	辛未	辛丑	壬申	癸卯	癸酉	甲辰	甲戌	乙巳
30		庚子	辛未	辛丑	壬申	壬寅	癸酉	甲辰	甲戌	乙巳	乙亥	丙午
31		辛丑		壬寅		癸卯	甲戌		乙亥		丙子	丁未

2015 平成27年 乙未 きのとひつじ

日＼月支	2月 寅	3月 卯	4月 辰	5月 巳	6月 午	7月 未	8月 申	9月 酉	10月 戌	11月 亥	12月 子	2016 1月 丑
1	戊申	丙子	丁未	丁丑	戊申	戊寅	己酉	庚辰	庚戌	辛巳	辛亥	壬午
2	己酉	丁丑	戊申	戊寅	己酉	己卯	庚戌	辛巳	辛亥	壬午	壬子	癸未
3	庚戌	戊寅	己酉	己卯	庚戌	庚辰	辛亥	壬午	壬子	癸未	癸丑	甲申
4	**辛亥**	己卯	庚戌	庚辰	辛亥	辛巳	壬子	癸未	癸丑	甲申	甲寅	乙酉
5	壬子	庚辰	**辛亥**	辛巳	壬子	壬午	癸丑	甲申	甲寅	乙酉	乙卯	丙戌
6	癸丑	**辛巳**	壬子	**壬午**	**癸丑**	癸未	甲寅	乙酉	乙卯	丙戌	丙辰	**丁亥**
7	甲寅	壬午	癸丑	癸未	甲寅	**甲申**	乙卯	丙戌	丙辰	丁亥	**丁巳**	戊子
8	乙卯	癸未	甲寅	甲申	乙卯	乙酉	**丙辰**	**丁亥**	**丁巳**	**戊子**	戊午	己丑
9	丙辰	甲申	乙卯	乙酉	丙辰	丙戌	丁巳	戊子	戊午	己丑	己未	庚寅
10	丁巳	乙酉	丙辰	丙戌	丁巳	丁亥	戊午	己丑	己未	庚寅	庚申	辛卯
11	戊午	丙戌	丁巳	丁亥	戊午	戊子	己未	庚寅	庚申	辛卯	辛酉	壬辰
12	己未	丁亥	戊午	戊子	己未	己丑	庚申	辛卯	辛酉	壬辰	壬戌	癸巳
13	庚申	戊子	己未	己丑	庚申	庚寅	辛酉	壬辰	壬戌	癸巳	癸亥	甲午
14	辛酉	己丑	庚申	庚寅	辛酉	辛卯	壬戌	癸巳	癸亥	甲午	甲子	乙未
15	壬戌	庚寅	辛酉	辛卯	壬戌	壬辰	癸亥	甲午	甲子	乙未	乙丑	丙申
16	癸亥	辛卯	壬戌	壬辰	癸亥	癸巳	甲子	乙未	乙丑	丙申	丙寅	丁酉
17	甲子	壬辰	癸亥	癸巳	甲子	甲午	乙丑	丙申	丙寅	丁酉	丁卯	戊戌
18	乙丑	癸巳	甲子	甲午	乙丑	乙未	丙寅	丁酉	丁卯	戊戌	戊辰	己亥
19	丙寅	甲午	乙丑	乙未	丙寅	丙申	丁卯	戊戌	戊辰	己亥	己巳	庚子
20	丁卯	乙未	丙寅	丙申	丁卯	丁酉	戊辰	己亥	己巳	庚子	庚午	辛丑
21	戊辰	丙申	丁卯	丁酉	戊辰	戊戌	己巳	庚子	庚午	辛丑	辛未	壬寅
22	己巳	丁酉	戊辰	戊戌	己巳	己亥	庚午	辛丑	辛未	壬寅	壬申	癸卯
23	庚午	戊戌	己巳	己亥	庚午	庚子	辛未	壬寅	壬申	癸卯	癸酉	甲辰
24	辛未	己亥	庚午	庚子	辛未	辛丑	壬申	癸卯	癸酉	甲辰	甲戌	乙巳
25	壬申	庚子	辛未	辛丑	壬申	壬寅	癸酉	甲辰	甲戌	乙巳	乙亥	丙午
26	癸酉	辛丑	壬申	壬寅	癸酉	癸卯	甲戌	乙巳	乙亥	丙午	丙子	丁未
27	甲戌	壬寅	癸酉	癸卯	甲戌	甲辰	乙亥	丙午	丙子	丁未	丁丑	戊申
28	乙亥	癸卯	甲戌	甲辰	乙亥	乙巳	丙子	丁未	丁丑	戊申	戊寅	己酉
29		甲辰	乙亥	乙巳	丙子	丙午	丁丑	戊申	戊寅	己酉	己卯	庚戌
30		乙巳	丙子	丙午	丁丑	丁未	戊寅	己酉	己卯	庚戌	庚辰	辛亥
31		丙午		丁未		戊申	己卯		庚辰		辛巳	壬子

2016 平成28年 丙申 ひのえさる

日＼月支	2月 寅	3月 卯	4月 辰	5月 巳	6月 午	7月 未	8月 申	9月 酉	10月 戌	11月 亥	12月 子	2017 1月 丑
1	癸丑	壬午	癸丑	癸未	甲寅	甲申	乙卯	丙戌	丙辰	丁亥	丁巳	戊子
2	甲寅	癸未	甲寅	甲申	乙卯	乙酉	丙辰	丁亥	丁巳	戊子	戊午	己丑
3	乙卯	甲申	乙卯	乙酉	丙辰	丙戌	丁巳	戊子	戊午	己丑	己未	庚寅
4	**丙辰**	乙酉	**丙辰**	丙戌	丁巳	丁亥	戊午	己丑	己未	庚寅	庚申	辛卯
5	丁巳	**丙戌**	丁巳	**丁亥**	**戊午**	戊子	己未	庚寅	庚申	辛卯	辛酉	**壬辰**
6	戊午	丁亥	戊午	戊子	己未	己丑	庚申	辛卯	辛酉	壬辰	壬戌	癸巳
7	己未	戊子	己未	己丑	庚申	**庚寅**	**辛酉**	**壬辰**	壬戌	**癸巳**	**癸亥**	甲午
8	庚申	己丑	庚申	庚寅	辛酉	辛卯	壬戌	癸巳	**癸亥**	甲午	甲子	乙未
9	辛酉	庚寅	辛酉	辛卯	壬戌	壬辰	癸亥	甲午	甲子	乙未	乙丑	丙申
10	壬戌	辛卯	壬戌	壬辰	癸亥	癸巳	甲子	乙未	乙丑	丙申	丙寅	丁酉
11	癸亥	壬辰	癸亥	癸巳	甲子	甲午	乙丑	丙申	丙寅	丁酉	丁卯	戊戌
12	甲子	癸巳	甲子	甲午	乙丑	乙未	丙寅	丁酉	丁卯	戊戌	戊辰	己亥
13	乙丑	甲午	乙丑	乙未	丙寅	丙申	丁卯	戊戌	戊辰	己亥	己巳	庚子
14	丙寅	乙未	丙寅	丙申	丁卯	丁酉	戊辰	己亥	己巳	庚子	庚午	辛丑
15	丁卯	丙申	丁卯	丁酉	戊辰	戊戌	己巳	庚子	庚午	辛丑	辛未	壬寅
16	戊辰	丁酉	戊辰	戊戌	己巳	己亥	庚午	辛丑	辛未	壬寅	壬申	癸卯
17	己巳	戊戌	己巳	己亥	庚午	庚子	辛未	壬寅	壬申	癸卯	癸酉	甲辰
18	庚午	己亥	庚午	庚子	辛未	辛丑	壬申	癸卯	癸酉	甲辰	甲戌	乙巳
19	辛未	庚子	辛未	辛丑	壬申	壬寅	癸酉	甲辰	甲戌	乙巳	乙亥	丙午
20	壬申	辛丑	壬申	壬寅	癸酉	癸卯	甲戌	乙巳	乙亥	丙午	丙子	丁未
21	癸酉	壬寅	癸酉	癸卯	甲戌	甲辰	乙亥	丙午	丙子	丁未	丁丑	戊申
22	甲戌	癸卯	甲戌	甲辰	乙亥	乙巳	丙子	丁未	丁丑	戊申	戊寅	己酉
23	乙亥	甲辰	乙亥	乙巳	丙子	丙午	丁丑	戊申	戊寅	己酉	己卯	庚戌
24	丙子	乙巳	丙子	丙午	丁丑	丁未	戊寅	己酉	己卯	庚戌	庚辰	辛亥
25	丁丑	丙午	丁丑	丁未	戊寅	戊申	己卯	庚戌	庚辰	辛亥	辛巳	壬子
26	戊寅	丁未	戊寅	戊申	己卯	己酉	庚辰	辛亥	辛巳	壬子	壬午	癸丑
27	己卯	戊申	己卯	己酉	庚辰	庚戌	辛巳	壬子	壬午	癸丑	癸未	甲寅
28	庚辰	己酉	庚辰	庚戌	辛巳	辛亥	壬午	癸丑	癸未	甲寅	甲申	乙卯
29	辛巳	庚戌	辛巳	辛亥	壬午	壬子	癸未	甲寅	甲申	乙卯	乙酉	丙辰
30		辛亥	壬午	壬子	癸未	癸丑	甲申	乙卯	乙酉	丙辰	丙戌	丁巳
31		壬子		癸丑		甲寅	乙酉		丙戌		丁亥	戊午

2017 平成29年 丁酉 ひのとどり

日＼月支	2月 寅	3月 卯	4月 辰	5月 巳	6月 午	7月 未	8月 申	9月 酉	10月 戌	11月 亥	12月 子	2018 1月 丑
1	己未	丁亥	戊午	戊子	己未	己丑	庚申	辛卯	辛酉	壬辰	壬戌	癸巳
2	庚申	戊子	己未	己丑	庚申	庚寅	辛酉	壬辰	壬戌	癸巳	癸亥	甲午
3	辛酉	己丑	庚申	庚寅	辛酉	辛卯	壬戌	癸巳	癸亥	甲午	甲子	乙未
4	**壬戌**	庚寅	**辛酉**	辛卯	壬戌	壬辰	癸亥	甲午	甲子	乙未	乙丑	丙申
5	癸亥	**辛卯**	壬戌	**壬辰**	**癸亥**	癸巳	甲子	乙未	乙丑	丙申	丙寅	**丁酉**
6	甲子	壬辰	癸亥	癸巳	甲子	甲午	乙丑	丙申	丙寅	丁酉	丁卯	戊戌
7	乙丑	癸巳	甲子	甲午	乙丑	**乙未**	**丙寅**	**丁酉**	丁卯	**戊戌**	**戊辰**	己亥
8	丙寅	甲午	乙丑	乙未	丙寅	丙申	丁卯	戊戌	**戊辰**	己亥	己巳	庚子
9	丁卯	乙未	丙寅	丙申	丁卯	丁酉	戊辰	己亥	己巳	庚子	庚午	辛丑
10	戊辰	丙申	丁卯	丁酉	戊辰	戊戌	己巳	庚子	庚午	辛丑	辛未	壬寅
11	己巳	丁酉	戊辰	戊戌	己巳	己亥	庚午	辛丑	辛未	壬寅	壬申	癸卯
12	庚午	戊戌	己巳	己亥	庚午	庚子	辛未	壬寅	壬申	癸卯	癸酉	甲辰
13	辛未	己亥	庚午	庚子	辛未	辛丑	壬申	癸卯	癸酉	甲辰	甲戌	乙巳
14	壬申	庚子	辛未	辛丑	壬申	壬寅	癸酉	甲辰	甲戌	乙巳	乙亥	丙午
15	癸酉	辛丑	壬申	壬寅	癸酉	癸卯	甲戌	乙巳	乙亥	丙午	丙子	丁未
16	甲戌	壬寅	癸酉	癸卯	甲戌	甲辰	乙亥	丙午	丙子	丁未	丁丑	戊申
17	乙亥	癸卯	甲戌	甲辰	乙亥	乙巳	丙子	丁未	丁丑	戊申	戊寅	己酉
18	丙子	甲辰	乙亥	乙巳	丙子	丙午	丁丑	戊申	戊寅	己酉	己卯	庚戌
19	丁丑	乙巳	丙子	丙午	丁丑	丁未	戊寅	己酉	己卯	庚戌	庚辰	辛亥
20	戊寅	丙午	丁丑	丁未	戊寅	戊申	己卯	庚戌	庚辰	辛亥	辛巳	壬子
21	己卯	丁未	戊寅	戊申	己卯	己酉	庚辰	辛亥	辛巳	壬子	壬午	癸丑
22	庚辰	戊申	己卯	己酉	庚辰	庚戌	辛巳	壬子	壬午	癸丑	癸未	甲寅
23	辛巳	己酉	庚辰	庚戌	辛巳	辛亥	壬午	癸丑	癸未	甲寅	甲申	乙卯
24	壬午	庚戌	辛巳	辛亥	壬午	壬子	癸未	甲寅	甲申	乙卯	乙酉	丙辰
25	癸未	辛亥	壬午	壬子	癸未	癸丑	甲申	乙卯	乙酉	丙辰	丙戌	丁巳
26	甲申	壬子	癸未	癸丑	甲申	甲寅	乙酉	丙辰	丙戌	丁巳	丁亥	戊午
27	乙酉	癸丑	甲申	甲寅	乙酉	乙卯	丙戌	丁巳	丁亥	戊午	戊子	己未
28	丙戌	甲寅	乙酉	乙卯	丙戌	丙辰	丁亥	戊午	戊子	己未	己丑	庚申
29		乙卯	丙戌	丙辰	丁亥	丁巳	戊子	己未	己丑	庚申	庚寅	辛酉
30		丙辰	丁亥	丁巳	戊子	戊午	己丑	庚申	庚寅	辛酉	辛卯	壬戌
31		丁巳		戊午		己未	庚寅		辛卯		壬辰	癸亥

2018 平成30年 戊戌 つちのえいぬ

日＼月支	2月 寅	3月 卯	4月 辰	5月 巳	6月 午	7月 未	8月 申	9月 酉	10月 戌	11月 亥	12月 子	2019 1月 丑
1	甲子	壬辰	癸亥	癸巳	甲子	甲午	乙丑	丙申	丙寅	丁酉	丁卯	戊戌
2	乙丑	癸巳	甲子	甲午	乙丑	乙未	丙寅	丁酉	丁卯	戊戌	戊辰	己亥
3	丙寅	甲午	乙丑	乙未	丙寅	丙申	丁卯	戊戌	戊辰	己亥	己巳	庚子
4	**丁卯**	乙未	丙寅	丙申	丁卯	丁酉	戊辰	己亥	己巳	庚子	庚午	辛丑
5	戊辰	丙申	**丁卯**	**丁酉**	戊辰	戊戌	己巳	庚子	庚午	辛丑	辛未	壬寅
6	己巳	**丁酉**	戊辰	戊戌	**己巳**	己亥	庚午	辛丑	辛未	壬寅	壬申	**癸卯**
7	庚午	戊戌	己巳	己亥	庚午	**庚子**	**辛未**	壬寅	壬申	癸卯	癸酉	甲辰
8	辛未	己亥	庚午	庚子	辛未	辛丑	壬申	**癸卯**	**癸酉**	甲辰	甲戌	乙巳
9	壬申	庚子	辛未	辛丑	壬申	壬寅	癸酉	甲辰	甲戌	乙巳	乙亥	丙午
10	癸酉	辛丑	壬申	壬寅	癸酉	癸卯	甲戌	乙巳	乙亥	丙午	丙子	丁未
11	甲戌	壬寅	癸酉	癸卯	甲戌	甲辰	乙亥	丙午	丙子	丁未	丁丑	戊申
12	乙亥	癸卯	甲戌	甲辰	乙亥	乙巳	丙子	丁未	丁丑	戊申	戊寅	己酉
13	丙子	甲辰	乙亥	乙巳	丙子	丙午	丁丑	戊申	戊寅	己酉	己卯	庚戌
14	丁丑	乙巳	丙子	丙午	丁丑	丁未	戊寅	己酉	己卯	庚戌	庚辰	辛亥
15	戊寅	丙午	丁丑	丁未	戊寅	戊申	己卯	庚戌	庚辰	辛亥	辛巳	壬子
16	己卯	丁未	戊寅	戊申	己卯	己酉	庚辰	辛亥	辛巳	壬子	壬午	癸丑
17	庚辰	戊申	己卯	己酉	庚辰	庚戌	辛巳	壬子	壬午	癸丑	癸未	甲寅
18	辛巳	己酉	庚辰	庚戌	辛巳	辛亥	壬午	癸丑	癸未	甲寅	甲申	乙卯
19	壬午	庚戌	辛巳	辛亥	壬午	壬子	癸未	甲寅	甲申	乙卯	乙酉	丙辰
20	癸未	辛亥	壬午	壬子	癸未	癸丑	甲申	乙卯	乙酉	丙辰	丙戌	丁巳
21	甲申	壬子	癸未	癸丑	甲申	甲寅	乙酉	丙辰	丙戌	丁巳	丁亥	戊午
22	乙酉	癸丑	甲申	甲寅	乙酉	乙卯	丙戌	丁巳	丁亥	戊午	戊子	己未
23	丙戌	甲寅	乙酉	乙卯	丙戌	丙辰	丁亥	戊午	戊子	己未	己丑	庚申
24	丁亥	乙卯	丙戌	丙辰	丁亥	丁巳	戊子	己未	己丑	庚申	庚寅	辛酉
25	戊子	丙辰	丁亥	丁巳	戊子	戊午	己丑	庚申	庚寅	辛酉	辛卯	壬戌
26	己丑	丁巳	戊子	戊午	己丑	己未	庚寅	辛酉	辛卯	壬戌	壬辰	癸亥
27	庚寅	戊午	己丑	己未	庚寅	庚申	辛卯	壬戌	壬辰	癸亥	癸巳	甲子
28	辛卯	己未	庚寅	庚申	辛卯	辛酉	壬辰	癸亥	癸巳	甲子	甲午	乙丑
29		庚申	辛卯	辛酉	壬辰	壬戌	癸巳	甲子	甲午	乙丑	乙未	丙寅
30		辛酉	壬辰	壬戌	癸巳	癸亥	甲午	乙丑	乙未	丙寅	丙申	丁卯
31		壬戌		癸亥		甲子	乙未		丙申		丁酉	戊辰

2019 平成31年 己亥 つちのとい

日＼月支	2月 寅	3月 卯	4月 辰	5月 巳	6月 午	7月 未	8月 申	9月 酉	10月 戌	11月 亥	12月 子	2020 1月 丑
1	己巳	丁酉	戊辰	戊戌	己巳	己亥	庚午	辛丑	辛未	壬寅	壬申	癸卯
2	庚午	戊戌	己巳	己亥	庚午	庚子	辛未	壬寅	壬申	癸卯	癸酉	甲辰
3	辛未	己亥	庚午	庚子	辛未	辛丑	壬申	癸卯	癸酉	甲辰	甲戌	乙巳
4	**壬申**	庚子	辛未	辛丑	壬申	壬寅	癸酉	甲辰	甲戌	乙巳	乙亥	丙午
5	癸酉	辛丑	**壬申**	壬寅	癸酉	癸卯	甲戌	乙巳	乙亥	丙午	丙子	丁未
6	甲戌	**壬寅**	癸酉	**癸卯**	**甲戌**	甲辰	乙亥	丙午	丙子	丁未	丁丑	**戊申**
7	乙亥	癸卯	甲戌	甲辰	乙亥	**乙巳**	丙子	丁未	丁丑	戊申	**戊寅**	己酉
8	丙子	甲辰	乙亥	乙巳	丙子	丙午	**丁丑**	**戊申**	**戊寅**	**己酉**	己卯	庚戌
9	丁丑	乙巳	丙子	丙午	丁丑	丁未	戊寅	己酉	己卯	庚戌	庚辰	辛亥
10	戊寅	丙午	丁丑	丁未	戊寅	戊申	己卯	庚戌	庚辰	辛亥	辛巳	壬子
11	己卯	丁未	戊寅	戊申	己卯	己酉	庚辰	辛亥	辛巳	壬子	壬午	癸丑
12	庚辰	戊申	己卯	己酉	庚辰	庚戌	辛巳	壬子	壬午	癸丑	癸未	甲寅
13	辛巳	己酉	庚辰	庚戌	辛巳	辛亥	壬午	癸丑	癸未	甲寅	甲申	乙卯
14	壬午	庚戌	辛巳	辛亥	壬午	壬子	癸未	甲寅	甲申	乙卯	乙酉	丙辰
15	癸未	辛亥	壬午	壬子	癸未	癸丑	甲申	乙卯	乙酉	丙辰	丙戌	丁巳
16	甲申	壬子	癸未	癸丑	甲申	甲寅	乙酉	丙辰	丙戌	丁巳	丁亥	戊午
17	乙酉	癸丑	甲申	甲寅	乙酉	乙卯	丙戌	丁巳	丁亥	戊午	戊子	己未
18	丙戌	甲寅	乙酉	乙卯	丙戌	丙辰	丁亥	戊午	戊子	己未	己丑	庚申
19	丁亥	乙卯	丙戌	丙辰	丁亥	丁巳	戊子	己未	己丑	庚申	庚寅	辛酉
20	戊子	丙辰	丁亥	丁巳	戊子	戊午	己丑	庚申	庚寅	辛酉	辛卯	壬戌
21	己丑	丁巳	戊子	戊午	己丑	己未	庚寅	辛酉	辛卯	壬戌	壬辰	癸亥
22	庚寅	戊午	己丑	己未	庚寅	庚申	辛卯	壬戌	壬辰	癸亥	癸巳	甲子
23	辛卯	己未	庚寅	庚申	辛卯	辛酉	壬辰	癸亥	癸巳	甲子	甲午	乙丑
24	壬辰	庚申	辛卯	辛酉	壬辰	壬戌	癸巳	甲子	甲午	乙丑	乙未	丙寅
25	癸巳	辛酉	壬辰	壬戌	癸巳	癸亥	甲午	乙丑	乙未	丙寅	丙申	丁卯
26	甲午	壬戌	癸巳	癸亥	甲午	甲子	乙未	丙寅	丙申	丁卯	丁酉	戊辰
27	乙未	癸亥	甲午	甲子	乙未	乙丑	丙申	丁卯	丁酉	戊辰	戊戌	己巳
28	丙申	甲子	乙未	乙丑	丙申	丙寅	丁酉	戊辰	戊戌	己巳	己亥	庚午
29		乙丑	丙申	丙寅	丁酉	丁卯	戊戌	己巳	己亥	庚午	庚子	辛未
30		丙寅	丁酉	丁卯	戊戌	戊辰	己亥	庚午	庚子	辛未	辛丑	壬申
31		丁卯		戊辰		己巳	庚子		辛丑		壬寅	癸酉

2020 平成32年 庚子かのえね

日＼月支	2月 寅	3月 卯	4月 辰	5月 巳	6月 午	7月 未	8月 申	9月 酉	10月 戌	11月 亥	12月 子	2021 1月 丑
1	甲戌	癸卯	甲戌	甲辰	乙亥	乙巳	丙子	丁未	丁丑	戊申	戊寅	己酉
2	乙亥	甲辰	乙亥	乙巳	丙子	丙午	丁丑	戊申	戊寅	己酉	己卯	庚戌
3	丙子	乙巳	丙子	丙午	丁丑	丁未	戊寅	己酉	己卯	庚戌	庚辰	辛亥
4	**丁丑**	丙午	**丁丑**	丁未	戊寅	戊申	己卯	庚戌	庚辰	辛亥	辛巳	壬子
5	戊寅	**丁未**	戊寅	**戊申**	**己卯**	己酉	庚辰	辛亥	辛巳	壬子	壬午	**癸丑**
6	己卯	戊申	己卯	己酉	庚辰	庚戌	辛巳	壬子	壬午	癸丑	癸未	甲寅
7	庚辰	己酉	庚辰	庚戌	辛巳	**辛亥**	**壬午**	**癸丑**	癸未	**甲寅**	**甲申**	乙卯
8	辛巳	庚戌	辛巳	辛亥	壬午	壬子	癸未	甲寅	**甲申**	乙卯	乙酉	丙辰
9	壬午	辛亥	壬午	壬子	癸未	癸丑	甲申	乙卯	乙酉	丙辰	丙戌	丁巳
10	癸未	壬子	癸未	癸丑	甲申	甲寅	乙酉	丙辰	丙戌	丁巳	丁亥	戊午
11	甲申	癸丑	甲申	甲寅	乙酉	乙卯	丙戌	丁巳	丁亥	戊午	戊子	己未
12	乙酉	甲寅	乙酉	乙卯	丙戌	丙辰	丁亥	戊午	戊子	己未	己丑	庚申
13	丙戌	乙卯	丙戌	丙辰	丁亥	丁巳	戊子	己未	己丑	庚申	庚寅	辛酉
14	丁亥	丙辰	丁亥	丁巳	戊子	戊午	己丑	庚申	庚寅	辛酉	辛卯	壬戌
15	戊子	丁巳	戊子	戊午	己丑	己未	庚寅	辛酉	辛卯	壬戌	壬辰	癸亥
16	己丑	戊午	己丑	己未	庚寅	庚申	辛卯	壬戌	壬辰	癸亥	癸巳	甲子
17	庚寅	己未	庚寅	庚申	辛卯	辛酉	壬辰	癸亥	癸巳	甲子	甲午	乙丑
18	辛卯	庚申	辛卯	辛酉	壬辰	壬戌	癸巳	甲子	甲午	乙丑	乙未	丙寅
19	壬辰	辛酉	壬辰	壬戌	癸巳	癸亥	甲午	乙丑	乙未	丙寅	丙申	丁卯
20	癸巳	壬戌	癸巳	癸亥	甲午	甲子	乙未	丙寅	丙申	丁卯	丁酉	戊辰
21	甲午	癸亥	甲午	甲子	乙未	乙丑	丙申	丁卯	丁酉	戊辰	戊戌	己巳
22	乙未	甲子	乙未	乙丑	丙申	丙寅	丁酉	戊辰	戊戌	己巳	己亥	庚午
23	丙申	乙丑	丙申	丙寅	丁酉	丁卯	戊戌	己巳	己亥	庚午	庚子	辛未
24	丁酉	丙寅	丁酉	丁卯	戊戌	戊辰	己亥	庚午	庚子	辛未	辛丑	壬申
25	戊戌	丁卯	戊戌	戊辰	己亥	己巳	庚子	辛未	辛丑	壬申	壬寅	癸酉
26	己亥	戊辰	己亥	己巳	庚子	庚午	辛丑	壬申	壬寅	癸酉	癸卯	甲戌
27	庚子	己巳	庚子	庚午	辛丑	辛未	壬寅	癸酉	癸卯	甲戌	甲辰	乙亥
28	辛丑	庚午	辛丑	辛未	壬寅	壬申	癸卯	甲戌	甲辰	乙亥	乙巳	丙子
29	壬寅	辛未	壬寅	壬申	癸卯	癸酉	甲辰	乙亥	乙巳	丙子	丙午	丁丑
30		壬申	癸卯	癸酉	甲辰	甲戌	乙巳	丙子	丙午	丁丑	丁未	戊寅
31		癸酉		甲戌		乙亥	丙午		丁未		戊申	己卯

2021 平成33年 辛丑かのとうし

日＼月支	2月 寅	3月 卯	4月 辰	5月 巳	6月 午	7月 未	8月 申	9月 酉	10月 戌	11月 亥	12月 子	2022 1月 丑
1	庚辰	戊申	己卯	己酉	庚辰	庚戌	辛巳	壬子	壬午	癸丑	癸未	甲寅
2	辛巳	己酉	庚辰	庚戌	辛巳	辛亥	壬午	癸丑	癸未	甲寅	甲申	乙卯
3	**壬午**	庚戌	辛巳	辛亥	壬午	壬子	癸未	甲寅	甲申	乙卯	乙酉	丙辰
4	癸未	辛亥	**壬午**	壬子	癸未	癸丑	甲申	乙卯	乙酉	丙辰	丙戌	丁巳
5	甲申	**壬子**	癸未	**癸丑**	**甲申**	甲寅	乙酉	丙辰	丙戌	丁巳	丁亥	**戊午**
6	乙酉	癸丑	甲申	甲寅	乙酉	乙卯	丙戌	丁巳	丁亥	戊午	戊子	己未
7	丙戌	甲寅	乙酉	乙卯	丙戌	**丙辰**	**丁亥**	**戊午**	戊子	**己未**	**己丑**	庚申
8	丁亥	乙卯	丙戌	丙辰	丁亥	丁巳	戊子	己未	**己丑**	庚申	庚寅	辛酉
9	戊子	丙辰	丁亥	丁巳	戊子	戊午	己丑	庚申	庚寅	辛酉	辛卯	壬戌
10	己丑	丁巳	戊子	戊午	己丑	己未	庚寅	辛酉	辛卯	壬戌	壬辰	癸亥
11	庚寅	戊午	己丑	己未	庚寅	庚申	辛卯	壬戌	壬辰	癸亥	癸巳	甲子
12	辛卯	己未	庚寅	庚申	辛卯	辛酉	壬辰	癸亥	癸巳	甲子	甲午	乙丑
13	壬辰	庚申	辛卯	辛酉	壬辰	壬戌	癸巳	甲子	甲午	乙丑	乙未	丙寅
14	癸巳	辛酉	壬辰	壬戌	癸巳	癸亥	甲午	乙丑	乙未	丙寅	丙申	丁卯
15	甲午	壬戌	癸巳	癸亥	甲午	甲子	乙未	丙寅	丙申	丁卯	丁酉	戊辰
16	乙未	癸亥	甲午	甲子	乙未	乙丑	丙申	丁卯	丁酉	戊辰	戊戌	己巳
17	丙申	甲子	乙未	乙丑	丙申	丙寅	丁酉	戊辰	戊戌	己巳	己亥	庚午
18	丁酉	乙丑	丙申	丙寅	丁酉	丁卯	戊戌	己巳	己亥	庚午	庚子	辛未
19	戊戌	丙寅	丁酉	丁卯	戊戌	戊辰	己亥	庚午	庚子	辛未	辛丑	壬申
20	己亥	丁卯	戊戌	戊辰	己亥	己巳	庚子	辛未	辛丑	壬申	壬寅	癸酉
21	庚子	戊辰	己亥	己巳	庚子	庚午	辛丑	壬申	壬寅	癸酉	癸卯	甲戌
22	辛丑	己巳	庚子	庚午	辛丑	辛未	壬寅	癸酉	癸卯	甲戌	甲辰	乙亥
23	壬寅	庚午	辛丑	辛未	壬寅	壬申	癸卯	甲戌	甲辰	乙亥	乙巳	丙子
24	癸卯	辛未	壬寅	壬申	癸卯	癸酉	甲辰	乙亥	乙巳	丙子	丙午	丁丑
25	甲辰	壬申	癸卯	癸酉	甲辰	甲戌	乙巳	丙子	丙午	丁丑	丁未	戊寅
26	乙巳	癸酉	甲辰	甲戌	乙巳	乙亥	丙午	丁丑	丁未	戊寅	戊申	己卯
27	丙午	甲戌	乙巳	乙亥	丙午	丙子	丁未	戊寅	戊申	己卯	己酉	庚辰
28	丁未	乙亥	丙午	丙子	丁未	丁丑	戊申	己卯	己酉	庚辰	庚戌	辛巳
29		丙子	丁未	丁丑	戊申	戊寅	己酉	庚辰	庚戌	辛巳	辛亥	壬午
30		丁丑	戊申	戊寅	己酉	己卯	庚戌	辛巳	辛亥	壬午	壬子	癸未
31		戊寅		己卯		庚辰	辛亥		壬子		癸丑	甲申

2022

平成34年

壬寅 みずのえとら

日＼月支	2月 寅	3月 卯	4月 辰	5月 巳	6月 午	7月 未	8月 申	9月 酉	10月 戌	11月 亥	12月 子	2023 1月 丑
1	乙酉	癸丑	甲申	甲寅	乙酉	乙卯	丙戌	丁巳	丁亥	戊午	戊子	己未
2	丙戌	甲寅	乙酉	乙卯	丙戌	丙辰	丁亥	戊午	戊子	己未	己丑	庚申
3	丁亥	乙卯	丙戌	丙辰	丁亥	丁巳	戊子	己未	己丑	庚申	庚寅	辛酉
4	**戊子**	丙辰	丁亥	丁巳	戊子	戊午	己丑	庚申	庚寅	辛酉	辛卯	壬戌
5	己丑	**丁巳**	**戊子**	**戊午**	己丑	己未	庚寅	辛酉	辛卯	壬戌	壬辰	癸亥
6	庚寅	戊午	己丑	己未	**庚寅**	庚申	辛卯	壬戌	壬辰	癸亥	癸巳	**甲子**
7	辛卯	己未	庚寅	庚申	辛卯	**辛酉**	**壬辰**	癸亥	癸巳	**甲子**	**甲午**	乙丑
8	壬辰	庚申	辛卯	辛酉	壬辰	壬戌	癸巳	**甲子**	**甲午**	乙丑	乙未	丙寅
9	癸巳	辛酉	壬辰	壬戌	癸巳	癸亥	甲午	乙丑	乙未	丙寅	丙申	丁卯
10	甲午	壬戌	癸巳	癸亥	甲午	甲子	乙未	丙寅	丙申	丁卯	丁酉	戊辰
11	乙未	癸亥	甲午	甲子	乙未	乙丑	丙申	丁卯	丁酉	戊辰	戊戌	己巳
12	丙申	甲子	乙未	乙丑	丙申	丙寅	丁酉	戊辰	戊戌	己巳	己亥	庚午
13	丁酉	乙丑	丙申	丙寅	丁酉	丁卯	戊戌	己巳	己亥	庚午	庚子	辛未
14	戊戌	丙寅	丁酉	丁卯	戊戌	戊辰	己亥	庚午	庚子	辛未	辛丑	壬申
15	己亥	丁卯	戊戌	戊辰	己亥	己巳	庚子	辛未	辛丑	壬申	壬寅	癸酉
16	庚子	戊辰	己亥	己巳	庚子	庚午	辛丑	壬申	壬寅	癸酉	癸卯	甲戌
17	辛丑	己巳	庚子	庚午	辛丑	辛未	壬寅	癸酉	癸卯	甲戌	甲辰	乙亥
18	壬寅	庚午	辛丑	辛未	壬寅	壬申	癸卯	甲戌	甲辰	乙亥	乙巳	丙子
19	癸卯	辛未	壬寅	壬申	癸卯	癸酉	甲辰	乙亥	乙巳	丙子	丙午	丁丑
20	甲辰	壬申	癸卯	癸酉	甲辰	甲戌	乙巳	丙子	丙午	丁丑	丁未	戊寅
21	乙巳	癸酉	甲辰	甲戌	乙巳	乙亥	丙午	丁丑	丁未	戊寅	戊申	己卯
22	丙午	甲戌	乙巳	乙亥	丙午	丙子	丁未	戊寅	戊申	己卯	己酉	庚辰
23	丁未	乙亥	丙午	丙子	丁未	丁丑	戊申	己卯	己酉	庚辰	庚戌	辛巳
24	戊申	丙子	丁未	丁丑	戊申	戊寅	己酉	庚辰	庚戌	辛巳	辛亥	壬午
25	己酉	丁丑	戊申	戊寅	己酉	己卯	庚戌	辛巳	辛亥	壬午	壬子	癸未
26	庚戌	戊寅	己酉	己卯	庚戌	庚辰	辛亥	壬午	壬子	癸未	癸丑	甲申
27	辛亥	己卯	庚戌	庚辰	辛亥	辛巳	壬子	癸未	癸丑	甲申	甲寅	乙酉
28	壬子	庚辰	辛亥	辛巳	壬子	壬午	癸丑	甲申	甲寅	乙酉	乙卯	丙戌
29		辛巳	壬子	壬午	癸丑	癸未	甲寅	乙酉	乙卯	丙戌	丙辰	丁亥
30		壬午	癸丑	癸未	甲寅	甲申	乙卯	丙戌	丙辰	丁亥	丁巳	戊子
31		癸未		甲申		乙酉	丙辰		丁巳		戊午	己丑

2023

平成35年

癸卯 みずのとう

日＼月支	2月 寅	3月 卯	4月 辰	5月 巳	6月 午	7月 未	8月 申	9月 酉	10月 戌	11月 亥	12月 子	2024 1月 丑
1	庚寅	戊午	己丑	己未	庚寅	庚申	辛卯	壬戌	壬辰	癸亥	癸巳	甲子
2	辛卯	己未	庚寅	庚申	辛卯	辛酉	壬辰	癸亥	癸巳	甲子	甲午	乙丑
3	壬辰	庚申	辛卯	辛酉	壬辰	壬戌	癸巳	甲子	甲午	乙丑	乙未	丙寅
4	**癸巳**	辛酉	壬辰	壬戌	癸巳	癸亥	甲午	乙丑	乙未	丙寅	丙申	丁卯
5	甲午	壬戌	**癸巳**	癸亥	甲午	甲子	乙未	丙寅	丙申	丁卯	丁酉	戊辰
6	乙未	**癸亥**	甲午	**甲子**	**乙未**	乙丑	丙申	丁卯	丁酉	戊辰	戊戌	**己巳**
7	丙申	甲子	乙未	乙丑	丙申	**丙寅**	丁酉	戊辰	戊戌	己巳	**己亥**	庚午
8	丁酉	乙丑	丙申	丙寅	丁酉	丁卯	**戊戌**	**己巳**	**己亥**	**庚午**	庚子	辛未
9	戊戌	丙寅	丁酉	丁卯	戊戌	戊辰	己亥	庚午	庚子	辛未	辛丑	壬申
10	己亥	丁卯	戊戌	戊辰	己亥	己巳	庚子	辛未	辛丑	壬申	壬寅	癸酉
11	庚子	戊辰	己亥	己巳	庚子	庚午	辛丑	壬申	壬寅	癸酉	癸卯	甲戌
12	辛丑	己巳	庚子	庚午	辛丑	辛未	壬寅	癸酉	癸卯	甲戌	甲辰	乙亥
13	壬寅	庚午	辛丑	辛未	壬寅	壬申	癸卯	甲戌	甲辰	乙亥	乙巳	丙子
14	癸卯	辛未	壬寅	壬申	癸卯	癸酉	甲辰	乙亥	乙巳	丙子	丙午	丁丑
15	甲辰	壬申	癸卯	癸酉	甲辰	甲戌	乙巳	丙子	丙午	丁丑	丁未	戊寅
16	乙巳	癸酉	甲辰	甲戌	乙巳	乙亥	丙午	丁丑	丁未	戊寅	戊申	己卯
17	丙午	甲戌	乙巳	乙亥	丙午	丙子	丁未	戊寅	戊申	己卯	己酉	庚辰
18	丁未	乙亥	丙午	丙子	丁未	丁丑	戊申	己卯	己酉	庚辰	庚戌	辛巳
19	戊申	丙子	丁未	丁丑	戊申	戊寅	己酉	庚辰	庚戌	辛巳	辛亥	壬午
20	己酉	丁丑	戊申	戊寅	己酉	己卯	庚戌	辛巳	辛亥	壬午	壬子	癸未
21	庚戌	戊寅	己酉	己卯	庚戌	庚辰	辛亥	壬午	壬子	癸未	癸丑	甲申
22	辛亥	己卯	庚戌	庚辰	辛亥	辛巳	壬子	癸未	癸丑	甲申	甲寅	乙酉
23	壬子	庚辰	辛亥	辛巳	壬子	壬午	癸丑	甲申	甲寅	乙酉	乙卯	丙戌
24	癸丑	辛巳	壬子	壬午	癸丑	癸未	甲寅	乙酉	乙卯	丙戌	丙辰	丁亥
25	甲寅	壬午	癸丑	癸未	甲寅	甲申	乙卯	丙戌	丙辰	丁亥	丁巳	戊子
26	乙卯	癸未	甲寅	甲申	乙卯	乙酉	丙辰	丁亥	丁巳	戊子	戊午	己丑
27	丙辰	甲申	乙卯	乙酉	丙辰	丙戌	丁巳	戊子	戊午	己丑	己未	庚寅
28	丁巳	乙酉	丙辰	丙戌	丁巳	丁亥	戊午	己丑	己未	庚寅	庚申	辛卯
29		丙戌	丁巳	丁亥	戊午	戊子	己未	庚寅	庚申	辛卯	辛酉	壬辰
30		丁亥	戊午	戊子	己未	己丑	庚申	辛卯	辛酉	壬辰	壬戌	癸巳
31		戊子		己丑		庚寅	辛酉		壬戌		癸亥	甲午

2024　平成36年　甲辰 きのえたつ

日＼月支	2月 寅	3月 卯	4月 辰	5月 巳	6月 午	7月 未	8月 申	9月 酉	10月 戌	11月 亥	12月 子	2025 1月 丑
1	乙未	甲子	乙未	乙丑	丙申	丙寅	丁酉	戊辰	戊戌	己巳	己亥	庚午
2	丙申	乙丑	丙申	丙寅	丁酉	丁卯	戊戌	己巳	己亥	庚午	庚子	辛未
3	丁酉	丙寅	丁酉	丁卯	戊戌	戊辰	己亥	庚午	庚子	辛未	辛丑	壬申
4	**戊戌**	丁卯	**戊戌**	戊辰	己亥	己巳	庚子	辛未	辛丑	壬申	壬寅	癸酉
5	己亥	**戊辰**	己亥	**己巳**	**庚子**	庚午	辛丑	壬申	壬寅	癸酉	癸卯	**甲戌**
6	庚子	己巳	庚子	庚午	辛丑	**辛未**	壬寅	癸酉	癸卯	甲戌	甲辰	乙亥
7	辛丑	庚午	辛丑	辛未	壬寅	壬申	**癸卯**	**甲戌**	甲辰	**乙亥**	**乙巳**	丙子
8	壬寅	辛未	壬寅	壬申	癸卯	癸酉	甲辰	乙亥	**乙巳**	丙子	丙午	丁丑
9	癸卯	壬申	癸卯	癸酉	甲辰	甲戌	乙巳	丙子	丙午	丁丑	丁未	戊寅
10	甲辰	癸酉	甲辰	甲戌	乙巳	乙亥	丙午	丁丑	丁未	戊寅	戊申	己卯
11	乙巳	甲戌	乙巳	乙亥	丙午	丙子	丁未	戊寅	戊申	己卯	己酉	庚辰
12	丙午	乙亥	丙午	丙子	丁未	丁丑	戊申	己卯	己酉	庚辰	庚戌	辛巳
13	丁未	丙子	丁未	丁丑	戊申	戊寅	己酉	庚辰	庚戌	辛巳	辛亥	壬午
14	戊申	丁丑	戊申	戊寅	己酉	己卯	庚戌	辛巳	辛亥	壬午	壬子	癸未
15	己酉	戊寅	己酉	己卯	庚戌	庚辰	辛亥	壬午	壬子	癸未	癸丑	甲申
16	庚戌	己卯	庚戌	庚辰	辛亥	辛巳	壬子	癸未	癸丑	甲申	甲寅	乙酉
17	辛亥	庚辰	辛亥	辛巳	壬子	壬午	癸丑	甲申	甲寅	乙酉	乙卯	丙戌
18	壬子	辛巳	壬子	壬午	癸丑	癸未	甲寅	乙酉	乙卯	丙戌	丙辰	丁亥
19	癸丑	壬午	癸丑	癸未	甲寅	甲申	乙卯	丙戌	丙辰	丁亥	丁巳	戊子
20	甲寅	癸未	甲寅	甲申	乙卯	乙酉	丙辰	丁亥	丁巳	戊子	戊午	己丑
21	乙卯	甲申	乙卯	乙酉	丙辰	丙戌	丁巳	戊子	戊午	己丑	己未	庚寅
22	丙辰	乙酉	丙辰	丙戌	丁巳	丁亥	戊午	己丑	己未	庚寅	庚申	辛卯
23	丁巳	丙戌	丁巳	丁亥	戊午	戊子	己未	庚寅	庚申	辛卯	辛酉	壬辰
24	戊午	丁亥	戊午	戊子	己未	己丑	庚申	辛卯	辛酉	壬辰	壬戌	癸巳
25	己未	戊子	己未	己丑	庚申	庚寅	辛酉	壬辰	壬戌	癸巳	癸亥	甲午
26	庚申	己丑	庚申	庚寅	辛酉	辛卯	壬戌	癸巳	癸亥	甲午	甲子	乙未
27	辛酉	庚寅	辛酉	辛卯	壬戌	壬辰	癸亥	甲午	甲子	乙未	乙丑	丙申
28	壬戌	辛卯	壬戌	壬辰	癸亥	癸巳	甲子	乙未	乙丑	丙申	丙寅	丁酉
29	癸亥	壬辰	癸亥	癸巳	甲子	甲午	乙丑	丙申	丙寅	丁酉	丁卯	戊戌
30		癸巳	甲子	甲午	乙丑	乙未	丙寅	丁酉	丁卯	戊戌	戊辰	己亥
31		甲午		乙未		丙申	丁卯		戊辰		己巳	庚子

2025　平成37年　乙巳 きのとみ

日＼月支	2月 寅	3月 卯	4月 辰	5月 巳	6月 午	7月 未	8月 申	9月 酉	10月 戌	11月 亥	12月 子	2026 1月 丑
1	辛丑	己巳	庚子	庚午	辛丑	辛未	壬寅	癸酉	癸卯	甲戌	甲辰	乙亥
2	壬寅	庚午	辛丑	辛未	壬寅	壬申	癸卯	甲戌	甲辰	乙亥	乙巳	丙子
3	**癸卯**	辛未	壬寅	壬申	癸卯	癸酉	甲辰	乙亥	乙巳	丙子	丙午	丁丑
4	甲辰	壬申	**癸卯**	癸酉	甲辰	甲戌	乙巳	丙子	丙午	丁丑	丁未	戊寅
5	乙巳	**癸酉**	甲辰	**甲戌**	**乙巳**	乙亥	丙午	丁丑	丁未	戊寅	戊申	**己卯**
6	丙午	甲戌	乙巳	乙亥	丙午	丙子	丁未	戊寅	戊申	己卯	己酉	庚辰
7	丁未	乙亥	丙午	丙子	丁未	**丁丑**	**戊申**	**己卯**	己酉	**庚辰**	**庚戌**	辛巳
8	戊申	丙子	丁未	丁丑	戊申	戊寅	己酉	庚辰	**庚戌**	辛巳	辛亥	壬午
9	己酉	丁丑	戊申	戊寅	己酉	己卯	庚戌	辛巳	辛亥	壬午	壬子	癸未
10	庚戌	戊寅	己酉	己卯	庚戌	庚辰	辛亥	壬午	壬子	癸未	癸丑	甲申
11	辛亥	己卯	庚戌	庚辰	辛亥	辛巳	壬子	癸未	癸丑	甲申	甲寅	乙酉
12	壬子	庚辰	辛亥	辛巳	壬子	壬午	癸丑	甲申	甲寅	乙酉	乙卯	丙戌
13	癸丑	辛巳	壬子	壬午	癸丑	癸未	甲寅	乙酉	乙卯	丙戌	丙辰	丁亥
14	甲寅	壬午	癸丑	癸未	甲寅	甲申	乙卯	丙戌	丙辰	丁亥	丁巳	戊子
15	乙卯	癸未	甲寅	甲申	乙卯	乙酉	丙辰	丁亥	丁巳	戊子	戊午	己丑
16	丙辰	甲申	乙卯	乙酉	丙辰	丙戌	丁巳	戊子	戊午	己丑	己未	庚寅
17	丁巳	乙酉	丙辰	丙戌	丁巳	丁亥	戊午	己丑	己未	庚寅	庚申	辛卯
18	戊午	丙戌	丁巳	丁亥	戊午	戊子	己未	庚寅	庚申	辛卯	辛酉	壬辰
19	己未	丁亥	戊午	戊子	己未	己丑	庚申	辛卯	辛酉	壬辰	壬戌	癸巳
20	庚申	戊子	己未	己丑	庚申	庚寅	辛酉	壬辰	壬戌	癸巳	癸亥	甲午
21	辛酉	己丑	庚申	庚寅	辛酉	辛卯	壬戌	癸巳	癸亥	甲午	甲子	乙未
22	壬戌	庚寅	辛酉	辛卯	壬戌	壬辰	癸亥	甲午	甲子	乙未	乙丑	丙申
23	癸亥	辛卯	壬戌	壬辰	癸亥	癸巳	甲子	乙未	乙丑	丙申	丙寅	丁酉
24	甲子	壬辰	癸亥	癸巳	甲子	甲午	乙丑	丙申	丙寅	丁酉	丁卯	戊戌
25	乙丑	癸巳	甲子	甲午	乙丑	乙未	丙寅	丁酉	丁卯	戊戌	戊辰	己亥
26	丙寅	甲午	乙丑	乙未	丙寅	丙申	丁卯	戊戌	戊辰	己亥	己巳	庚子
27	丁卯	乙未	丙寅	丙申	丁卯	丁酉	戊辰	己亥	己巳	庚子	庚午	辛丑
28	戊辰	丙申	丁卯	丁酉	戊辰	戊戌	己巳	庚子	庚午	辛丑	辛未	壬寅
29		丁酉	戊辰	戊戌	己巳	己亥	庚午	辛丑	辛未	壬寅	壬申	癸卯
30		戊戌	己巳	己亥	庚午	庚子	辛未	壬寅	壬申	癸卯	癸酉	甲辰
31		己亥		庚子		辛丑	壬申		癸酉		甲戌	乙巳

2026 平成38年 丙午 ひのえうま

2027

日＼月支	2月 寅	3月 卯	4月 辰	5月 巳	6月 午	7月 未	8月 申	9月 酉	10月 戌	11月 亥	12月 子	1月 丑
1	丙午	甲戌	乙巳	乙亥	丙午	丙子	丁未	戊寅	戊申	己卯	己酉	庚辰
2	丁未	乙亥	丙午	丙子	丁未	丁丑	戊申	己卯	己酉	庚辰	庚戌	辛巳
3	戊申	丙子	丁未	丁丑	戊申	戊寅	己酉	庚辰	庚戌	辛巳	辛亥	壬午
4	**己酉**	丁丑	戊申	戊寅	己酉	己卯	庚戌	辛巳	辛亥	壬午	壬子	癸未
5	庚戌	**戊寅**	**己酉**	**己卯**	庚戌	庚辰	辛亥	壬午	壬子	癸未	癸丑	**甲申**
6	辛亥	己卯	庚戌	庚辰	**辛亥**	辛巳	壬子	癸未	癸丑	甲申	甲寅	乙酉
7	壬子	庚辰	辛亥	辛巳	壬子	**壬午**	**癸丑**	**甲申**	甲寅	**乙酉**	**乙卯**	丙戌
8	癸丑	辛巳	壬子	壬午	癸丑	癸未	甲寅	乙酉	**乙卯**	丙戌	丙辰	丁亥
9	甲寅	壬午	癸丑	癸未	甲寅	甲申	乙卯	丙戌	丙辰	丁亥	丁巳	戊子
10	乙卯	癸未	甲寅	甲申	乙卯	乙酉	丙辰	丁亥	丁巳	戊子	戊午	己丑
11	丙辰	甲申	乙卯	乙酉	丙辰	丙戌	丁巳	戊子	戊午	己丑	己未	庚寅
12	丁巳	乙酉	丙辰	丙戌	丁巳	丁亥	戊午	己丑	己未	庚寅	庚申	辛卯
13	戊午	丙戌	丁巳	丁亥	戊午	戊子	己未	庚寅	庚申	辛卯	辛酉	壬辰
14	己未	丁亥	戊午	戊子	己未	己丑	庚申	辛卯	辛酉	壬辰	壬戌	癸巳
15	庚申	戊子	己未	己丑	庚申	庚寅	辛酉	壬辰	壬戌	癸巳	癸亥	甲午
16	辛酉	己丑	庚申	庚寅	辛酉	辛卯	壬戌	癸巳	癸亥	甲午	甲子	乙未
17	壬戌	庚寅	辛酉	辛卯	壬戌	壬辰	癸亥	甲午	甲子	乙未	乙丑	丙申
18	癸亥	辛卯	壬戌	壬辰	癸亥	癸巳	甲子	乙未	乙丑	丙申	丙寅	丁酉
19	甲子	壬辰	癸亥	癸巳	甲子	甲午	乙丑	丙申	丙寅	丁酉	丁卯	戊戌
20	乙丑	癸巳	甲子	甲午	乙丑	乙未	丙寅	丁酉	丁卯	戊戌	戊辰	己亥
21	丙寅	甲午	乙丑	乙未	丙寅	丙申	丁卯	戊戌	戊辰	己亥	己巳	庚子
22	丁卯	乙未	丙寅	丙申	丁卯	丁酉	戊辰	己亥	己巳	庚子	庚午	辛丑
23	戊辰	丙申	丁卯	丁酉	戊辰	戊戌	己巳	庚子	庚午	辛丑	辛未	壬寅
24	己巳	丁酉	戊辰	戊戌	己巳	己亥	庚午	辛丑	辛未	壬寅	壬申	癸卯
25	庚午	戊戌	己巳	己亥	庚午	庚子	辛未	壬寅	壬申	癸卯	癸酉	甲辰
26	辛未	己亥	庚午	庚子	辛未	辛丑	壬申	癸卯	癸酉	甲辰	甲戌	乙巳
27	壬申	庚子	辛未	辛丑	壬申	壬寅	癸酉	甲辰	甲戌	乙巳	乙亥	丙午
28	癸酉	辛丑	壬申	壬寅	癸酉	癸卯	甲戌	乙巳	乙亥	丙午	丙子	丁未
29		壬寅	癸酉	癸卯	甲戌	甲辰	乙亥	丙午	丙子	丁未	丁丑	戊申
30		癸卯	甲戌	甲辰	乙亥	乙巳	丙子	丁未	丁丑	戊申	戊寅	己酉
31		甲辰		乙巳		丙午	丁丑		戊寅		己卯	庚戌

2027 平成39年 丁未 ひのとひつじ

2028

日＼月支	2月 寅	3月 卯	4月 辰	5月 巳	6月 午	7月 未	8月 申	9月 酉	10月 戌	11月 亥	12月 子	1月 丑
1	辛亥	己卯	庚戌	庚辰	辛亥	辛巳	壬子	癸未	癸丑	甲申	甲寅	乙酉
2	壬子	庚辰	辛亥	辛巳	壬子	壬午	癸丑	甲申	甲寅	乙酉	乙卯	丙戌
3	癸丑	辛巳	壬子	壬午	癸丑	癸未	甲寅	乙酉	乙卯	丙戌	丙辰	丁亥
4	**甲寅**	壬午	癸丑	癸未	甲寅	甲申	乙卯	丙戌	丙辰	丁亥	丁巳	戊子
5	乙卯	癸未	**甲寅**	甲申	乙卯	乙酉	丙辰	丁亥	丁巳	戊子	戊午	己丑
6	丙辰	**甲申**	乙卯	**乙酉**	**丙辰**	丙戌	丁巳	戊子	戊午	己丑	己未	**庚寅**
7	丁巳	乙酉	丙辰	丙戌	丁巳	**丁亥**	戊午	己丑	己未	庚寅	**庚申**	辛卯
8	戊午	丙戌	丁巳	丁亥	戊午	戊子	**己未**	**庚寅**	**庚申**	**辛卯**	辛酉	壬辰
9	己未	丁亥	戊午	戊子	己未	己丑	庚申	辛卯	辛酉	壬辰	壬戌	癸巳
10	庚申	戊子	己未	己丑	庚申	庚寅	辛酉	壬辰	壬戌	癸巳	癸亥	甲午
11	辛酉	己丑	庚申	庚寅	辛酉	辛卯	壬戌	癸巳	癸亥	甲午	甲子	乙未
12	壬戌	庚寅	辛酉	辛卯	壬戌	壬辰	癸亥	甲午	甲子	乙未	乙丑	丙申
13	癸亥	辛卯	壬戌	壬辰	癸亥	癸巳	甲子	乙未	乙丑	丙申	丙寅	丁酉
14	甲子	壬辰	癸亥	癸巳	甲子	甲午	乙丑	丙申	丙寅	丁酉	丁卯	戊戌
15	乙丑	癸巳	甲子	甲午	乙丑	乙未	丙寅	丁酉	丁卯	戊戌	戊辰	己亥
16	丙寅	甲午	乙丑	乙未	丙寅	丙申	丁卯	戊戌	戊辰	己亥	己巳	庚子
17	丁卯	乙未	丙寅	丙申	丁卯	丁酉	戊辰	己亥	己巳	庚子	庚午	辛丑
18	戊辰	丙申	丁卯	丁酉	戊辰	戊戌	己巳	庚子	庚午	辛丑	辛未	壬寅
19	己巳	丁酉	戊辰	戊戌	己巳	己亥	庚午	辛丑	辛未	壬寅	壬申	癸卯
20	庚午	戊戌	己巳	己亥	庚午	庚子	辛未	壬寅	壬申	癸卯	癸酉	甲辰
21	辛未	己亥	庚午	庚子	辛未	辛丑	壬申	癸卯	癸酉	甲辰	甲戌	乙巳
22	壬申	庚子	辛未	辛丑	壬申	壬寅	癸酉	甲辰	甲戌	乙巳	乙亥	丙午
23	癸酉	辛丑	壬申	壬寅	癸酉	癸卯	甲戌	乙巳	乙亥	丙午	丙子	丁未
24	甲戌	壬寅	癸酉	癸卯	甲戌	甲辰	乙亥	丙午	丙子	丁未	丁丑	戊申
25	乙亥	癸卯	甲戌	甲辰	乙亥	乙巳	丙子	丁未	丁丑	戊申	戊寅	己酉
26	丙子	甲辰	乙亥	乙巳	丙子	丙午	丁丑	戊申	戊寅	己酉	己卯	庚戌
27	丁丑	乙巳	丙子	丙午	丁丑	丁未	戊寅	己酉	己卯	庚戌	庚辰	辛亥
28	戊寅	丙午	丁丑	丁未	戊寅	戊申	己卯	庚戌	庚辰	辛亥	辛巳	壬子
29		丁未	戊寅	戊申	己卯	己酉	庚辰	辛亥	辛巳	壬子	壬午	癸丑
30		戊申	己卯	己酉	庚辰	庚戌	辛巳	壬子	壬午	癸丑	癸未	甲寅
31		己酉		庚戌		辛亥	壬午		癸未		甲申	乙卯

2028 平成40年 戊申 つちのえさる

日＼月支	2月 寅	3月 卯	4月 辰	5月 巳	6月 午	7月 未	8月 申	9月 酉	10月 戌	11月 亥	12月 子	2029 1月 丑
1	丙辰	乙酉	丙辰	丙戌	丁巳	丁亥	戊午	己丑	己未	庚寅	庚申	辛卯
2	丁巳	丙戌	丁巳	丁亥	戊午	戊子	己未	庚寅	庚申	辛卯	辛酉	壬辰
3	戊午	丁亥	戊午	戊子	己未	己丑	庚申	辛卯	辛酉	壬辰	壬戌	癸巳
4	**己未**	戊子	**己未**	己丑	庚申	庚寅	辛酉	壬辰	壬戌	癸巳	癸亥	甲午
5	庚申	**己丑**	庚申	**庚寅**	**辛酉**	辛卯	壬戌	癸巳	癸亥	甲午	甲子	**乙未**
6	辛酉	庚寅	辛酉	辛卯	壬戌	**壬辰**	癸亥	甲午	甲子	乙未	**乙丑**	丙申
7	壬戌	辛卯	壬戌	壬辰	癸亥	癸巳	**甲子**	**乙未**	乙丑	**丙申**	丙寅	丁酉
8	癸亥	壬辰	癸亥	癸巳	甲子	甲午	乙丑	丙申	**丙寅**	丁酉	丁卯	戊戌
9	甲子	癸巳	甲子	甲午	乙丑	乙未	丙寅	丁酉	丁卯	戊戌	戊辰	己亥
10	乙丑	甲午	乙丑	乙未	丙寅	丙申	丁卯	戊戌	戊辰	己亥	己巳	庚子
11	丙寅	乙未	丙寅	丙申	丁卯	丁酉	戊辰	己亥	己巳	庚子	庚午	辛丑
12	丁卯	丙申	丁卯	丁酉	戊辰	戊戌	己巳	庚子	庚午	辛丑	辛未	壬寅
13	戊辰	丁酉	戊辰	戊戌	己巳	己亥	庚午	辛丑	辛未	壬寅	壬申	癸卯
14	己巳	戊戌	己巳	己亥	庚午	庚子	辛未	壬寅	壬申	癸卯	癸酉	甲辰
15	庚午	己亥	庚午	庚子	辛未	辛丑	壬申	癸卯	癸酉	甲辰	甲戌	乙巳
16	辛未	庚子	辛未	辛丑	壬申	壬寅	癸酉	甲辰	甲戌	乙巳	乙亥	丙午
17	壬申	辛丑	壬申	壬寅	癸酉	癸卯	甲戌	乙巳	乙亥	丙午	丙子	丁未
18	癸酉	壬寅	癸酉	癸卯	甲戌	甲辰	乙亥	丙午	丙子	丁未	丁丑	戊申
19	甲戌	癸卯	甲戌	甲辰	乙亥	乙巳	丙子	丁未	丁丑	戊申	戊寅	己酉
20	乙亥	甲辰	乙亥	乙巳	丙子	丙午	丁丑	戊申	戊寅	己酉	己卯	庚戌
21	丙子	乙巳	丙子	丙午	丁丑	丁未	戊寅	己酉	己卯	庚戌	庚辰	辛亥
22	丁丑	丙午	丁丑	丁未	戊寅	戊申	己卯	庚戌	庚辰	辛亥	辛巳	壬子
23	戊寅	丁未	戊寅	戊申	己卯	己酉	庚辰	辛亥	辛巳	壬子	壬午	癸丑
24	己卯	戊申	己卯	己酉	庚辰	庚戌	辛巳	壬子	壬午	癸丑	癸未	甲寅
25	庚辰	己酉	庚辰	庚戌	辛巳	辛亥	壬午	癸丑	癸未	甲寅	甲申	乙卯
26	辛巳	庚戌	辛巳	辛亥	壬午	壬子	癸未	甲寅	甲申	乙卯	乙酉	丙辰
27	壬午	辛亥	壬午	壬子	癸未	癸丑	甲申	乙卯	乙酉	丙辰	丙戌	丁巳
28	癸未	壬子	癸未	癸丑	甲申	甲寅	乙酉	丙辰	丙戌	丁巳	丁亥	戊午
29	甲申	癸丑	甲申	甲寅	乙酉	乙卯	丙戌	丁巳	丁亥	戊午	戊子	己未
30		甲寅	乙酉	乙卯	丙戌	丙辰	丁亥	戊午	戊子	己未	己丑	庚申
31		乙卯		丙辰		丁巳	戊子		己丑		庚寅	辛酉

2029 平成41年 己酉 つちのととり

日＼月支	2月 寅	3月 卯	4月 辰	5月 巳	6月 午	7月 未	8月 申	9月 酉	10月 戌	11月 亥	12月 子	2030 1月 丑
1	壬戌	庚寅	辛酉	辛卯	壬戌	壬辰	癸亥	甲午	甲子	乙未	乙丑	丙申
2	癸亥	辛卯	壬戌	壬辰	癸亥	癸巳	甲子	乙未	乙丑	丙申	丙寅	丁酉
3	**甲子**	壬辰	癸亥	癸巳	甲子	甲午	乙丑	丙申	丙寅	丁酉	丁卯	戊戌
4	乙丑	癸巳	**甲子**	甲午	乙丑	乙未	丙寅	丁酉	丁卯	戊戌	戊辰	己亥
5	丙寅	**甲午**	乙丑	**乙未**	**丙寅**	丙申	丁卯	戊戌	戊辰	己亥	己巳	**庚子**
6	丁卯	乙未	丙寅	丙申	丁卯	丁酉	戊辰	己亥	己巳	庚子	庚午	辛丑
7	戊辰	丙申	丁卯	丁酉	戊辰	**戊戌**	**己巳**	**庚子**	庚午	**辛丑**	**辛未**	壬寅
8	己巳	丁酉	戊辰	戊戌	己巳	己亥	庚午	辛丑	**辛未**	壬寅	壬申	癸卯
9	庚午	戊戌	己巳	己亥	庚午	庚子	辛未	壬寅	壬申	癸卯	癸酉	甲辰
10	辛未	己亥	庚午	庚子	辛未	辛丑	壬申	癸卯	癸酉	甲辰	甲戌	乙巳
11	壬申	庚子	辛未	辛丑	壬申	壬寅	癸酉	甲辰	甲戌	乙巳	乙亥	丙午
12	癸酉	辛丑	壬申	壬寅	癸酉	癸卯	甲戌	乙巳	乙亥	丙午	丙子	丁未
13	甲戌	壬寅	癸酉	癸卯	甲戌	甲辰	乙亥	丙午	丙子	丁未	丁丑	戊申
14	乙亥	癸卯	甲戌	甲辰	乙亥	乙巳	丙子	丁未	丁丑	戊申	戊寅	己酉
15	丙子	甲辰	乙亥	乙巳	丙子	丙午	丁丑	戊申	戊寅	己酉	己卯	庚戌
16	丁丑	乙巳	丙子	丙午	丁丑	丁未	戊寅	己酉	己卯	庚戌	庚辰	辛亥
17	戊寅	丙午	丁丑	丁未	戊寅	戊申	己卯	庚戌	庚辰	辛亥	辛巳	壬子
18	己卯	丁未	戊寅	戊申	己卯	己酉	庚辰	辛亥	辛巳	壬子	壬午	癸丑
19	庚辰	戊申	己卯	己酉	庚辰	庚戌	辛巳	壬子	壬午	癸丑	癸未	甲寅
20	辛巳	己酉	庚辰	庚戌	辛巳	辛亥	壬午	癸丑	癸未	甲寅	甲申	乙卯
21	壬午	庚戌	辛巳	辛亥	壬午	壬子	癸未	甲寅	甲申	乙卯	乙酉	丙辰
22	癸未	辛亥	壬午	壬子	癸未	癸丑	甲申	乙卯	乙酉	丙辰	丙戌	丁巳
23	甲申	壬子	癸未	癸丑	甲申	甲寅	乙酉	丙辰	丙戌	丁巳	丁亥	戊午
24	乙酉	癸丑	甲申	甲寅	乙酉	乙卯	丙戌	丁巳	丁亥	戊午	戊子	己未
25	丙戌	甲寅	乙酉	乙卯	丙戌	丙辰	丁亥	戊午	戊子	己未	己丑	庚申
26	丁亥	乙卯	丙戌	丙辰	丁亥	丁巳	戊子	己未	己丑	庚申	庚寅	辛酉
27	戊子	丙辰	丁亥	丁巳	戊子	戊午	己丑	庚申	庚寅	辛酉	辛卯	壬戌
28	己丑	丁巳	戊子	戊午	己丑	己未	庚寅	辛酉	辛卯	壬戌	壬辰	癸亥
29		戊午	己丑	己未	庚寅	庚申	辛卯	壬戌	壬辰	癸亥	癸巳	甲子
30		己未	庚寅	庚申	辛卯	辛酉	壬辰	癸亥	癸巳	甲子	甲午	乙丑
31		庚申		辛酉		壬戌	癸巳		甲午		乙未	丙寅

2030 平成42年 庚戌 かのえいぬ

2031

日＼月支	2月 寅	3月 卯	4月 辰	5月 巳	6月 午	7月 未	8月 申	9月 酉	10月 戌	11月 亥	12月 子	1月 丑
1	丁卯	乙未	丙寅	丙申	丁卯	丁酉	戊辰	己亥	己巳	庚子	庚午	辛丑
2	戊辰	丙申	丁卯	丁酉	戊辰	戊戌	己巳	庚子	庚午	辛丑	辛未	壬寅
3	己巳	丁酉	戊辰	戊戌	己巳	己亥	庚午	辛丑	辛未	壬寅	壬申	癸卯
4	**庚午**	戊戌	己巳	己亥	庚午	庚子	辛未	壬寅	壬申	癸卯	癸酉	甲辰
5	辛未	**己亥**	**庚午**	**庚子**	**辛未**	辛丑	壬申	癸卯	癸酉	甲辰	甲戌	**乙巳**
6	壬申	庚子	辛未	辛丑	壬申	壬寅	癸酉	甲辰	甲戌	乙巳	乙亥	丙午
7	癸酉	辛丑	壬申	壬寅	癸酉	**癸卯**	**甲戌**	**乙巳**	乙亥	**丙午**	**丙子**	丁未
8	甲戌	壬寅	癸酉	癸卯	甲戌	甲辰	乙亥	丙午	**丙子**	丁未	丁丑	戊申
9	乙亥	癸卯	甲戌	甲辰	乙亥	乙巳	丙子	丁未	丁丑	戊申	戊寅	己酉
10	丙子	甲辰	乙亥	乙巳	丙子	丙午	丁丑	戊申	戊寅	己酉	己卯	庚戌
11	丁丑	乙巳	丙子	丙午	丁丑	丁未	戊寅	己酉	己卯	庚戌	庚辰	辛亥
12	戊寅	丙午	丁丑	丁未	戊寅	戊申	己卯	庚戌	庚辰	辛亥	辛巳	壬子
13	己卯	丁未	戊寅	戊申	己卯	己酉	庚辰	辛亥	辛巳	壬子	壬午	癸丑
14	庚辰	戊申	己卯	己酉	庚辰	庚戌	辛巳	壬子	壬午	癸丑	癸未	甲寅
15	辛巳	己酉	庚辰	庚戌	辛巳	辛亥	壬午	癸丑	癸未	甲寅	甲申	乙卯
16	壬午	庚戌	辛巳	辛亥	壬午	壬子	癸未	甲寅	甲申	乙卯	乙酉	丙辰
17	癸未	辛亥	壬午	壬子	癸未	癸丑	甲申	乙卯	乙酉	丙辰	丙戌	丁巳
18	甲申	壬子	癸未	癸丑	甲申	甲寅	乙酉	丙辰	丙戌	丁巳	丁亥	戊午
19	乙酉	癸丑	甲申	甲寅	乙酉	乙卯	丙戌	丁巳	丁亥	戊午	戊子	己未
20	丙戌	甲寅	乙酉	乙卯	丙戌	丙辰	丁亥	戊午	戊子	己未	己丑	庚申
21	丁亥	乙卯	丙戌	丙辰	丁亥	丁巳	戊子	己未	己丑	庚申	庚寅	辛酉
22	戊子	丙辰	丁亥	丁巳	戊子	戊午	己丑	庚申	庚寅	辛酉	辛卯	壬戌
23	己丑	丁巳	戊子	戊午	己丑	己未	庚寅	辛酉	辛卯	壬戌	壬辰	癸亥
24	庚寅	戊午	己丑	己未	庚寅	庚申	辛卯	壬戌	壬辰	癸亥	癸巳	甲子
25	辛卯	己未	庚寅	庚申	辛卯	辛酉	壬辰	癸亥	癸巳	甲子	甲午	乙丑
26	壬辰	庚申	辛卯	辛酉	壬辰	壬戌	癸巳	甲子	甲午	乙丑	乙未	丙寅
27	癸巳	辛酉	壬辰	壬戌	癸巳	癸亥	甲午	乙丑	乙未	丙寅	丙申	丁卯
28	甲午	壬戌	癸巳	癸亥	甲午	甲子	乙未	丙寅	丙申	丁卯	丁酉	戊辰
29		癸亥	甲午	甲子	乙未	乙丑	丙申	丁卯	丁酉	戊辰	戊戌	己巳
30		甲子	乙未	乙丑	丙申	丙寅	丁酉	戊辰	戊戌	己巳	己亥	庚午
31		乙丑		丙寅		丁卯	戊戌		己亥		庚子	辛未

2031 平成43年 辛亥 かのとい

2032

日＼月支	2月 寅	3月 卯	4月 辰	5月 巳	6月 午	7月 未	8月 申	9月 酉	10月 戌	11月 亥	12月 子	1月 丑
1	壬申	庚子	辛未	辛丑	壬申	壬寅	癸酉	甲辰	甲戌	乙巳	乙亥	丙午
2	癸酉	辛丑	壬申	壬寅	癸酉	癸卯	甲戌	乙巳	乙亥	丙午	丙子	丁未
3	甲戌	壬寅	癸酉	癸卯	甲戌	甲辰	乙亥	丙午	丙子	丁未	丁丑	戊申
4	**乙亥**	癸卯	甲戌	甲辰	乙亥	乙巳	丙子	丁未	丁丑	戊申	戊寅	己酉
5	丙子	甲辰	**乙亥**	乙巳	丙子	丙午	丁丑	戊申	戊寅	己酉	己卯	庚戌
6	丁丑	**乙巳**	丙子	**丙午**	**丁丑**	丁未	戊寅	己酉	己卯	庚戌	庚辰	**辛亥**
7	戊寅	丙午	丁丑	丁未	戊寅	**戊申**	己卯	庚戌	庚辰	辛亥	**辛巳**	壬子
8	己卯	丁未	戊寅	戊申	己卯	己酉	**庚辰**	**辛亥**	**辛巳**	**壬子**	壬午	癸丑
9	庚辰	戊申	己卯	己酉	庚辰	庚戌	辛巳	壬子	壬午	癸丑	癸未	甲寅
10	辛巳	己酉	庚辰	庚戌	辛巳	辛亥	壬午	癸丑	癸未	甲寅	甲申	乙卯
11	壬午	庚戌	辛巳	辛亥	壬午	壬子	癸未	甲寅	甲申	乙卯	乙酉	丙辰
12	癸未	辛亥	壬午	壬子	癸未	癸丑	甲申	乙卯	乙酉	丙辰	丙戌	丁巳
13	甲申	壬子	癸未	癸丑	甲申	甲寅	乙酉	丙辰	丙戌	丁巳	丁亥	戊午
14	乙酉	癸丑	甲申	甲寅	乙酉	乙卯	丙戌	丁巳	丁亥	戊午	戊子	己未
15	丙戌	甲寅	乙酉	乙卯	丙戌	丙辰	丁亥	戊午	戊子	己未	己丑	庚申
16	丁亥	乙卯	丙戌	丙辰	丁亥	丁巳	戊子	己未	己丑	庚申	庚寅	辛酉
17	戊子	丙辰	丁亥	丁巳	戊子	戊午	己丑	庚申	庚寅	辛酉	辛卯	壬戌
18	己丑	丁巳	戊子	戊午	己丑	己未	庚寅	辛酉	辛卯	壬戌	壬辰	癸亥
19	庚寅	戊午	己丑	己未	庚寅	庚申	辛卯	壬戌	壬辰	癸亥	癸巳	甲子
20	辛卯	己未	庚寅	庚申	辛卯	辛酉	壬辰	癸亥	癸巳	甲子	甲午	乙丑
21	壬辰	庚申	辛卯	辛酉	壬辰	壬戌	癸巳	甲子	甲午	乙丑	乙未	丙寅
22	癸巳	辛酉	壬辰	壬戌	癸巳	癸亥	甲午	乙丑	乙未	丙寅	丙申	丁卯
23	甲午	壬戌	癸巳	癸亥	甲午	甲子	乙未	丙寅	丙申	丁卯	丁酉	戊辰
24	乙未	癸亥	甲午	甲子	乙未	乙丑	丙申	丁卯	丁酉	戊辰	戊戌	己巳
25	丙申	甲子	乙未	乙丑	丙申	丙寅	丁酉	戊辰	戊戌	己巳	己亥	庚午
26	丁酉	乙丑	丙申	丙寅	丁酉	丁卯	戊戌	己巳	己亥	庚午	庚子	辛未
27	戊戌	丙寅	丁酉	丁卯	戊戌	戊辰	己亥	庚午	庚子	辛未	辛丑	壬申
28	己亥	丁卯	戊戌	戊辰	己亥	己巳	庚子	辛未	辛丑	壬申	壬寅	癸酉
29		戊辰	己亥	己巳	庚子	庚午	辛丑	壬申	壬寅	癸酉	癸卯	甲戌
30		己巳	庚子	庚午	辛丑	辛未	壬寅	癸酉	癸卯	甲戌	甲辰	乙亥
31		庚午		辛未		壬申	癸卯		甲辰		乙巳	丙子

結びにかえて

読者の皆さま、最後まで読んでくださり誠にありがとうございます。たいへん盛沢山の技法を詰め込んでしまいましたが、じっくり取り組んでいただければ必ず理解できる内容だと自負しております。

本書によって、真の相性占術を習得され、あるいは相性の改善方法、さらには開運方法を身に着けていただき、あとは実践にて幸運をつかんでいただきたいと存じます。

なお本書は、10年ほど前に発行された「皇帝推命相性秘占」学研パブリッシング版をもとに、大巾に加筆修正したものです。

今回の出版は、太玄社の今井社長のご尽力で達成できたものです。太玄社は、術士がほしいと思う著作の出版に熱心で、特に絶版書の復刻は研究者にとって非常にありがたいものです。本書の結びとして、太玄社の出版物紹介を行っていきたいと思います。

1. 四柱推命の分野

『子平推命基礎大全』梁湘潤著

台湾の標準的な子平入門書の翻訳版です。専門書の入門版といった形です。市販の一般書を卒業した方が、次に進む時の入門書と捉えてください。

内容ですが、なかなか興味深いです。慎重に読み進めれば、ある程度の判断は可能になり、その後の進む道が示されると思います。技法の紹介については、他の著作よりも豊富ですので、自分で見極める目が必要ですね。いずれにせよ、術者には揃えておくべき必読本です。

『〔実践〕四柱推命鑑定術』レイモンド・ロー著

風水術の大家であるレイモンド・ロー先生の大著です。有名人の実例解析を中心に内容が展開されています。本著作の大きな特徴は、技法の紹介を出来る限り少なくして、五行の生剋を中心に実例を解釈していいます。これは非常に興味深い内容であり、専門書の体裁を取ってはいますが、初心者は、一般書よりもこちらから読み進めたほうが良いかもしれません。

『子平推命基礎大全』とは異なったアプローチの著作であり、やはり必読だと思います。

2. 風水の分野

『フライング・スター風水鑑定術』福田英嗣著

風水鑑定に絞った内容の入門書です。初心者は本書から学ぶのが良いでしょう。非常にわかりやすく、誠実に、風水を紹介してあります。本書だけでも、十分な家相判断が可能です。本書を読了した後に、『玄空飛星派風水大全』に進んでください。

『玄空飛星派風水大全』山道帰一著

素晴らしい大著です。手に取ったらわかりますが、全ページカラーの豪華版で、内容も風水分野での最終兵器といったものです。また、同書は風水分野だけにとどまらず、暦法や奇門遁甲など風水との関連分野の解説も成されており、非常に参考になります。特に暦法の解説では、年月日時それぞれの九星の配布について言及されており、日本の園田真次郎先生の方法と、台湾の通書（日本の高島運勢暦に相当）の方法の違いが述べられています。これは気学の研究家には極めて重要な内容でしょう。

風水研究者だけでなく、全ての東洋占術を行う向きにも、ぜひ手にして欲しい著です。

3．占断術の分野

『五行易奥義　卜筮正宗』藤田善三郎訳著

古典の復刻本です。同著は断易分野における基本書で、研究者は必ず目を通すべきとされていましたが、絶版久しく、古書でも大変高価で取り引きされておりました。

適価での復刻出版は、断易家にとって長らく待ち望んだものだと思います。装丁は原著に完全準拠しており、それだけでも当時の雰囲気を味わうことができます。研究家は、同著を熟読して自分なりの判断技法を身につけるとよいと思います。

『諸口流奥義　五行易師弟問答』藤田善三郎訳著

『五行易奥義　卜筮正宗』と同じく藤田先生の復刻本です。占断術を身につける上で最も大切なことは、大家の占例を熟読することです。しかし我が国で占例集は、私家版以外で発行されておりません。復刻版ですので、もちろん内容は古いものですが、術をかじった人なら十分参考になると思います。

２０１７年秋

林　巨征

◆著　者

林　巨征　Kosei Hayashi

1956 年愛知県生まれ。移転や旅行など方位取りによる開運を専門とする。メーカーにて生産財営業を 10 年ほど経験し、その時方位別のデータを蓄積する。このデータが、のちのち、「効く方位術」の構築に役立ってきた。
著書に『現代方位術大全』（説話社）、『決定版金函玉鏡方位術奥義』（学研パブリッシング）など多数。現在、東京自由が丘にて月例講習会を実施。開運ノウハウを伝授している。また、半年単位の吉方位表を作成し、利用者に頒布している。

メールアドレス　info@hayashi-kosei.com

ホームページ URL　http://www.hayashi-kosei.com

皇伝相性占術

2017年11月11日　初版発行

著　者——林 巨征

編集・DTP——来馬 里美

発行者——今井博央希
発行所——株式会社太玄社
TEL 03-6427-9268　FAX 03-6450-5978
E-mail info@taigensha.com　HP:http://www.taigensha.com
発売所——株式会社ナチュラルスピリット
〒107-0062 東京都港区南青山5-1-10　南青山第一マンションズ602
TEL 03-6450-5938　FAX 03-6450-5978
印刷所——中央精版印刷株式会社

ISBN978-4-906724-38-3 C0011